Waves Across the South

A New History of Revolution and Empire

南方浪潮

Sujit Sivasundaram

蘇吉特・希瓦桑達蘭——著 葉品岑——譯

印、太海洋民族對抗帝國暴力、
驅動現代史的革命年代

目次

推薦序　從印太海洋視野挑戰西方帝國——評《南方浪潮》

孔令偉　中央研究院歷史語言研究所助研究員

由歐美學界所主導的世界史敘事，往往將近世（early modern）乃至於現代（modern）國際社會的全球化浪潮，概括為線性發展的歷史進步論，即十五至十七世紀的地理大發現以及科學革命，十八世紀的啟蒙運動以及工業革命，乃至十九世紀新帝國主義之崛起。這類以西方文明為核心的世界史論述，傾向以「民主」、「科學」、「資本主義」等起源於西歐的政治、經濟、社會以及思想概念奉為衡量歷史發展之普世準繩。隨著五四運動以降近代中國知識人對「德先生」、「賽先生」的追求，上述以西歐文明價值為圭臬的現代主義史學，亦深刻影響華文世界對於全球化進程的歷史認識，影響甚鉅，直至今日。更具體的來說，想必不少臺灣讀者在中小學階段，曾反覆背誦歷史教科書中所謂科學革命、啟蒙運動以及工業革命相關的具體年代以及歷史人名，卻又對這些歷史名詞一知半解，唯獨對近代西方文明之強盛留下鮮明印象。然而值得注意的是，人類文明的全球化係一漫長的歷史進程，其中分別活躍於中央歐亞（Central Eurasia）草原以及印度－太平洋（Indo-Pacific）海域的不同族群，各自扮演著極為關鍵的角色。換句話說，以晚近英美工業社會為主體的單一論述，是否真的能充分體現所謂「世界史」的多元面貌？對於史學界乃至一般讀者而言，無疑皆係值得反思之課題。而映入讀者眼簾的這本《南方浪潮：印、太海洋民族對抗帝國暴力、驅動現代史的革命年代》，正是從印太海洋視野挑戰歐洲帝國敘事的全球史新作。

本書作者蘇吉特．希瓦桑達蘭（Sujit Sivasundaram）為斯里蘭卡裔英國歷史學者，現任劍橋大學世界史教授。他的研究以及教學經驗豐富，曾任教於劍橋大學、倫敦政經學院，並曾擔任法國社會科學高等研究院、新加坡國立大學、澳洲雪梨大學等機構之訪問學者。他的研究主要聚焦於十八至十九世紀的歐洲帝國史以及印太海洋史，尤其涉及環境、科學、族群等相關歷史議題，並在相關領域著述甚豐。其代表作諸如二〇〇五年劍橋大學出版社發行之《自然與虔信帝國：一七九五至一八五〇年間在太平洋地區的科學與福音宣教》（*Nature and the Godly Empire: Science and Evangelical Mission in the Pacific, 1795-1850*）；以及二〇一三年芝加哥大學出版社發行之《孤島：英國、斯里蘭卡和印度洋殖民地的邊界》（*Islanded: Britain, Sri Lanka and the Bounds of an Indian Ocean Colony*）。綜觀其著作，蘇吉特的歷史視野多有獨到之處，他在把握宏觀世界史格局的同時，尤其擅於梳理印太海域地方社會之脈絡，進而從在地化視角挑戰過去的英帝國殖民史觀點。相較前兩本分別研究太平洋以及印度洋地方社會的專著，本書《南方浪潮》在延續上述歷史寫作特色的同時，作者又在鉤稽相關具體個案的實證基礎上，更加深入淺出地梳理印太海域的多元地方脈絡。

本書的討論時段主要涵蓋十八世紀後期至十九世紀前期，尤其是一七九〇至一八四〇年代，而這也正是歐美史學界歷來所關注之「革命的年代」（Age of Revolution）。在上個世紀美國史學者帕爾默（Robert Roswell Palmer）以及英國史學者霍布斯邦（Eric John Ernest Hobsbawm）等人的推動下，歐美史學界興起以民主革命、工業革命等西方歷史事件為出發研究世界史的浪潮。如霍布斯邦在其一九六二年出版之《革命的年代一七八九至一八四八》（*The Age of Revolution, 1789-1848*）一書中，提出「雙元革命」（the dual revolution）的觀點，亦即政治與意識形態上的法國大革命以及經濟與科學技術上的工業革命，雖起源於西歐特定地區，卻通過殖民主義以及帝國主義擴張，從根本上形塑近代世界之脈動。歐美史學界過去圍繞「革命的年代」形成之學術討論，一方面固然對於推動世界史研究有長足的貢獻，另一方面卻又因時代限制難免落入西歐中心論式的論述，如帕爾默等人便曾斷言十九世紀亞洲、拉美以及非洲等地一切革命的緣起，歸因於十八世紀的西歐革命。而研究英帝國海外殖民史出身的蘇吉特之所以寫作《南方浪潮》的主旨之一，也正是為了從印太海域出發，翻轉前人習慣以西歐大陸為核心的世界史。

綜觀《南方浪潮》全書，蘇吉特這本力作主要有以下三點新意。第一，通過關注印太海域地方社會脈絡，本書突顯出南方世界（Global South）在全球史中所發揮之主體能動性。需要注意的是，所謂概念意義上的「南方世界」，並非嚴格以地理學上的赤道南北作為標準，而是由政治、經濟以及社會文化形態進行劃分。至於本書所探討的南方世界，主要是印太海域諸多島嶼、海灣所形成的鬆散社會，與立基於北半球歐亞大陸的西方帝國相對。以這個標準而言，斯里蘭卡在客觀地理位置上雖位於赤道以北，在文化概念上卻屬於南方世界。

長期以來，世界史之相關論著，往往以位於北半球的歐亞大陸為核心起點開展其歷史敘事，至於南方世界在人類文明的發展過程中則被視作相對被動。即便近年來不乏有全球史學者逐漸跳脫早期以歐洲、中國等農業定居社會作為人類文明象徵的刻板印象，轉向關注海洋、草原、沙漠等多元自然環境與跨域文化交流之關係，這些討論大部分仍以北半球的人類文明為出發。就臺灣近年翻譯出版的例子而言，韓森（Valerie Hansen）的《西元一千年：探險家連結世界，全球化於焉展開》（臺北：時報出版，二〇二二）以及杉山正明《忽必烈的挑戰：蒙古與世界史的大轉向》（臺北：八旗文化，二〇一四），這兩本力作分別探討十一世紀維京人美洲航行與中亞絲路人口移動之關聯，以及十三世紀蒙元治世下歐亞大陸東西方之跨域交流，皆從歐亞大陸的視野出發，打破傳統國別史的藩籬，無疑為推動全球史研究之傑出典範；然而另一方面，這類全球史著作在南半球所留下的地域與文化空白，卻也讓讀者不禁好奇大洋洲究竟如何參與並帶動人類文明的全球化歷史進程，而這也正是《南方浪潮》原創意義之所在。

第二，《南方浪潮》的一大貢獻，在於通過重構被邊緣化的歷史記憶，以再現並詮釋歷史失語者的聲音，尤其關注南方世界的原住民、當地婦女，以及他們與歐洲下層殖民者之間的互動。過去傳統的歷史敘事，往往側重描繪作為政治核心的帝王將相；至於二十世紀下半葉所風起的文化思想史以及社會經濟史，則將焦點投射至歐洲的啟蒙文人以及勞工階層，並進一步論述他們在法國大革命、工業革命所扮演的歷史角色。在這個脈絡下，過去學者在研究「革命的年代」時，雖通過研究新帝國主義擴張而促成世界史的討論，然而卻往往將非歐洲文明視為被動停滯、缺乏自新能力，從而被迫接受全球化、現代化的落後社會。為跳脫過去西歐中心論式的歷史敘事，蘇吉特並未將南方世界視作純粹被異化的他者，而是試圖從史料的吉光片羽中，批判性地發掘英帝國在殖民地所施行的暴力體制與知識分類，並闡釋當地原住民如何主動地介入、參與革命時代潮流下印太海域的關鍵歷史變化，同時辯證地反思所謂「革命」與「反革命」的關係。綜合對不同實際個體案例的考察，蘇吉特所研究的印太族群背景十分多元，而筆者覺得其中第五章對澳洲依奧拉原住民婦女的討論，尤具代表意義，感興趣的讀者可自行參看。要言之，蘇吉特筆下的南方世界係一內部充滿異質的多元存在，而非與歐亞大陸截然對立的鐵板一塊。

第三，通過強調海洋媒介的流動性，本書對人類社會以及全球化進程的描述，採取一種去中心化（decentralization）的多元歷史敘事。受到現代化理論的影響，過去學界乃至一般大眾衡量人類文明的發展程度，經常以中央集權政府與官僚層級組織之複雜性作為標準。因此歐洲、中國一類定居型社會往往被視為高度發展文明，至於印太海域的原住民以及歐亞草原的游牧民則被視為所謂的原始社會。《南方浪潮》則從移動性（mobility）以及離散（diaspora）等觀點切入，在深刻分析印太海域複雜之社會文化背景的同時，亦突顯海洋族群自身的主體能動性，從而顛覆讀者對原住民社群單方面受西方勢力衝擊的刻板影響。

最後，總結上述三點，筆者在此想提醒讀者，在品味本書所描繪的那些生動歷史情節時，切莫因陌生的異國人名、地名而感到氣餒，反倒不妨嘗試大膽思考，將書中面對大英帝國挑戰的印太海域族群，與清朝治下臺灣、蒙古、西藏以及新疆各地的地方社會進行思想比較，進而批判性地反思「帝國／邊疆」、「定居／移動」乃至「文明／野蠻」這類二元對立的權力敘事框架。如此一來，相信定能對帝國霸權以外的世界史，能有更加全面且深刻的認識。

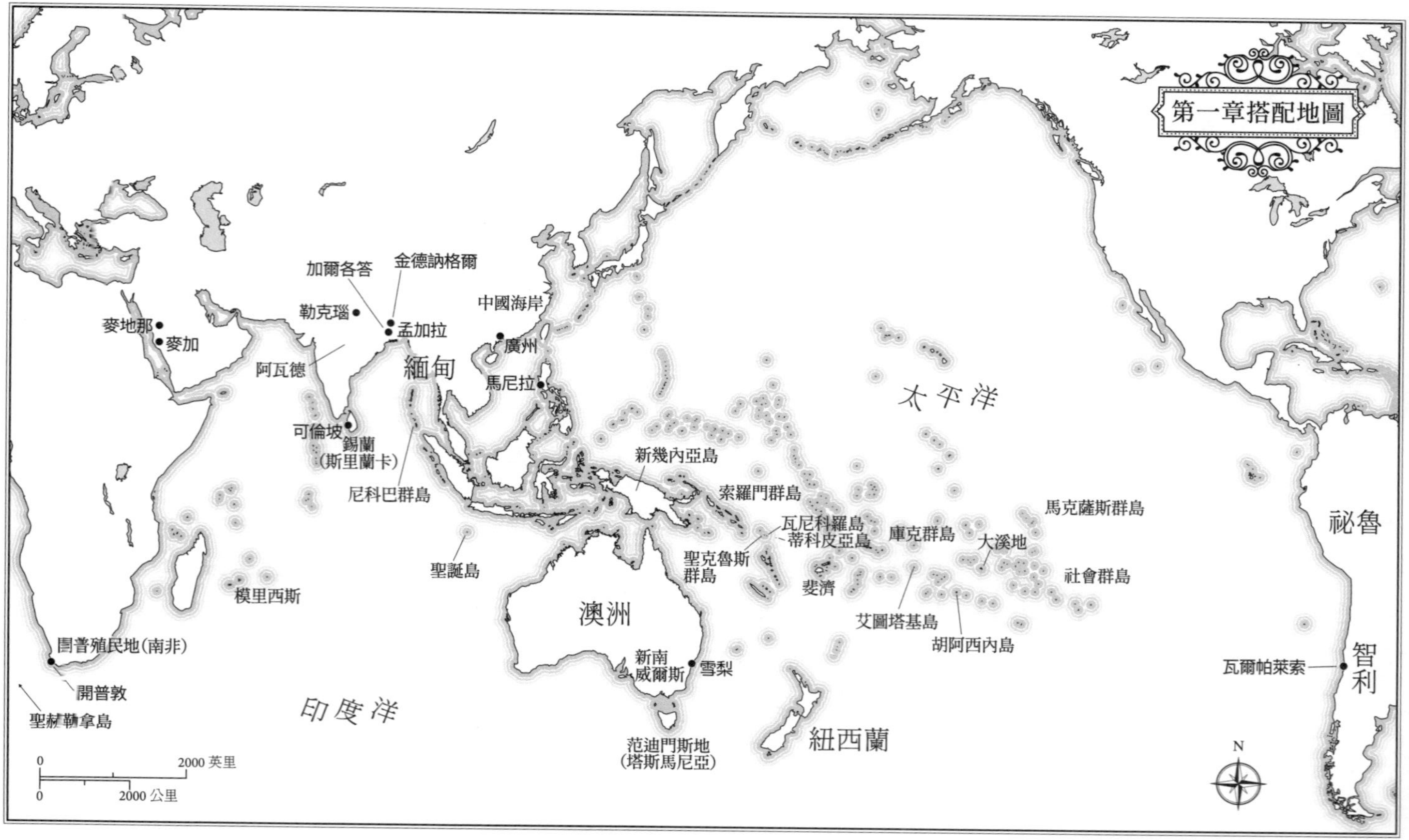
第一章搭配地圖
麥地那
麥加
阿瓦德
加爾各答
金德訥格爾
勒克瑙
孟加拉
緬甸
中國海岸
廣州
馬尼拉
可倫坡
錫蘭
(斯里蘭卡)
尼科巴群島
聖誕島
新幾內亞島
索羅門群島
瓦尼科羅島
蒂科皮亞島
聖克魯斯
群島
斐濟
庫克群島
大溪地
馬克薩斯群島
社會群島
艾圖塔基島
胡阿西內島
太平洋
祕魯
智利
瓦爾帕萊索
澳洲
新南
威爾斯
雪梨
范迪門斯地
(塔斯馬尼亞)
紐西蘭
模里西斯
開普殖民地(南非)
開普敦
聖赫勒拿島
印度洋
0
2000 英里
0
2000 公里
N

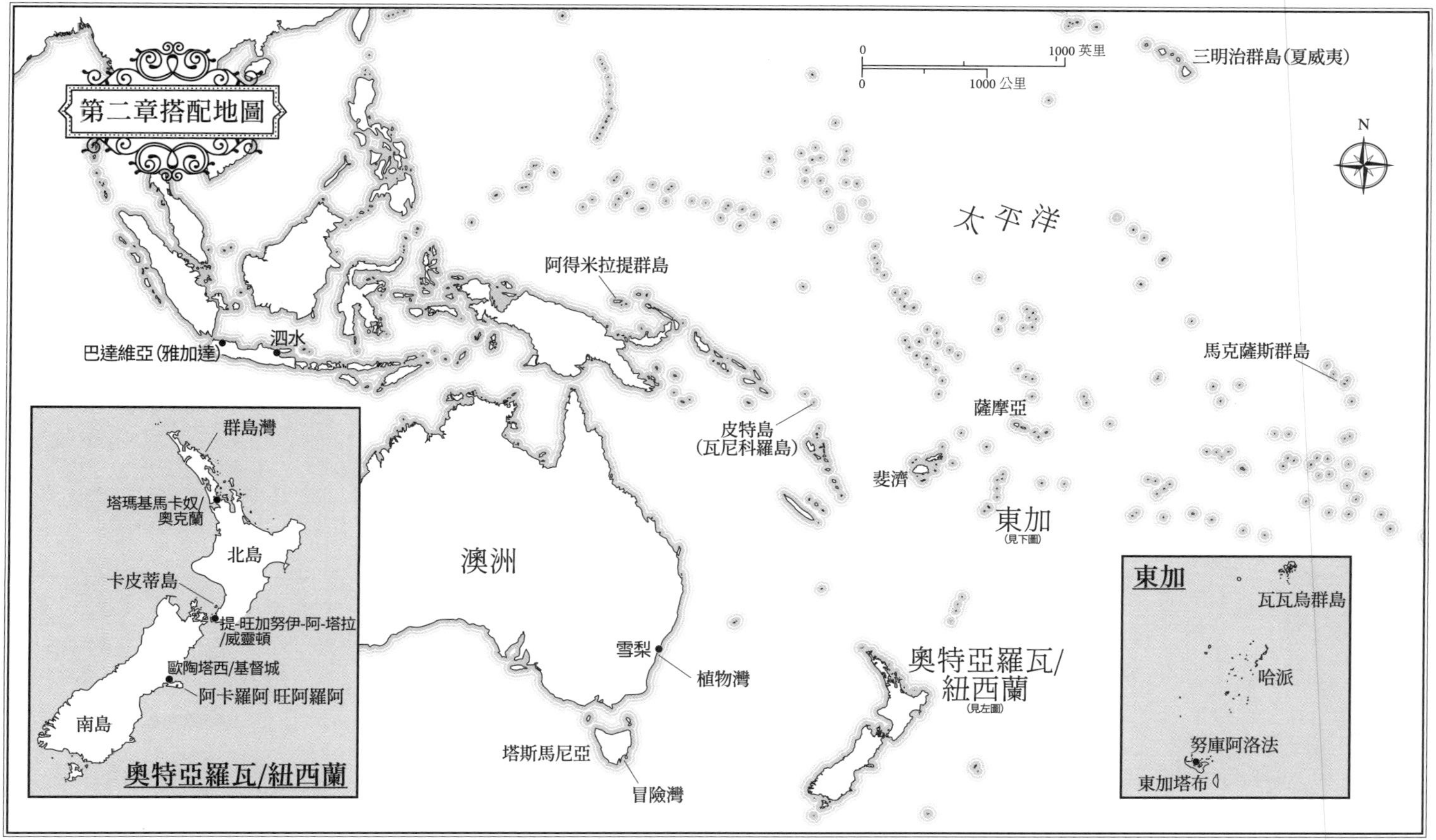
第二章搭配地圖
0
1000 英里
0
1000 公里
三明治群島（夏威夷）
N
太平洋
阿得米拉提群島
巴達維亞（雅加達）
泗水
馬克薩斯群島
皮特島
（瓦尼科羅島）
薩摩亞
斐濟
東加
（見下圖）
澳洲
雪梨
植物灣
塔斯馬尼亞
冒險灣
奧特亞羅瓦/
紐西蘭
（見左圖）
群島灣
塔瑪基馬卡奴/
奧克蘭
北島
卡皮蒂島
提-旺加努伊-阿-塔拉
/威靈頓
歐陶塔西/基督城
阿卡羅阿 旺阿羅阿
南島
奧特亞羅瓦/紐西蘭
東加
瓦瓦烏群島
哈派
努庫阿洛法
東加塔布

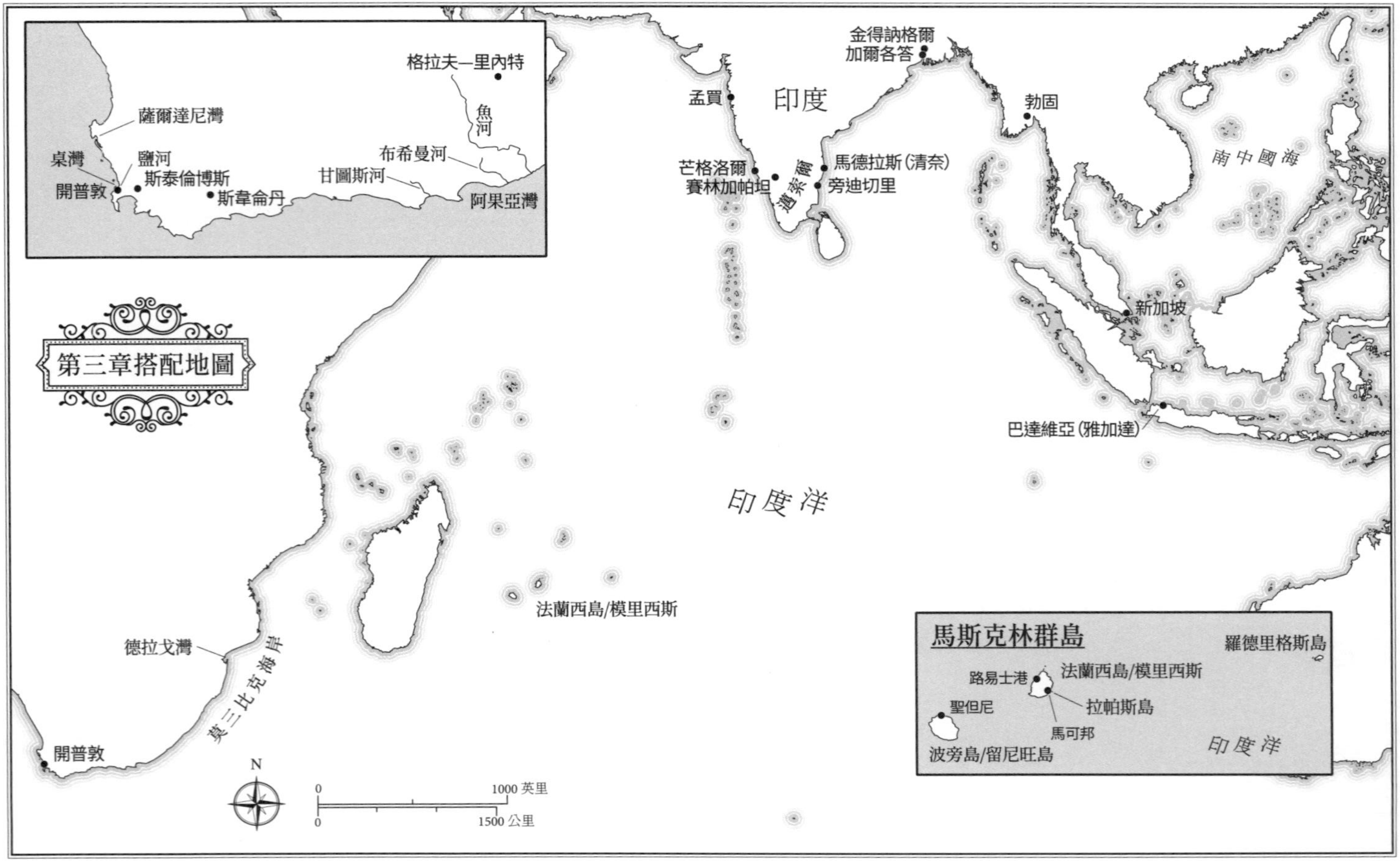
第三章搭配地圖
格拉夫—里內特
魚河
薩爾達尼灣
桌灣
鹽河
斯泰倫博斯
開普敦
斯韋倫丹
布希曼河
甘圖斯河
阿果亞灣
金得訥格爾
加爾各答
孟買
印度
勃固
芒格洛爾
賽林加帕坦
邁索爾
馬德拉斯（清奈）
旁迪切里
南中國海
新加坡
巴達維亞（雅加達）
印度洋
法蘭西島/模里西斯
德拉戈灣
莫三比克海岸
開普敦
N
0
1000 英里
0
1500 公里
馬斯克林群島
羅德里格斯島
路易士港
法蘭西島/模里西斯
拉帕斯島
聖但尼
馬可邦
波旁島/留尼旺島
印度洋

第四章搭配地圖

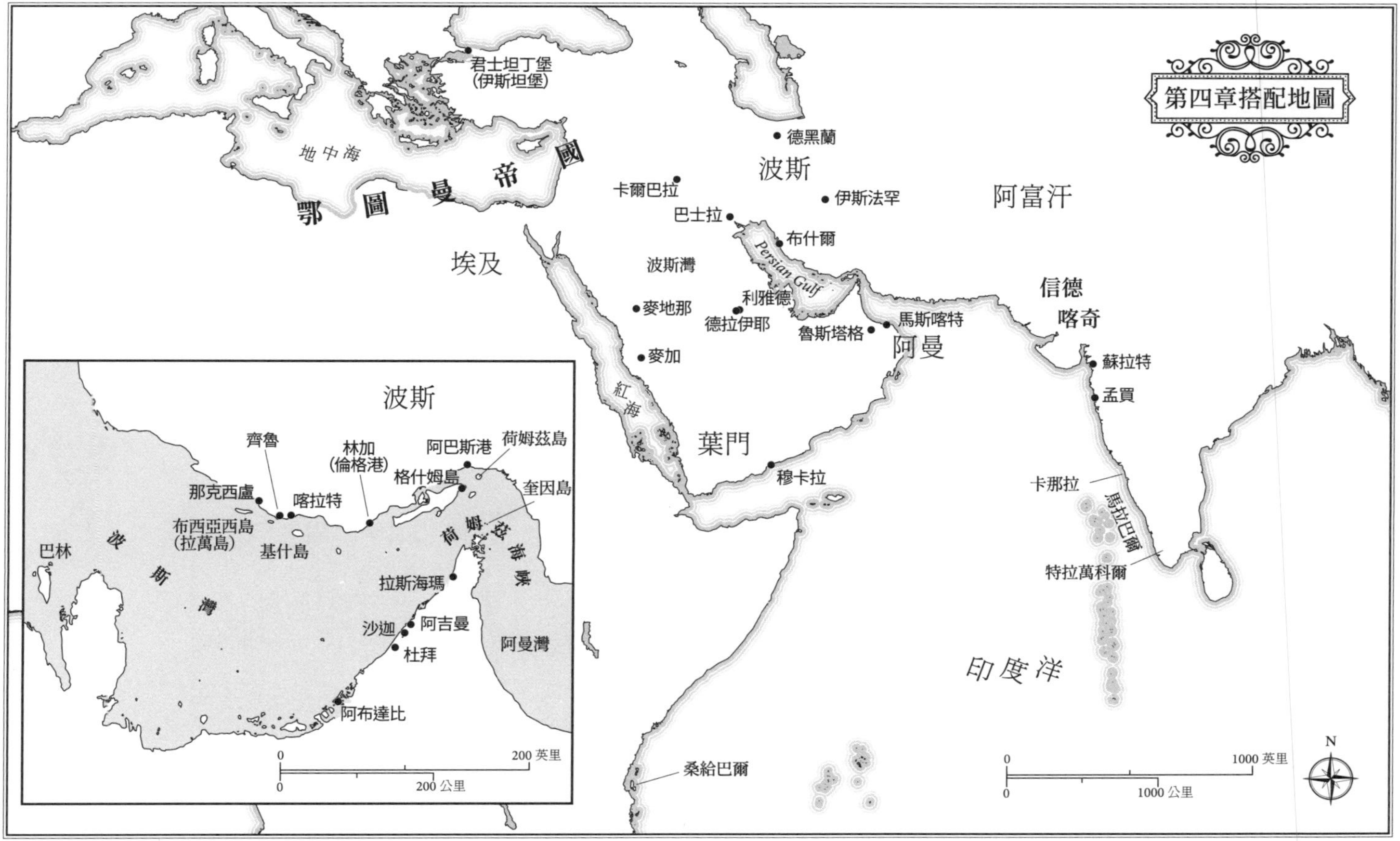

君士坦丁堡
(伊斯坦堡)
地中海
鄂圖曼帝國
德黑蘭
波斯
卡爾巴拉
伊斯法罕
阿富汗
巴士拉
布什爾
Persian Gulf
埃及
波斯灣
信德
利雅德
麥地那
德拉伊耶
魯斯塔格
馬斯喀特
喀奇
阿曼
麥加
蘇拉特
紅海
孟買
葉門
穆卡拉
卡那拉
馬拉巴爾
特拉萬科爾
印度洋
桑給巴爾
0
1000 英里
0
1000 公里
N
波斯
齊魯
林加
(倫格港)
阿巴斯港
荷姆茲島
格什姆島
那克西盧
喀拉特
奎因島
布西亞西島
(拉萬島)
基什島
巴林
波斯灣
荷姆茲海峽
拉斯海瑪
沙迦
阿吉曼
杜拜
阿曼灣
阿布達比
0
200 英里
0
200 公里

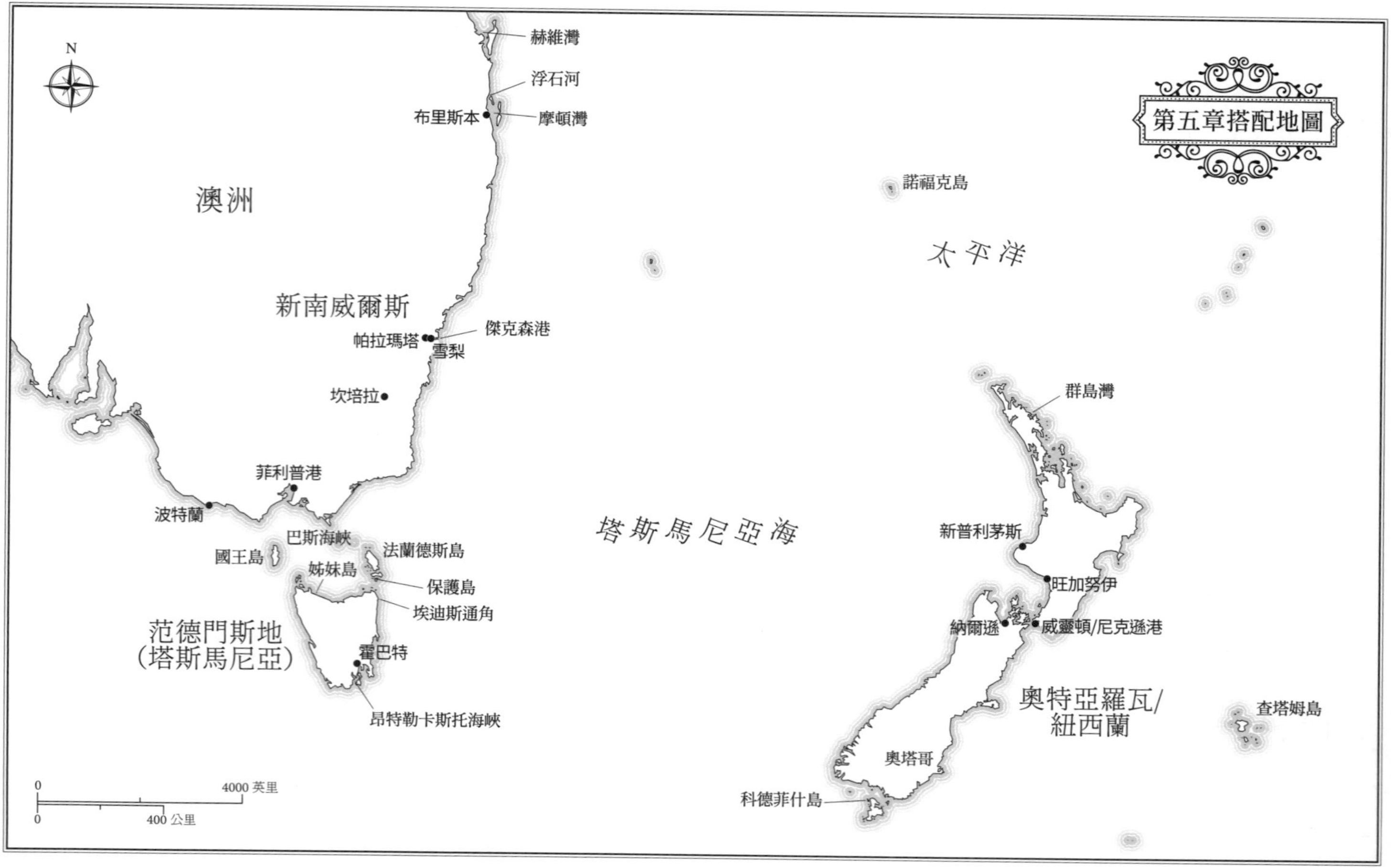
第五章搭配地圖
N
赫維灣
浮石河
布里斯本
摩頓灣
澳洲
新南威爾斯
帕拉瑪塔
傑克森港
雪梨
坎培拉
菲利普港
波特蘭
巴斯海峽
國王島
法蘭德斯島
姊妹島
保護島
埃迪斯通角
范德門斯地
(塔斯馬尼亞)
霍巴特
昂特勒卡斯托海峽
塔斯馬尼亞海
太平洋
諾福克島
群島灣
新普利茅斯
旺加努伊
納爾遜
威靈頓/尼克遜港
奧特亞羅瓦/
紐西蘭
查塔姆島
奧塔哥
科德菲什島
0
4000 英里
0
400 公里

第六章搭配地圖

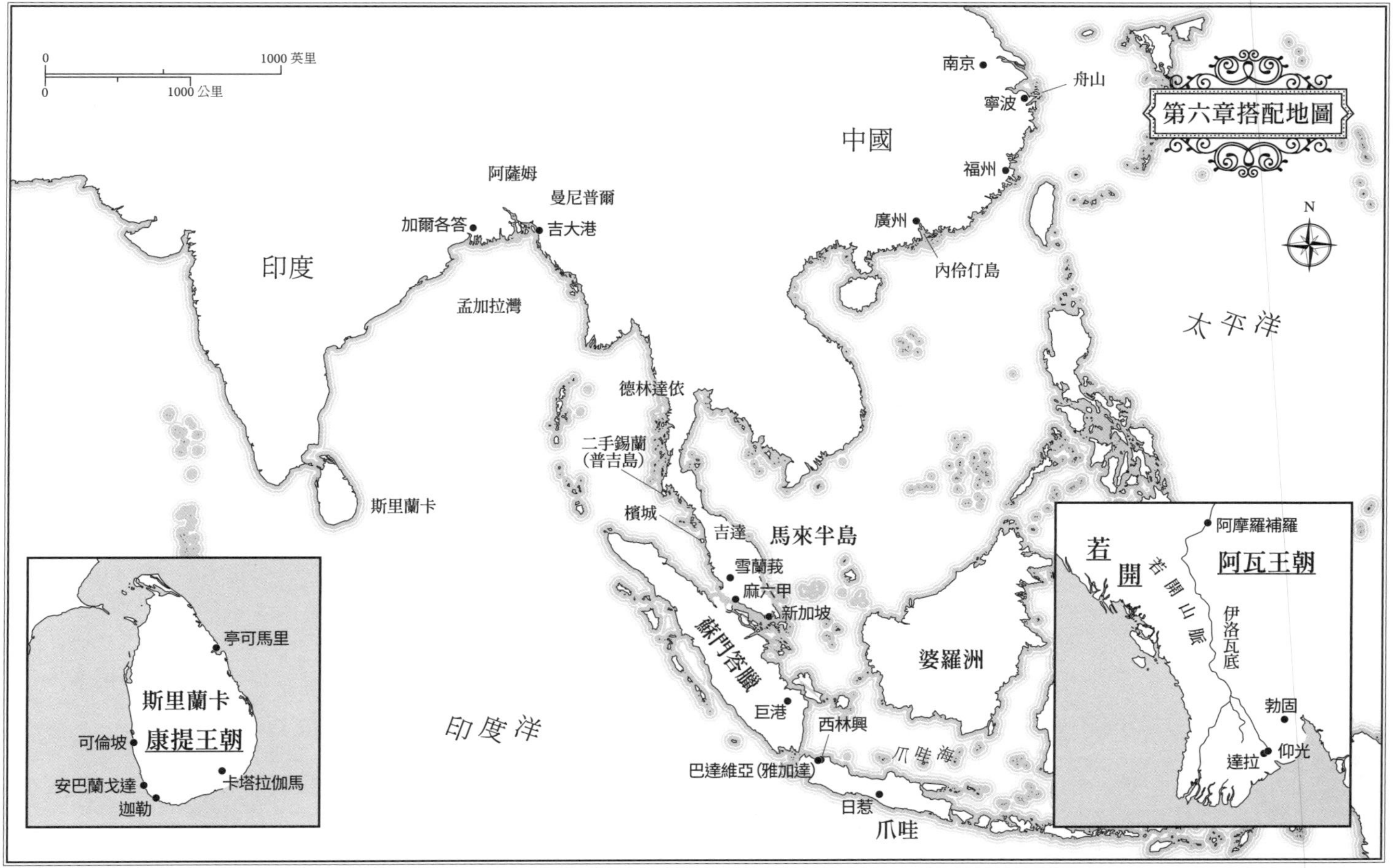
0
1000 英里
0
1000 公里
南京
舟山
寧波
中國
福州
阿薩姆
曼尼普爾
加爾各答
吉大港
廣州
內伶仃島
印度
孟加拉灣
太平洋
德林達依
二手錫蘭
(普吉島)
斯里蘭卡
檳城
吉達
馬來半島
雪蘭莪
麻六甲
新加坡
蘇門答臘
婆羅洲
巨港
西林興
巴達維亞(雅加達)
爪哇海
日惹
爪哇
印度洋
亭可馬里
斯里蘭卡
康提王朝
可倫坡
卡塔拉伽馬
安巴蘭戈達
迦勒
阿摩羅補羅
若開
若開山脈
阿瓦王朝
伊洛瓦底
勃固
達拉
仰光

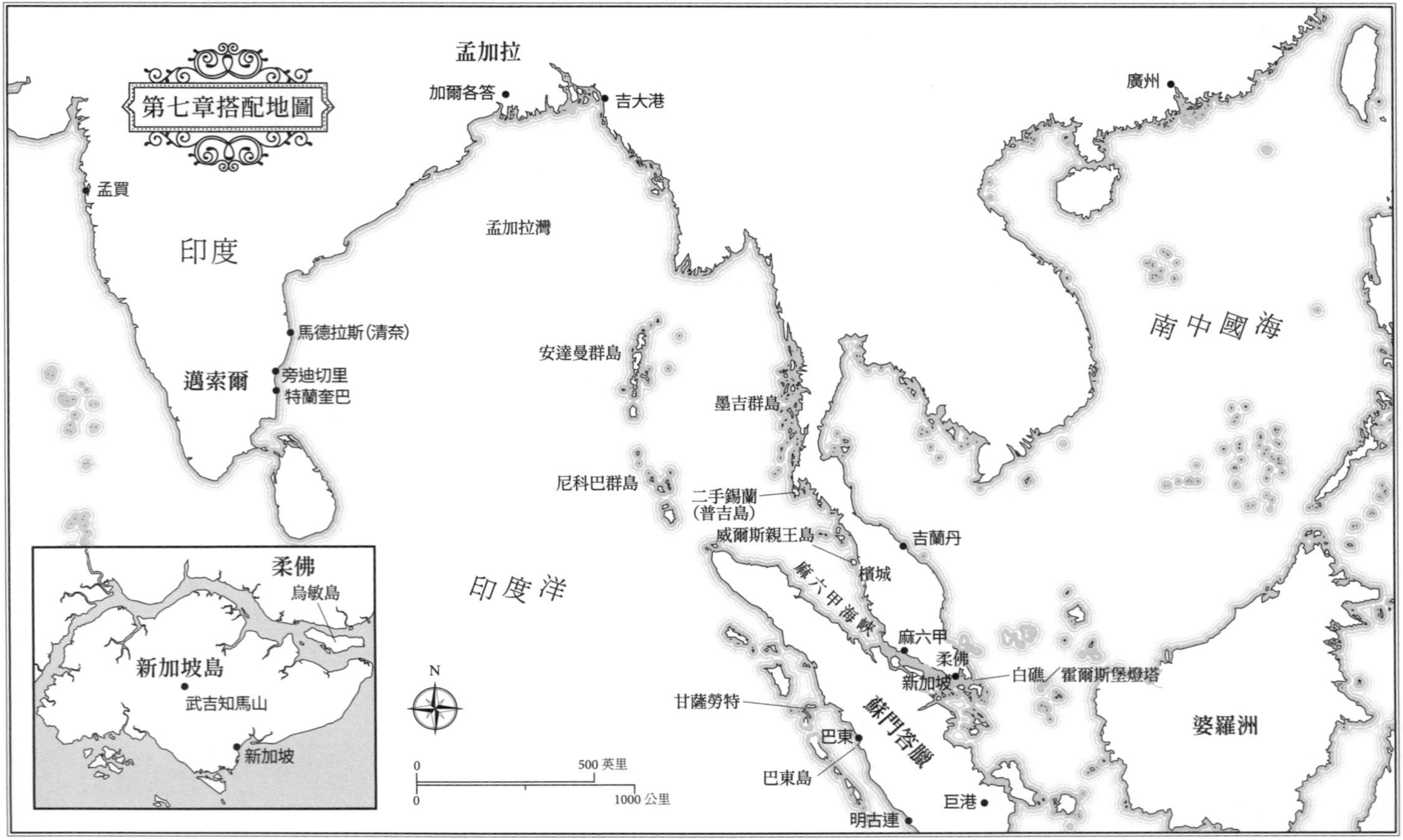
第七章搭配地圖
孟加拉
加爾各答
吉大港
廣州
孟買
孟加拉灣
印度
馬德拉斯(清奈)
安達曼群島
邁索爾
旁迪切里
特蘭奎巴
墨吉群島
南中國海
尼科巴群島
二手錫蘭
(普吉島)
威爾斯親王島
吉蘭丹
檳城
印度洋
麻六甲海峽
麻六甲
柔佛
白礁／霍爾斯堡燈塔
新加坡
甘蔭勞特
蘇門答臘
婆羅洲
巴東
巴東島
巨港
明古連
N
0
500 英里
0
1000 公里
柔佛
烏敏島
新加坡島
武吉知馬山
新加坡

緒論

西方世界在講述歷史時，經常遺忘了四分之一個地球。這四分之一部分，是海洋的國度，隨著季風和海浪、潮汐和海岸線，還有島嶼和沙灘脈動。印度洋和太平洋裡眾多規模較小的海與灣構成了這個被遺忘的地方，本書可能是第一個把它們聚在一起談論的持續性歷史研究。這片南方水世界布滿了小塊陸地，和巨大陸塊為鄰，這些小島在接下來的章節中將占據主舞臺，並被描述成世界史和現代化的創造者。[1]

史學家稱橫跨十八世紀晚期到十九世紀早期的幾十年為「革命時代」（age of revolutions），傳統上，它是由大西洋的大事件三角組成：美國革命、法國大革命，以及加勒比地區的反抗，像是海地革命（Haitian Revolution），還有十九世紀早期的拉丁美洲獨立運動。[2]在這些革命和隨之而來的戰爭中，許多事情出現了劇烈變化，這些諸多經歷再造的事情有：政治組織、平等和權利的概念、統治和帝國的機制、勞動者和奴隸的地位、技術、工業與科學的運作，以及對國家、自我及公共意識的刻畫。藉由望向被遺忘的印度洋和太平洋角落，本書打算徹底翻轉我們這個時代黎明破曉的故事，並堅信這片大洋的人與地在塑造革命時代方面發揮了關鍵作用，並促成我們的現在；而且正因如此，本書堅信在我們思索人類的未來時，也需要沉思發生在這些地方的事。

「革命時代」是歷史寫作裡最歷久不衰的標籤之一。該詞彙持續被使用到今天，用以描述十八世紀末和十九世紀初的那幾十年，以印度洋和太平洋為焦點再次觀看這段時期，將挑戰西方世界和歐洲在我們所學歷史中的支配地位。這點尤其重要，因為與革命時代的描述相關的，是我們對切身權利和自我（selfhood）的連結與傳承，以及關於創造出今日世界的競爭和對峙的記憶。用這樣的歷史取徑可取代「世界的靈魂在西方孕育，而後傳向東方」的有害假設；這個取徑也不認為政治主體性（subjectivity）是在大西洋建立起來，更不認為其他地方的人只是遵循相同的軌道。研究革命時代的早期重要史學家帕爾默（R. R. Palmer）就曾提出「歐洲、拉丁美洲、亞洲和非洲自十九世紀起的一切革命，都是從十八世紀的西方文明革命汲取智慧」[3]這樣令人難以接受的觀點。接下來的歷史敘述，拒絕將十八世紀末和十九世紀初的西方暨大西洋文明，視為革命情懷的洗禮盆；西方世界和大西洋也不是經濟、科技、軍事和文化表現模式的單一產區。[4]

在從海洋南方重新認識革命時代的過程中，我們看見未知而激烈的爭鬥。在印度洋和太平洋地區，革命與帝國制度相互較勁，帝國制度腐蝕革命的進程，構成了一股反革命力量。革命和帝國兩股力量都沒能剷除對方，但自從大英帝國在十九世紀中葉成為在這些海洋上的主要勝利者之後，兩股勢力的平衡就變了。雖然十九世紀的大英帝國肯定還受到其他意識形態、文化和政治的推動力所影響，但本書的宗旨之一，是追蹤大英帝國作為一股反革命力量，[5]她壓制這段時間諸多可能性的態度，讓我們看到發生在南方世界（global South）*險惡的帝國操縱手法。

在這兩座大洋上，革命時代最主要應該被視為原住民與非歐洲（non-European）政治的浪潮，並和上岸的入侵者與殖民者相抗衡。印度洋和太平洋的居民在十八世紀末與十九世紀初，出於自己的盤算，接納（有時則是強搶）外來者帶來的新物品、觀念、資訊和組織形式，例如君主政體、武器、政治社團、科學和醫療，以及在出版刊物上辯論等。海洋民族也重新調整他們既有的傳統與信仰、治理和戰爭模式，以及與鄰國的關係，以便迎接這個新時代，譬如伊斯蘭教或佛教的改革，或是移民與貿易等行之有年的遠距關係的改變。這一切構成了印度洋和太平洋的革命時代。「本地的」（indigenous）一詞作為描述用途時，在這些海域必須擁有比較寬鬆的定義，因為海洋民族經常在移動，用離散（diasporas）形容他們可能比本地人／原住民（indigenous people）更為貼切；這也使他們擁有錯綜複雜的文化遺產。移民和本地人有時也可能借用彼此的種種，使得明確區分何者為本地的人事物，以及何者不在本地範疇之內相當困難。

橫越海洋各地的一連串聲音，體現了一個充滿活力的本地性（indigenousness）；本書將呈現太平洋島嶼原住民、毛利、澳洲原住民、阿拉伯、卡西米、阿曼、帕西、爪哇、緬甸、漢、印度、僧伽

---

*譯註：依經濟和發展情況的分類，泛指歐洲和北美以外的拉丁美洲、亞洲、非洲和大洋洲地區。

羅、泰米爾、馬來、模里西斯、馬拉加斯語和科伊桑語的觀點。[6]這些民族和其他民族在史無前例的全球化年代，以水手、合作夥伴、戰士、勞動者和旅行者的身分來往穿梭，事實上，從事本書研究最令人享受的事，就是從過去不曾擺在一起研究的區域和領土之間發現跨洋關聯。

除了原住民與非歐洲政治的興起，發生在這兩座海洋的革命時代還見證了政治組織的重新配置。從阿曼到東加，從模里西斯到斯里蘭卡，帝國、政治單位、王國和部落酋長制，紛紛重新選擇盟友或經歷重新整頓；關於水域的政治爭執，讓相對新興的勢力找到自己的路，以獨立國家的姿態採取行動，或是對符合殖民時代定義的政府做出回應。古老歐亞帝國像是鄂圖曼帝國、蒙兀兒帝國和清帝國等，它們的海洋邊疆也因此發生了變化。新的政治組織，包括在太平洋建立的許多君主國，也藉由採用參戰的歐洲人的航海與軍事技術，而凝聚在一起。拿破崙戰爭中的難民成為顧問，幫助緬甸阿瓦王朝（kingdom of Ava）對抗英國人，或在塔斯馬尼亞擔任高度軍事化英國殖民政府的顧問。包括在當時被稱為「拉斯卡」（lascar）的亞洲水手在內的諸多海洋民族，得以透過大英帝國對盟友和在地協力者的需求，建立起一條政治途徑，而不必在帝國內部得到完整的存在意義；那些登上歐洲船隻，或在大型計畫裡擔任勞工和技術員的人，也可以利用這個機會，以嶄新的方式思考他們的自我和未來。

大英帝國試圖消滅或採納從革命時代崛起的觀念、人民、制度結構和組織模式。從海洋到陸地，無論在新加坡或模里西斯，在這些如此截然不同的地方，英國皆自視為一個追求自由的帝國，但在革命時代，除了覺得自己正在散播自由之外，大英帝國還是有很多反動作風的行為。十九世紀上半葉發生了一系列水上戰爭，每場戰事都採行這個時代典型的「總體戰」（total war），包括大肆劫掠和大規模流血殺戮。[7]舉例來說，在孟加拉灣，這些戰事吸收了革命戰爭和拿破崙戰爭的軍事人員和技術，使它們成為彼時全球戰爭的一環，而英國在一八〇九至一〇年和一八一九至二〇年入侵波斯灣的兩次任務，則是對抗某種被拿來和其他地方的革命情懷相比的伊斯蘭改革。此外，英國人對共和主義的恐懼，促使他們在一八一〇至一一年入侵爪哇和模里西斯。在上述所有情況下，英國這些年的殖民及海上戰爭，舉凡戰術、意識形態、動機和比較的形式各方面，都是從革命時代鍛造的。

帝國在革命時代再造的另一種方式，是透過對民族與事物做新的分類。[8]科學和自然歷史的分類，與不斷擴大的殖民國家的監控政權有關。科學與殖民主義之間的關係似乎顯得自相矛盾；因為新科學在那個時期被視為理性時代的先驅，舉凡如何捕魚、如何與海洋生物交流、如何在大海中航行等人們和水互動的方式，抑或他們使用的物品，或關於他們不斷移動的生活方式的描述，都容易導向種族和性別的殖民分類。帝國作家把鄰近島嶼和聚落當成自給自足基地，忽視它們有悠久的遷徙歷史，這麼一來，從事大量比較研究的可能性，意味著這些海洋盆地很適合用來解決天差地遠的觀念問題，以及實施隔離政策。

英國作風和白人優越性從模里西斯路易士港（Port Louis）到澳洲雪梨等新興港口城市的強化，象徵這艘海洋不列顛尼亞號的向前邁進，這一切都仰賴乘風破浪的航海者、他人口中的海盜和私人貿易商。他們漸漸把自己變成體面的陸地居民，在當地建立屬於基督教婚姻的家庭，這些殖民者從漂泊不定的海上貿易，轉向收取土地和牧場的固定利益。白人男性的道德責任可以超越其他在海邊組織種族和性別的方式，舉例來說，海洋各地透過逃跑的囚犯、傳教士或私商和奴隸販子的零星殖民，在紐西蘭變得更加「系統化」。「自由貿易」口號的否決權在這裡也相當管用。海洋愛國主義（maritime patriotism）也屬於這個轉變的一部分，它的快速進展，部分來自反奴和反海盜等事業，以及更多方面的陸地殖民事業遺產。對這個時代現有的敘述往往忽略了這樣的愛國主義，因為這些敘述以大陸腹地為焦點，突顯的是「土地愛國主義」（agrarian patriotism），頌揚土地和農業，把「土地愛國主義」當作推動英國前進東方世界的意識形態。[9]

＊　＊　＊

考慮到這故事發生的背景在印度洋和太平洋，將革命和帝國之間的競爭描述成浪與浪的碰撞恰如其分。以波浪做思考，等於以全球化的推拉動力做思考，要考量的是海洋各地往來的突飛猛進，以及各個海域的動盪分離與暴力，[10]不僅要凝視浪峰的形成，還要凝視波浪在海灘上破碎。革命和帝國兩股勢力皆如是，因為它們都容易破碎，而且絕不可能在這幾十年間修成正果。

以波浪的比喻來思考，也很適合提醒我們這個故事的自然背景很重要。為了讓世界性的帝國順利運轉，必須透過研究、造冊、繪圖、製作模型、醫學和都市設防與都市計畫的管理制度，對抗實際發生的降雨、風暴、狂風、氣旋、水龍捲、發燒和地震。[11]地球本身的不規則形狀必須被加以控制，海上船隻才能順利找到他們的航道，進而促進自由貿易帝國（free-trade empire）之間（如印度和中國或印度和澳洲）的運作。在諸多新興學科正在形成的時候，海域和海岸線繪測是跑在帝國前面的優先任務，隨著主權的定義由船隻送到岸上，再進到內陸，這些繪製與測量有助於建立橫跨印度洋和太平洋的基地、中轉站、港口和殖民聚落。

海上行舟大不易：出現在本書的船隻，有的消失、有的著火、有的爆炸，還有的載著馬匹與戰士被拋到半空中，或在珊瑚礁帶擱淺。在全球戰爭時期，船隻不是由交戰國接管後重新啟用，就是被人盜用；就這層意義來看，船隻也是一個不穩定的平臺。印度洋和太平洋的港口城市是適合沉思海難的地方，因為岸邊有數不清的船隻殘骸。為了殖民戰爭的目的，船隻必須安全地通過水域，而靠近岸邊且通往內陸的陸海河交錯地形，對英國人可能造成致命危害，畢竟他們的戰鬥技術和後勤都不適應這種地形。水上衝突不必然是歐洲人勝過非歐洲人，儘管這兩群人被錯誤地劃下海洋對抗陸地的分野。

從一些有趣的圖像，可以看出自然環境背景對歷史的重要性。就拿時間點恰恰在本書談論時代中間點的〈季風中的漁船，孟買港口北部〉（Fishing Boats in the Monsoon, northern part of Bombay harbour，一八二六年）（圖0.1）為例，這幅在印度完成的畫作，是以孟買工程兵團的約翰・強生上校（Colonel John Johnson）的素描為底，呈現和驚濤駭浪搏鬥的兩艘印度船。[12]此外使用印度船的不光是畫裡描繪的漁夫。另有一幅〈破浪舢舨載歐洲乘客登陸馬德拉斯〉（Surf boat landing European passengers at Madras，約一八〇〇年）[13]的圖，描繪的是印度港口利用小船載送歐洲大船上的乘客登

圖 0.1 〈季風中的漁船，孟買港口北部〉（一八二六年）

陸的過程，值得一提的是，畫面前景裡的小船上，兩名歐洲人好整以暇地坐著，花力氣和浪濤搏鬥的則是六名印度船夫，他們的勞動力被吸收以推動帝國的運行。

左頁這幅〈卸載來自澳洲的馬；雙體船和馬蘇拉舟，馬德拉斯〉（Landing Horses from Australia; Catamarans and Masoolah boat, Madras，約一八三四年）（圖0.2），尤其符合本書檢視的印度洋與太平洋各地的未知聯繫。儘管一名戴帽子、穿夾克外套的蓄鬍歐洲人，格格不入地站在水中，但使可憐馬兒能順利遠渡重洋的，是在船上照顧動物的印度人。前述這些畫都在

圖 0.2〈卸載來自澳洲的〔威樂〕馬；雙體船和馬蘇拉舟〉，馬德拉斯（約一八三四年）

圖 0.3 〈馬德拉斯〔清奈〕水路上的雙體船〉，奧古斯都．厄爾（一八二九年）

比較印度人和歐洲人，可是它們也展現對印度船和歐洲船的興趣，奧古斯都．厄爾（Augustus Earle）的〈馬德拉斯水路上的雙體船〉（Catamaran on Madras Roads）（圖 0.3）亦是。

* * *

促使我提筆撰寫《南方浪潮》（*Waves Across the South*）的，恰恰是畫中印度洋和太平洋水手所呈現的創造力。本書將帶領讀者按時間順序穿越這至關重要的幾十載，從一七九〇年代的戲劇性航海之旅，到一八四〇年代新興港市新聞界與民間社團的活躍辯論。這趟歷史之旅遊覽革命時代南方海域的錯位歷史（misplaced histories），追蹤大英帝國崛起的腳步。在沿著革命通往帝國的路途上，我們的旅程會顧及文化交流、本地與殖民起義、帝國併吞、理解種族和性別概念、海上各地的衝突、全球知識，還有圍繞自由主義改革計畫中公共觀點的成長。書中談論的每個海域在革命時代各有各的故事，但大英帝國的擴張在這些遙遠國度之間創造了密集的聯繫。

* * *

雖然前後跨越不到七十年，這幾十年仍延續太平洋和印度洋悠遠而輝煌的歷史經緯，歐洲入侵在此則像是一位新參賽選手。

由南島語族在約六千年前起展開的長途遠航，使太平洋廣袤水域以今日臺灣為起點、由西到東共五百多座島嶼上出現了人類聚落。[14]在遠比這更早的時候，大約六萬五千年前，人類從巽他板塊（Sunda）遷徙到莎湖陸棚（Sahul），後者連結了今天的紐幾內亞、澳洲和塔斯馬尼亞。南島語族在公元一三〇〇年前後航行到奧特亞羅瓦（Aotearoa），也就是紐西蘭，大概公元三〇〇至四〇〇年抵達遙遠的拉帕努伊（Rapa Nui）據點，也就是復活節島。他們的交通工具是單舷平衡體舟或大型的雙體遠航獨木舟，船上攜帶飲水和發酵的麵包果，可供連續航行約三個月。有時候，他們會攜帶登陸後可以種植的植物，還有圈養的豬、狗和雞等禽畜。那些漫遊到大洋洲深處的移民構成「拉匹達」（Lapita）聚落圈；拉匹達移民視黑曜岩和玻璃般的石頭為珍寶，帶著它們到距離亞洲十萬八千里的太平洋地區，他們製作陶器的風格也隨之散布。這些島嶼之間有大量的遷徙活動。誠如一名考古學家所言：「在拉匹達聚落圈，你有可能在新不列顛（New Britain）或在萬那杜（Vanuatu）碰見去年在東加遇到的同一個男人或女人。遠從大約三千年前起，來自紐幾內亞群島的人和遠在東加和薩摩亞（Samoa）的人，彼此間的聯繫比任何時候都更緊密，這樣的情況一直持續到約兩個世紀前世界進入大規模運輸時代才超越。」[15]

一望無垠的太平洋於是冒出了一個聚落三角，三點分別是夏威夷、拉帕努伊和奧特亞羅瓦。這是個偌大的聚落區；面積相當於歐洲和亞洲的總和。「玻里尼西亞」（Polynesian）和「密克羅尼西亞」（Micronesian）人的航海導向系統是這些成功航海之旅的幕後幫手；島民仰賴夜間的星位和白晝的太陽、風和洋流的速度、不同類型的風引起的海面浪湧，以及鳥類和其他自然元素的蹤跡。他們等待海上刮起合適的風，並通過航位推算（dead reckoning）計算自己的所在位置。但大約從一三〇〇年起，航海之旅變得較不頻繁，而且聚落三角內有一系列島嶼被人們拋棄。不過，之後西班牙、葡萄牙、英國和法國的近世歐洲航海者，陸續踏進了這個錯綜難解、擁有共同語言和政治的世界，也恰恰是這些航行，再次讓廣袤大洋洲上的諸多原住民族重新取得聯繫。島民憶起他們祖先的歷史遷徙，這些記憶和歐洲船隻促成的與海洋鄰居的重新聯繫，形塑了本書談論的七十年精采的非歐洲政治觀點。

從多重文化觀點來看，印度洋也早已為人所知。[16]印度洋的沿海及區域貿易在進入公元前已經行之有年：紅海、波斯灣和印度河流域的諸多文明，自公元前二〇〇〇年起就有所往來。南亞商人、馬來水手和佛教僧侶在公元最初幾世紀，為印度洋設下了樣板，後來出現的帝國如波斯薩珊王朝（the Sasanians）、印度笈多王朝（the Guptas）和東南亞扶南王朝（Funan）也是如此。

南亞經常被視為印度洋世界的中樞，因為它是東方前往西方途中的跳板，反之亦然，但海洋各地的聯繫也牽涉到中東、東亞和非洲。伊斯蘭不該被視為七世紀以降把整個印度洋編織在一起的唯一因素，因為佛教和印度教教義是在公元的頭五個世紀傳播到東南亞。貿易和商業活動對印度洋世界的形成很重要，在歐洲帝國、公司和私商到來之前，這片海域有其固定的商業模式，由面海的國家、港口城市和商人僑民控制。貿易隨季風的季節變換，眾多貿易物品包含了香料、寶石和珍珠，還有稻米、穀物和被奴役者。

史學家認為最初的歐洲帝國志業，就是透過和本地政治菁英、放貸者和商賈的合作關係，在這個世界裡運作。葡萄牙人堅持主張用許可證和稅收換取保護，試圖整頓貿易；而為了棉花、靛藍染料、硝石、絲綢、肉桂和胡椒前往南亞的荷蘭人，打算追隨葡萄牙人的腳步。荷蘭人和英國人也帶來新的組織結構，也就是橫跨整個世界的股份公司。在印度，這意味著歐洲人在港口建立戰略聚落，對英國人來說，馬德拉斯、孟買和加爾各答成了主要基地，而他們對印度洋的控制範圍則從這些基地向外輻射。就連這個對印度洋和太平洋悠久歷史的速寫，都指出有必要分析歐洲人的出現，以及十八到十九世紀這段標誌歐洲勢力在這兩大洋強力崛起的重要過渡時期。

本書的起始假設是革命和反革命帝國沒有抹掉這些長程歷史，但因為接觸範圍和全球化而加速的新舊並列，使我們有時很難區分哪些是已經存在的、哪些又是新出現的。在這個情況下，人們對他們自己、他們的領土和世界本身的看法正在發生變化，這又是革命時代及帝國崛起的另一個典型特色。

* * *

從本地人／原住民對他們的海域、歷史和在地球上位置的看法之中，可以看到這個時代的全球化衝擊。兩件珍寶可為此作證。

載著首批囚犯的第一艦隊（The First Fleet）於一七八八年——法國革命爆發的前一年——抵達新南威爾斯（New South Wales）建立殖民地。一七九三年，兩名毛利人被綁架到離澳洲沿海還有段距離的諾福克島（Norfolk Island），教導囚犯如何利用遍布在島嶼沿海懸崖上的亞麻。這兩個被綁架的人今天被稱作圖奇和胡魯（Tuki and Huru），他們搭乘以拉斯卡為船員的「沙霍爾木茲號」（Shah Hormuzear）來到諾福克島，這艘船從加爾各答啟航，駛入（今天位於雪梨的）傑克森港（Port Jackson）。[17]他們為前往諾福克島的航程，帶上了二千二百加侖的葡萄酒和烈酒，以及六隻孟加拉母綿羊和兩隻公綿羊。他們是最早和歐洲人一起生活的毛利人，被綁架的祭司之子圖奇和年輕酋長胡魯，成為囚犯殖民地指揮官菲利普．吉德利．金恩（Philip Gidley King）的親信。金恩分辨不出他們兩個誰比較懂亞麻加工，畢竟在毛利社會裡，加工亞麻是女人做的事。不過，金恩吩咐圖奇繪製一張地圖（圖0.4）。

有位評論者提到圖奇的興趣廣泛：「圖奇不只對英格蘭很好奇（他很清楚如何用彩色全圖找到英國的位置，以及紐西蘭、諾福克島和傑克森港的位置）。」如果說使用彩色全圖之舉顯示圖奇採納了

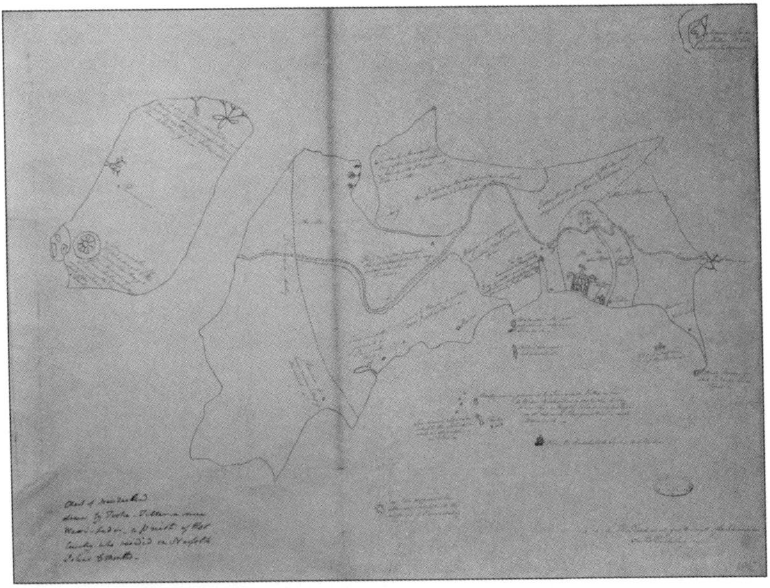

圖 0.4〈圖奇的地圖〉

歐洲製圖學，而且有興趣知道家鄉和周圍領土的相對位置，他也「非常樂於提供關於自己國家的訊息……在察覺旁人並不完全了解他說的話時，他隨手拿粉筆在地板上勾勒出紐西蘭輪廓的草圖。」[18]

圖奇的「國家」地圖非同小可，不單單是因為它被認為是毛利人繪製地圖中最古老的一張。地圖上有 Ea-hei-no-maue 和 Poo-name-moo，應該分別讀作 He Ahi Nō Maui「毛伊的火」和 Te Wai Pounamu「綠石之水」，也就是北島和南島。[19] 地圖上融合了豐富多樣的元素：穿越整座北島的虛線，代指亡者之靈——也就是毛利語「外魯亞」（*wairua*）所走的路線和亡靈躍入陰間的地方。在地圖上，我們看到這條路的盡頭畫著一顆神聖的紐西蘭聖誕樹（pōhutukawa

圖 0.5　武吉士航海圖（一八一六年）

tree）。圖奇在這張地圖裡面，以及製作過程發生的對話中，注意到人口、港口、作戰人員的集結，以及水資源。所有這些都顯示當地自然地貌和歐洲的製圖利益彼此混在一起了，而這後背的其中一個動力是，歐洲人需要為他們的船隻尋找停靠點。[20]圖奇的地圖是為通譯、測繪者、探險家和捕鯨者等人繪製的眾多毛利地圖之一，回到紐西蘭後，圖奇和胡魯成為毛利人和英國人之間的重要中間人。[21]

假如圖奇的地圖可以擔綱《南方浪潮》太平洋故事的起點，第二張引人入勝的地圖則是出自印度洋，又再讓我們看到人們如何透過在變動不居的世界裡找到自己、定位自己，來回應這個充滿劇變的時代。這是一張武吉士人（Bugis）畫的地圖，上頭題有伊斯蘭曆＊一二三一年（公元一八一六年）的穆斯林紀年，也就是拿破崙戰爭剛結束不久時。此處值得一提的是，英國的新加坡殖民地建立於一八一九年。武吉士人的故鄉是則勒伯（Celebes，今天印尼的南蘇拉威西〔south Sulawesi〕），他們寬廣的航線包括澳洲北部，澳洲原住民因為和他們進行貿易，對他們的船隻並不陌生。武吉士人在公元第七世紀皈依伊斯蘭。

這張破爛泛黃的武吉士牛皮地圖（圖0.5），以綠色和紅色墨水標記海岸和島嶼，屬於非常罕見的地圖。[22]它的地名為武吉士文字，並記錄了海的深度；它用旗幟標記荷蘭的殖民據點，包括馬尼拉，儘管馬尼拉其實是西班牙而非荷蘭的殖民地。地圖甚至呈現了一小部分的澳洲海岸，以及安達曼－尼科巴群島（Andaman and Nicobar islands，按：今屬印度，位於孟加拉灣）。我必須再強調一次，就像圖奇的地圖一樣，我們不能純粹把這張地圖視為當地文物，因為它顯然受到了歐洲傳統的影響。（有個可能的理論認為，此地圖深受法國船長任尼維爾〔Jean-Baptiste d'Après de Mannevillette〕針對該區域繪製的地圖影響。[23]）地圖上有一個羅盤的符號，羅盤今天在武吉士人航行時扮演關鍵角色，並早在十八世紀就成為武吉士人常用的工具。[24]

儘管突顯對歐洲技術的採用，這張地圖和既有的武吉士導航能力是相符的。武吉士航海者必須應付東南亞有眾多島嶼和海洋的交錯地形，和航行在開闊太平洋水域的太平洋島民（如毛利人）面對的

＊譯註：又稱希吉拉曆，以先知穆罕默德領帶信徒從麥加出走麥地那的公元六二二年為元年。

挑戰不同。[25]值得注意的是，海洋的邊緣呈現極為大量而且過分誇大的細節，島嶼和溪流也得到仔細的研究，這和陸地內部形成鮮明對比，地圖上的內陸僅繪有山脈，就像在海上航行時會看到的那樣。[26]這些山脈大概對導航有幫助。

武吉士人在十八世紀控制廖內群島（Riau），並使其成為歐洲、中國和馬來群島之間的貿易中心。最終，廖內蘇丹國（Riau Sultanate）在一七八四年被荷蘭人接管，就像另一個武吉士據點望加錫（Makassar），在一六六七年落入荷蘭人的控制，這導致武吉士人擴散到整個區域，以商人的身分在海上游蕩，於是被英國人歸類為海盜直到十九世紀。一八一二年，他們在爪哇島的日惹（Yogyakarta）淪陷時和英國人作戰。[27]然而，英國仰賴武吉士人作為中介，將早期的新加坡港和更遠的東部地區連結起來，因此由數千人組成的武吉士艦隊抵達新加坡，是該港的一項重大歷史事件。[28]

這兩份文物顯示歐洲人並沒有壟斷地圖繪測，儘管這種形式的知識常被描述成歐洲帝國擴張的核心焦點。這些航海地圖展現本地觀點在革命時代的創意與自信，雖然毛利人和武吉士人的地圖不能被當作最純粹的本地傳統，但它們證實了在充滿戲劇性變化的時代，本地人和歐洲知識既有所交流，又對立緊張。[29]因此，在另一張武吉士地圖裡，我們看到一艘歐洲汽船適切地出現在左下角；那個時代最引以為豪的進步標誌「汽船」，也在武吉士人的認知範圍之內。[30]穿越南方的一波波浪潮，本書希望呈現的正是這些本地政治、知識和習慣令人意想不到的特色；儘管機械化汽船勢不可當，本地人及非歐洲人還是能在南半球的波濤之中找到自己的路。

第一章　大洋南方的往來行旅

「我會把你釘在船艏樓（按：位於帆船船首的建築），讓歐塔海地（Otaheiti，按：今大溪地）的男人把你當靶射。」[1]這是彼得．迪龍（Peter Dillon）的口頭禪。他在一八二五年的十月指揮四百噸排水量的聖派翠克號（*St Patrick*）從智利瓦爾帕萊索（Valparaiso），駛往新興大英帝國的繁華樞紐加爾各答。迪龍酷愛說書，他對過去幾世紀歐洲人橫渡太平洋的偉大航程如數家珍。[2]崇拜拿破崙的迪龍給自己的其中一個兒子取名拿破崙，綽號「小拿」。從這個角度來看，他威脅用大溪地人對付手下白人船員這招可能是向拿破崙學的，目的是遏制任何兵變的可能性。

一七八八年出生於法屬馬提尼克島（Martinique），愛爾蘭人迪龍是個懷有遠大抱負的古怪海洋冒險家兼私商。根據他自己的說法，他曾在一八〇五年的特拉法加海戰（Battle of Trafalgar）中效力於英國皇家海軍（Royal Navy），[3]隨後他搭船航向太平洋。他的招牌是和南太平洋島民培養出親近的關係，這份情感始於一八〇八至〇九年，當時住在斐濟的他「在學習他們的語言方面，大有進步」，[4]太平洋島民則喚他為「皮塔」（Pita）。[5]他自一八〇九年起落腳雪梨，將雪梨當作他的跨太平洋私人貿易基地，然後在一八一六年搬到加爾各答，經營孟加拉和太平洋之間的貿易。這時的他已經結婚，妻子瑪麗・迪龍（Mary Dillon）會陪他從加爾各答出海。

在這些旅程中，迪龍串起《南方浪潮》裡談到的許多地點。這就是為什麼迪龍的故事是這趟歷史之旅一個很好的起點。他一八二五至二六年的旅程正好落在革命時代的中間點，而他的職業生涯則是衡量時代變遷的有力指標。因為大英帝國緊緊跟隨的是可以和迪龍相提並論的一群人，像是私商、水手、被社會拋棄的人、傳教士和人們口中的海盜；這個新興帝國試圖以更系統性的殖民手段整頓他們的活動，像是「自由貿易」和開明政府。[6]迪龍的下半生在歐洲度過，符合大英帝國邁向正式帝國的轉變。他現在和新的利益集團合作，向法國和比利時政府介紹太平洋的殖民計畫，並發表了一份英國殖民紐西蘭的提案。一八四〇年代，他活躍於十九世紀中葉的一個典型英國改革社團「原住民保護學會」（Aborigines Protection Society），該學會和反奴隸制的人道主義遺產密不可分。他還制定了一個派遣天主教傳教士到太平洋的計畫。[7]在一八四七年，他逝世於巴黎。

從革命到帝國令人震驚的行程

回到迪龍一八二五至二六年的那趟航行，我們從迪龍指揮的船隻及其船員的歷史，可以清楚看到這趟航行和革命時代的關聯。根據聖派翠克號的三副表示，這艘船曾在參與十九世紀拉丁美洲各地獨立抗爭的「不同交戰國之間數度易主」。[8]聖派翠克號在迪龍的指揮下，掛著智利旗幟航向加爾各答，當船隻駛離瓦爾帕萊索，港口登錄處把船上的歐洲人登記為「歸化的智利人」。[9]聖派翠克號的船員認為這艘船是掛智利旗進到印度的史上第二艘。[10]迪龍在名冊上被登記為「唐・佩卓・迪龍」（Don Pedro Dillon），船上也有一面「中間是黃色愛爾蘭豎琴的巨幅綠旗」，代表聖派翠克號也能選擇掛上愛爾蘭旗幟。

加入船隊的約二十名英國水手曾參與智利獨立戰爭，在英國海軍軍官湯瑪斯・柯克倫（Thomas Cochrane）的麾下和西班牙人作戰。柯克倫在一八二〇年代於智利、秘魯和巴西的反對派海軍之間，發揮了舉足輕重的作用。[11]這些英國水手和其他人，和迪龍前一次從雪梨航向瓦爾帕萊索所指揮的「考爾得號」（*Calder*）船員合作。考爾得號的船員中包括「八名歐洲人和四名大溪地人」，[12]而聖派翠克號上據說有十一個船員是太平洋島民。[13]迪龍為了嘲弄帝國的統治權威，用雪梨總督（按：拉克倫・麥覺理〔Lachland Macquarie〕）和新南威爾斯殖民地大臣（按：菲德列克・古爾本〔Frederick Goulburn〕）的名字，給大溪地船員取名「麥覺理總督」（Governor Macquarie）和「古爾本少校」（Major Goulborn），諸如此類。[14]

考爾得號上也有一名中國廚子和一名孟加拉管事，[15]不過迪龍對太平洋島民的喜愛並未擴及至孟加拉人。船長大人有著一份標題為「罪行」的清單，上頭列出孟加拉人做錯的事，像是打破陶器或讓湯匙掉到船外。[16]從瓦爾帕萊索啟航時，聖派翠克號上的一名馬克薩斯人（Marquesan，按：來自法屬玻里尼西亞）在海上過世，他在海上航行了十二個月，一直盼望回到大溪地，再從大溪地返鄉。[17]

在聖派翠克號終於抵達加爾各答時，船上的十一名太平洋島民船員中，已有四名過世。[18]

登上聖派翠克號的人當中，還有瓦爾帕萊索總督的兒子米格爾·森特諾（Miguel Zenteno）。記錄和迪龍共事細節的三副喬治·貝利（George Bayly）講了一則和迪龍妻子瑪麗有關的可怕故事：「他的妻子住在船上，他非常頻繁地對她施暴……」[19]貝利後來寫自己抵達加爾各答，脫離船長迪龍咄咄逼人的控制時說：「從沒有一隻囚鳥比我更高興獲得自由。」[20]船上還有其他俘虜：即將送往大溪地的馬和驢也在聖派翠克號上。[21]

聖派翠克船員之間的關係，恰恰是這個時期典型的看似不可能的同志情誼。[22]這些船上的關係不穩定、不可預測且暴力，建立在性別、地位和種族的基礎上，這些也都是這個時代的特色。儘管各方面如此典型，聖派翠克號的旅程後來卻變得重要。在停靠加爾各答之前，迪龍和貝利破解了他們那個時代最著名的神祕事件之一，也就是在太平洋人間蒸發的法國航海家拉彼魯茲（La Pérouse）的下落。他最後一次被看到是一七八八年在新南威爾斯剛建立的殖民地。

迪龍來到西南太平洋地處偏遠的死火山遺跡蒂科皮亞島（Tikopia）時，是為了找一八一三年他在另一艘船「杭特號」（*Hunter*）擔任幹部時留在當地的幾位老朋友，這些朋友在一次如今充滿爭議的戲劇化事件後，於蒂科皮亞島下船。杭特號在當時往返加爾各答與新南威爾斯的航程中，停靠斐濟搜集檀香木和海參，[23]迪龍那時為了獲得商品而訴諸武力。在一八二六年寫給孟加拉東印度公司當局的信件中，迪龍指出「除了我、本來就在島上的普魯士斯德丁人（Staten [Stettin?]）馬丁·布赫特

（Martin Buchert）和船員威廉・威爾森（William Wilson），（杭特號）所有歐洲人都被殺了」。[24]在其他地方，迪龍則危言聳聽地指出斐濟人是「食人怪物」，想吃掉陣亡者的屍體。[25]迪龍在事後回想中，坦承對斐濟食人習俗的描述過分誇大了。最近有個值得一讀的解釋，將迪龍此行為視為自欺欺人的敘事；自我欺騙無疑是迪龍多數時候的人生寫照。[26]不過在這個時代，食人族的形象的確太容易被投射到太平洋島民身上。

如今距離杭特號上次造訪已經十五年，當聖派翠克號於一八二六年來到蒂科皮亞島，幾艘獨木舟靠近迪龍的船，然後一個名叫喬的拉斯卡出現，親吻迪龍的手腳；他是幫忙解開拉彼魯茲之謎的線人。迪龍前一次來訪時，杭特號讓喬在蒂科皮亞島下船，[27]普魯士人布赫特也決定和「他的妻子，一名斐濟女人」一起留在蒂科皮亞島。自迪龍把喬與布赫特留在蒂科皮亞島，直到聖派翠克號來訪之間，只有幾名英國捕鯨者踏上蒂科皮亞島，而且是很近期的事。[28]

迪龍等人在這些年從事的貿易為太平洋開啟了新連結，所以捕鯨者突然出現並不足以為奇。喬本身則非常有代表性。「拉斯卡」是對非白人海員帶有種族歸納意味的用語，源於經過葡萄牙語翻譯的波斯語。我們可以從貝利講述的故事清楚看出喬的南亞傳統：「他似乎幾乎忘記怎麼說自己的母語，隨口說著孟加拉語、英語、斐濟語和蒂科皮亞語。」[29]在其他描述中，喬被稱為「在島上結婚，安家落戶」。[30]貝利指出喬自己的「同胞」都無法理解他，這裡說的同胞大概是指聖派翠克號上的南亞人。布赫特的例子則是告訴我們，在十九世紀早期的太平洋地區可能會遇到意想不到的人物，貝利指出：「他現在唯一的衣服是繞在腰間的蓆子。他全身都有紋身，臉上也有幾個記號。」[31]解開消失航海家之謎的工藝品就掛在喬的脖子上，那是一個舊的銀製護手。根據貝利的記載，他拿一瓶蘭姆酒買就到了。迪龍說，「喬賣給我手下的船員，換了幾個魚鉤。」[32]仔細檢視時，迪龍覺得自己可以看出拉彼魯茲的姓名首字母。[33]這個劍護手後來被帶回加爾各答。在寫給位於印度相關當局的信中，迪龍報告說護手來自一個臨近的群島，「名為馬利柯洛（Mallicolo，按：今天萬那杜共和國的馬拉庫拉島）的一大群島嶼。」用獨木舟朝蒂科皮亞背風面航行兩天就會抵達，而且蒂科皮亞的島民「經常出航」到馬利柯洛。喬去過馬利柯洛島，並表示他在當地遇到兩位說著當地島民語言的歐洲人，這段敘述聽在尋找失落遠征隊的人耳裡相當誘人。迪龍寫下：

> （喬）在當地人的物品中看到這個劍的護手，數個屬於某艘船的支索基座板，還有幾個鐵螺栓、五把斧頭、一個銀叉手柄、幾把刀、一些茶杯、玻璃珠和玻璃瓶、一根帶有家徽和花體字的銀匙，以及一把劍；全都是法國製造。[34]

孟加拉皇家亞洲學會（Royal Asiatic Society of Bengal）在加爾各答檢查了這個護手，該學會是在印度進行的科學、地理和「東方」知識探究的龍頭，學會由東方學家兼法官威廉．瓊斯（William Jones）於一七八四年創立，迪龍曾出席該學會的一次會議。在收到迪龍捎來的報告時，學會敦促他採取一切手段查明拉彼魯茲的船員是否還有人活著，好讓他們能夠返回自己的祖國。這和革命時代「出於人道動機」的響亮口號相吻合，學會的人聲稱那是「全體印度社會」也同樣在乎的事。皇家亞洲學會自認主管對「地球這個角落」的調查，它還以自信的帝國辭令陳述其動機，「藉以擴大我們對地球及其居民的了解，並在依舊野蠻的土地上散播文明的賜福」。[35]

聖派翠克號停泊入港時，在加爾各答引發騷動的不只有這件遺物。在聖派翠克號為木材停靠紐西蘭時，有兩個身分是酋長之子的毛利人搭上迪龍的船，為這則故事中令人難以置信的行程，再添驚奇。當時新聞就此事充斥著誇大不實的報導，加爾各答報紙《孟加拉信使報》（*Bengal Hurkaru*）指出這艘船上有位「紐西蘭王子布萊恩．博羅因貝（Brian Boroimbe），被認為是備受愛戴的同名愛爾蘭國王（布萊恩．博魯〔Brian Boru〕*）的直系後裔，而且有族譜為證，博魯在克朗（Clon）†與丹麥人作戰時為國英勇捐軀。」據說博羅因貝的外表「魅力十足」，而且他「各方面的舉止都表明他的體內流淌著古老而高貴的血液」。[36]這描述符合歐洲人覺得太平洋島民菁英是「高貴野蠻人」的觀點，這些原住民族尚未遭受文明的腐蝕；毛利人又特別容易被這樣描述。同行抵達的還有「參謀摩根．麥克默羅克（Morgan McMurroch）閣下」，這位眾人口中的王子在加爾各答受到盛情款待，被

* 譯註：愛爾蘭至尊王（九四一至一〇一四年），今天愛爾蘭文拼為Brian Boroimbe。
† 譯註：位於愛爾蘭東岸，靠近今日都柏林。

帶去吃早餐、和殖民聚落的商人共進晚餐，還被帶去觀看莎劇《亨利四世》（*Henry IV*）。代理英國總督在巴拉克普爾（Barrackpore）的鄉村官邸接待他，和迪龍同行的太平洋島民則在官邸表演跳舞和吟唱。博羅因貝獲總督贈與一套船長制服、一把劍和一枚帶有喬治四世肖像的動章，並把動章戴在脖子上。[37]

儘管像迪龍這樣的人正將印度洋和太平洋聯繫起來，但在同一艘船上，原住民族正從事史無前例的長途旅行。他們出於自己的目的加入這些航海之旅。譬如在庫克群島的艾圖塔基（Aitutaki），有「大批」太平洋島民登上聖派翠克號，希望能成為船員；「他們都非常渴望去看看這個世界」。[38]這展現了印度洋和太平洋的人民在革命時代，以及在迪龍遠征這類任務中的能動性。

一八二六年，加爾各答和緬甸的阿瓦王國交戰，這場戰爭搞得加爾各答人心惶惶，導致麥克默羅克在從聖派翠克號下船時遭到襲擊，根據一份報紙報導，旁觀者「震懾於這名男人的儀貌，孔武有力又優雅自若、五官對稱」。[39]他登陸時，守門人拔出他們的彎刀，以為麥克默羅克是一名緬甸將軍，以間諜身分來到加爾各答。令人眼花繚亂的全球化，可能造成這樣的身分誤會。守門人甚至認為「他的軍隊也不是不可能在當日夜裡現身，突襲威廉堡（Fort William）」。

有些歐洲人「立即出手，在（麥克默羅克）就要進行致命一擊時將他逮捕」，另一個記載則說出手的是迪龍的手下。[40]根據報紙的記載，麥克默羅克被帶去找警察時，身後跟了三千名印度人，這故事肯定經過《孟加拉信使報》的渲染，就像該報對麥克默羅克的其他評論一樣。《孟加拉信使報》報導麥克默羅克「對政治經濟的初始原則有非常公正的想法」，而且他「決心在離開（孟加拉）總督府前讓自己精通這門科學」，據說，他曾就建設鐵路、蒸汽火車廂、車輪和顱相學原理（即研究頭顱的科學）向人討教。同時，《印度公報》（*India Gazette*）注意到關於紐西蘭人有食人傾向的謠言在城裡四處流傳，就以此取笑博羅因貝（這點再次突顯食人族想法的普及程度）。報上寫道：「至少在岸上的這段期間，（他）基本上吃得像個好基督徒。」[41]

迪龍帶著毛利人的旅行，顯示太平洋島民（包括在捕海豹船和捕鯨船上工作的毛利人）抵達了印度洋的心臟。[42]原住民族利用這些遭遇的方式，在其他地方也顯而易見。聖派翠克號抵達加爾各答、乃至蒂科皮亞島之前，它曾停靠在大溪地，迪龍吃驚地在此地遇到另外兩個友人：塔凱（Takai）和藍吉（Langi）。塔凱和藍吉是在前一趟旅程於東加塔布島（Tongatapu）認識迪龍，他們擔任中間人，塔凱甚至曾指揮考爾得號，掌握船的旅程，迪龍最後一次見到兩人是在雪梨，當時他們登上了新聞版面。[43]現在他們已皈依基督教，隨著一位英國傳教士來大溪地，希望能回到他們的島嶼故鄉，使自己的族人改宗基督教。[44]

迪龍從事的貿易也對本地政治有所影響，當考爾得號在瓦爾帕萊索報廢時，迪龍靠著兜售一系列船上的太平洋武器彌補損失，[45]而在反向的交流中，迪龍把火槍和火藥帶到太平洋，特別是紐西蘭。當聖派翠克號抵達紐西蘭時，貝利寫道：「只要有火槍或火藥，我們可以取得島上生產的任何東西。」貪婪的迪龍忙著取得有製作桅杆價值的圓材，然而，圓材換火槍的貿易也有可能會卡彈，貝利談到一個陰謀活動：

我們所有船員都在貨艙裡盡快收好卸下的圓材，直到有幾艘不太尋常的獨木舟被放下來時；全員立刻被召集到艉部，因為迪龍船長不久前被一名原住民（其實他參與了整個計畫）告知，有個陰謀在聖派翠克號前一次航行期間形成，據說有人要奪船並殺光船上所有船員；而這段時間被迪龍船長好心帶到南美洲，還獲得許多禮物（可能是火槍？）的酋長，就是謀反活動的主要策劃者。[46]

反過來說，參訪加爾各答的毛利人的旅程，則籠罩在重要領導人暨戰士洪吉．希卡（Hongi Hika）的陰影下。一八二〇年，希卡從紐西蘭出發訪問倫敦。他的故事清楚顯示這些新旅程為原住民族開啟了一個新興的政治疆域。希卡被帶去見國王，最後帶著火槍和彈藥回家。「（希卡）回到家鄉後，」貝利寫道，「他宣布他永遠不會停止殺戮和吃掉他的同胞，直到他們讓他成為像英格蘭喬治國王一樣的王。」[47]博羅因貝和麥克默羅克自然也「嘗試從加爾各答商人那裡獲得火槍和火藥」。[48]除了紐西蘭，迪龍在許多其他地方都和本地菁英有所對話，而且就像在紐西蘭一樣，會被捲入地方的權力結構與競爭。貝利指出，迪龍在聖派翠克號停靠大溪地遇見塔凱和藍吉時，款待了「波瑪瑞瓦欣女王」（Queen Pomarrè Vahine）和大溪地的「每個皇家成員」，「火槍隊鳴槍向他們致意，表示歡迎，然後由專人帶到船長室。我獲命在船長室裡展示船上的所有寶物。」[49]

歐洲火槍便是在這個時期擴散到各個太平洋的偏遠角落，這也顯示歐洲戰爭和太平洋島嶼競爭是相互關聯的；戰爭的技巧和規模在十九世紀早期都正在改變。誰要想和歐洲人開戰，或是和鄰近政權或政治菁英鬥爭，都必須用歐洲人的方式武裝自己。大英帝國的各種戰事也和榨取資源的政府制度，以及各種搜集資訊的新方法連結在一起。在紐西蘭，聖派翠克號採用的兌換率是二十根圓材換一把火槍，或等比例數量的火藥；然而，他們曾經有一次用五十八磅的火藥和十五把短柄斧頭買到一百六十六根圓材。[50]有鑑於雙方交流後的結果，我們絕不能把迪龍這種人和亞洲、非洲和大洋洲居民之間的邂逅理想化。

例如，看看博羅因貝和迪龍在加爾各答八集客棧（Budge Inn）的對話，博羅因貝納悶為什麼客棧的員工這麼重視迪龍？當他得知這是因為英國人控制了這個國家，博羅因貝說：「因為你們已經拿下了這個國家，我確信你們有一天也會來拿走我的國家。」[51]博羅因貝的推測完全正確，橫跨印度洋和太平洋的這些蜿蜒海洋通道，的確和殖民活動緊密相連。《孟加拉信使報》在報導博羅因貝訪問巴拉克普爾時，想像他回到紐西蘭時，會在他所控制的任何領土提供英國船隻一個安全的避風港，報導補充了下面這段話，支持博羅因貝作為英國之友的資格：「由博羅因貝的父親主管的領土從帕利斯爾角（Cape Palliser，按：位於紐西蘭北島）延伸到泰晤士河（River Thames），在那裡，很容易就能取得世界上最大、最直、最耐用的圓材……」[52]和迪龍同行的毛利人獲得的熱烈歡迎，反過來突顯一個貿易帝國乘風破浪的前景，一個可能反擊革命時代諸多可能性的帝國。

在其他地方，人們討論著毛利人的土地上將發生什麼事，《印度公報》希望當局不要給博羅因貝帶武器回家，而是帶著「農業和畜牧的工具，接受使用工具的適當指導，並學會在自己國家培育非原生種穀物、蔬菜、水果的方法」。迪龍本人則在一八三二年提倡進一步殖民紐西蘭時，勾勒出各種形成商業網的可能，他希望紐西蘭成為太平洋貿易的基地，貿易商品包括檀香木、鯨腦油和椰子油，以及珍珠母，這在中國沿海省分和馬尼拉都能賣到好價錢，木材則可以從紐西蘭運到智利和秘魯交易。而由新南威爾斯入港的空囚犯船，在他的盤算中，可以用來裝載像是檀香木、海參、魚翅和繩子等商品運往印度或歐洲。[53]

千萬別以為考爾得號和聖派翠克號在穿越太平洋與印度洋時，海上都沒有其他船隻，由於越來越多的歐洲人加入，而且航行範圍越來越廣，海上充滿了各式各樣的新船隻，儘管航行在印度洋和太平洋的官方英國船隻數量還不多，然而各類船隻（包含私人和官方、英國和非英國）已紛紛在海上相遇。[54]聖派翠克號啟航之初，瓦爾帕萊索的港口就有一系列的英美船隻，而且在貝利停留該港期間，還有艘西班牙籍的雙桅橫帆船被一名叛變船員駛進港口，他謀殺了他的長官，希望能把這艘船交給智利的愛國者，[55]這個事件成了瓦爾帕萊索的熱門話題。在大溪地，聖派翠克號遇到一艘英國捕鯨船「幼鹿號」（*Fawn*），還有幾艘美國捕鯨船和一艘商船；在胡阿希內（Huahine，按：位於法屬玻里尼西亞），他們遇到一艘排水量三百噸的美國捕鯨船，在紐西蘭又遇到捕鯨船「艾蜜莉號」

（*Emily*）、英國戰艦「拉恩號」（*Larne*），以及正前往馬克薩斯群島取珍珠的「喬治奧斯朋爵士號」（*Sir George Osborne*）。[56]在東印度群島，聖派翠克號在巴布亞紐幾內亞和聖誕島（Christmas Island）之間，遇到一艘正在費城與廣州之間從事貿易的美國船。[57]自從脫離聖派翠克號，重獲自由後，貝利登上經可倫坡（Colombo）與好望角（Cape of Good Hope）開往倫敦的「胡格利號」（*Hooghly*）工作。[58]

船隻往來十九世紀初這些海域時，水手們會記住彼此的航道並和彼此交談，他們比對各自停靠的港口，判斷誰比較早抵達。私商會緊盯競爭對手的下一步，他們仔細觀察英國殖民政府的一舉一動，像是載運囚犯到澳洲、或在好望角、錫蘭（Ceylon）和模里西斯建立英國基地。他們也看著英國人攻擊其他競爭的帝國、政治菁英和私人代理者，有時甚至會加入戰線。在聖赫勒拿島（St. Helena）時，貝利寫說他服務的船和另一艘船「海莉葉號」（*Harriet*）「作伴」，還有一艘載著巴達維亞（Batavia）咖啡要前往阿姆斯特丹的美國船，回程途中，它遇到一艘要航向南特（Nantes）的法國船。[59]

等到胡格利號揚帆回家的時候，英國人對競爭的憂慮無疑正在消退，然而在這些往來船隻川流不息的海上，英國對法國的敵意和焦慮依然蟄伏。有個基地能讓英國人安心，確信他們在南方的海洋正不斷超越法國，那個地方就是聖赫勒拿島的拿破崙之墓。胡格利號一下錨在聖赫勒拿島，旅客便一窩蜂地跑去看拿破崙墳塚，拿破崙在一八一五年滑鐵盧慘敗後被流放至此，一八二一年於聖赫勒拿島辭世。[60]如果說迪龍以拿破崙給他的孩子取名，其他一票英國人則是試圖以這種方式接收拿破崙戰爭的遺產，大英帝國承繼了一些拿破崙帝國的特色，採行將領土整併結合自由貿易辭令的軍事主義邏輯。[61]

然而，對法國的焦慮和敵意和英法友誼並不衝突，事實上，迪龍從加爾各答前往太平洋拉彼魯茲消失地點的返航，引來金德訥格爾（Chandernagore）法國當局的「公開感激」。金德訥格爾是法國在印度的據點，一八一六年由英國人歸還給法國人。迪龍這回帶了一名法屬印度政府的代表上船，[62]一八二七年四月七日的《霍巴特鎮公報》（*Hobart Town Gazette*）提及迪龍指揮的船隻進港，帶著東印度公司的正式委任：

> 尊敬的東印度公司船指揮官彼得・迪龍紳士（配有十六座大炮，載運七十八人），一月二十三日從加爾各答出發，昨天入港休養，他正在進行一趟南太平發探索之旅，尋找已故拉彼魯茲爵士指揮的法國護衛艦「羅盤號」（*La Boussole*）和「星盤號」（*L'Astrolabe*）生還者。乘客當中有紐西蘭王子布萊恩・博魯殿下，以及擔任王子參謀的紐西蘭貴族摩根・麥克默羅克；孟加拉軍隊的史佩克船長（Captain Speck），他要留在此地直到恢復健康，以及法國領事部門的沙尼奧先生（Monsieur Chaigneau）。[63]

儘管這是一次經授命的正規航程，船上載著一百把火槍，打算作為「船隻武裝之用，和送給當地酋長的禮物」。官方為了抑制迪龍的企業家精神，謹慎制訂詳細指示，[64]官方甚至明文表示，唯有在

「極端危險的情況下」才能對島民開火。迪龍也被警告無論在船上或岸上都不要和太平洋島民有太多互動：「委員會認為有必要警告您，不要對從這個港口陪伴您出航的本地人過分信任。」[65]這次遠征的目的還包括繪製這片未知太平洋海域的地圖，我們再次看到當中有一個與緬甸戰爭的聯繫：一名曾在緬甸效力的醫療「創傷處理師」也在此行的船員行列。[66]贊助者還吩咐迪龍每日正午提供船隻所在經緯給同船的博物學家，這件事後來成為迪龍和博物學家羅伯特・泰勒（Dr Robert Tytler）之間的主要爭執點，爭執後來演變成在范迪門斯地（Van Diemen's Land〔塔斯馬尼亞〕）的審判＊。[67]

隨著迪龍的故事繼續進行——還有隨著拉彼魯茲人等的太平洋大航海活動，被十九世紀早期移民、商人、傳教士、總督和法官的散步取代——帝國進入了革命的空間。追溯一八二五年聖派翠克號的足跡，以及迪龍和貝利在出航和返航期間的每趟航行，我們會看到本地的政治觀點；橫跨拉丁美洲、太平洋、澳洲和紐西蘭、印度，以及非洲，令人眼花繚亂且出乎意料的世界航行；知識和理性的擴張，以及它們和殖民主義的關係；英國貿易的傳播，還有對人類和文明的言辭承諾；以及戰爭、武器和暴力爭奪的擴散。這一切都是典型的革命時代特徵。然而，當我們穿越這個故事時，我們從革命走向帝國，大英帝國成為一股反革命力量，試圖將前人的語言和政治吸收到帝國內部。事實上，這個帝國掌管著太平洋這一帶的每個角落，即使迪龍這樣的古怪角色，也試圖把自己安插到這個全新的帝

＊譯註：迪龍被指控在航行時曾攻擊並不當監禁泰勒。

國結構裡。

從迪龍的生平細節中，我們能清楚看到太平洋島民的自信，和他們為自己建立新政治觀點的嘗試，但因為這些史料有綿密的殖民修辭，萃取他們的聲音和政治觀點困難重重，就連他們被取的名字都有濃濃殖民色彩。一個有力的例子是，瓦尼科羅島（Vanikoro，在當時的評論中稱為馬利柯拉〔Malicola〕，就是拉彼魯茲消失的地方）的島民在新聞評論中被以種族歧視的語言介紹，這段無禮冒犯的話出自一八二七年的《殖民時報暨塔斯馬尼亞廣告商》（*Colonial Times and Tasmanian Advertiser*）：「馬利柯拉人幾乎和所有南太平洋島民都不一樣。他們的皮膚像黑鬼一樣黑，頭髮毛茸茸，還有黑鬼的五官。」[68]

史料的局限性及其意識形態偏見，造成我們必須以不同的視角來理解這個海濤世界在革命時代的歷史。

海上世界的波斯作家

這幾十年在南方海洋各地旅行並留下記載的南亞作家和旅人，儘管也有著他們自己的偏見，還是提供了我們一個不錯的觀點。[69]米爾薩・阿布・塔里布・伊斯法哈尼（Mirza Abu Talib Khan Isfahani）就是一例，他在英國評論員常用的殖民片語中，被稱為一名「波斯王子」，就好像和迪龍一起航行的毛利王子，可阿布・塔里布說：「我從未獲得過任何頭銜。」[70]阿布・塔里布在一七九九年從加爾各答啟航，航向英國。他搭乘的船隻就像聖派翠克號，也有特殊的登記名冊及多樣化的船員，包括南亞的海員。阿布・塔里布則試圖和水手們保持距離：

> 伊斯蘭曆一二一三年齋月的頭一天（一七九九年二月八日），我們揮別友人，從加爾各答出發……我們的船（一艘丹麥船隻）由懶惰又沒經驗的孟加拉拉斯卡組成，處於最混亂的狀態；房艙又小又黑，臭氣沖天，我被分配到的房艙尤其糟糕，光是想起房艙就能讓我心生憂鬱……船長自尊心強，個性獨立。他的大副在美國出生，長得像隻愛吠叫的壞脾氣獒犬……[71]

阿布・塔里布聽從一名蘇格蘭友人的建議離開加爾各答，試圖透過訪問西方世界驅除他的消沉喪志。年輕時，阿布・塔里布住在印度北部的勒克瑙（Lucknow），那裡是學者雲集的地方，他就向這些學者學習。在十八世紀上半葉，他的祖先從波斯來到印度，他父親曾為奧德土邦（Oudh〔阿瓦德土邦〕）和孟加拉的統治菁英工作；而到了十八世紀下半葉，這批非常仰賴政權僱養的學者官員，迎來了一個充滿不確定性的階段：不確定性來自政權的迭代，以及英國勢力的崛起。

阿布・塔里布以波斯文寫成的旅遊故事《塔里布遊歷法蘭克人之地》（*Masir-i Talibi fi bilad-i afranji*），需要從這樣的角度來理解，因為他發出的是一種焦躁不安的聲音，是一位菁英人士試圖在革命時代尋找方向的聲音；革命正在改變他過去所知的世界。根據某些專家表示，這些文本的書寫可能是受到了英國人的鼓勵，儘管阿布・塔里布「並不總是對英國人逢迎拍馬，但整體看法還算正面。」[72]當從奧德土邦稅務官的職務被解聘後，阿布・塔里布便開始在英國人手下工作，擔任亞歷山大・漢奈上校（Colonel Alexander Hannay）的助手。漢奈的工作是負責戈拉克普爾（Gorakhpur）的歲入。阿布・塔里布也曾在拉克瑙替英國人做事，執行例如鎮壓叛亂之類的任務。他在一七九九年登上丹麥船之前，已失業將近十年，而且人生經歷了各式各樣的不幸：「我所有的眷屬和追隨者，看到我的落難，紛紛離開了我；就連我的幾個孩子，以及在我父親家裡長大的家傭，都拋棄了我。」[73]他的故事沒有快樂結局：一八〇三年旅行歸來的他在三年後過世，死前沒見到自己的命運有所改變。

阿布・塔里布的寫作反映了身為詩人的文學技巧：他擅長朗誦和寫詩。觀察以下的例子：在前往倫敦的海上之旅，他拿大象和鯨魚做類比：

> 好幾條被稱為**鯨魚**的魚游到船邊，我們可以把牠們看得一清二楚。牠們的體型是最大的大象的四倍，有很大的鼻孔，將水吐到十五碼的空中。[74]

在阿布・塔里布觀察這些生物時，船隻靠近好望角，航行到這個階段，「陸地的景象讓他熱淚盈眶。」同時，他在下一段文字中形容自己被困在船上的感覺，和他在描述鯨魚徜徉大海時使用的語句形成對比：

簡言之，我們像是關在黑暗狹窄牢房裡消磨時光的死屍；要不是因為船上不斷發出的噪音和惱人的惡劣天候，我們可能會以為自己是冥界的居民。[75]

在旅途中，阿布．塔里布非常關注大自然。這並不奇怪，因為在十八世紀末和十九世紀初的時候，世界各地的人都在改變他們對自然歷史的看法。他品嚐飛魚：「我覺得牠們味道不錯，而且有種嚐到鳥肉的幻覺。」[76]在好望角，他針對馬匹和牠們的「阿拉伯血統」，「在森林裡到處亂跑的」貓狗，以及鴕鳥發表了一些看法。他也談論海岸線和船行所到之處，譬如指出聖赫勒拿島（也就是後來拿破崙的葬身地）有看起來「一片焦黑」的懸崖。[77]在旅程中，阿布．塔里布也很懂觀察滿天星斗，在靠近尼科巴群島時，他從望遠鏡困惑地看到海上有座島嶼，儘管它在地平線以下。[78]

阿布．塔里布這份對自然的興趣，在致力將動物、景觀和地理進行分類的過程中得到滿足，他將一切製作成相互對照的列表。在地理分類方面，他依據在環球航海時期，各大海洋帶在世界各地的定義，制訂出以下的分類規則：

海峽是指海洋的狹窄部分，夾在兩塊陸地之間，但兩端開放。

海灣朝陸地深處延伸，呈圓形，僅一側開放。

海（有時稱為**灣**）覆蓋很大一部分的海洋，但四邊幾乎被陸地包圍；像是地中海、波斯灣、紅海等。[79]

地區以及生物都像這樣被分門別類，放進正確的位置裡，人類也不例外。阿布・塔里布對膚色、出身和血統，以及地位感興趣，尤其是女性的部分。在開普敦（Cape Town），他不以為然地寫道「所有歐洲荷蘭女人」都「很肥胖、粗俗又枯燥」，不過卻補充說，「但女孩們就長相標緻、氣宇軒昂又活潑；她們的性情也溫和，可是總要求昂貴的禮物。」他在開普敦和這些年輕女子調情，希望把他的手帕送給派對上最俊美的女子。他自己解釋說，他這麼做是試圖效仿「君士坦丁堡的突厥富人」，他們「會把手帕扔給他們想要共度春宵的淑女」。[80]在英國時，他寫了些關於「康貝小姐」（Miss Combe）的事，他對她的愛慕甚深，而且曾在一次化妝舞會遇到對方，她就「好像受燦爛星光襯托的一輪明月」。[81]

無論這些女性如何解讀他的興趣，阿布・塔里布的敘述都受到身分、地位、種族和性別的偏見，以及捍衛這些偏見的辯解所影響。在描述尼科巴群島的島民時，他寫說他們「肌肉發達」，五官長得像「（緬甸的）勃固人（Peguers）和中國人，但（這些尼科巴島民）有小麥膚色，幾乎沒有鬍鬚」。然而，他完全沒對南亞海員展現任何同情，儘管這些水手「非常厭惡他們在船上受到的對待」，登陸群島後，海員們索性棄船，躲進森林。[82]在革命時代期間，拉斯卡的反抗是這些年印度洋常見的特徵，[83]但這次反抗事件在阿布・塔里布的文章裡不受重視，落跑水手也在這次的尼科巴群島事件中被捕，帶回船上。

儘管他是從非歐洲人的觀點出發，若要看到該時代的種種衝突，阿布・塔里布的寫作仍需要經過梳理和拆解，就像對待迪龍的作品一樣。他針對亞洲女性的「自由」所發表的一個有趣論點就是明證，論述寫於他停留英國期間，並於一八〇一年首次發表在《亞洲年鑑簿》（*Asiatic Annual Register*），後續又在其他地方發表。[84]他解釋這篇文章的由來：

> 一位英國女士衝著我發言，她說，亞洲婦女根本沒有自由可言，她們像奴隸般生活在丈夫家裡，沒有尊嚴、沒有權力；她譴責男人的刻薄，也譴責女人屈從於男人的輕視。[85]

阿布・塔里布在回應時，堅稱亞洲女性享有比英國女性更大的自由，不過他的論據植基於父權觀念，和他身為菁英男性的社會地位。他推斷由於勞動力成本較高，英國望族家裡的僕人比較少；然而，亞洲女性可以擁有自己的寓所和戶口，她們可以從丈夫身邊離開幾天，然後「把（丈夫的）食物送給住在男性寓所（murdannah）的他」。在阿布・塔里布看來，住在同一個亞洲城市裡的「各國人」遠比在英國多，而這使得男女分開居住成為必須；因為「在一個存在（受外國人）腐化危險的地方，賦予女性（和丈夫住在一起）的自由，將是對男性自由的侵犯」。據說亞洲女性有更多的閒暇時間，「免於四處走動的勞頓」，而且能「透過和庸俗粗人保持距離，維護自己的名譽。」說到一夫多妻制，阿布．塔里布表示這個制度增加了正室的自由，而那些沒有資格成為正室的人，他寫道：「願意嫁給已婚男人的女人，從來都不是出身名門。」

自由是革命時代的一個關鍵概念，而阿布．塔里布就是這樣描述自由，但就像當時的其他作家，他扭曲了自由的概念，試圖合理化而不是消除性別、階級和種族的差異。他關於英國女性和亞洲女性的論點，是試圖將自由相對化，同時讓自由變得具有主觀性和文化特殊性，但他的對話者，大概就是前文中的「英國女士」，提出亞洲女性沒有選擇丈夫的自由，阿布．塔里布回答：

> 關於這個部分，根本沒什麼好說的，畢竟這個自由在歐洲只是名目上的自由，因為若沒有父親或母親的同意，女兒選誰都是徒然；而無論他們替她做了什麼選擇，她都得聽從；所以實際上，這種自由只會助長女性逃家（就像印度的男女奴隸一樣）。

阿布．塔里布的旅行故事，以及他在倫敦和印度的交流，是一種將自己安插到英國階級制度中的嘗試，即便他出言捍衛南亞的社會結構和習俗。[86]值得一提的是，他在停留開普敦期間賣掉了一個奴隸，這個奴隸的「態度、規矩和性情，」他寫說，「在上船後墮落的很厲害。」[87]如果說他對社會、自然和全球的分析和時代氛圍同步的話，他對法律和政府的解釋亦然，這部分也是那個時代特有的矛盾。他讚揚陪審團的使用，但基本上對經常「推翻公道的」英國法律持否定態度，這使「立意良善的誠實人，老是被狡猾的壞蛋欺騙」；在這種情況下，法律是一種賺錢的手段。他害怕英國人的粗魯無禮，像是在倫敦聚眾滋事的「暴民」，而且對稅收的增加和食品價格的上漲感到憤怒，視之為類似大革命前在法國可見的現象。[88]

阿布．塔里布提出了一個對法國大革命的解釋：人民「厭惡政府的暴政，對他們的國王發出請願與進諫之聲」。國王成為「共和統治政體」典型的「無用花瓶」：

> 在這次事件後，法國發生了一場翻天覆地的革命。權貴淪為弱者，底層手握大權；平民從最底層的階級選出代表，並任命他們自己選擇的官員來保衛他們的領土。[89]

倘若本地政治藏在迪龍和貝利的文字敘述底下，阿布．塔里布的作品則是透露了歐洲政治和英法緊張關係的徵兆。丹麥船隻正式從加爾各答啟航之前，延遲了二十多天，因為有一艘法國護衛艦被發現在港外巡航。有人聽到大炮發射的聲響，一艘英國船落入法國人手裡；也有人看到一艘掛法國旗幟的阿拉伯船「被英國禁航」，這場競賽最終隨著來自馬德拉斯的一艘英國船捕獲法國護衛艦而劃下句點。[90]靠近模里西斯時，人們擔心船會被法國人搶走。阿布．塔里布發現開普敦不久前剛被英國人拿下，有十六艘船在港口巡航，防衛法國入侵，此外他還提到鄧達斯將軍（General Dundas）麾下的五千名駐軍。[91]

和革命時代的連結，在於阿布・塔里布講述和詮釋這些歐洲政治事件的方式，以及他如何接受並內化這個時代誕生的新知識與新觀念。阿布・塔里布的旅程體現了旅行的種種可能性，從中可以看到革命時代前所未見的全球化，但有關這個時代重要變化的其他線索，出現在接下來的旅程。阿布・塔里布在回程時，選擇從英國歐陸前往印度。阿布・塔里布經過中東時，介紹了瓦哈比運動（Wahhabi movement），特別指出「人們開口閉口都在談這個」。根據他的說法，在瓦哈比派的控制下，麥加和麥地那曾發生「大不敬的掠奪活動」，目的是為了消滅偶像崇拜。我們很快就會看到，伊斯蘭教的瓦哈比改革和中東各地的政治變遷有關，它本身內含了一種革命意識，但不同於歐洲的革命意識，儘管歐洲人把它視為一種革命性的運動。今天在人們使用「瓦哈比主義」（Wahhabism）的概念時，它依然帶有關於伊斯蘭純粹主義和原教旨主義的一系列刻板印象。在未被中斷的連續性故事中，這個概念被大有問題地一路溯源到革命時代。阿布・塔里布如此描述瓦哈比運動：

雖然瓦哈比派握有大權，而且累積了巨大財富，他們依然保有最簡樸的舉止，以及適量的慾望。他們不拘禮地席地而坐，滿足於吃幾顆椰棗果腹，一套料子粗糙的大斗篷就能充當衣服和床鋪三年。他們的馬是擁有名貴血統的純正納吉品種；他們絕不允許將任何一匹帶離國境。[92]

革命觀念也出現在波斯編年史家圈的著作裡，阿布・塔里布也屬於這樣的圈子。該時代的波斯作家頻繁地在作品中使用 *inquilab* 這個單字，用來指「革命」或「顛覆」；它也被用來形容英國入侵帶來的種種變化。根據研究這些文本的一位專家表示，這個單字「字面意思是轉向」；[93]這意味著，這些著作不偏不倚地落在革命時代的範圍內。總的來說，阿布・塔里布的周遭世界正在發生政治大轉向；關於生活的意義也發生了翻天覆地的變化。這點從他對諸多領域的評論可見一斑，譬如從自然到社會等領域，還有從性別到文化差異等領域。

我們也可以從其他可被視為他同胞的人身上，看到對時代轉向的參與。例如古蘭姆・胡笙・塔巴塔八伊（Ghulam Husain Khan Tabataba'i）所寫的珍貴史書《當代回顧》（*Sair al-muta'akkhirin*），講述了十八世紀的印度歷史，從蒙兀兒皇帝奧朗則布（Aurangzeb）一七〇七年崩殂，直到一七八〇年代初英國人前來。該書在法國大革命前一年於加爾各答出版了英譯本，作者是個政治人物兼地主，他的貴族家族來自波斯，曾在東印度公司擔任職員。[94]古蘭姆・胡笙對美國獨立革命的描述是：移民聯手抵抗英國國王的權威，「將反叛和違抗的標準整個攤開來。」後來他們召來和英國宣戰的法國人。[95]另一位作家米爾扎・伊塔西姆丁（Mirza I'tisam al-Din）來自孟加拉穆斯林士紳家族，他將美國革命描述為美國富裕貴族群起反抗英國，並將這場革命詮釋為英法衝突的一部分。[96]古蘭姆・胡笙也寫道，西班牙人和荷蘭人都加入抗英的行列。「唯有時間能指出在這一片紛雜的擔憂和利益中，天意的最終意圖是什麼；也唯有時間有一天能得知，天意在那些費解的時刻註定了什麼。」[97]

然而，古蘭姆．胡笙在結束故事之前，為另一個發人深省的原因停頓了一下：他給他的讀者上了一堂天文學課。這和阿布．塔里布對星辰和大海的興趣相符。「地球的形勢，以及海洋和陸地的樣子，並不像我們在此之前想像的那樣。據說後者像個腰帶一樣地圍繞前者。」[98]根據古蘭姆．胡笙表示，新世界是還沒被徹底探索與調查的半球，他知道人們在那裡發現了藥物、上等木材和金銀礦。如果兩個半球的土地都被拿掉，南北半球居民的腳會不會「趾頭碰趾頭」呢，他心裡納悶，就算他們的腳這樣碰上了，他們的頭還會對著天空嗎？對這位波斯編年史家而言，世界的變化和不斷變化的世界知識並存；英國勢力在印度的崛起，以及英國和法國的戰爭，都和發生在另一個半球的事件脫不了關係。這些變化正在展開的同時，古蘭姆．胡笙試圖在一個變動不居的世界，在政治恩庇、政府和統治的新形式接連在印度形成的世界裡，找到自己安身立命的位置。正因如此，他的聲音，就像阿布．塔里布的聲音，訴說的是一種在新舊間搖擺的不安。

這份不確定性也清楚出現在伊塔西姆丁的英國紀行。他也曾為印度和英國主人工作，為英國人作戰。這些戰爭導致一七六五年孟加拉行政管理權（*diwani*）被授與英國人，也就是徵收稅款和裁決民事案件的權利。這是英國鞏固其印度擴張的一個關鍵時刻，他幫助英國人鎮壓動亂，就像阿布．塔里布日後所做。一七六七年，他以蒙兀兒皇帝派去見英國國王的外交使團成員身分，啟程前往英格蘭。

伊塔西姆丁的紀行名為《英格蘭奇觀見聞書》（*Shigarf-nama-i vilayet*），成書於他旅行結束二十年後的一七八五年。它勾勒探索的歷史從葡萄牙人的早期嘗試開始，到抵達印度為止。現在，英國在海上領先於所有「戴帽子的歐洲國家」（hat-wearing nations of Europe）。[99]他的旅行敘述接著談論起海洋、羅盤、船隻和風的部分，從頭到尾都展現持續而深刻的好奇心。大海是歐洲擴張的通道，但卻是一個神祕的媒介：「海洋的湛藍是天空的倒影，用手舀起的海水呈白色、甚至無色，就是一個簡單的證據。」[100]凝視海洋又帶來思考陸地本身的需要，這和其他波斯作家的散文作品一致，也符合這個革命時代的本質及其對天文學和其他科學的關注。伊塔西姆丁以詩意的語言寫道：「陸地是在浩瀚汪洋中漂浮的一顆蛋。」接下來他提到一則故事，關於某位歐洲國王打算朝海裡施放繩索，藉此確認大海的深度，「數百萬碼的繩子沒入水中，但還是沒有觸及底部。」[101]他欣然接受西方的航海技術，鉅細靡遺地介紹羅盤的使用，也提到通常有「五層樓」的船船：「最頂層在船尾，住著船長和船副。」颳狂風時，船可能會遭「棕櫚樹一樣高」的浪襲擊。在這些細節中，伊塔西姆丁的主旨是讚美真主；在海底「一切深海祕密的知識都屬於真主」。[102]這麼一來，我們看出儘管他對新事物有廣泛的興趣，伊塔西姆丁也堅定地固守傳統和既有方式。他描述在暴風雨中爬上桅杆的歐洲水手，擁有「哈努曼（Hanuman）的敏捷」（哈努曼是出現在史詩《羅摩衍那》（*Ramayama*）裡的印度教神猴），而且「像蝙蝠一樣」懸掛在桅杆上，優美地表現出新舊兩者的揉合。「他們的勇氣與勤奮，」他說，「讓他們成為世上最強的種族。」[103]

至於航程本身，我們從他對船隻停靠模里西斯的描述中，看到了穆斯林拉斯卡的出現。[104]伊塔西姆丁對他們隨著被法國主人奴役的妻子「因婚姻淪為奴隸」感到好奇。「這些奴隸在青少年時期從孟加拉、馬拉巴爾（Malabar）、德干高原（Deccan）（都在印度）和其他地區被帶過來，每人售價五十至六十盧比。」在市場扮演中間人的拉斯卡惠他良多，不僅熱情招待他，還給他許多建議，使他能購買「芒果、西瓜、黃瓜、甜瓜和其他好幾種孟加拉夏季特有的水果」，但伊塔西姆丁「內心悲痛」，認為這些亞洲海員已經拋棄了「他們自己的土地」。他在描述模里西斯時，關心的是人、殖民、歷史和自然，該島在一八一〇年被英國占領，部分出於英國對共和主義和海盜的恐懼。

伊塔西姆丁將模里西斯放到更大範圍的印度洋視野內，前往模里西斯的航線帶他靠近了許多有趣的「島嶼和海岸」：他誤把巴達維亞當成葡萄牙人的殖民地；從孟加拉出發兩個月後，他報告說有「一座島嶼，屬於中國，以瓷器聞名」；隨後是關於緬甸勃固的敘述。「在我們沿孟加拉灣航行時，」他寫道，「麻六甲（Malacca）以地平線上的一條細黑線的姿態出現……馬德拉斯西南方，距離旁迪切里（Pondicherry）一百英里（或一天航行）的地方是錫蘭，印度人稱之為塞倫迪普（Serendip）。緊接著他談起馬爾地夫（Maldives），統治馬爾地夫的是個連孟加拉地主階級（*zamindar*）都比不上的人，但此人卻裝出一副君主模樣。然後伊塔西姆丁又經過一座島嶼，那裡的居民疑似「人類」，不過卻「披野獸皮，吃半熟生肉」。

伊塔西姆丁的寫作注重船舶、海洋、島嶼、海岸和水手，和太平洋航行者的寫作一樣富有海洋性；他的寫作也展露和迪龍這類旅人一樣的某些偏好。他寫到一座食人族島：

這個島的居民是人類，但他們有惡魔的容貌。他們披野獸皮，吃半熟生肉；他們垂涎人肉，由於這座島有金礦，他們很樂意用黃金交換人類。當他們瞥見遠處有船隻時，他們在山丘上點火，以便引誘船隻上岸。105

將這段旅行敘述和海上冒險的殖民描繪結合在一起的，不僅僅是食人族的身影，伊塔西姆丁的故事裡還有美人魚：「願真主以無限慈悲阻止任何人看到美人魚，因為美人魚是一種鎮尼（genii）＊。」和阿布．塔里布的散文同調，紀行中也少不了飛魚和鯨魚。伊塔西姆丁對鯨魚的描述，幾乎和阿布．塔里布的用詞如出一轍：

（一隻鯨魚）身軀至少等於兩頭成年大象；通常還要更大。牠的脖子和大象的類似，鼻子也頗像一頭大象的象鼻，只不過小了許多。牠的鼻孔在頭頂上方。106

雖然有諸多不同，包括本身的主體位置（subject positions），但這些來自太平洋和印度洋的史

＊譯註：伊斯蘭教對超自然存在的統稱，本質無善惡，可助人也可害人，能任意改變形體。伊斯蘭神學和神話中的邪惡生物色旦也被歸類為「鎮尼」。

料，在內容和關切方面有許多相似之處。我們從迪龍和貝利的旅行，以及阿布・塔里布和伊塔西姆丁的旅行，看到本書將帶領讀者前往的許多、甚至是絕大多數地方。他們的故事涵蓋了整個被遺忘的角落，以及很多接下來即將登場的事件。這些故事也跨越一七六〇年代晚期到一八四〇年代晚期，是認識後續章節的完美敲門磚：因為這段時間構成轉向帝國的革命時代。

革命時代

迪龍與貝利，以及阿布・塔里布與伊塔西姆丁，透露在革命時代找到本地觀點是多麼的不容易。本地政治的興起，譬如東加人或毛利人的本地政治，是為了回應入侵者的滲透和這時期的全新可能性；有些殖民偏見和意識形態也用以建立這些本地政治。然而，這一次，應該讓非歐洲人在印度洋和太平洋的反抗、戰爭和改革主義運動，在本書占據中央舞臺；本地政治在形成之際，亦不忘關注全球政治，如波斯作家們對美國革命或法國大革命的引用，或是這些旅人從更廣義的革命時代觀點來解釋印度發生的政治變化。儘管找不到一個全然「本地的」敘事，如果想要更充分地認識這一時期，我們就需要重新整理這個變革年代的標準敘事，從印度洋和太平洋及其居民開始，否則海洋民族將成為單純的接受者，而不是打造現代世界的積極行動者。

我們很容易看出革命的潮流穿越了大西洋，繼續流向其他地方，包括前面介紹的旅人所繪製的南方航道。由此，一七七六年的美國獨立宣言中對國家權利、個人及團體自由之主張，成為一套傳播至全球的模板，[107]法國革命人士在一七八九年發動的反君主制攻勢，則傳播愛國主義和自由的思想，並且呼籲自治。半島戰爭（Peninsular War）在西班牙美洲殖民地掀起了一波獨立運動，其始於一八〇八年伊比利半島被法國占領，而後從一八一〇至一四年，先後發生波旁王朝解散，以及西班牙議會成立；而在智利，一八一八年獨立宣言主張「智利大陸領土及其鄰近島嶼，在事實與權利上，構成一個自由、獨立的主權國家」。[108]值此同時，海地借用法國大革命的修辭，以及一七九〇年代末的奴隸解放傳聞，宣布自己將成為一個「黑人的共和國」。這一波波反抗又不可避免地和英法之間的戰爭有關，就好像革命和戰爭至今仍是彼此交織：法國人支持美國人，英國政府不僅反對法國共和主義者，也反對愛爾蘭人、荷蘭人和比利時人的反叛；英國在一七九二年和法國開戰。

然而，如果我們要把這一連串的大西洋事件擱到一旁，需要盡量少用重大時刻定義革命時代，轉而更著重於用不斷變化的意識形態、自我理解、戰爭、勞動及政治組織來定義革命時代。上述種種都正在被重新改造，但這些改造持續地發生，而不是發生在特定關頭或轉折點。小島經歷的再造程度，不亞於全球北方的大國和民族；每個經驗領域，舉凡政治、經濟、文化、軍事和知識，都益發頻繁地針對帝國的崛起進行校正，時代的全球化讓人們覺得眼前的世界正在轉變。在多元革命的可能性轉變成帝國鞏固的過程中，我們看到身為博物學家、勘測員、天文學家和報時員（time-keepers）的帝國主義者，試圖控制地球的樣貌和人們對地球的知識。[109]這片水域的作家，就像前文提到的那些人，正在重新思考他們對地球的看法，以及海洋和陸地的碎片如何組在一起，或南北半球如何受到束縛。[110]

在這樣做的同時，他們一邊也根據種族、性別和地位的概念，重新思索自己和他人，這些概念令人捉摸不透但極富影響力。

時代的流變，催生了我們這個時代，並在個人、國家、地區乃至全球的許多層次上，都起了作用——若是如此，這和革命這個字本身的多重意義是一致的。事實上，在十八世紀末，儘管「革命」據說將為全人類帶來改變，但革命也被視為回到註定的現狀，倒轉回過去。[111]它是一個移植的過程——評論家用洋流、波浪、風和熔岩的形容來討論它，就像追隨它們到今天的那些人一樣。它還有一種不斷反抗的涵義，而不是發生在特定時間窗口，試圖實現明確目標的一個顯著事件。革命影響深刻，它連結過去和未來，並干預各地人類的自然條件；海洋各地的原住民族，當然還有移動在兩地間的波斯作家，顯然擁有寬闊的革命感。

有鑑於上述一切，帝國的反叛亂不僅止於試圖收編革命時代的意識形態、知識、躁動和流動性，[112]它的反叛亂也表現在大幅縮小革命時代寬闊的可能性。從這個意義來看，大英帝國是個侵門踏戶的糾正者，一股反擊其替代方案的勢力，譬如共和主義以及所謂「海盜」、朝聖者和私商的夢想世界，換句話說，就是生在這時代的每個迪龍和阿布．塔里布。大英帝國崛起之前，印度洋和太平洋革命時代的部分徵兆如下：模里西斯共和情緒爆發，成立了革命委員會和俱樂部；阿曼（Oman）經由在南印度邁索爾（Mysore）的蒂普蘇丹（Tipu Sultan）所謂的共和政權，和荷蘭巴達維亞乃至法國產生的外交聯繫。在塔斯馬尼亞從事海豹和鯨魚捕獵的貿易商，包括美國人和法國人，擁有印度洋和太平洋最南端各地之間的連結；在波斯灣，千禧宗教狂熱在沙烏地阿拉伯的瓦哈比派之間興起；共和主義思想和拿破崙式政府在巴達維亞的擴散；在仰光建造的船隻。從每個例子都可以看到不一樣的未來；人們為了宗教、政治和貿易飄洋過海，繞過帝國，或者也可以說是融入其他願景。英國人的成功在於更改了這個由改變、合作、爭辯和抗議組成的動盪世界的進程，大英帝國強行籠絡了全球南方的美夢，然後把這些夢想打入倒退檔。

第二章　南太平洋：旅人、君主和帝國

四天過去了，初步蘭伯爵（Comte de Trobriand）依舊杳無音信。那是一七九三年十月，法國船隻「研究號」（*La Recherche*）和「希望號」（*L'Espérance*）焦急地停泊在荷蘭據點泗水（Surabaya，今天印尼的第二大城）外二十五英里處。

在法國大革命和革命戰爭期間，法國在迥然不同的形勢下，派遣了一系列前往太平洋的航海探險。這邊舉三個例子：第一，由專制君主路易十六授權、拉彼魯茲伯爵擔任指揮官的遠征（一七八五至八八年）；第二，由國民議會批准、德·布魯尼·昂特勒卡斯托（de Bruni d'Entrecasteaux）率領的航程（一七九一至九四年），目的是尋找失蹤的拉彼魯茲；第三，接獲拿破崙指示、由尼可拉斯·鮑丹（Nicolas Baudin）指揮的遠征（一八〇〇至〇三年）。研究號和希望號就是這三趟航程中第二趟的成員，這兩艘船在昂特勒卡斯托的指揮下揚帆啟航，但昂特勒卡斯托在遠征隊抵達泗水的大約三個月前去世了。這下子，歐洲革命時代的影響即將壓垮這趟海上之旅，因為它很快就會被解散。

船員們當時在泗水外頭等待的心態是，任何歐洲人都可能成為他們的「同胞」；「所有法國人都會被當作（他們的）家人一樣歡迎」。[1]由於船上三分之二的船員都生病了（大多是壞血病），他們渴望能休息養生和得到令人安心的保證。現任指揮官亞歷山大・赫斯米維・奧里波（Alexandre d'Hesmivy d'Auribeau）也因不明疾患重病纏身，並很可能是在鴉片酊的嚴重影響下，他又派出另一艘船，這回船上掛起象徵和平意圖的白旗。最終，有位爪哇酋長向他們揭露了革命時代的消息：路易十六已被處決，法國此時正與包括荷蘭在內的歐洲鄰國交戰，且宣布成立共和國。這艘船上的每個男人——裡面還有一位許多人都不知道的、偽裝成男人的女人——都是荷蘭的戰俘。歐洲大家庭已經四分五裂，為行經太平洋的船隻提供必需品的外交禮節，不再有任何效力。

奧里波該怎麼辦？有個選擇是航行六週，穿越印度洋到法蘭西島（Île de France，就是今天的模里西斯），這無疑是最光彩體面的選擇，也是他的船員最喜歡的選擇。然而，奧里波本人是保皇派，法蘭西島卻以擁護共和體制聞名。除此之外，他的船員都已病的不成人形，再次遠航的念頭一定會讓他們難以接受。下令航向法蘭西島之後，奧里波的窘境在緊要關頭被解決了。這趟遠征的海軍軍官初步蘭伯爵，終於帶來了比較好的消息：泗水統治菁英震驚於法國護衛艦在戰時的到來，已經聯絡了他們在巴達維亞的上級。初步蘭帶來正式裁決，巴達維亞方面表示泗水應該像平時一樣接受船隻入港。然而，荷蘭人規定的條件變得越來越嚴格：奧里波的船員必須發誓不會抵抗荷蘭人，而且必須把武器都繳出來，使他們無法造成任何傷害，奧里波還收走了所有船員的日記和報告。

一七九三至九四年的幾個月期間，遠征隊在泗水的等待，處於不確定之中，新指揮官越來越順從荷蘭人，也許是擔心一旦回到法蘭西共和國可能被處死的心理作祟。在其他共和傾向比較重的船員眼中，他和荷蘭同謀是一種守舊的跡象，遠征隊中的大批科學家（*savants*）尤其這麼認為，他們當初可是懷抱著增進人類知識的平等主義目標登船。希望號不僅有些船員拒絕繳械，來自布雷斯特（Brest，當地共和主義強盛）的領航員甚至把日誌丟進海裡；還有人試圖把自己的報告藏起來，或另外製作副本，這種留住報告的心情，部分源自船員想保有自己盡責記錄下的發現。荷蘭人開始警覺船上有可能鬧革命，於是接管了所有船隻。奧里波試圖升起皇室旗的行動，[2]以及傳聞國民議會對部分船員下達密令的謠言甚囂塵上，終於使遠征正式被終止。[3]

一七九四年十二月，由於法國人此時已債臺高築，導致研究號和希望號在巴達維亞的拍賣會上被售出，[4]而奧里波還沒被法蘭西島共和國特使以叛國罪逮捕，就已先一步死於痢疾。英國人在聖赫勒拿島沒收了昂特勒卡斯托／奧里波遠征的報告，此舉象徵即將到來的時代。此後，英國探險將在這些海域超越法國任務。這些報告最後被保存在倫敦，受到伊麗莎白－保羅－愛德華·德·羅塞爾（Élisabeth-Paul-Édouard de Rossel）的保護（羅塞爾在奧里波死後成為遠征的最後一位指揮官），因為英國人特別熱衷於尋找任何有助帝國發展的重要資料。[5]羅塞爾是保皇派，因此他覺得倫敦是這段喧囂歲月期間的一處好居所。一八〇二年，他在英法簽署《亞眠和約》（Treaty of Amiens）後回到了法國。但這並非故事的全貌，昂特勒卡斯托遠征隊倖存的其中一名博物學家雅各－朱利安·侯托·德·拉比亞迪埃（Jacques-Julien Houtou de La Billardière）是名共和主義者，他回到巴黎，機敏地和英國科學家喬瑟夫・班克斯（Joseph Banks）安排把遠征的自然歷史檔案移交到巴黎。[6]這趟航行的遺物就這麼被保皇派和共和派拆散，分散在英法兩地。

追蹤這趟航程中發生的事，是為了思考來自歐洲的消息對地球另一端的影響；是為了把革命時代的歷史翻轉過來。總的來說，這幾趟遠征展示了全新的法蘭西國家和人民即將誕生，也展示了他們所支持的價值。不同於渴望土地的英國人進行的探險，法國太平洋航海之旅的特點是對擴張領土缺乏興趣；科學的重要性越來越高，因為航行中致力於尋求科學發現的人員一趟比一趟更多。登上這些船的愛智者越來越多，他們想像自己是全人類社會的公民和貢獻者，而不是搭乘探索郵輪的貴族。從拉彼魯茲和昂特勒卡斯托到鮑丹的轉變本身就發人深省，不同於兩位貴族前輩，鮑丹是穿越太平洋的第一位非貴族出身法國船長。[7]

然而，在海上甲板的世界之外，原住民族正積極修訂他們的政治。在這個空前全球化的時代，關於權力和統治的辯論在太平洋地區有類似的發展。被歐洲人輕蔑的稱為「小拿破崙」的本地菁英，利用這個時刻擴大他們的統治領域，他們不僅利用和歐洲人的聯盟，還利用和歐洲人遭遇時獲得的物品、武器和想法。

所以我要提出的論點如下：我們不僅能從歐洲消息造成的影響，甚或從船員的社會組成和船長人選的變動，在這些遙遠海域追查到歐洲革命時代的蛛絲馬跡（譬如在泗水發生的情況）；而且一旦採取這樣的觀點，我們就有可能站在太平洋的波濤中，觀看發生在南方水域的另一種更根本的轉變模式。在這些年間，太平洋君主政體的鞏固尤其驚人。

一旦太平洋皇家世系鞏固，誠如下文所示，他們可以作為殖民操縱與外交的焦點，但島民也可以把君主概念當作推動新政治和抵抗入侵的號召象徵。殖民開拓者和原住民族對君主政體的不同理解，成了爭議的焦點。本章將收尾在一八四〇年有爭議的紐西蘭《懷唐伊條約》（Treaty of Waitangi），以及英國海上帝國如何進駐太平洋，並與毛利人酋長結盟的過程。[8]殖民者和本地菁英之間的結盟，使帶有殖民主義色彩的主權定義就定位；這定義包括了適合「改善」的土地，和需要「保護」的人民。太平洋島民在回應這類外部干涉時，展現出了他們的創造性。

太平洋革命時代的英法航行

回到昂特勒卡斯托的遠征，法國方面急躁的國家利益，促成了這趟失敗的拉彼魯茲搜索嘗試。自然歷史學會（Société d'Histoire Naturelle）於一七九一年初起草請願書，哀嘆法國等待其著名探險家的歸來已經等了兩年：

> 也許他擱淺在南太平洋的某個島嶼，他在那裡朝他的國家伸長雙臂，徒勞地等待著他的解放者……一個像樣的國家在期待收割他的努力之餘，也應該關心他、幫助他。[9]

拉彼魯茲的家鄉阿爾比（Albi）離海邊很遠，他是地方貴族世家出身，曾參與七年戰爭（Seven Years War），在美洲海岸及加勒比海迎擊英國人，也曾在印度對抗馬拉塔人（the Marathas）。他接獲的指示是由十八世紀太平洋探險反覆出現的一個主題所驅使，也就是太平洋上仍有大片陸地和戰略要道有待發現的想法。一七六九年在夏威夷逝世的英國船長詹姆斯·庫克（James Cook），已經盡力打消人們認為還有一大塊尚未被發現的南方陸地的想法。儘管如此，拉彼魯茲仍被交付了重大任務，徜徉太平洋的廣袤極限，包括北太平洋和南太平洋；路易十六本身對這個行程相當感興趣。[10]他的諸多企圖包括尋找一條穿越美洲的西北通道，連通太平洋和大西洋、勘查日本和韓國海岸，以及探索澳洲相對不為人知的西部，一直到塔斯馬尼亞，以防塔斯馬尼亞是一塊大陸，而不是一座大島。被歐洲人過度美化為天堂的大溪地，在拉彼魯茲心目中似乎是個主要的地標。他得到詳細指示，要在那裡留下可繁殖的植株，以增進其他通過這個豪華航道的航海者的舒適程度。大溪地以性的自由和盛情款待聞名於歐洲人之間。[11]這些都是確立歐洲人太平洋地理知識計畫中的艱難任務，而在這些任務執行完成之前，拉彼魯茲的遠征就遭遇了災難。

拉彼魯茲的船和庫克相中的船一樣堅固，一樣重量級；考慮到他是法國回應英國庫克的人選，這樣的船可以說是相當合適。一名法國間諜偽裝成西班牙商人唐·伊尼戈·阿瓦雷茲（Don Inigo Alvarez），替拉彼魯茲的任務打聽關於庫克遠征的資訊。阿瓦雷茲覺得和庫克合作的藝術家約翰·韋伯（John Webber），是個相當有用的資訊來源：他讓韋伯幫自己畫肖像畫來打探消息。此外，有位在那個時代生活的日記作者則說明了這次遠征和當時政治的關聯，他表示拿破崙和他在軍事學校的一位袍澤都對參加這趟航行感興趣。[12]

航程進行的同時，眾人的關注明顯讓拉彼魯茲承受極大壓力。他在一七八七年寫信回家：「迄今為止，我們為維護船員健康而採取的措施，比那個著名航海家（庫克）的成就還要輝煌……羅盤號全員健在，遠征隊兩艘船沒有一個人生病。」[13]在評論此行的地理探索成績時，他談到「一條能穿越韃靼海的新海峽」，談到要向地理學家呈現「和不列顛群島一樣大的兩座島嶼」，還談到在訪問復活節島（拉帕努伊）和三明治群島（夏威夷）的「同一年」，抵達聖埃利亞斯山（Mt St Elias）*。[14]在一七八七年稍早的另一個場合，他說：「我相信國王陛下一定會很高興聽到他的船，將成為第一個從事這項航海壯舉的船隻。」[15]

拉彼魯茲擔心他的發現會不會被英國的庫克接班人超越，便用了六艘從印度開往美洲西北海岸的船，寫信寄回家。這很符合那個時代的競爭精神，不僅在政治方面競爭，在知識開拓方面也要競爭。在評論相關消息時，拉彼魯茲指出，英國探索的成果是「英國人花掉大筆財富的證據，而不是證明他們有傑出的判斷能力」。[16]考慮到此行承載的種種期望，拉彼魯茲失去整組船員後——和他吹擂沒有船員死於壞血病和其他疾病恰恰相反——人們的不滿確實可以理解。他的日記（根據他寄回家的航海

---

* 譯註：位於美國阿拉斯加州和加拿大育空地區交界。

紀錄出版）編纂者寫道：「我們寄望的新阿爾戈英雄（Argonauts）*都死了。」[17]另外一位曾和庫克出航的英國編纂者指出：拉彼魯茲在焦慮不止的狀態下運作，因為他的任務繁重，而且制訂了一個野心過大、造成「永遠都在趕時間」的時間表。[18]

昂特勒卡斯托的船最終停靠在泗水，他在尋找拉彼魯茲下落的任務上，和成功失之交臂，那時已有謠言說，這位航海家死在英國反共和主義者的手裡。[19]在第一艦隊一七八八年抵達新南威爾斯，在那裡建立囚犯殖民地僅五天後，拉彼魯茲本人就從今天位於雪梨的植物學灣（Botany Bay）登陸。在那裡，他遇到英國船長約翰・亨特（John Hunter）。

愛智法國和殖民英國處理太平洋事務截然不同的風格，是否能暗示英國方面對法國航海者有反感情緒，從而解釋此次失蹤事件呢？拉彼魯茲出事前的最後一封官方信件從植物學灣寄出，時間押在一七八八年二月，他承諾要「把我所接獲的指示徹底完成……但會是以能幫助我及時北返，在十二月抵達法蘭西島（模里西斯）的方式為準」。[20]

後來植物學灣豎立了一座紀念碑，以紀念收到這位航海家最後消息的地方。當我看到紀念碑時，它四周都是爭搶目光的炸魚薯條店，以及周末抽空外拍婚紗的情侶檔。拉彼魯茲已經計畫要在模里西斯結束這趟旅程，那是他的第二故鄉，而且已經在妻子艾蓮諾・布魯杜（Eléonore Broudou）出生的這座島嶼買了土地，他當初違背父親的意願娶了她。[21]一七九二年一月，昂特勒卡斯托在開普敦接獲了第一個關於拉彼魯茲的消息。在日記中，他記錄了經由模里西斯傳到開普敦的證詞，證詞來自英國船長亨特在今日紐幾內亞北邊的阿得米拉提群島（Admiralty Islands）親眼所見。亨特後來這麼描述他在阿得米拉提群島時的觀察：

> 五艘大獨木舟從最近的島嶼划過來，每艘獨木舟都有十一人；六個划槳，五個站在船中央……他們高舉各種物品，似乎很想交換；例如線、貝殼、各種裝飾品，以及成綑的飛鏢或箭束……他們當中有個人做出各種刮鬍子的動作，手裡拿著東西，頻繁地刮自己的臉頰和下巴；這讓我不禁推測，最近可能有歐洲船前來和他們交流，我認為這不是不可能的，有可能是從植物學灣向北航行的拉彼魯茲。[22]

曾擔任模里西斯總督的昂特勒卡斯托認為，模里西斯的法國同胞們可能誤解或誇大了這一消息，如果亨特真心相信他發現了船難的法國生還者，或至少是法國遇難者曾經經過的跡象，他肯定會堅持展開營救行動吧？「人類的神聖職責」應當會讓亨特不顧天候因素、乃至國家分歧的其他考量而伸出援手。[23]儘管心存懷疑，昂特勒卡斯托下定決心，他將航行到阿得米拉提群島；一七九二年七月，當他終於抵達那裡時，他判定關於拉彼魯茲的通報未經證實。他寫說這裡的島民配戴白色貝殼和深紅色

＊譯註：希臘神話中阿爾戈號的船員，他們乘此船取得了金羊毛。

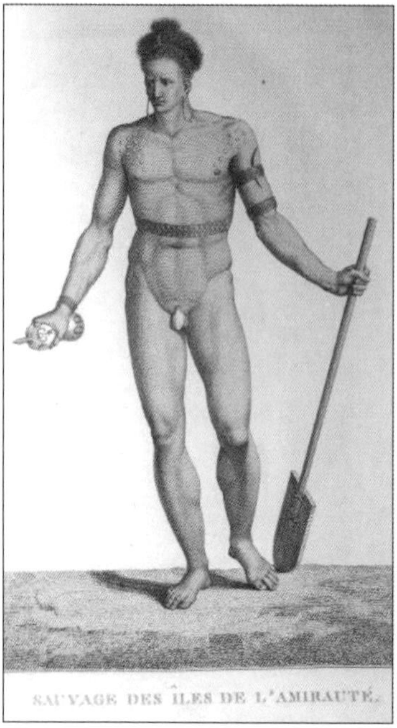
SAUVAGE DES ÎLES DE L'AMIRAUTÉ.

圖2.1　雅各－路易·柯匹亞（Jacques-Louis Copia）仿皮宏的原稿〈阿得米拉提群島的野人〉（Sauvages des îles de l'Amirauté'），轉載在拉比亞迪埃一八〇〇年出版的《地圖集》（*Atlas*）

腰帶的裝飾品，有可能會被誤認為劍帶；他還指出，他們的皮膚顏色和法國海軍制服的顏色非常相似。[24]隨行藝術家皮宏（Piron）繪製的一幅版畫，呈現一名阿得米拉提群島島民，除了陰莖上的一個貝殼、腰部和手臂的編織帶，以及編織腕飾外，完全看不出任何背景資訊。[25]博物學家拉比亞迪埃寫道，貝殼最「膨脹的部分」被打開，以容納陰莖，而戴上貝殼會產生「非常顯眼的突兀」白色。[26]（圖2.1）

在人間蒸發、生死未卜的四十年裡，拉彼魯茲的命運在歐洲各地引發很多猜測，成為戲劇、啞劇和書籍的題材，其中一些還添加了牽強的浪漫劇情。[27]解答最終來自迪龍在一八二六年與「拉斯卡」喬的相遇。在一本為了鞏固他謎團解答者之名並藉以賺點外快而出版的書中，迪龍提供了一八二七年下半葉和瓦尼科羅島民進行的訪問內容：

問：「那些船怎麼不見的？」——答：「離這座島的岸邊很遠的地方有一圈珊瑚礁。他們在夜裡撞上礁岩，然後一艘船在萬撓（Wannow）擱淺，馬上就沉入海底了。」

問：「船上的人都沒得救嗎？」——答：「從沉船逃脫的人由萬撓上岸，在那裡被當地人殺死。還有幾個人在游離船隻時被鯊魚吃掉了。」

問：「在萬撓有幾個人被殺？」——答：「在萬撓有兩個，安麼（Amma）兩個，靠近派奧（Paiow）的地方還有兩個。被殺的白人全部就這些。」

問：「如果只有六個白人在岸上被殺，那個佝僂的蒂科皮亞人『塔福』（Ta Fow）和其他人怎麼會說萬撓靈屋裡有六十個頭骨，那些頭骨是哪來的？——答：「這些是被鯊魚殺死的人的頭。」

……

問：「船怎麼在派奧附近消失的？」——答：「船在夜裡撞上礁石，接著漂離礁石區到了一個好地方。船沒有馬上裂開，因此船上的人還有時間把船裡的東西搬出來，他們用搶救的材料造了一艘雙桅船。」

……

問：「難道這些人在當地人之間沒有朋友嗎？」——答：「沒有。他們是船上的靈；他們臉上的鼻子有兩隻手那麼長。他們的酋長老是仰望太陽和星星，受到太陽和星星的召喚。他們當中有個人站在圍欄前守望，手裡拿著一根鐵條，頭跟著鐵條轉來轉去。這個人只用一條腿站立。」[28]

所以事件經過的摘要是什麼？拉彼魯茲的船隊在颶風中走到盡頭。雖然有些船員倖存，但大多搭上一艘自造的小船航向他處，從此不見蹤影。顯然地，在離開之前，他們的天文觀察和行為舉止讓瓦尼科羅島的居民感到困惑。

如果說拉彼魯茲和昂特勒卡斯托遠征的悲劇下場，符合革命時代的氛圍，在一八〇〇年截然不同的政治時空，由鮑丹指揮、拿破崙委派的第三支法國遠征隊，相對成功得多。鮑丹有指揮印度洋和太平洋商船的豐富經驗。他這個人側重精確度，而不是廣度，而且被要求聚焦澳洲。此時的需求是把航程從「特定的預定地點，導向鮮為人知的海岸線。」[29]然而，船上仍會發生口角，這是本時期常見的特徵之一；在一些科學家眼中，平民鮑丹是社會地位較低的次等人，他的副船長甚至向他下了決鬥帖。[30]社會與意識形態的分歧和科學爭論合併：船上的「素描師」和「解剖學家」分屬兩個不同階級的研究員，雙方曾為一隻死掉的鼠海豚的所有權而爭辯；也曾就誰有權解剖第一條鯊魚，有過類似的爭吵。[31]

與鮑丹一起航行的福來西內（Freycinet）於一八一一年出版了第一張澳洲全圖，然而，讓澳洲出現在地圖上的功勞要歸給英國人馬修．弗林德斯（Matthew Flinders）。在替鮑丹代表團取得英國護照後，該時代的傑出英國科學家班克斯興起組織一個英國代表團與之抗衡的念頭，他委派弗林德斯去測繪澳洲西南部的地圖，和鮑丹比速度。儘管他們有共通的科學興趣，而且弗林德斯建議鮑丹如果需要休息補充備品，可以停靠傑克森港（今天雪梨的溺灣〔ria〕），但革命年代的衝擊決定了他們倆得到的結果。

在鮑丹罹患結核病於一八〇三年九月在模里西斯病逝之前，他寫信給法國海軍部長：「此刻我還有足夠力氣向您保證，政府的意圖已經實現，而且這次航行將使法國人感到光彩。」[32]鮑丹去世後不久，急需物資補給的弗林德斯信任手中持有的法國護照，於一八〇三年十二月停靠模里西斯。根據護照指示，所有法國代表都應當保護這位純科學探險隊的指揮官。然而，控制模里西斯共和勢力的總督德肯（Decaen）將他監禁了六年半，直到一八一〇年英國占領模里西斯前夕。弗林德斯的書籍和論文被扣押，而且遭指控是個冒名頂替者。航海家寫道，他的日常例行活動包括學習拉丁文、詳細記錄他的航海日誌、音樂和臺球；後來他被轉往某個熱帶農園中的住所，在那裡做英法語轉換的翻譯工作。[33]英國人透過這段期間和法蘭西島有商業交流的美國貿易商，聽聞弗林德斯被囚禁的風聲，也是透過這些美國商人，使弗林德斯能定期寫信回家，此外，弗林德斯也透過他們將科學素材寄到倫敦，包括寄給班克斯。[34]在囚禁期間，弗林德斯的健康逐漸惡化，儘管後來他返回了英國，卻沒能活著看到他的航行紀錄出版。[35]

法國大革命及其後果，不只是擾亂了法國和英國的太平洋探險之旅，那個時代的政治，更無疑地改變了航行的本質和目標。儘管彬彬有禮的文化仍支配著英國的航行，但從平民鮑丹獲得法國船隊的領導權，可以看到社會秩序的轉變（雖然後來接替鮑丹的指揮官又是一名貴族）。科學的繩索將法國和英國的任務綁在一起，但這些年的緊張對立使友好援助不再是必然的保證，這點從昂特勒卡斯托／奧里波遠征隊的命運就能看出，就連航海家（如弗林德斯）都可能淪為階下囚。當英國開始吞併領土，並在太平洋建立基地時，他們利用了時代的騷動為己謀利；法國人則必須找到屬於自己的方法，在應付對革命和民族建構的獨特承諾之餘，創造自己的帝國勢力。[36]

儘管存在分歧，但英法兩國處理太平洋事務的模式也彼此相連，畢竟法國人不全是共和派，也不是所有的英國人都反法國，就連弗林德斯也寫信告訴妻子安（Ann）：「即使在法國男人當中，我也不是孤立無援。相反的，我有好幾個法國朋友，但只有一個敵人（德肯總督）。」[37]這是一個歐洲表親之間共舞的故事，在試圖馴服太平洋時，英法都很清楚彼此有相關但不相同的目標。

太平洋君主的誕生

革命時代不僅見於船隻的甲板上。這些船穿越一片片廣袤水域，接受歐洲傳來的消息，並解決消息在當地造成的後果。但如果只把故事說到這裡，就等於把太平洋描繪成繞著歐洲運行的遙遠星球。在革命時代航海者與島民的交流中，我們看到本地政治的興起，以及反革命的大英帝國崛起。各種兼容並蓄的想法、技術和資源交換是這類交流的重點，而這一切更使太平洋各地部落的酋長統治制度，進化成更加集權的君主制。東加是追蹤這種發展的好地方，昂特勒卡斯托在尋找拉彼魯茲的過程中，就是在東加經歷了生平最緊張的幾次遭遇。

一七七九年庫克在夏威夷遭疑似食人族的當地人殺害，給後續二十年追隨他腳步的航海者留下揮之不去的影響，昂特勒卡斯托的日記反覆提及對庫克的觀察，而且試圖填補這位因繪製太平洋地圖名垂青史的偉人留下的任何空白。值得注意的是，穿越太平洋的歐洲航海者已開始在各個島嶼遺留他們的垃圾，顯示了他們曾行經此地。對昂特勒卡斯托這類的人而言，歐洲的貿易物品、服裝，甚至失事船隻的殘骸，都成為曾有人經過此地的象徵：既令人感到安慰，也是令人憂鬱的災難記號。在塔斯馬尼亞的冒險灣（Adventure Bay），昂特勒卡斯托看到他認為是「英國的臨時人造設施」的遺跡；並懷疑有「用於固定天文或三角觀測儀器的數個木架」遺骸。他辨識樹幹上的刻字，發現曾和庫克一起服役、日後治理新南威爾斯的威廉·布萊（William Bligh）在冒險灣留下了一些植物（布萊此時最為人所知的是一七八九年指揮「邦蒂號」（Bounty）遠征時遭遇兵變）。昂特勒卡斯托為了判斷這些樹木是否長得好，特別派出他的園丁（後來在泗水外變成了叛亂者）去檢查這些樹，園丁們發現了一些石榴樹、榅桲樹和無花果樹，但他們長得並不好：「在冒險灣東海岸發現了一棵高五英尺半的蘋果樹，這棵樹肯定是布萊船長來訪前幾年種下的；它正苦苦掙扎，繼續繁衍的機會渺茫。」[38]英法航海家之間知識競賽氣氛緊張，就他們對競爭對手遺留在太平洋的雜物的回應，我們能看出這對歐洲表親對彼此正沿著相似的路徑穿越大海這點作何感想。

在今天的東加主島東加塔布島，法國人也很關心英國嘗試改善是否成功。一七九三年三月至四月在東加塔布島的時候，昂特勒卡斯托報告說，東加人對庫克和布萊的航行「記憶猶新」，但即使從他們當中「最聰明的人」那裡，也得不到關於拉彼魯茲的任何描述，[39]這背離拉彼魯茲確實曾短暫停留東加的事實。後來的調查者，如迪龍和杜蒙・迪維爾（Dumont d'Urville）率領的一支法國遠征隊，反而都有搜集到東加人關於拉彼魯茲航行任務的記憶。[40]昂特勒卡斯托在東加發現大量英國製造的物品，卻沒看到任何法國製品，於是他趕緊安排發放法國勳章，彷彿想要糾正這個不平衡，並測試勳章會不會勾起當地人對拉彼魯茲的回憶。當一位名叫圖普（Tupou）的酋長為昂特勒卡斯托舉辦宴會時，這位航海家帶上一隻公山羊和一隻懷孕的母山羊作為禮物，還有一對雄兔和雌兔，然而昂特勒卡斯托很遺憾地發現圖普對禮物毫不在乎，於是把話題轉到庫克留在東加的牛隻上，東加人就此話題的難為情反應，暗示事有蹊蹺。[41]他們是擔心他會要求以牛隻作為回禮嗎？這是昂特勒卡斯托在探索世界另一端之餘，全神貫注的一個微小細節。保皇派奧里波（後來昂特勒卡斯托的接任者）在東加任務即將結束之際，希望能解開這個謎題，所以他去拜訪了福努努阿瓦（Fuanunuiava，就是這酋長的父親收到庫克給的牛隻）酋長，結果卻看到「某種陵墓，（福努努阿瓦）提議挖開它，好看一看這些動物的骨頭」。[42]

這故事清楚說明英法航海者在自然飼養方面的激烈競爭，這樣的競爭和一種共同的責任心脫不了關係，互為對手的探險家都相信，改善農業是在太平洋成立進步的定居社會的重點。隨著帝國從海上轉向陸地，像這樣的海洋任務為農作物和植物的貿易奠定交換條件，也為進一步的陸上控制奠定基礎。歐洲航海者本身在停靠島嶼時需要補給絕非巧合。

東加塔布島的權力本質困擾著昂特勒卡斯托。他寫道：「我相信，像庫克一樣，這個政府和舊時代封建政權有很多共同點，主要領袖的權力越衰弱，麻煩事就越多。」[43]東加被視為處於無政府狀態；需要提升土地農業生產力方面的適當治理。在昂特勒卡斯托看來，無政府狀態的最好證據是偷竊，這種行為則是出於對財產的不安。東加的酋長擁有所有財產，而且能向族人要求任何他們想要的東西。酋長的特權還包括能娶多個妻子。昂特勒卡斯托以高人一等的用字遣詞，記錄這些女人的外貌：

> 和酋長同階級的女人多數都面貌姣好：她們的外表很有趣；表情豐富，但不輕浮。她們通常有一雙漂亮的手，手指隨便都能充當畫畫的模特兒。[44]

但昂特勒卡斯托深受辨別東加塔布統治者的謎題困擾。從庫克當初的到訪到他的來訪之間，他預料王位應該已經傳給福努努阿瓦（就是被庫克當作君主的男人之子）了[45]，他思忖，也許是福努努阿瓦還年輕，所以才還未繼任。昂特勒卡斯托也對蒂內女王（Queen Tiné）不能在死後將王位傳給她的直系親屬感到疑惑，他現在覺得蒂內女王才是國家的領導者。對昂特勒卡斯托而言，複雜的繼承規則是問題的一部分，在「辨別握有權力和受尊重的人」方面，存在著太多混亂。[46]昂特勒卡斯托是想要權威的人，但他想要的權威必須由規則和憲法支撐，並受到貿易和土地市場以及熟悉的性別規範的限制。後來成為共和派系領袖之一的博物學家拉比亞迪埃，和昂特勒卡斯托造訪東加塔布島時，曾提到有位「圖普王」（King Tuoobou）；[47]事實上，圖普是東加三大貴族頭銜裡的圖伊卡諾庫柏魯（Tu'i Kanokupolu），圖伊東加（Tu'i Tonga）才是最高階的頭銜（福努努阿瓦在一七九五年被封為圖伊東加）。拉比亞迪埃還發現蒂內女王很清楚自己作為東加最高權威的特權，較低階級的酋長，包括圖普在內，有義務把她的右腳放到他們頭上表示尊敬。[48]

昂特勒卡斯托對東加的描繪，讓我們對他的了解，勝過對這個時期的東加。不論在這個年代，歐洲人的太平洋報告裡用了多少次國王和女王兩個單字，但在他們到來之前，歐洲風格的國王和女王在太平洋群島上是不存在的；在東加塔布島，酋長的地位是以祖先的血統為依據。在歐洲，年紀和性別很重要；但在東加，姐妹關係是比兄弟關係更重要的繼承權依據。[49]酋長和其他人之間的差別也不在於他們從事的勞動，因此，昂特勒卡斯托用來評論東加的階級語言，可說是不合時宜的分析。物品更從來不是被賣出，也不會根據製作需要投入的功夫保有價值，價值主要是由物品創造者的社會階級和地位決定：也難怪東加人想擁有歐洲物品。但東加人口中的「帕帕蘭吉」（*papalangi*，意思是「從天而降的人」），給這些島嶼引進了全新的政治、階級和組織語言。正是透過歐洲對勞動力、市場和工業價值的堅持，以及一個被取代的王權語言，東加塔布才迎來了政治變革。這些變革和同時代世界各地的政治轉變是一致的，在這個區域，這些改變被認為鞏固了君主政體，但在其他地方，可能會使君主政體被瓦解。諸如昂特勒卡斯托發送的勳章——還有歐洲武器——等物品，都造成十九世紀初東加的激烈戰爭和政治動盪。酋長們為了歐洲船隻的到來鬧不合，爭相試圖吸引船隻入自己的港口：（圖2.2）居住在港口地區的酋長，必然比其他地方的酋長更有優勢。由於歐洲人想找到國王和女王，島民於是再造了他們的政治。

圖 2.2 「東加敲奏棒上描繪的歐洲船」[50]

性利益（sexual favours）也成為這個市場的一部分，以及和歐洲人建立戰略友誼的手段。拉比亞迪埃對昂特勒卡斯托遠征的記載包括一幅畫，題為〈在蒂內女王面前的友誼群島之舞〉，畫中多名裸胸女子，腰部以下掛著大概是樹皮製成的衣布。由於昂特克卡斯托拉奏小提琴和齊特拉琴（cittern）娛

圖 2.3　西西法勒殘件，「穿在腰部的椰子纖維衣，很可能採集於昂特勒卡斯托航行期間」

樂蒂內女王，作為回禮，女王指示東加女人歌詠勇士的豐功偉業。有些年輕女人穿戴束腰，大概是貴族女人在為圖伊東加跳舞時穿戴的「西西法勒」（*sisi fale*）。[51]（圖 2.3）然而，蒂內女王想要穩固她和指揮官的關係，所以她邀請他住進她的屋子裡：「上將沒有機會公正地判斷殷勤招待背後的動機，因為他沒有接受她的邀請。」[52]蒂內邀請昂特勒卡斯托的報告，和「歐巴莉亞女王」（Queen Oberea）據說曾迎接庫克船長一行人，並和風度翩翩的班克斯發生性關係，展現前後一致的風格。班克斯就是後來給鮑丹安排護照文件的博物學家。[53]當庫克之行的報告見報後，這位應該是大溪地女王的歐巴莉亞女王，在歐洲成了異國情調的象徵，因為和班克斯發生關係，她被認為把她的王國送給了她的情人。儘管歐洲和玻里尼西亞之間、君主制和酋長制之間有很多差異，性使強大的聯盟結晶成形。

在有關政治本質、君主制和共和制的辯論沸沸揚揚的革命時代，看到原住民族建立起中央集權的太平洋王國是很令人震驚的事。史學家一直難以看到，太平洋島民也參與並創造了革命時代，這些新興君主國成為島嶼社會顯而易見的代表，他們可以扮演和英國與其他外國代理人合作，以及抵抗帝國主義入侵的焦點。當各式各樣歐洲移民，像是貿易商、福音傳教士，以及從澳洲囚犯殖民地逃跑的人，在一七九〇年代抵達東加的同時，相互競爭的酋長間發生了一場長期內戰，最高酋長圖伊東加的授銜儀式被擱置，衝突圍繞著圖伊東加和圖伊卡諾庫柏魯兩大家系展開。[54]貢品，還有與傳教士及其他歐洲人往來的權利，是酋長們爭奪的核心；酋長間的戰爭，還伴隨歐洲疾病與武器的傳播，而且有許多酋長逃往鄰近的斐濟或薩摩亞，更有位酋長帶著妻子逃到了英國占領的雪梨。[55]在這種種根本改變之中，社會凝聚力喪失，酋長統治制度面臨危機。

如果說太平洋地區對君主政體的概念，來自和歐洲人在政治和物質方面的接觸，宗教也在東加的新政治秩序裡發揮了至關重要的作用。新教傳教士的工作在這裡值得關注，在一八二二年抵達東加的衛理公會傳教團（Wesleyan missionaries）的努力下，已卸任最高酋長的陶法阿豪（Taufa'ahau）皈依基督新教，為東加開啟了一個全新時代。這個人改變了東加的政治構成，將它由多個相互競爭的酋邦，轉變成一個統一的君主政體。陶法阿豪在一八三一年受洗時改名為喬治一世（George I），

圖 2.4 （一八八〇年代）八十多歲的東加國王喬治一世

（圖2.4）然後利用英國傳教士的支持統一了東加。宗教信仰的變化，預告了政治組織的劇變，因為酋長們從與神有關聯的世系得到認可，基督教的傳播如今給世俗政治和神聖宗教權威帶來不一樣的關係。現在傳教士是聖言的傳播者，喬治一世則是律法的守護者。陶法阿豪的反對者擔心，傳教士本身很快就會成為酋長。喬治一世的許多追隨者都接受了基督教，不過他們對基督教的信仰和教堂出席率，仍是搖擺不定，斷斷續續。喬治一世誇口說：「我是島上唯一的酋長……當我皈依，島民們都會皈依。」[56]他是對的：喬治一世的君主世系一直延續到今天，東加王國以從未被正式殖民為傲。東加是廣袤太平洋地區正在發生的變化的縮影。

在大溪地，也就是班克斯和他的女王情

人交歡的地方，庫克使用皇家詞彙描述他的觀察結果。和昂特勒卡斯托對東加的評論相反，庫克指出大溪地是個仁慈的君主國，在大溪地，所有人都能不受限制地接觸國王「圖」（Tu）：「我發現這些島嶼的酋長們受大部分民眾愛戴勝過懼怕。難道我們不會由此推論，這個政府是溫和又公正的嗎？」[57]等到布萊航行至此時，大溪地人本身都朗朗上口地說：波馬雷家族（Pomare family）建立了一個王族血統。波馬雷二世（Pomare II）邀請布萊參加疑似有活人祭祀的儀式，被當作犧牲品的是某個違反禁忌的人。整個儀式在為英國君主祈禱中落幕。然後布萊用煙火、免費酒水、二十一響禮炮，慶祝英國國王喬治三世（George III）的生日，兩位君主間的結盟就此完成。歐洲武器是鞏固大溪地君主制的核心。[58]再往更東邊去，卡美哈梅哈（Kamehameha）在夏威夷建立了一個王朝，庫克和其他歐洲航海家也曾訪問過卡美哈梅哈的王朝。到了一八二〇年代，夏威夷被美化為後革命世界的完美君主國，誠如俄羅斯指揮官奧托・馮・科策布（Otto von Kotzebue）抵達夏威夷時所言，卡美哈梅哈在傳統與變革之間，取得了正確的平衡；他已經在為王位遞嬗做準備。

革命時代歐洲政治和太平洋政治之間交纏的變化，貫穿對君主制、農業、土地、性別和性的各種承諾。這些變化顯得出乎意料，因為太平洋和歐洲的距離是如此遙遠。這些改變實際上是如何發生的？歐洲和太平洋的交纏或許可用突襲的概念說明：島民突襲歐洲，是為了歐洲船上的一切，從政治思想到動植物，然後用突襲搶來的東西實現他們本來就存在的目的。

洗劫歐洲

一八〇六年，也就是昂特勒卡斯托拜訪東加的十多年後，有個年僅十五歲的英國人威廉．馬林納（William Mariner），在昂特勒卡斯托從事觀察的位置以北的東加群島被俘。馬林納搭乘「太子港號」（*Port au Prince*）前來，這是一艘英國私船，先前屬於法國，現在被調派負責突襲法國或西班牙船隻。船上水手們獲准保留戰利品。這艘船「排水量近五百噸，載有九十六人，在艉主甲板安裝了二十四門九磅和十二磅長射炮，還有八門十二磅的臼炮」。[59]就是因為有這樣的船隻，法國人才擔心拉彼魯茲是遭到反共和的英國人殺害。太子港號特別鎖定的目標有西班牙的美洲基地，還有在太平洋漫遊、油脂價格不菲的鯨魚。

在東加，太子港號被約三百個島民奪占，他們登船，並攻擊吃驚的船員。儘管有人事先警告奪船陰謀，事情還是發生了。提出警告的是也在太子港號船員團隊裡的一些夏威夷人（他們聽得懂東加語）。東加人最終扣押這艘船，將火藥、臼炮、槍枝和鐵條帶上岸，並在一切有價值的東西被迅速洗劫一空後，放火燒毀船隻。東加人接著屠殺了大約一半的船員。根據馬林納表示，率領這次突襲的是一名夏威夷人，他可能是乘坐一艘美國船抵達東加。[60]馬林納回想船上槍炮發出的噪音，寫道：

> 夜裡，他們放火燒了船，以便之後更容易取得鐵件。所有大炮都已上膛，在大火的加熱下，一個接一個地發射，在當地人之間引起一陣恐慌。[61]

在酋長制衰退、喬治一世的君主國鞏固前，東加戰事連連，太子港號倖存者的技術與財產，在這些戰爭中被回收再利用。有個故事說，未來的喬治一世本身也曾參與太子港號突襲，當年他只有九歲，而且據說他差點在貨艙被鯨魚油淹死。[62]馬林納是一項重要資產，他深受下令突襲船隻的酋長菲納烏・烏魯卡拉拉二世（Finau 'Ulukalala II）喜愛，甚至被烏魯卡拉拉二世的其中一個妻子認作養子。太子港號的另一名倖存者，在瓦瓦烏群島（Vava'u）擔任某位酋長的「宰輔」直到一八三〇年。[63]

烏魯卡拉拉希望以他在哈派群島（Ha'apai）的基地為出發點，攻擊位於東加塔布島的政治中心，因為他已經被驅逐在政治中心之外。他奪取太子港號是為了強化自己的軍備，準備和東加塔布的權力當局開戰。馬林納和其他十五名英國人參與了後來發生在東加塔布島的突襲，他們使用一支獨木舟船隊，以及從太子港號搜刮來的幾門臼炮。[64]

最終，努庫阿洛法（Nuku'alofa，也就是今天的東加首都）最重要的堡壘之一，落入烏魯卡拉拉勢力的控制。馬林納形容堡壘是由柳條工法蓋出的牆，以木頭柱子作為支撐，形成九英尺高的圍籬；堡壘屹立在那裡已有十一年，而今被摧毀殆盡。那真是一次可怕的潰敗：「征服者手持棍棒，從四面八方進來，見人就殺，不管是男，是女，還是幼童。」[65]島上居民對進擊者使用的新武器感到敬畏。他們口中的球狀彈藥彷彿有生命，射進屋舍裡，在他們家裡繞啊繞，準備找個人殺掉，而不是直接爆炸。戰役進行之際，「烏魯卡拉拉坐在從太子港號搬來的一張英國椅子上，從礁石區勘查戰況。」[66]在這次攻擊後，他進一步攻占瓦瓦烏港口堡壘的嘗試，卻並不如這一回成功。

儘管使用歐洲武器，烏魯卡拉拉偏好東加人的軍事習慣，也沒有採用馬林納告訴他如何鞏固權力的建議。承平時期，他會和馬林納談話，藉機認識外面的世界，而他特別感興趣的一個主題就是政治，他希望成為英格蘭國王。下面這段話再次突顯島民正在接受新的君主觀念：

喔，諸神會讓我成為英格蘭國王！到時候，世上每個島嶼，無論多麼小，必將屈服於我的力量：英格蘭國王不配擁有他現在享有的領土；他擁有這麼多大船，為什麼他要讓東加這樣的小島，不斷以背叛行為侮辱他的人民？如果我是他，我會派溫順的人去那裡要山藥和豬嗎？不，我會帶著戰鬥的前線；一路發出布洛塔尼（Bolotane）的雷聲（不列顛槍炮的聲音）。[67]

促成全球市場進到東加的一個要素，也和這些對話有關。因為馬林納向他的主子說明了金錢的角色。他解釋說，東加人從太子港號搶來，然後被丟進海裡、從海面反彈起來的銀碟，就是被稱作扁石或「潘加」（pa'anga）的那些銀碟，事實上是錢幣。東加今天的貨幣就是「潘加」，在一九六七年正式發行。[68]

烏魯卡拉拉死後，馬林納也受到烏魯卡拉拉之子摩安干弓戈（Moengangongo）的高度寵愛。[69]馬林納最終在一八一〇年逃脫。雖然希望更早能逃走，但他在攔截船隻方面始終不得天時地利之助。離開時，他感受到離別之苦，因為他已經融入了東加人的生活方式。

一八三二年，馬林納的東加養母瑪菲哈佩（Mafihape）捎來一封有趣的信。[70]這封信可能是由某個很熟悉東加語的人幫她代筆或抄寫的，她在信中指出「人人都成了基督徒」。她請馬林納派一艘船到東加：

如果你（對我）有真正的感情，我會樂見你派你的弟弟來，如果你有弟弟的話——或派你的兒子來，如果你有兒子的話，好讓我能看到他，也讓你在主的面前像個男人——假如你堅決不願親自來看我的話。你可以派他來，換他住在這裡。[71]

瑪菲哈佩此時已改宗基督教，可是她想要馬林納知道，她「過得很不好」。儘管有個新宗教，還有與之相關的紙筆書寫，以及新的行為觀念傳播到東加，瑪菲哈佩仍想利用酋長收養有權勢兒子的習俗，避免她疑似的卑微處境。她的計畫是藉由要求馬林納派弟弟或兒子來東加，重溫馬林納在東加的歲月，甚至暗示馬林納自己應該回來。她的信讓人想起和西方接觸之前的酋長統治模式，也帶有剛皈依基督教的東加的色彩，譬如精簡地使用「在主的面前」。

在一八二〇年代中期調查拉彼魯茲失蹤案期間，迪龍記錄了他和這位女士的會面，還給她看了馬林納的畫像。迪龍寫說，她驚呼「是托基（Tokey）」，這是烏魯卡拉拉給馬林納取的名字，紀念他已逝的一名愛子。這幅畫使她「痛哭」。今天在東加，有傳聞說她可能不是馬林納的養母，而是他的妾。[72]

很遺憾，馬林納因為已幾乎忘光東加語，沒辦法讀懂瑪菲哈佩的信，他抱怨說，母親信中的「拼寫法」過於陌生，暗示可能受到英國傳教士的影響。[73]回到英國後，他放棄冒險生活，在倫敦成為一名股票經紀人，結婚有家室，和妻子育有十一個孩子，並於五十三歲時，在薩里運河（Surrey Canal）溺死，身為一個曾在海島居住的人，這樣的死法著實令人意外。[74]同時，在太平洋有個家族延續了馬林納家的香火，這個家族來自馬林納之子喬治，喬治和他的東加妻子在薩摩亞定居。至於馬林納死在運河一事，東加人純粹猜測的理論是，他最終無法適應在英國的生活，投水自盡。[75]

馬林納的旅記由約翰．馬丁（John Martin）醫生代筆完成，理由是馬林納太過習慣東加人的生活方式，以至於他不再保有用英語寫作和閱讀的習慣。書名頁正面是馬林納的全身圖，就是迪龍拿給馬林納東加養母看的那幅肖像。畫中的他身著東加服裝，腰部以上赤胸裸體，就像為昂特勒卡斯托獻舞的女性一樣。（圖2.5）馬林納跨越了多個世界，身為歐洲革命時代及其不計代價投入全球戰爭的產物，馬林納被俘虜參加了一連串其他戰爭，也就是推動君主政體的東加爭鬥。這些戰爭也是源自這時期不斷變化的政治潮流，革命時代孕育了本地君主主義在太平洋地區的興起。

歐洲武器的傳播對圍繞太子港號的相關故事至關重要；因此，三門太子港號大炮今天被擺在東加英國高級專員公署（British High Commission）舊址前，是一項恰到好處的安排。其他大炮被分散擺放在其他地方，包括哈阿諾島（Ha'ano）。根據屬於哈派群島的哈阿諾島居民訴說的一個故事，這裡是太子港號最終被奪走的地方。[76]二〇一二年，有人發現一艘據信為太子港號的沉船，引發在東加附

圖2.5 「馬林納先生穿著東加群島的服裝」（一八一六年）

近海域的一陣尋寶熱。[77]今天，在哈派群島（我曾在二〇一七年造訪），關於太子港號沉船遺址的故事仍在流傳，還有傳聞說，日本黑手黨和紐西蘭罪犯從沉船發現了黃金，並在東加政府不知情的情況下將黃金取走。有一座紀念碑被豎立在太子港號遭突襲的海灘附近，它被哈派群島茂密的植被淹沒。（圖2.6）

這處海灘本身只是一條狹長的細沙，看不到任何歷史證據。然而，若把發生在東加的交流歷史納入考量，包括航海者帶來的動物，當我走過這片沙灘時，有漂浮在海上的死豬也是毫不違和。豬屍與塑膠瓶罐、破碎珊瑚、在水裡腐爛的倒垂椰子樹幹作

圖 2.6　據說是船隻被突襲的海灘（上圖），以及東加的太子港號紀念碑（下圖）

伴。現代消費的跡象——屬於太子港號交易鯨油之後的歷史——在海灘上顯而易見。

馬林納的旅記出版後，成為詩人拜倫（Byron）對南太平洋島嶼文化田園描述的靈感來源之一。〈島嶼〉（The Island）寫於一八二三年。在拜倫敘述的東加政治中，共和主義盛行於詩裡虛構出的圖博奈島。它是「沒有君主的平等國度」。[78]這裡的自然資源豐富，島民相對不受罪行的玷汙。由於有大自然的庇佑，勞動不是必要的：

在這裡，所有人享用大地，安然無爭
在這個沒有人與田野、樹林、溪流競爭的地方——
他們像採集水果一樣地取用麵包；
在這個沒有黃金的時代，黃金不擾人清夢，
他們棲居海濱，或曾經棲居海濱
直到歐洲給他們更好的生活——
將她的風俗賜與他們，同時糾正他們的風俗，
但也將她的惡習留給了他們的後嗣。[79]

這是個有說服力的事實，呈現革命時代對世界兩端的矛盾影響：充滿浪漫主義色彩的歐洲文學表

現，可能和太平洋的現實徹底脫節。如果說東加人為了重塑他們的政治，洗劫歐洲，歐洲人則是往往沒看出革命時代太平洋發展的重要性。

從近代東加史學家的著作裡，可以清楚看到，我們有必要挑戰歐洲人對這一連串先後事件的描述。他們反對將焚燒太子港號當作暗示東加人「變節」的觀點；事實上，他們主張是這艘船的船員先表現得「像海盜和強盜」。[80]換句話說，歐洲和東加各有各的劫掠系統，這兩個系統透過太子港號事件正面對峙，物質、思想和文化都在這個雙向交流的範圍內。

奧特亞羅瓦和帝國君主

這個源自本地的政治鞏固和君主政體語言，促進了大英帝國的前進。目光再更往南，移動到奧特亞羅瓦／紐西蘭，英國人大步向前的動態更是毫無保留。以下來自紐西蘭的故事，和東加君主政體鞏固轉變的一些特徵相符。

其一，慣常的戰爭、酋長制和決策形式，在和英國商人與傳教士的接觸中進化。其二，隨著和歐洲人的交流越來越深，而且武器和隸屬關係被證明能在政治上發揮作用，成為毛利酋長（*rangatira*）地位（*mana*）的象徵，戰事延燒的範圍也不斷擴大，而且強度更勝以往。其三，和東加的情況相反，英國政府到紐西蘭時，聲稱要透過引進法律和官僚體制保護毛利人。他們計畫設計國旗，進行關於憲政安排的討論，這些都是革命時代、亦即現代黎明之初的固定套路指標。其四，毛利人主張他們是有能力抵抗英國人的政治行動者，有時也借用革命時代的策略，例如透過創造對某位毛利君主的認同。如果說君主政體在太平洋各地開花結果，這又使得勢力較強的君主或大英帝國竄起，成為反革命的勢力。一八四〇年簽署《懷唐伊條約》後，紐西蘭政治菁英的地位，就和英國君主的地位綁在一起了。

總的來說，十九世紀的開始，在太平洋各地定居的歐洲人數量大增：夏威夷在一七九〇年有十個歐洲人，到了一八〇六年，歐洲人數上看一百。[81]有個到訪東加的船長在一八三〇年寫道，島上有很多英國人，他們受到當地人非常友好的對待，而且已經落地生根，並適應東加人的風俗習慣。[82]一八三〇年代晚期，定居在紐西蘭的歐洲人多達兩千，當中有傳教士，也有因為犯罪而被趕出獵捕海豹和鯨魚任務的「海灘遊騎兵」（beachrangers），還有逃跑的囚犯。這些移民聚居密度最高的地方是北島的群島灣（Bay of Islands）。[83]散發異國情調的偶遇被更為持久的接觸取代，而離正式的帝國接管亦不遠矣。

自從英國人於一七八八年和一八〇三年先後在澳洲和塔斯馬尼亞建立基地，帝國接管的遊戲便宣告開始。在這個過程中，我們看到紐西蘭有了和東加不一樣的發展，兩者間的決定性差別在於紐西蘭地理位置靠近澳洲，這使紐西蘭成為澳洲的資源邊疆。英國人和毛利酋長們在一八四〇年簽署《懷唐伊條約》，是帝國進展的重要轉捩點，這份合約被殖民者解釋為一種割讓行為。法國以一八四二年併吞馬克薩斯群島、一八四三年併吞大溪地作為回應。雖然針鋒相對的奪島戰役，標誌著英法兩國從十九世紀中期至晚期在太平洋地區的關係，但英國人於十八世紀在澳洲建立的流放地，意味著太平洋逐

圖 2.7 〈紐西蘭群島灣特普納的一個教會傳教機構〉（水彩畫，奧古斯都·厄爾，一八二七年）

漸被收編到英國勢力範圍內。

一八二七至二八年曾到過紐西蘭的旅行作家暨畫家厄爾，是研究紐西蘭早期歷史的一個史料來源。儘管歐洲人越來越多，厄爾的群島灣水彩畫展現他的浪漫想像，畫面中有大自然，還有毛利人專心做著手邊的事，無視前來的歐洲船隻。這些視覺例證並未誇大歐洲聚落對毛利住所的風格影響，而且值得仔細檢視，看看當中是否有發人深省的本地社會和政治特色，這些東西有時在歐洲人保存的文本裡是看不到的。[84]有一幅大型水彩畫呈現群島灣的特普納（Te Puna）。比起海灘後方的傳教士聚落，毛利獨木舟和前景裡的一棵大樹顯得更為重要：畫中不見任何歐洲人。（圖2.7）[85]有個毛利防禦工事「帕」（*pa*）出現在海灣上方山丘的高處。根據對這幅畫的這番解讀，我們有必要強調，紐西蘭本來就存在的組織、航海和政治形式，決定了居民早期和歐洲人遭遇的基調；舉例來說，本來就存在的庇護制度使傳教

圖 2.8 〈戰爭演說〉，奧古斯都・厄爾（一八三八年出版）

工作得以在毛利酋長的大力支持下進行。[86]

有個冒失無禮的迷思說，這些島嶼是庫克船長建立的一個國家。「奮進號」（*Endeavour*）之旅的確在一七六九至七〇年間，促成許多精確的紐西蘭沿海地圖，[87]但這個敘事之所以無禮是因為族人（people）的觀念，早早就出現在奧特亞羅瓦／紐西蘭。「宜威」（Iwi）指有共同血統的一群人，是一個基本的身分認同，這和毛利人來自一個名為「哈瓦基」（Hawaiki）的地方有關。在政治方面，毛利人也以從屬於酋長的團體「哈普」（hapu）為組織戰爭的作戰單位。[88]毛利人在各種儀式性會議上制訂和討論戰爭的計畫，早期傳教士稱之為「戰爭委員會」，厄爾稱之為「一個野蠻議會」（a rude parliament）。[89]（圖2.8）[90]「瓦卡帕帕」（*Whakapapa*）是毛利族譜。精熟毛利族譜的老師和專家擁有族譜棒，族譜棒上頭有幫助背誦歷代祖先的刻痕，這是他們維繫族人歷史感的一種方法。

歐洲觀察者很快就妄下解釋，對傳統的毛利戰爭風格誇大其詞——毛利戰爭是為了解決有重要人物被殺害，或菁英神聖不可侵犯地位遭冒犯所產生的不義。歐洲人把這些衝突視為毛利人「殘暴」的徵兆。由此而來的毛利人「未開化」觀點，深植紐西蘭早期殖民者的心。漸漸的，虛弱毛利人的比喻也出現，合理化開明貿易保護主義帝國的存在。[91]宗教接觸和貪婪貿易，助長了這些比喻用語。

山謬．馬斯登牧師（Rev. Samuel Marsden）是將福音傳到紐西蘭的重要推手，出生約克郡的他屬於英國聖公會，在帕拉馬塔（Paramatta，今天的雪梨郊區）從事各種農作事業。在馬斯登的支持下，紐西蘭和基督教福音的初次接觸在一八一四年發生，地點就在我們故事裡反覆出現的老朋友迪龍所指揮的一艘船上。[92]馬斯登看不慣歐洲人和毛利人互動的殘酷，表示自己有意促成雙方的和平，[93]他漸漸對來到雪梨的毛利人產生好感，把他們的土地視為「南方海洋的商業中心」。[94]

一八〇九年載著六十名歐洲人往倫敦的「波伊德號」（*Boyd*），在送一名毛利酋長蒂阿拉（Te Aara）回紐西蘭時，於群島灣一帶的旺阿羅阿（Whangaroa）遭突襲。毛利人殺死了船上乘客，連婦孺也不放過。雪梨商人亞歷山大．貝瑞（Alexander Berry）指揮的另一艘船當時正在為開普殖民地（Cape Colony）採購樹皮，僅從波伊德號眾乘客中營救出一名女子、兩名幼童，以及一名男孩。[95]馬斯登在《雪梨公報》（*Sydney Gazette*）提出他對波伊德號暴力事件的個人看法，文中引用從歐洲船擅離職守的一位大溪地人「簡姆」（Jem）的說詞。[96]貝瑞和馬斯登對毛利人文明程度的看法有異；在這兩個替代詮釋中，我們看到專制的移民政治和改革基督新教的對抗。[97]

有個說明攻擊原因的當代解釋指出，波伊德號的船長在航行期間對返國的毛利酋長蒂阿拉非常苛刻。在對話中，厄爾指出他的其中一個談話者「喬治王」（蒂烏力提〔Te Uri-Ti〕），模仿了返國酋長在船上受到的虐待，「他得清潔鞋子和刀子；他因為拒絕做這種有失身分的工作而被鞭打。」[98]另一個解釋說，蒂阿拉對歐洲疾病散播，導致他在紐西蘭的親戚死亡一事相當不滿。[99]文化誤解在波伊德號事件之前就存在了，雙方的誤解還包括有個外國船長不小心把懷錶掉進海裡，而毛利人相信那就是海岸被疾病詛咒的原因。二百名捕鯨者決定採取報復，他們屠殺曾在雪梨待過的馬斯登友人蒂帕西（Te Pahi）的聚落，朝一群不是當事者的島民報仇雪恨。[100]這些戲劇性的爭吵，改變了毛利與英國的政治。

然而，毛利文化充滿暴力，以及毛利人和無情又不帶腦袋、與歐洲人冤冤相報何時了的想法，是對這個時期了無新意的說詞。與之相反，毛利人是流動的民族，他們從事戰爭是為了恢復他們的節操和地位。[101]如果沒有機會出征罪魁禍首，可以為了討回公道，對和罪魁禍首關係遙遠的非親屬宣戰。歐洲人的到來，使這些政治習俗擴展到新的方向，戰爭因而變得更激烈，而且涉及範圍更廣。就像在東加，使用歐洲武器對毛利人也是一件大事。有時被稱為「火槍戰爭」的新型戰爭，使權力逐漸統一並集中。[102]火槍戰爭造成了空前的死傷，以及總人口數的衰退，但它們藉由衝突改變了既有事物，而不是僅造成單純的致命衝擊，而沒有任何本地回應的空間。

火槍的實際威力不是這些戰爭的唯一決定因素，有些史學家認為，對這些戰爭的發展而言，食用

圖 2.9 〈喬治王。北紐西蘭服裝〉，奧古斯都．厄爾（一八二八年）

馬鈴薯的新文化和火槍一樣重要——它使從事長程戰爭之人有充飢的食物。[103]借用一八三七年紐西蘭第一位英國居民的話：「我們似乎有充分理由懷疑，他們的戰爭在槍枝引進之前，是否沒那麼血腥。」[104]包含近身肉搏在內的既有軍事戰術，為了適應這些新的遠距武器而進化。[105]火槍的象徵意義也很重要，獲得武器的酋長被當作偉大的領袖和戰士；他們可以被視為在已經存在的撥亂反正模式中運作。漸漸的，在隨後的幾十年間，以及簽署《懷唐伊條約》之後，毛利君主的概念成了新與舊、太平洋與歐洲的糾葛的結果。作為說明君主制成因的例子，厄爾畫了「喬治王」，也就是在紐西蘭作為他的朋友兼保護者的「蒂烏力提」（Te Uri-Ti）。[106]（圖2.9）

有「毛利拿破崙」之稱的宏吉．希卡（Hongi Hika，一七七二？至一八二八年）很早就體驗過歐洲火槍的威力。宏吉在北島群島灣區的納普希部落

圖 2.10 〈受傷的酋長宏吉（宏吉．希卡），和他的家人〉，奧古斯都．厄爾（一八二九年）

（Nga Puhi）對納蒂瓦圖亞部落（Ngati Whatu）戰爭中使用火槍。[107]在一八〇七年或〇八年的戰役中失去納普希，是宏吉生命中的一個重要時刻，這場戰役奪走了他的兩個兄弟，還有許多出身酋長世系的親人。曾搭傳教船旅行至雪梨的他，支持了紐西蘭的第一個傳教士聚落，後來這個傳教士聚落被批評遭到他的私人壟斷，[108]宏吉直到死前都保持和傳教士的往來。

有一份毛利記載表示，宏吉遵循找親族伸張正義的既有報復模式：

> 宏吉讓自己成為戰爭領袖到處殺人的主因，是不義的陳年往事，那是較早死去的人辭世前的要求，宏吉將他們的要求付諸實行，表達對死去祖先遺言的尊重。[109]

圖 2.11 〈懷卡托、宏吉．希卡和托馬斯．肯德爾〉，詹姆斯．貝瑞（James Barry）（一八二〇年）

但宏吉也革新傳統。他聽歐洲人的建議種植小麥、玉米和馬鈴薯，拿這些食物向行經紐西蘭的船購買火槍和火藥，然後讓他的戰俘們在這些種植園裡工作。[110]因為這些戰爭，以及新舊的交互作用，宏吉的族人越來越常使用集體的名字，自稱為「納普希人」。[111]

宏吉在一八二〇年由傳教士托馬斯．肯德爾（Thomas Kendall）和助手懷卡托（Waikato）陪同抵達倫敦，在當地掀起了不小的騷動。（圖 2.11）全球旅行大大影響了毛利慣例。一個很有說服力的例子是他被帶去參見英國君主喬治四世，據稱宏吉說：「英格蘭只有一個王，紐西蘭也應該只有一個王。」[112]他還在劍橋大學停留了一陣子，接受副校長的招待，並幫忙編了一本毛利字典。[113]在後人的口述傳統中，宏吉據稱對存放在劍橋的拿破崙戰爭地圖相當感興趣。[114]宏吉的頭像搶在宏吉本人之前抵達英格蘭，馬斯登事先請他雕刻自己的肖像；雕刻的副本後來刊登在一八一六年的《傳教名冊》（*Missionary Register*）。[115]一名下議院議員提到宏吉在上議院亮相一事，把他的臉比作雕刻樣本：

> 我繞了一圈，觸摸近在眼前的陛下；我發現陛下的王者臉龐，是我這輩子看過最精美的雕刻樣本之一。隨行內臣（懷卡托）的臉龐白皙；頭上戴的向日葵相當體面；可是國王超越平均值的大鼻子，宛如大放光明的星辰和行星。[116]

帶著禮物、恩賜，還有和英國皇室建立起的私人關係回到紐西蘭，使他得以立刻發起一系列征戰，鞏固權力。回紐西蘭的途中，他在雪梨把此行得到的許多禮物，拿來交換他更喜歡的火槍和彈藥（當他回到紐西蘭時，已擁有數百支火槍），他還保留了英國人送給他的一套盔甲。[117]

宏吉的故事令人想起東加：地方戰爭是革命時代全球競爭不可分割的一環，因為軍備擴散、政治鞏固和同屬某族群的概念，以相輔相成的動態出現在毛利傳統和大英帝國主義的交會處。對宏吉樣貌的詮釋看得到這樣的動態：那既是毛利雕刻，也是歐洲種族概念的產物。宏吉．希卡在一八二〇年代發動的戰爭，牽涉範圍很廣，使好幾百人離開了群島灣，而且根據一名史學家表示，「幾乎整個北島都在移動，在北島和南島引發了無數的戰爭和遠征，最終導致了一次重大的人口重分配。」[118]

在大量且經常是負面的歐洲評論中，還有另一個火槍戰爭的知名戰士，[119]納提托瓦（Ngati Toa）的領袖蒂拉烏帕拉哈（Te Rauparaha，?至一八四九年）。從十八世紀晚期開始，他接二連三地參加為族人討公道的行動，並把遠征向南方延伸，試圖給族人找個家。他發明的戰舞暨迎賓舞「卡馬泰」（ka mate）哈卡舞，今天常被紐西蘭國家橄欖球隊（All Blacks）使用，說明了他的指標地位，這個舞蹈代表生命戰勝死亡的原始意義，現在已成為數百萬橄欖球迷心目中的毛利文化象徵。他南下到卡皮蒂島（Kapiti Island），靠近今天北島最南端的威靈頓（Wellington），並在該處建立了一個大本營。

儘管來自北島，蒂拉烏帕拉哈的遷徙戰爭波及南島，這有一部分是因為歐洲人的幫助。他的兒子塔米哈納（Tamihana）皈依基督教，是第一個進到傳教士學校的毛利人。塔米哈納記錄了一八三〇年「伊麗莎白號」（*Elizabeth*）的約翰．斯圖爾特（John Stewart）抵達卡皮蒂島時發生的事件。蒂拉烏帕拉哈問斯圖爾特船長能否載他和一支復仇戰隊到靠近今天南島基督城（Christchurch）的阿卡羅阿（Akaroa），他們要去那裡為幾宗謀殺案討回公道。蒂拉烏帕拉哈帶著七十名戰士登上伊麗莎白號，斯圖爾特順勢參與了他們的詭計，將惹麻煩的酋長塔麥哈拉努伊（Tamaiharanui）引誘上船。斯圖爾特對塔麥哈拉努伊的族人大喊：「去帶他來拿點火藥。」塔米哈納寫道：

當他的獨木舟來到船邊時，塔麥哈拉努伊還有他的妻女先後登船，然後往下走到船長房。塔麥哈拉努伊坐下後，蒂拉烏帕拉哈綁住他的手，把他和他的家人帶到另一個船艙。什麼也沒說。然後，蒂拉烏帕拉哈和他的戰士們來到甲板，制伏塔麥哈拉努伊的三十名隨行手下；一個也沒逃脫。入夜後，七十名戰士乘著獨木舟上岸。他們在黎明時分入村，開始屠殺。[120]

漸漸的，蒂拉烏帕拉哈和捕鯨船有更多的接觸，而且歐洲人用他們的船輕鬆載運他的獨木舟。[121]蒂拉烏帕拉哈利用外援擴大移動範圍，循著宏吉和其他毛利人先前走過的路，在一八三〇年抵達雪梨，和馬斯登會面。他還和紐西蘭公司（New Zealand Company，為了幫英國移民建立聚落而成立）發生糾紛，蒂拉烏帕拉哈攻擊土地勘測員，最後殺了紐西蘭公司的船長亞瑟·衛克菲爾（Arthur Wakefield，一七九九至一八四三年）。[122]這些土地方面的糾爭，突顯這段毛利人對抗外來者的戰爭和貿易時期，和蒂拉烏帕拉哈簽署《懷唐伊條約》後殖民地開墾方面的發展之間的關聯。[123]

截至目前為止，紐西蘭改變的兩個步驟顯而易見。第一步，和英國人相遇改變了毛利人討回過往公道的原有習慣；第二步，武器傳播及根深蒂固的暴力，對毛利人既有習俗造成影響。我們看到許多利用英國人擴大其個人野心的戰士和君主人物，蒂拉烏帕拉哈就是這樣利用了入侵者提供的運輸。在此同時，英國的官僚制度和法律前進紐西蘭，表現出熱衷保護毛利人的態度，甚至要保護毛利人不受歐洲人對他們土地的影響傷害。

肯德爾隨著第一支傳教團在一八一四年來到紐西蘭，被任命為太平紳士（Justice of the Peace）＊。[124]英國人設立了一個駐紐西蘭的參政職位，一八三三年由托瑞·詹姆斯·巴斯比（Tory James Busby）出任。毛利人把巴斯比看作英國的「國王支持者」，就好像軍艦被稱為「國王船」，船上水手稱為「國王戰士」。[125]大英帝國可以用這種方式，為自身的仁慈目的展現君主政體的語言和象徵意義。巴斯比從雪梨總督手中接過的聘書，特別提到伊莉莎白號對紐西蘭戰事的參與，而他恰恰是在一八三〇年暴力事件的背景下來到紐西蘭。[126]巴斯比安排在紐西蘭建造的船隻，掛著一面過去由傳教士使用的毛利旗進到雪梨，當作「一個獨立國家的旗幟」。毛利人的獨立宣言也在一八三〇年代末，由五十二名酋長以「紐西蘭聯合部落」的名義簽署。[127]宣言最初是在一八三五年由毛利酋長們簽署。

一八三五年的宣言被巴斯比視為「紐西蘭獨立的大憲章」（Magna Carta of New Zealand Independence），不過它顯然是通往英國正式控制的第一步。[128]巴斯比把酋長聯盟視為毛利人的憲法機關，而且在抵達不久後，就寫到希望能為毛利酋長蓋一間議院。[129]他認為他們是毛利社會的「貴族」，服從於宛如國王般的頭號酋長的絕對權力。[130]他希望能教育這些酋長，傳授有關維護和平以及治國道德原則的知識。[131]巴斯比擔任的參政將修訂並提交有待通過的法律給酋長會議。這位英國代表會尋求傳教士和其他移民的建議和資訊。組建民兵也是巴斯比願景的一部分，民兵將由可在緊急情況下採取行動的移民組成，或是一支訓練有素的「原住民勢力」。巴斯比對參政職務的種種構思，承擔起馬斯登宗教使命所扮演的角色。他有時會失望地抱怨紐西蘭的傳教士不服從於他。[132]他也擅自偏離雪梨方面對他下達的命令。新南威爾斯總督批評一八三五年的宣言，使酋長聯盟享有專屬立法權。[133]

撇開開明的人道主義論述，巴斯比安排的一八三五年宣言，有一部分是對夏爾・菲利普・希波呂托斯・德・提耶里男爵（Baron Charles Philip Hippolytus de Thierry）的操弄的戰略性回應。提耶里男爵出身逃離法國大革命的貴族世家，威脅要在紐西蘭建立一個免稅的殖民地，他籌劃讓毛利人和歐洲人彼此通婚和合作。在一八三五年的公開聲明前，毛利酋長們在一八三〇年代初期，起草了一份致英國國王威廉四世（William IV）的直接請願書，請願書中明確提到了法國的盤算：

> 我們聽說馬里翁部落（指馬里翁・杜弗倫〔Marion du Fresne〕，一七七二被毛利人殺害的法國探險家）即將奪走我們的土地，因此我們祈求您成為我們的朋友和這些島嶼的守護者，免得其他部落戲弄我們，也免得陌生人奪走我們的土地。如果任何您的子民對我們造成麻煩或傷害（因為有些從船上逃跑的人住在這裡），我們祈求您對他們生氣，讓他們聽話，以免他們被這片土地的人民的怒火燒到。[134]

＊譯註：又稱治安法官，由政府委任民間人士擔任，常見於普通法系的國家。

在向荷蘭和法國提供殖民地後，提耶里於一八三〇年代中期橫渡太平洋，他從大溪地寫信給駐紐西蘭的英國參政，自稱「紐西蘭至高首領暨努庫希瓦島（Nukahiva）國王（努庫希瓦在馬克薩斯群島，他在航行過程中奪取了該群島）」。巴斯比主持聯合部落的主權宣告，正是為了回應這個古怪的法國企圖，以及對美法兩國在紐西蘭利益日漸升溫的擔憂，法國天主教傳教團和美國捕鯨活動都是典型的例子。[135]

巴斯比也指出，有兩位比利時兄弟正在紐西蘭四處買地，還有一位「波蘭伯爵」正在撰寫他的紐西蘭遊記。[136]同時，紐西蘭的法國天主教徒傳聞正和愛爾蘭人聯手合作；而且有位天主教主教疑似為了組建法國殖民地，正在密謀安排一艘滿載「士兵、傳教士和商人」的船前來紐西蘭。[137]巴斯比企圖教育「混種孩童」（half-caste children），以免他們受到奧特亞羅瓦／紐西蘭的羅馬天主教徒控制，然後被灌輸「對英國利益不利的觀點和原則」，很顯然是用人道主義掩蓋策略性的帝國算計。[138]這邊舉一個當時很普遍的猜疑，在這個例子裡，猜疑和美洲的反抗有關，而且帶有種族歧視。巴斯比寫信給他的兄弟，談論被他發現在樹叢裡教毛利人巫毒術的「捕鯨船美國黑鬼」：

> 四周坐著二十或三十個紐西蘭本地人，中間是某種柴火樹枝堆出的祭壇，上面放著一些物品，三、四個黑人忙著張羅，看他們的手勢，顯然在教一名紐西蘭「托弘加」（*tohunga*）＊一些神祕的儀式。和紐西蘭人在一起的是來自赫基昂加（Hokianga）附近的四、五個白人，就我所知，

他們是不受歡迎的人物，而且這些人都已經喝醉了。[139]

令人眼花瞭亂的全球利益紛紛出籠，這點相當符合革命時代的特色。接下來，一八四〇年有爭議的《懷唐伊條約》上演的背景一切準備就緒。和巴斯比一八三五年安排的條約一樣，《懷唐伊條約》也有雙重目的：在確立紐西蘭合法獨立的同時，試圖將這些島嶼收編到英國的保護傘下。在這兩個面向之間的平衡，是條約簽署以來一直引發抗議的癥結，直到今天，仍在敵對的土地所有權主張中引起共鳴。條約最受爭論的字句是：「紐西蘭的酋長、部落及所有人民，對他們的土地、他們的聚落，以及他們的所有個人財產，保有至高無上的權利。」[140]矛盾的核心在於親屬觀念（kinship）與王權觀念（kingship）之間的關係。

毛利人以為他們當時是和英國人建立起一種家庭關係，而且他們在英國和法國（即「馬里翁部落」）之間，選擇了英國。毛利人與英國人的親屬關係被認為來自共同的祖先和宗教信仰。這層親緣關係讓他們也成為了國王。一八三九年，毛利人有了召開「選舉國王」會議的想法。[141]然而，巴斯比在評論毛利人競爭王位的想法時寫道：「我相信我們都同意，讓他們自己的人當國王，絕對是不可能的事。」[142]他告訴他的兄弟說，有位毛利酋長曾暗指巴斯比本人可以是他們的國王：「我告訴他，擁

＊譯註：任何技能或藝術的專家，不限於宗教方面。祭司、治療者、雕刻師、老師和顧問。

有國王不是這片土地的習俗，權力必須交給酋長聯盟。」[143]

一八三五年的宣言呼籲英國國王成為「他們仍嗷嗷待哺的國家的父母」。[144] 這番話直接出自毛利酋長們之口。[145] 巴斯比不支持毛利人當國王，甚至不支持他自己當國王，是因為對現在正四處吞併領土的英國人而言，終極主權不屬於毛利酋長們，而是屬於遠在天邊的現任英國君主維多利亞女王（Queen Victoria），並由她委託給她在紐西蘭和雪梨的代表。酋長可以繼續當酋長，但必須從屬於維多利亞女王。獨立的概念是支撐起一個反革命帝國的門面，這個帝國消極被動地採用了這時期的政治和獨立語言。

也難怪，在接下來的幾十年裡，毛利人捲入了一系列和英國人的小規模衝突。他們也可以當君主。「國王運動」（*Kīngitanga*）在一八五〇年代後期任命了第一位毛利國王，並反對大英帝國對祖傳土地的占領。它成功地發動對英國的武裝抵抗，並於一八五八年宣布王國的邊界。國王運動期望和殖民政府並肩執政。有趣的是，國王運動有創意地採用了革命時代的敘事：例如，海地革命成為國王運動的參照基準點。毛利人用自己的宇宙觀詮釋海地：海地人在山上建造了一座「帕」（防禦工事），他們從那裡飄揚他們的「卡拉」（*kara*，旗幟），召喚法國人對他們進擊。「如今那座島擁有法律，也確定獨立（*rangatiratanga*）；它的旗幟已經升起；而且，他們的議會（*runanga*）為國家利益服務。酋長們（*rangatira*）之間已達成共識；法律實際生效；許多港口都很富裕。」[146]

透過「宜威」、「哈普」和部落內部認同等既有概念的演變，還有戰爭，以及毛利人回應英國和全球觀念與事件的嘗試，政治秩序的改變以慢動作呈現。英國政府出手干涉時，它透過巧妙地採用革命時代的工具來反擊毛利人的革命力量，像是原住民獨立宣言和國旗。毛利人也借用君主的職責和革命時代的遺產來回應英國，包括某次借用發生在海地的事件。然而，太平洋其他地方正在發生類似型態的政治整合的事實，使這不僅僅是關於毛利人的故事。這是太平洋地區在這些年的一個特點，武器和思想、基督教和英國政府、英法對抗與英法共同目標，鑄成了這些變化。但這些變化不是單純由外力造成；事實上，這些改變吸收了毛利人和太平洋地區的政治詞彙。英國人能利用這些遭遇的結果，為帝國謀取利益。

第三章　西南印度洋：反抗的世界和大不列顛崛起

即便到了現在這個時代，造反者、叛亂分子和逃亡的獨裁者，都曾尋求地下洞穴的庇護，用大地的黑暗將世界阻絕在外，確實有可能維繫動亂的春秋大夢。

接下來的故事發生在一七八八年：第一艦隊抵達澳洲建立流放地的那一年，也是法國大革命爆發的前一年，那也是某個末日預言預期實現的前一天。這個末日預言出自南非的荷蘭殖民勢力邊疆，而發表此言論的是一位名叫揚・佩爾（Jan Paerl）的造反者。斯韋倫丹（Swellendam）的地方官（*landdrost*）康斯坦・范諾特・翁克勞特（Constant van Nult Onkruijdt）在幸運之神的眷顧下，意外發現了佩爾的地下住所。[1]身為地方官，翁克勞特是開普敦荷蘭政府在斯韋倫丹邊疆據點的主要代表，斯韋倫丹大概位於開普敦東方一百二十英里處。佩爾的千禧年主義運動，在最盛期約有二百名追隨者，他們深受佩爾魅力十足的演說技巧吸引，而且視他為科伊科伊人（Khoikhoi）的神，或是我們親愛的主（*Onsen Liewen Heer*）。[2]他正在幫助追隨者為一個全新的世界做準備，在這個新世界裡，神的干預將使科伊科伊人得以收回他們的財產、土地和牲畜。[3]

翁克勞特在佩爾的藏身地，不假思索地翻遍反抗者的私人物品，然後把他發現的一把刀據為己有。[4]這大概就是佩爾第一次對追隨者講話時所用的刀，他用這把刀朝自己刺了兩下，證明刀子傷不了他。對翁克勞特來說，發現這個藏身處是值得細細品味的光榮時刻；他的積極干預政策收到了成效。

翁克勞特在邊境建立起一種根據個人判斷自行其是的傳統，無視開普敦當局提供的原則性建議。一個多星期前，他寫信給開普敦當局表示，在斯韋倫丹農場做苦工的原住民族科伊科伊人，正試圖發動「密謀」重拾「對整片土地的控制權，並將土地納入他們的控制範圍，像他們的先民一樣統治這塊地」。[5]在回應這個消息時，翁克勞特站在斯韋倫丹的流動農民、也就是「拓荒布爾人」（*trekboers*）*這邊。在盤問幾名被捕的亂民後，他想到了一個計畫。在反抗的科伊科伊人聚集到高地的同時，他命令手下襲擊並掠奪河川谷（River Valley）和勒菲松德倫德（Rivier-Sonder-End）的科伊科伊聚落。考慮到科伊科伊人的貧窮處境，他們退居高地的舉動，表明他們願意犧牲和歐洲資本與文明的任何聯繫，這是一個激進的抵抗聲明。

發現佩爾的藏身處後，翁克勞特展開一波大規模調查，甚至動用行賄的手段，卻仍然沒有找到這名反抗分子。他得到關於佩爾的大略描述是：他身材高大，來自混血家庭，在搜索行動中，佩爾被標記為私生子。他的母親是斯韋倫丹的科伊科伊女子，她和一名起碼有部分歐洲血統的男人發生關係後生下佩爾。雖然沒有關於這次私通的確切細節，但跨種族的婚外性行為在十八世紀晚期的南非很常見，而且經常是暴力的性關係。[6]佩爾於一七九〇年被捕，而翁克勞特在他落網的一年多前已辭官離去。

儘管充滿個人特色，佩爾的反抗運動是屬於那個時代的運動。到了十八世紀晚期的時候，開普殖民地及其周邊地區爆發人口方面的危機，例如土地所有權爭執，以及殖民地移民和原住民族及被奴役者之間的衝突。隨著危機持續開展，反抗的用語和行徑不只在科伊科伊人當中流行起來，也在其他族群之間流行起來。這些族群包括拓荒布爾人、其他原住民族，還有來自印度洋世界其他地方的奴隸。十八世紀和十九世紀之交這段時期，出現了再造開普敦世界的無數夢想：開普敦的地理位置就像一座橋梁，通往一個住著形形色色抗議民族和社區的大陸，使得相互交織的叛亂出現在此地。反抗的模式從一波波的接觸之中汲取力量：從遷徙的人群以及他們帶來的政治變遷消息，從千禧年主義和遙遠國度的文化象徵，甚至是從其他印度洋領土送來的補給品。儘管這些反抗和以土地為基礎的農業相關，但很多也有它們自己的海上通道。

在無數起義發生之際還有另一個重大轉變，也就是英國人武裝力量的到來。他們先是出於害怕法國採取行動，故從一七九五到一八〇三年占領了這個荷蘭人的據點，然後自一八〇六年起，則出於懼怕拿破崙而占領此地。英國人還朝法屬印度洋世界進攻。英國人的到來，是對此地各式各樣反抗活動

＊譯註：是指在一八三〇年代中期之前，從開普敦獨自或短暫向內陸遷徙的布爾人。不同於一八三六年的「牛車大遷徙」（Great Trek），當時說荷蘭語的布爾人為脫離在開普敦的英國殖民統治，集體從開普殖民地乘坐火車前往現代南非的內陸，這些布爾人自認是Voortrekkers，荷蘭語和南非語的字面意思為「先行者」。

的被動回應。時稱法蘭西島的模里西斯也很重要，模里西斯的共和主義，成了法屬印度旁觀者的榜樣，這個西南印度洋島嶼的共和主義，先是受到一名專制總督的束縛限制，然後又被英國人束縛。英國人在一八一〇年控制這個島，希望不僅能終止它出了名的共和主義，還有這裡惡名昭彰的海盜；這又是大英帝國的一次反革命行動。

在南方水域各地，五花八門的原住民族抵抗和起義的浪潮，奠定了大英帝國崛起的歷史背景，這波浪潮又和荷蘭與法國後裔尋求更多自治空間的騷動有關。儘管此處想呈現本地的政治，但不得不說，考慮到在此登場的遷徙者、勞動者和殖民地定居者背景紛雜，我們很難萃取真正原生於本地的政治，本地的抗議和奴隸及拓荒布爾人的抵抗密不可分。因此，抵抗行動是透過過往未被重視的聯繫而形成。這些聯繫串起開普敦和模里西斯，穿越南方陣陣波濤，延伸到巴達維亞和印度，甚至延伸到波斯灣。

原住民土地不敷使用

從佩爾的千禧年運動可以看到正在累積能量的各種勢力，而且革命思想在這些勢力裡可能以不同的方式茁壯。一位荷蘭人約翰尼斯·尼可拉斯·斯瓦特（Johannes Nicolaas Swart）把某群科伊科伊人使用的肥沃土地據為己有，這群科伊科伊人的領袖柯布斯·瓦倫丁（Cobus Valentijn）抗議此舉不合法，先後向翁克勞特和他前一任的地方官提出此事，但瓦倫丁的投訴並未獲得像樣的回應。佩爾就是在看到法律辜負對瓦倫丁的保障時，經歷了一段成為神的「內在轉變」。[7]

在佩爾發動抵抗的四十三年前，斯韋倫丹被納入當時治理非洲南部這一帶的荷蘭東印度公司（VOC）的控制。斯韋倫丹司法管轄區成立。在這場抵抗運動發生的大約十年前，整個村落僅有四棟房屋，其中一棟屬於地方官。這並非人口不足的指標，而是代表拓荒布爾人稀疏地散布在殖民村落周邊的廣袤鄉間。[8]每個農民都能耕作六千英畝的土地。由於開普敦的人口壓力和缺乏希望，逼使他們在這裡定居下來。這些拓荒布爾人自十八世紀晚期開始，漸漸感受到土地越來越不夠用。河川成為他們隨意擴張的界線記號：首先，斯韋倫丹和它北邊的鄰居斯泰倫博斯（Stellenbosch）被劃開，彼此的界線一直延伸到西邊的甘圖斯河（Gamtoos River）。然後為回應民怨，邊境被向後推至更西邊的魚河（Fish River）和布希曼河（Bushman River）。即便如此，農民仍叫苦連天：一七七五年，他們寫信給荷蘭總督：「除非這個殖民地向東邊擴張——還有向北，否則居民將無法為他們自己或下一代獲得更多農場，如此一來，他們不僅會繼續處於目前的貧困狀態，而且恐怕還要變得更糟。」[9]

隨著民怨沸騰，開普敦的荷蘭人和這些邊境居民出現了認知的隔閡，導致外界對拓荒布爾人產生先入為主的刻板成見。開普敦菁英擔心拓荒布爾人和他們的親族正在變成異教徒和無法無天的野蠻人，而且他們總是把這些農民描繪成一群懶惰鬼。蘇格蘭植物學家兼旅行者寫道，他拜訪了一位「荷蘭布爾人」，此人「擁有無數牛隻；卻沒玉米，連個遮風避雨的家都沒有，儘管當地既適合種玉米，也適合蓋房子」。他繼續說：「這些人的個性普遍如此懶惰，以至於他們很少動手建造房屋或耕

圖 3.1 〈從好望角遠眺桌山和開普敦的景色〉，一七八七年

作。」[10]這個印象當然不夠準確，因為靠土地吃飯是相當艱苦的生活，這使得離開開普敦的貧困白人必須接受一種自給自足的文化。他們將肉和奶油送到開普敦，但運輸困難又昂貴。瑞典自然歷史學家安德斯・斯帕曼（Anders Sparrman）因此敦促改善開普殖民地各港口之間的航行，並表示「每年在通往開普敦的路上，有成千上萬天的工作日被不必要地浪費掉」。[11]

很明顯的，就在城市與邊陲缺乏理解的情況越來越嚴重，引發政治分歧的同時，邊陲和開普敦的經濟也越來越糾纏。事實上，即使在這個時間點之前，拓荒布爾人在經濟方面也從來不是孤立的，邊境居民向城市借錢，城市靠邊陲供應肉品。每次（和全球戰爭局勢導致更多船隻停靠開普敦有關的）經濟成長爆發之後，總是迎來經濟蕭條期。當一七七〇年代的蕭條衝擊邊陲，屠宰牲畜價格的下跌就成了發動反抗的背景因素。

除了經濟因素，法國大革命前夕在邊境爆發的危機，也和邊境居民與原住民族之間的關係密不可分。佩爾的生平和故事是整個大拼圖的一部分，這拼圖呈現科伊科伊人和其他原住民族及混血人口在這些年經歷的命運變化。一七一三年，天花大流行使科伊科伊人數量大幅銳減，「他們倒的滿街都是，彷彿被荷蘭人屠殺一樣。他們說荷蘭人對他們施了魔法。」[12]十八世紀中葉，科伊科伊人可能欣賞歐洲的武器、菸草、白蘭地和畜牧養殖。事實上，科伊科伊人和拓荒布爾人的社會之間，存在重要的相似之處：兩個群體都是十八世紀早期的自給農民和畜牧民。這些相似之處不可避免造成了一種依賴體系，但到了一七七〇年代後期，情況已大不相同，此時抵抗和分離的情緒高張，這點從圍繞佩爾的千禧年主義可以看出。一七九七年，斯韋倫丹以某通行證系統，限制了科伊科伊人的行動自由。[13]

開普敦的德國移民奧托．菲德烈克．門策爾（Otto Friedrich Mentzel）對科伊桑人（Khoisan）*的描述則令人不安，而且帶有濃厚的種族刻板觀念，他稱這些人為「霍屯督人」（Hottentots）和「布

*譯註：泛指非洲南部不屬於班圖語支的民族。分為霍屯督人（意為「笨嘴的人」，即科伊〔Khoi〕）和布希曼人（意為「叢林人」，即桑〔San〕）。兩者是荷蘭殖民者對非洲南部原住居民的貶義稱呼。「霍屯督」是一個擬聲詞，來自荷蘭語 hot-en-tot，指科伊科伊語中常見的搭嘴語。霍屯督人一詞後來已不再使用，被當地人自稱的科伊科伊人取代，意為「一般人」。

希曼人」（Bushmen）。歐洲人以他們缺乏永久居所作為自己擴張的藉口。關於科伊桑人裡的桑人（the San），他寫道：

> 他們散居在開普敦以東和以北的各處山脈，沒有固定的住所（*kraals*），而是四處遊蕩，有時成群結隊，躲在溝壑裡和岩石間，只要還有任何維持生計的手段，就過著最悠閒懶散的生活；他們從不主動攻擊，除非他們再也找不到食物，當他們飢餓難耐時，他們會被逼著尋找戰利品。他們的天性顯然既不野蠻，也不殘忍，但歐洲人對他們的迫害，把他們當狗一樣地射殺，以及食不果腹時難熬的飢餓，使他們變得肆無忌憚，孤注一擲，於是他們不惜冒生命危險，變成嗜血之人。[14]

門策爾筆下的擴張，後來引發一群虛弱的游牧民族回應，事實上是一個強占土地與對抗的計畫，這些暴力行為在佩爾事件前後幾年期間變得難以動搖。我們可以從扣押的戰俘看清該擴張的本質：一七九五年，格拉夫－里內特（Graaff-Reinet）有大約一千名戰俘，他們在布爾人襲擊原住民族村落的行動中被俘。一位研究南非白人歷史的著名史學家表示：「在本世紀最後幾十年，在有些格拉夫－里內特的農場裡上演了最心狠手辣的暴行。」[15]

除了和科伊科伊人的對立升溫，十八世紀晚期也是歐洲後裔和另一支原住民族「科薩人」（Xhosa）百年戰爭的起點。定居在開普殖民地的東部，科薩人益發意識到他們和科伊科伊人是彼此

圖 3.2 〈叢林男子霍屯督人為遠征武裝〉，出自山繆・丹尼爾（Samuel Daniell），《非洲風景和動物圖集》（*A Collection of Plates Illustrative of African Scenery and Animals*，一八〇四年）

獨立的族裔，然而他們和科伊科伊人有大量的交流。「科薩」一詞源自科伊科伊語，意思是「憤怒的人」，[16]科薩人在十八世紀末葉建立起政治上更集權的社會結構，而且首次在拓荒布爾人農場以東的地區建立聚落。衝突在這兩個敵對的聚落群（一邊是布爾人，另一邊是科薩人）發生接觸後，立刻爆發，科薩人的牛隻被歐洲人偷走，而且歐洲人還囚禁他們和他們的孩子；歐洲人和科薩人之間爆發一波波的突襲和反突襲。在和科薩人的戰爭越演越烈之際，科伊科伊人也受情勢煽動，爆發大規模叛亂，他們逃離拓荒布爾人的農場，然後又回頭展開突襲。歐洲人和一群原住民族的衝突，滋長了和另一群原住民的衝突。

一七九九至一八〇三年是特別持久的一段動盪時期，反抗者把一些農場的歐洲人全都殺光了，這是佩爾事件的十一年後，也是一七九五英國首次占領開普敦之後。在此期間，四百七十座農場被燒毀，據估計，反抗者據為己有的馬有五百八十四匹、公牛有三千一百三十七頭、牛有二萬二千二百三十頭，綿羊和山羊有一萬九千七百六十六隻。[17]由此可見，反叛的行動讓原住民族占有了對布爾人（他們正在挑戰的農業經濟體）來說很有價值的物品。除了和東邊的科薩人發生衝突，拓荒布爾人還得應付第三個族群：位在北邊的桑人，也就是殖民者口中的「布希曼人」。桑人會集結成一大群，朝農場發動攻擊。儘管殖民地定居者以帶有種族偏見的方式區分二者，桑人和科伊科伊人不必然能分開來看；他們也承受著歐洲擴張造成的壓力，並以暴力作為回應。[18]

歐洲在地方上的畜牧擴張，形塑了非洲南部原住民族——科伊科伊人、科薩人和桑人——的反抗。人口壓力，還有農業及自給經濟的不穩定，都是至關重要的因素，叛亂因而展現出掠奪的特色。但若說布爾人試圖鎮壓反抗活動，他們也有意把這個歷史時刻裡蘊藏的革命思想，變成自己軍火庫中的武器。

拓荒布爾愛國者反抗

儘管本書從全球南方的角度，把革命時代定義為本地政治浪潮的興起，然而拓荒布爾人也算是革命時代的一員，他們參與其中，因為他們自認與南方土地密不可分。他們的反抗屬於地方性反抗，但同時又根據世界的最新發展做了調整。

從一七八〇年代起，反對荷蘭東印度公司政策的愛國者傳統（a tradition of patriotic oppisition）在開普敦興起，後來也流行到邊境地帶。如果說開普殖民地總督曾試圖把科伊科伊人視為一個國族（nation），布爾人於此同時也開始維護起自己的國族性（nationality）：拓荒布爾人使用阿非利卡人（Afrikaaner）這個詞描述自己的社群，藉此將他們和荷蘭的殖民官員階級區分開來。布爾人的躁動始於開普敦，當地有一群布爾人將荷蘭東印度公司視為代表「舊制度」（*ancien régime*）的機構。於是布爾愛國主義從荷蘭本土政局的變化汲取靈感：荷蘭在法國大革命後成立了一個巴達維亞共和國（Batavian Republic）。然而，發生在歐洲的事件不是這個南非愛國主義的決定因素。

讓我們從遙遠北半球的事件說起，一七八五至八七年有個在美國革命的啟發下興起的「愛國者起義」（Patriot Revolt），他們控制了荷蘭本土的許多城鎮。該運動的核心是重振荷蘭的民族歷史及其聯邦政府，對奧蘭治君主政體明顯的衰落感到不齒。這些在荷蘭本土的荷蘭愛國者和他們在南方世界的同胞一樣，都不是荷蘭東印度公司的朋友，他們主張自然權利和人民直接參政的原始民主（primitive democracy），同時也珍視民粹主義的基督教虔誠。起初，他們在對手得到普魯士軍隊幫助的情況下遭到痛擊，直到法國大革命結束後一段時間才重整旗鼓。一七九五年，法國軍隊入侵荷蘭，成立巴達維亞共和國，由荷蘭愛國者治理，政權屹立直到一八〇五年。奧蘭治王子後來逃往英格蘭，[19]而荷蘭東印度公司於一七九六年被國有化。就在這時，開普殖民地的深處湧起一股愛國情操。

愛國主義早在一七九五年巴達維亞共和國權力鞏固之前，甚至在一七八〇年代的愛國者起義之前，就已流行於開普敦。這些事實，推翻了殖民母國和殖民地被因果關係綁在一起的觀點。

因為，開普敦的布爾人在一七七九年就曾發動請願，要求享有和荷蘭東印度公司官員一樣的權利。他們渴望自由貿易，譴責荷蘭東印度公司的實際壟斷。他們控訴荷蘭東印度公司的腐敗。他們抱怨自己「生活處處受限」，而且可能「淪為貧戶」。他們將這種負擔歸結為「壓迫使然，全體公民（*Burgerstaat*）在壓迫下叫苦連天」。這裡說的壓迫來自東印度公司官員，[20]根據一名布爾人對普利登堡（Plettenberg）延續到一七八五年的行政長官任期的描述：「和政府打任何交道都要靠賄賂才能成，許多官員培植這種賄賂行為，甚至公開交易，導致殖民地的定居者普遍心生不滿。」[21]這些愛國者主張，布爾人也應該有權利懲罰他們擁有的奴隸，這顯示了一種在地的政治模式。區分自己和他者的種族詞彙貫穿了他們的請求，意味著他們不僅是反抗傳統權威，也是在對抗原住民與奴隸的反抗。根據他們在一七八四年於荷蘭草擬的另一份請願書，他們警告「道德徹底淪喪的日子將近」；布爾人社群對殖民政府的威脅，將變得和「現在的布希曼人–霍屯督人（科伊桑人）一樣……危險」。[22]這一切在在顯示把這次抗議單純解讀為荷蘭政治趨勢的擴散是危險的。

這個布爾愛國主義的文化，也在佩爾曾經活躍的地方流行起來。一七九五年，拓荒布爾人的反抗從斯韋倫丹開始。六十名拓荒布爾人自稱「國民」，聽從一名自詡為「國民司令」（*Nationale Commandant*）的男子指揮，朝殖民聚落發動猛攻。[23]當時的地方官安東尼・福雷（Anthonij Faure）

被他們趕下臺，然後他們任命了一名「國民」地方官取代之。斯韋倫丹叛軍的諸多訴求包括撤除紙幣和設立自由貿易，他們批評福雷和科薩人作戰時的行為，控訴他站在原住民族那邊，這些南半球的愛國主義者常常把這句話掛在嘴邊。

在附近的格拉夫－里內特區，愛國主義在一七九〇年代變得更有延續性。我們再次看到地方官梅尼爾（Honoratus Maynier）被配戴三色徽*的反抗者驅逐，他們想像自己直接受荷蘭的國家立法機構「荷蘭國會」（States General of the Netherlands）治理，[24]各種「人民代表」強行進到地方議會。這些反抗者對梅尼爾開放科伊科伊人進到議會尤其不滿，反抗者的其中一名領袖阿德里安・范雅斯維爾（Adriaan van Jaarsveld）提出他們在乎的議題，當中使用了 *volk* 這個字（意思是人民或國民）：

> 人民（The volk）要求擊敗科薩人。他們先前不想明確說出來的原因是，他們懼怕擅自作主的後果，希望由更高層級的權威發動攻擊。若不是因為擔心自己太虛弱，需要幫助，人民很久以前就想再次和科薩人正面對決了。[25]

格拉夫－里內特的反抗直到開普殖民地進入英治時期仍持續發酵，並且還利用了荷蘭人的海

＊譯註：藍白紅三色徽章，通常別在帽子上，象徵支持革命起義。

洋聯繫。一七九七年，開普殖民地總督馬戛爾尼勳爵（Lord Macartney）的布政司安德魯・巴納德（Andrew Barnard）寫信給東印度公司的軍官羅伯・布魯克（Robert Brooke），談論格拉夫－里內特的反抗者打算增添軍事裝備一事。他描述反抗者「突然爆發的傾向」，他們維持「悶燒一段時間，然後以加倍的力道爆發」。巴納德說有艘英國的南太平洋捕鯨船「希望號」（*Hope*）出現在德拉戈灣（Delagoa Bay，按：今位於莫三比克，名為馬普托灣〔Maputo Bay〕），因為飲用水不足，於是派了一艘雙桅橫帆船前來取水。幾天後，希望號發現另一艘他們認為是法國私掠船的船隻，立刻掛起美國旗幟，佯裝自己是美國船。然而，希望號後來得知對方其實是荷蘭船，而且：

> 他們在巴達維亞裝載了六百桶火藥和八門大炮，有十二磅炮和四槍（？）砲架，射擊時無懈可擊，他們船上還有捆裝的貨物和咖啡，全都打算卸貨在阿果亞灣（Algoa Bay）。阿果亞灣位於斯瓦特寇皮斯河（Swarte Kops River）出海口，距離德羅斯迪（Drosdy）或格拉夫－里內特村子只要一天到一天半的交通時間……這一切都是為了他們要在收到東西後宣布獨立，脫離開普殖民地，然後依照法國體系建立他們自己的政府。[26]

英國捕鯨船和荷蘭雙桅橫帆船「野兔號」（*Haasje*）隨後展開了三個星期的對峙，直到一艘葡萄牙船隻撞見此景，提供人力支援，使英國人占據上風。荷蘭人只好往河的上游駛去，多數船員則淪為俘虜。可是「當地人」，巴納德寫道，「在爭奪期間安排……偷走所有的捆裝貨物和咖啡……」總督馬戛爾尼伯爵寫信給倫敦，表示遠征的規劃「既無知又不明智」。[27]野兔號的船長雅各·德弗雷恩（Jacob de Freyn）「派一名黑鬼」帶了封信到格拉夫－里內特；德弗雷恩想從德拉戈灣到阿果亞灣，因為巴達維亞總督指示他在那裡卸載船上物資。[28]根據野兔號三副的陳述：「野兔號離開巴達維亞的時候，除了船長和當地總督之外，沒有人知道她的目的地。」船員們以為這艘船是要前往德那第（Ternate，按：位於印尼摩鹿加群島）。[29]

巴納德在一七九九年通報了另一起疑似想支援反抗者的企圖。當時有艘掛丹麥旗的法國船「普雷努斯號」（*Prenouse*）在阿果亞灣身分曝光，遭英軍開火射擊，一路被追趕了二百英里。[30]此時，英國人正在阿果亞灣興建堡壘，想要打造「第二個直布羅陀」。[31]和普雷努斯號爆發的衝突使人們開始謠傳，說法國人已運來部隊支援荷蘭愛國主義者，等到該船於一八〇〇年三月被俘獲並炸毀後，人們說這是「法國海軍在這些海域遭遇的終結一擊」，儘管在模里西斯外海一帶活動的法國私掠船仍動作頻頻。[32]模里西斯此時還在法國的統治之下。如果說拓荒布爾人的愛國起義是在當地鑄就的，並且和來自歐洲的消息有關係，那麼它也利用了橫跨南方世界各地的往來，從巴達維亞運來補給。

普雷努斯號事件和格拉夫－里內特拓荒布爾人建立一個自由國家的嘗試，都發生在一七九九年。拓荒布爾人於是認為英國政權虛弱，他們高舉自由、平等、博愛的口號，巴納德輕蔑地稱之為「被詛咒的法國原則」。[33]格拉夫－里內特拓荒布爾人領袖范雅斯維爾曾因偽造罪入獄，戰友們在他被武裝車隊移送至開普敦的途中將他釋放。反抗者隨後聚集了龐大勢力，並堅持爭取「一個英國地方官」來治理他們，因為他們「不再是荷蘭臣民」。作為回應，英國人派遣軍隊鎮壓革命情緒，軍隊解除叛軍的武裝，然後宣布戒嚴。巴納德就該地區造反的拓荒布爾人一事，寫信給馬戛爾尼：「接下來他們會被送出殖民地，因為只要他們還在，那一區將永不平靜。」

然而，邊境爆發全面反抗，因為當地的結構在如此龐大的英國勢力面前鬆動了：科伊科伊人如今藉機突襲拓荒布爾人的農場，並且和科薩人合力出擊，也就是前述和英國第一次控制開普殖民地有關的反抗。拓荒布爾人的脆弱，源自英國不讓他們取得火藥。[34]布爾人落荒而逃，並且流傳起一個謠言，說他們將被俘虜，然後處死，女人將被送給「黑人」：也就是說，「今年他們的妻子腿上仍坐著白人孩子，但明年她們將改抱黑人孩子。」[35]英國政治家兼南非旅行家約翰·巴羅（John Barrow）報導了在英國軍事行動脈絡下，布爾人和「霍屯督人」之間的暴力悲劇，這篇報導的標題，或許只能取名為「戰爭罪」：

> 我們幾乎沒和這些人分開過，然後我們停在一棟房子前餵馬，偶然看到一名懷裡抱著孩子的霍屯督少婦平躺在地，狀況糟糕透頂。她從頭到腳都被犀牛皮或海牛皮做的「參拔」（sambocs）地獄之鞭打得傷痕累累，野蠻又殘忍。她全身上下幾乎沒有一處不見鞭痕，小嬰兒的身體兩側也因為緊緊依偎著母親，躲不過殘酷怪物的痛擊。[36]

這麼一來，布爾革命為英國干預奠定了一些基礎，英國干預又使非洲南部原住民族的反抗在十八世紀末深化。對巴納德而言，區分英國與先前荷蘭殖民者的關鍵在於力道。他指出，布爾人「認為自己不在政府的控制範圍內，因此他們可以繼續玩荷蘭時代玩過的同一套把戲，過去的政府太弱，無法和他們抗衡。」[37]反叛和帝國主義相互關聯。可悲的是，最終必須藉由更大規模的軍事回應和英國殖民主義行政機構的鞏固，徹底落實帝國主義，才能把它的反對者趕到地下。

美國獨立和法國大革命的語言，還有巴達維亞共和國的榜樣，被拓荒布爾人用來支持他們保守的殖民文化。這個殖民文化創造了一個地方的革命時代，它包括布爾人全心投入對奴隸的嚴酷管教，以及和原住民族的侵略性衝突。這些作為給反革命大英帝國的擴張奠定了基礎。

反抗裡的奴隸

如果說開普殖民地的革命景觀分裂成多條支線，那麼在這個時期，還有另外一群人在非洲南部發動他們自己的反抗，也就是從印度洋各地抵達開普殖民地的奴隸。他們既不是原住民族，也不是殖民地移民，卻對推動開普殖民地的革命時代發揮了重要作用。

這些被奴役者的多重背景，以及他們四散在殖民地的情況，阻止了對構成起義很重要的同志情誼生成。所以每個人採取的，是個人的暴力抵抗形式：使用跟科伊科伊人學到的技巧毒害主人；或縱火焚燒奴隸主的財產。[38]自殺也是一種絕望又悲劇的抵抗手段，而且對被奴役者的主人而言，經濟代價慘重。為了恫嚇其他奴隸以壓制反抗，在佩爾事件席捲斯韋倫丹的兩年前，某個溺斃的女奴被從河裡打撈上岸，任其曝屍以供人觀看，直到她的屍體分解。[39]逃跑的奴隸會加入邊境的原住民族社群，這種混血社群被以歧視字眼歸類為雜種霍屯督人，但他們的出現，使國家難以辨識哪些人是逃脫的被奴役者。[40]

在奴隸之間，這幾十年從海外汲取的革命修辭被從根本上重新改編，以迎合當地人在乎的議題。一八〇八年，開普敦發生了重大的奴隸叛亂。[41]事件起因是有兩名愛爾蘭人告訴三十歲的酒坊管理員路易（Louis）（他是威廉・克斯頓〔Willem Kirsten〕分居妻子的奴隸），在愛爾蘭、英格蘭、蘇格蘭和美國「沒有奴隸，人人都是自由人，而且所有人都應該是自由的」。[42]

這兩個愛爾蘭人年紀二十出頭，他們在廢奴思想流傳的時候橫越大西洋和印度洋，這又再次證明了宏觀歷史背景對非洲南部事件的重要性。其中一人曾以士兵身分替東印度公司效力，然後以傷殘者的身分抵達開普殖民地。[43]一群奴隸在持續與愛爾蘭人保持聯絡的路易的領導下，開始奪取斯瓦特蘭（Zwartland）、寇伊堡（Koeberg）和泰格堡（Tygerberg）的三十四座農場，這些地區是葡萄和穀物的產區。叛亂被鎮壓後，約三百人淪為囚犯。其中有十六人被判處死刑，二百四十四人在嚴重警告後，被歸還給他們的主人。而兩名愛爾蘭人則在試圖從薩爾達尼灣（Saldanha Bay）經海路逃跑時被捕。[44]

在某些方面，一八〇八年的奴隸起義和佩爾的運動完全相反。因為這個事件中的反抗者沒有選擇摒棄歐洲文化，反而是試圖模仿它。他們穿上佩爾已經放棄的歐洲人外衣。他們還騎馬（這是專屬白人的權利）試圖追捕逃跑的農民，就好像農民過去追捕奴隸一樣。以斯瓦特蘭農民佩特魯斯．赫阿德斯．勞烏（Petrus Gerhardus Louw）的妻子雅可米娜．亨德里娜．勞布舍（Jacomina Hendrina Laubscher）的證詞為例，她告訴法院，有輛八匹馬拉的馬車在她丈夫外出時來到農場，車上坐著兩個白人，自稱是英國軍官，還有「一個黑人和他們在一起，他們說他是西班牙海軍的船長」，大概就是路易。[45]從反抗者身邊跟著七個奴隸，顯見他們採用了殖民地移民的文化：

當晚，剛剛提到的三個人和她共進晚餐，穿著如前文描述的衣服，假西班牙船長夾在兩個英國人中間，和她，也就是出庭者，還有她的孩子在餐桌上對坐，並由他們帶在身邊的其中一名奴隸服侍……隔天清晨，他們帶著這戶人家的其中十名奴隸離開，留下「一些修整過、塗了不同顏色的羽毛，還有一些子彈殼，藏在兩個枕頭套裡的彈藥……」

質問時，路易坦承他早已和這座農場的其中一名奴隸耶弗他（Jephtha）預先串通。耶弗他之前曾帶著農場的穀物到開普敦。籌備時，路易託耶弗他把密謀的消息告訴內陸的其他奴隸；他希望在鹽河（Salt River）集合奴隸，給他們裝備武器，然後在夜裡朝開普敦出征，奪取一座炮臺，然後要求總督給奴隸自由。[46]「倘若訴求遭拒，就要能夠控制彈藥庫，攻陷監獄，釋放囚犯，為奴隸的自由而戰。」[47]

雖說這一切讓我們看到叛亂是在地方的脈絡裡形成，但它也從更廣大的印度洋汲取所需。路易的姓是范模里西斯（van Mauritius），說明他出生在模里西斯。他聲稱自己三歲時來到開普敦。[48]其他被法院列為參與密謀的人當中，有被特別註記為「阿多尼斯」（Adonis）的錫蘭奴隸，似乎是被用來幫忙捕魚的奴隸，還有來自爪哇的「庫比多」（Cupido），來自莫三比克的葛都（Geduld），還有來自印度馬拉巴爾海岸的「達蒙」（Damon）。[49]法院盤問叛亂者時特別關注他們的衣著，以及為路易取得的羽毛、上衣、肩章和佩劍的具體作用。路易在服裝上似乎有意識地模仿海地革命的起義者。[50]根據兩個愛爾蘭人當中的麥可・胡珀（Michael Hooper）表示，羽毛功能如下：

> 路易告訴我，他將成為開普敦黑人的總督，詹姆斯（另一個愛爾蘭人）說這些羽毛是給路易的，詹姆斯在（在勞烏的房子）就寢前，把其中一些放在路易的帽子上——可是在我們離開時，詹姆斯摘下路易的新帽子，帽子上有羽毛，然後把羽毛拔下來。[51]

反抗者還談到要像叛亂的水手一樣掛紅旗。[52]然而，開普敦的奴隸抵抗不只承襲了加勒比地區的叛亂脈絡，這點從這個時期伊斯蘭教在開普敦被奴役者之間的傳播尤其明顯，再次證明從全球南方的觀點看待非洲南部起義的重要性。

到了一八〇七至〇八年的時候，英國人對「伊斯蘭教準則非常普遍地在奴隸間傳播」深感擔憂，相比之下，他們當中比較少人接受基督教洗禮。[53]伊斯蘭教早在一七六〇年代已經成為開普敦奴隸抵抗運動的重要成分，特別是在自稱為「武吉士」的族群之間。[54]路易在審判時被明確地質問宗教信仰：他答說他是基督徒，但他不曾受洗。審判者要求他對基督教教義進行說明，這樣的審問思維彰顯了英國人對伊斯蘭教的恐懼：

> 我的女主人總是滔滔不絕對我講述基督教信仰，在我腦海留下了深刻印象。她警告我遠離伊斯蘭教……我信神，信基督，也相信作惡有報、行善有報，還有我的靈魂不會滅亡，而是必須對一切負責，這是我的女主人教我的。[55]

穆斯林於一六五八年抵達開普敦，和荷蘭最早在開普敦建立貿易基地沒有相隔太久。[56]儘管他們來自蘇菲派傳統，這些信徒也創造出全新的社群和儀式體系。當他們試圖在本土信徒之中尋找領導者的時候，不得不接受他們的成員絕大多數為奴隸。十九世紀初，穆斯林社群的領袖和建立奧瓦爾清真寺（Awwal Mosque）的關鍵人物是弗蘭・范孟加拉（Frans van Bengalen）。奧瓦爾清真寺是南非第一座正式的清真寺，一般認為建於一七九八年。范孟加拉本來是一名奴隸，但他用錢贖回自由，並成為一名奴隸主。十九世紀開普殖民地穆斯林的眾多指標性儀式有精心設計的避邪出生儀式，在宗教學校背誦古蘭經的成年儀式，還有莊嚴的葬禮。來自東南亞的謝赫優素福（Shaykh Yusuf，以政治犯身分被帶到開普敦，並於一六九九年過世）等人的墓地，在十九世紀初期也發揮了儀式作用。就像來自

圖3.3-3.4　開普敦波卡區（Bo-Kaap），過去稱為馬來區，也是下圖奧瓦爾清真寺一七九八年動土興建的地方

歐洲的想法被在地化並發生變異，來自印度洋彼岸的伊斯蘭論述和實踐也是如此。

回顧開普殖民地的多重世界，對奴隸、原住民族及拓荒布爾人而言，十八世紀的最後二十年和十九世紀初，是抵抗策略改變的時期。反抗過去曾以多種方式發生。然而，可以直接或間接追溯到革命時代的種種新元素，例如愛國意識形態、其他地方發生叛亂的消息、經濟興衰的波動和人口壓力，共同創造出一個反抗的循環。隨著不同原住民族的反抗相互影響，或隨著混血社群登高一呼，反抗便在不同社群間興起。南方更廣闊的海洋世界給開普敦及其邊境的革命時代強度設下框架，即使反抗的具體形式取決於當地形勢。

開普殖民地的地方形勢相當寬泛，涵蓋許多不同類型的移民和勞動者，這意味著出現在開普殖民地的反抗類型混雜不一。即使革命經過在地化，反抗的價值和意義可能被徹底誤解，化為極度分歧的形式，特定反抗甚至可能支持奴役。那些把住所與身分認同和這片南國之地綁在一起的原住民族和其他族群，決定了這個革命時代關心的重要事項。反抗也被反革命帝國夾在中間；帝國主義試圖將反抗收編，進而壓抑之。雖說這是地球盡頭的一個小地方，但在開普殖民地的大千世界裡另有天地。

模里西斯和最新消息

如果說開普敦是荷蘭殖民主義在南印度洋的中心，模里西斯就是法蘭西帝國的總部。荷蘭控制西邊鄰近殖民聚落的方式，在某種程度上以模里西斯為典範。儘管最初殖民模里西斯的是荷蘭人，荷蘭東印度公司拋棄了它，然後法國東印度公司（Compagnie des Indes）從一七一五年起占據此地。當法國東印度公司在十八世紀末期破產，島嶼的控制權便移交給法國皇室。根據一七八五年的皇家詔令，它成為法國經略印度洋的行政中心。儘管荷蘭人登陸時島上無人居住，但打從殖民的早期階段開始，模里西斯就是一個多元社會。居民包括來自不同國家的歐洲人，還有被奴役者及混血族群，今天它有意將自己塑造成一個「彩虹」國家，這點從它的國旗不難看出。

法國大革命的消息乘著一艘來自波爾多（Bordeaux）的船，在加布里耶・德科里奧利（Gabriel de Coriolis）中尉的領導下，於一七九〇年一月下旬抵達法蘭西島。船長和所有船員都配戴著三色革命徽章。查爾斯・格蘭特（Charles Grant）出生於一個移民到法國的蘇格蘭家庭；他的父親路易斯－查爾斯・格蘭特（Louis-Charles Grant）後來移民至模里西斯定居，並成為該島總督。查爾斯・格蘭特寫說「革命大火的烈焰旋即在殖民地各區亂竄，徽章普遍被民眾接受」。[57]這個消息引發熱烈迴響：四天內，三百人佩戴起三色徽，當中還包含一些女性，而且沒佩戴徽章會遭人質問。街上張貼廣告，要求「公民」自行組成議會，仿效在法國出現的國民議會。

然而，總督康威伯爵（Comte de Conway）不喜歡革命：他召來船上的指揮官德科里奧利，責罵他造成如此騷動。他下令拘留那些張貼廣告的人，並呼籲比較保守的農村白人集結到路易士港。可是「公民」不吃這套：他們營救出製作革命宣傳冊子的人，而且堅決要求康威總督配戴三色徽。新成立的殖民地議會（Colonial Assembly）第一次會議於一七九〇年四月舉行，總共有六十一名成員，由安傑．胡德托（Ange d'Houdetot）擔任主席。

模里西斯的抗議傳統在這之前就存在了，例如昂特勒卡斯托總督任期下的開明統治。昂特勒卡斯托就是在泗水的旅程結束前去世、曾到過東加的法國太平洋航海家（如上一章所述）。一七八九年，在昂特勒卡斯托總督的治理下，一群有投票權的白人在島上召開大會。[58]隨著一七九〇年最新消息的到來，爭取選舉權的意志變得更加激進。共和派迅速在後續發展中成功遏制了康威總督的權力，並主張要參與選派前往巴黎參加國民議會的法蘭西島代表。七月，他們再下一城，控制了總督府。

一七九三年二月島上得知法國君主政體被廢除時，新消息徹底改變現況的影響也很明顯。殖民地議會頒布法令，一切符號和頭銜中的皇家含義與關聯都被除掉：皇家法院變成了初審法庭，司法委員會成了上訴法庭。公共文件被蓋上帶有「法蘭西共和國」字樣的自由圖章。議會主席朱利安．巴爾貝（Julien Barbé）對總督馬拉蒂奇（Malartic）說了下面這些話：

> 總督公民，你代表一位因展現高貴風範而受人民愛戴的國王，但人民的最高權威已經反轉對他的愛戴，因為他不懂得做法國人民的國王……君主政體在法國已被永遠廢除；但它所盛裝的權力還在，行政權的效力絲毫不減。你仍是這個權力在殖民地最可靠的代表。你將透過聽取議會的要求來證明這點，宣讀效忠法蘭西共和國的誓言。發誓你將忠於法蘭西共和國，而且將竭盡全力維護它。[59]

擁護共和政體的騷動，基本上是海洋的騷動。法國海軍在印度洋的愛爾蘭指揮官亨利・德・麥克內馬拉（Henri de Macnémara）以路易十六特使身分出訪邁索爾蒂普蘇丹後，於一七九〇年五月抵達法蘭西島。[60]他對港口船員之間明顯的「犯罪誘惑」感到特別不安。[61]他說水手們深受「他們明知永遠不可能在君主制國家實現的獨立心願」左右，而且他們「很容易因為徒勞企盼一個妄想的平等而誤入歧途」。[62]他還試圖將島上士兵叛逃的情況記錄下來，回報給法國海軍部長。島上風聲四起，傳聞他密謀在模里西斯殖民地議會任命的兩名代表前往巴黎就任國民議會席次途中，將他們逮捕。這兩人分別是夏爾・亞歷山大・奧諾雷・科林（Charles Alexandre Honoré Collin）和安托萬・科德雷（Antoine Codère）。士兵們得知他的盤算後，趕忙來到港口，突襲麥克內馬拉的船隻，先將他監禁，然後把他帶到新成立的自治議會面前：

> 士兵們的情緒已發酵到無法平息的地步；因此本議會成員覺得有必要……把他送進監獄，以保障他的人身安全。

關於麥克內馬拉的下場，有各種不同說法流傳至今，而且每個故事都針對各自的讀者加以穿鑿附會。十九世紀下半葉的評論家阿爾伯特・皮托（Albert Pitot）筆下的麥克內馬拉，多次出現在島上的議會面前，其中一次被迫宣告自己的愛國精神，另一次被迫穿上國民自衛軍（National Guard）的制服。[63]根據皮托的描述，換制服被視為改變丹心，於是現場蜂湧人潮大喊「麥克內馬拉萬歲！」查爾斯・格蘭特的評論說，麥克內馬拉被士兵押解到監獄途中，一度絕望地試圖逃跑。麥克內馬拉在經過他認識的鐘錶匠的店門口時，拔腿衝進店鋪。身為法蘭西帝國的執法者，麥克內馬拉對自己的體力很有信心，而且相信他只要掏出手槍，就能嚇跑膽敢追著他不放的群眾。但逃亡之舉只是徒增士兵的怒火，並導致群眾踩踏事件。麥克內馬拉被殺，然後取下首級。

出版年代較晚的一個評論補充說，他的首級在城裡被人拿著四處遊行，最後丟進下水道。[64]另一個人描述他「身首異處的屍體」被拖行到布爾喬亞橋（Pont Bourgeois），先是丟棄在那，然後被一名海軍埋葬。[65]在這個小社會中，暴力經常以戲劇化和帶有儀式意義的形式出現：斬首馬隆人（maroons），也就是逃跑的奴隸，就是這種特色的例證。[66]查爾斯・格蘭特認為這種暴力是專門用來對付和他同階級的人，於是寫說，這讓他「憤慨到渾身發抖」。[67]他索性移居英國。麥克內馬拉的死，如果謠言可信的話，使他沒能追捕搭乘「安菲特里忒號」（*Amphitrite*）前往巴黎的兩名模里西斯代表。但這兩名代表在布列塔尼海岸附近的海上失蹤。[68]在來到模里西斯之前，麥克內馬拉曾在路易十六的指示下，從巴黎旅行到南印度的邁索爾，以便陪同邁索爾統治者蒂普蘇丹派遣的一干特使到法國宮廷。麥克內馬拉從蒂普蘇丹手裡接來，準備帶回巴黎的信件，這下子到不了目的地了。[69]

對照斯韋倫丹和格拉夫－里內特的拓荒布爾人接管開普殖民地邊境的政府機構，模里西斯的殖民者也打算為自己的利益善加利用革命時代的機會。

種族動態是這個故事的主要元素。從殖民地議會不准自由的有色人種加入，可以看出它的偏狹。包括獲釋奴隸和海外新移民在內的自由有色人種，是法蘭西島這段期間人口迅速增加的族群，儘管一七九〇年有色人種要求「行使他們（相信）存在自然定律和法律之中的權利」，他們還是被排除在議會之外。[70]為自由有色人種設立一個特別議會的請求也在一七九四年被拒絕。[71]一七九一年的殖民地議會憲法使一千八百名白人得以主宰國家的各個方面，並任命了由三十六名成員組成的選舉機構，然後再由該機構任命三百名公職人員，主掌政府的法律、行政和立法部門。[72]

四年後，當法國人廢除奴隸制的消息傳來時，我們也能看到殖民者的偏見。殖民地的共和政體擁護者選擇不跟進。一七九六年，巴黎派出律師勒內－加斯通・巴科・德拉夏佩（René-Gaston Baco de la Chapelle）和前駐模里西斯記者艾蒂安・波內爾（Étienne Burnel）到模里西斯強制執行廢奴，但兩名代表卻因害怕遭遇不測，落荒而逃。這是因為「一些年輕的克里奧爾人（Creoles）」進到他們下榻的政府官舍，高呼他們兩個罪該萬死。查爾斯・格蘭特指出：「其中一名代表險些被手槍擊斃」。[73]與此同時，駐巴黎的兩位法蘭西島代表爭辯說，廢除奴隸制將導致「自由人和奴隸的不幸，而且會引發若不鬥倒其中一方、乃至雙方都徹底消滅就不會結束的內戰。」[74]他們繼續爭辯，聲稱自由有色人種要求廢奴的請願，其實是英國人試圖挑撥法國殖民地與共和國關係的傑作。

一七九四年，殖民地議會在模里西斯境內受到質疑，此事進一步證明了當地局勢的發展。那年有個「雅各賓俱樂部」（Jacobin club）在島上成立，試圖發起恐怖統治，這源自以下兩個社團的結合，即「憲法之友」（The Friends of the Constitution）和更為激進的「無套褲漢聚會」（The Reunion of Sans-culottes）。[75]俱樂部最大膽的活動是從模里西斯租一艘單桅帆船，運送約一百個人到鄰近的波旁島（Bourbon，按：今留尼旺島），該島漸漸成為和模里西斯抗衡的歐洲殖民主義中心。此舉的目標是基於他們曾與英國人通信的指控，以及逮捕波旁島執政當局。俱樂部的代理人帶了幾名囚犯回模里西斯，包括波旁島的總督、民政委員、路易十六的前外交部長和前海軍司令。[76]

當波旁島這些官員來到模里西斯時，雅各賓俱樂部的主席宣告：「人民對你發起控訴，你將接受人民的審判。」查爾斯．格蘭特指出：「然後他們被帶到地牢，套上手銬腳鐐，在牢裡待了大概六個月。」路易士港的雅各賓派也造了一個斷頭臺。隨後波旁島也成立了一個雅各賓俱樂部，這點證明模里西斯的確是其他地方試圖仿效的中心。波旁島的「無套褲漢大眾社團」向模里西斯的同胞介紹自己是：

> 一群希望維持友好通訊的兄弟和朋友，我們的目的是挫敗法蘭西共和國敵人的陰謀，糾正濫權；恢復和平、團結及公共安寧。[77]

模里西斯和波旁島之間的這種聯繫，又突顯出西南印度洋各地的革命連線。相鄰的殖民地可能會對彼此造成影響。

回到模里西斯本身，殖民地議會和雅各賓俱樂部「茅舍」（*Chaumière*）因為各自的司法權限爆發爭論，證明島內存在內部分歧。最終，勢力較強且獲得較多支持的議會逮捕了三十名雅各賓派，拆除斷頭臺，解散「茅舍」。被囚禁的反革命分子在一七九五年獲釋。[78]正是廢奴消息的到來削弱了革命，轉而使議會居於上風。這令人不禁想起海地起義的幽靈，在一座七萬人口中有五萬五千人被奴役的島嶼，誰都會忍不住想問：法蘭西島的奴隸也會群起反抗嗎？[79]這樣的問題和它所帶來的恐懼，壓抑了革命的情緒。

在風起雲湧之際，模里西斯自一七九二年遭天花大流行蹂躪。流行病澆熄了革命情懷，給革命潑冷水的還有島上爆發的一波飢荒。[80]然而，後續又發生許多起義，使國民自衛軍激烈對抗島上法國士兵，迫使他們離開。此外，債權人和債務人也在一七九九年爆發了一場決戰，因為模里西斯即將採行在法國施行的債務清償法律。[81]最終，因為拿破崙任命的德肯總督在一八〇三年抵達模里西斯，而且島上所有共和制度和思想都被消滅，革命與異議戛然而止。

然而，直到這一刻之前，模里西斯成功扮演印度洋反抗中心的角色。革命的目標——儘管受到種族、階級和各種自身利益的限制——在模里西斯島上廣受歡迎，並隨之創造出一股激進的地方獨立精神，甚至比非洲南部更為搶眼。就好像這個島上的居民，把自己當作遺世獨立的世界。

誠如一名較晚期的廢奴派評論家約翰・傑雷米（John Jeremie）所言：「與世隔絕的模里西斯，一直珍視著該島擁有重要地位和獨立性的不實想法；它的居民成功……違抗法國的一切權力。」[82]小島堅持保有自己做決定的權力。事實上，在一七九五年，為了奴隸制鬧不合期間，模里西斯實際上是個獨立的國家。由於選擇革命，而且選擇保守地進行革命，它不得不與法國保持距離。同年四月，巴黎裁定它不承認法蘭西島的殖民地議會，並宣布將派法國代表去當地進行改革。抵達模里西斯的法國船最初被歸類為敵船，港口利用精密的信號系統，在船隻靠近時發出警報。[83]從模里西斯拒絕安置因參與「恐怖統治」（the Terror）而被遣送到印度洋的七十名極端分子，也能明顯看出該島不受法國統治。這七十名極端分子最終落腳在賽席爾（Seychelles）。[84]

這種保守革命路線的獨立得以昌盛，有一部分是因為模里西斯的經濟條件。革命提供了私掠、奴役和突襲的機會，而海上掠奪帶來的利益是蔗糖種植園能不斷擴張的關鍵。蔗糖種植園在一八二〇年代成為島上的主要風景，模里西斯至今仍到處是蔗糖種植園。糖的利益得以鞏固，是受到其他地方革命騷動的直接影響，尤其是海地。騷動擾亂了既有蔗糖產區的供應。[85]估計約五百艘船被源自模里西斯的行動占領、劫掠或摧毀，「總價超過五百萬英鎊。」[86]奴隸貿易在廢奴運動蓄積力量的同時仍是持續不輟。在這些形勢下，革命效力可能因為菁英的操弄而被打折，他們把革命和劫掠及牟取暴利結合在一起。事實上，某位史學家最近指出，殖民地議會是由居民、富商、律師和軍官組成的；它們是從這段時期得到最多好處的幾個階級。[87]

模里西斯扮演汪洋燈塔超過十年的鐵證是在法國大革命後，旋即有接二連三的代表團來到法蘭西島。有一支格拉夫－里內特的共和派代表團，在這時期來模里西斯請求幫忙對付英國人。還有其他代表團來自印度洋世界各地：像是邁索爾蒂普蘇丹派出的代表團，蒂普蘇丹和英國人為敵，尋求法國協助；還有緬甸勃固人派出的代表團，他們也對英國人的攻城掠地感到憂心。[88]如果說來自歐洲的消息造成了改變現狀的影響，這些影響不僅會在模里西斯的社會、政治及經濟環境中被在地化；模里西斯社會最新發展的消息，也會吸引其他民族和運動到這座島上。

法屬印度洋世界的另一端

接下來我們將跟隨其中一支抵達模里西斯的代表團：南印度邁索爾蒂普蘇丹派出的代表，藉以觀察事件在模里西斯的匯聚，以及它們與印度洋另一端沿海國家發生的事件的不同之處。邁索爾蒂普蘇丹希望和模里西斯的共和派合作，證明這個模里西斯移民騷亂和南亞代表的抵抗文化之間的相互關係。

蒂普蘇丹的使團在一七九八年抵達模里西斯。但若不是有法國私掠者法蘭索瓦・里波・德・蒙托德維特（François Ripaud de Montaudevert），使團不可能順利抵達。里波住在模里西斯，太太是波旁島的移民之女。已經三度和英國人交戰的蒂普蘇丹因為這些衝突，失去了對大概一半領土的控制權。難怪當「差點在海上淹死」的里波於一七九一年從芒格洛爾（Mangalore）登陸印度時，蒂普會對此人寄予厚望。[89]里波被捕時，不老實地宣布自己是代表法蘭西島和波旁島總督前來。里波主動提供兩島的一萬兵力為蒂普作戰。蒂普無視朝廷大臣對里波的懷疑態度，委任穆罕默德・易卜拉欣（Muhammad Ibrahim）和侯賽因・阿里汗（Hussain Ali Khan）組織出訪模里西斯的使團。

蒂普對里波不疑有他，同時強烈懷疑英國人，他要求特使們打扮成商人，還給他們安排了假護照，並堅持這趟任務應該暗中進行，不能走漏半點消息。[90]蒂普蘇丹此時採用廣派使團到各地的積極政策，試圖讓他的王國和其他國家建立連結，以擠身世界舞臺。他以鞏固南印度這時期典型的王國原則為目標，也就是說，朝貢關係可能讓友邦與藩屬成為他朝廷上的成員。這些使團還帶有貿易的企圖。蒂普希望找到「工廠」作為商業基地。[91]使團被派往或登陸的地方有：巴黎、君士坦丁堡（Constantinople）、馬斯喀特（Muscat）、喀布爾（Kabul）、布什爾（Bushire）、巴士拉（Basra）、巴格達（Baghdad）、德黑蘭（Tehran）、設拉子（Shiraz）、阿巴斯港（Bandar Abbas）、開羅（Cairo）、麥加（Mecca）、麥地那（Medina）、波旁島、勃固和開普敦。一七八七年派往巴黎的早期使團，也曾為修繕船隻在法蘭西島停留很長時間。[92]

一七九八年出發的模里西斯使團，受到里波的直接監管和指揮。這不是一趟自由開明的世界旅程，而是非常專制高壓的。[93]據稱使者們向蒂普蘇丹抱怨：

> 世人的庇護（Refuge of the World），敬祝安康！他（里波）分配適合拉斯卡的船艙給我們下榻，我們連睡覺或坐下的地方都沒有。

里波比照印度水手通常會配得的水量，供應飲水給特使們。缺乏飲水代表他們不能自己煮食，這是明顯的文化侵犯符徵（signifier）。關於飲水的抱怨裡含括了兩個文化與種族的等級地位。在微不足道的勞動者面前，使者們自認高人一等，但南亞密使在里波眼中，地位又在他之下。這個事實突顯雙方給時代革命潛力設下的社會邊界。

里波後來分派給使者們一艘特別的「東尼」（doney，一種小船），供他們在船上睡覺和進食，但大概還是跟著主船的步調。除此之外，里波不再承認使者有更多權利，使者們則試圖建立屬於自己的跨洋溝通管道。在船上，載著成箱的織品和絲綢，致函重要貴族或官員的書信就放在這些箱子裡，蒂普蘇丹給模里西斯主政當局的信也放在這裡。里波拿走這些公文，打算拆開封緘；但使者提醒里波應該維護法國的尊嚴，他才打消念頭，把這些信還給使團。

使團獲得的配糧被仔細記錄，這些清單如今仍存放在模里西斯的檔案室。食品包括：小山羊或山羊、家禽、澄清奶油、豆類、茄子、香蕉、鳳梨、蒲瓜、胡椒、番紅花、鹽和辣椒、芒果、桃子、包心菜、洋蔥、大蒜、鮮花、麵包、給口譯員的葡萄酒和荖葉。[94]

蒂普使團在抵達模里西斯後給出的交換條件很大膽：蒂普想要消滅在印度的所有英國人，作為回報，他將提供任何願意為他作戰的法國人糧餉，唯獨葡萄酒是他身為穆斯林王子無法提供。他還承諾要給馬、駱駝和閹割公牛，還有給傷者挑夫和轎子。[95]他們討論了在島上設立「一間工廠」從事「買賣」的可能性，如此一來，邁索爾的農產與商品就能在模里西斯販賣，交換軍事用品的供應。使團也要求由熟悉航行和造船的人陪同返航。[96]狡猾的里波在談判進行之際，悄悄開溜。然而，蒂普的政治野心已經實現，因為他看到自己的命運和模里西斯的命運交織在一起，於是，使團告訴法蘭西島：

你們只需要專注地保護你們的島嶼，因為我們的國王會讓英國人忙到不可開交，顏面盡失，根本不可能把注意力轉向你們。此外，統治阿富汗和一大塊印度領土的國王澤蒙沙（Zemaun Shah），和我們的國王目標一致，他們在將英國人趕出印度之前都不會停止合作。[97]

在這樣的進展中，模里西斯的馬拉蒂奇將軍因為自覺勢力單薄而尷尬不已，因為模里西斯的士兵已經耗盡，他沒有兵力可以提供，況且模里西斯也還一直派遣士兵幫助荷蘭的巴達維亞政權。他唯一能做的就是發表聲明：

我們邀請有意自告奮勇的公民到各自的轄區登記，為蒂普的大旗效力。這位王子也希望得到自由的有色公民的幫助。我們邀請所有願意為他賣命的人出來報名。[98]

有一艘船被派往波旁島徵募兵力，而大約有八十人回應了這個募兵宣傳，他們被依據膚色分成「白人」或「有色人種」兩群。[99]蒂普蘇丹款待這些人，但很意外人數竟如此的少。其實，這不是第一次有模里西斯的部隊來到印度，一七八一至八三年間，法國人使用主要由克里奧爾人或混血兒組成的大批部隊，在印度和英國人作戰；法軍在此期間也曾增援在蒂普父親海達爾（Haidar）率領下和英國作戰的軍隊。[100]

蒂普和法蘭西島的聯繫，被開普殖民地和聖赫勒拿島的英國人監視[101]，馬拉蒂奇發表的聲明傳到了開普敦，並在同年稍晚在英屬加爾各答被當地報刊傳印，破壞了蒂普想要掩飾密謀的初衷。[102]由於這是使節團的公開證明，因此這消息為試圖推翻蒂普的英國人提供更多有利的藉口，他們把法國軍隊的到來看作「戰爭行為」。[103]不久後，英國部隊迅速集結到馬德拉斯，準備和蒂普開戰。沒有成果的通訊改變不了政治僵局。早在一七九九年，蒂普就被入侵的英軍殺死了。[104]

英國人成功將蒂普懷抱革命情緒的疑似證據，當作象徵資本來利用。他們將蒂普妖魔化為東方暴君；這是一種反革命伎倆，用來暗中顛覆某個自信滿滿的本地統治者。基於這個原因，我們在詮釋蒂普疑似共和制立場的相關史料時，必須非常謹慎。在一七九八年派使團前往模里西斯之前，據說有一家俱樂部在蒂普的首都塞林加帕坦（Seringapatam，也拼作 Srirangapatna）成立，由以「法蘭西共和國海軍中尉」自居的里波擔任會長。根據該俱樂部的爭議文件的記載，蒂普採用了矛盾的「王子公民」稱號。[105]理所當然，史學家反對將這個俱樂部貼上「雅各賓派」的標籤，指出那是英國在戰時對這個社團的描述。它的文件很可能是英國捏造出來的。[106]

這樣的解讀很有說服力，但應該放在更大的印度洋脈絡裡來看。俱樂部是在模里西斯對印度關係及模里西斯本身共和議會的力場內運作。事實上，俱樂部的文件和模里西斯與印度交流有關的一系列其他文件擺在一起，俱樂部見證了革命時代政治可能性的地方特色，以及跨印度洋的交流潛力。我們有必要將發生在法屬印度、模里西斯和開普敦的事件和歐洲分開，它們需要被按照各自的條件評估。我們得優先考慮本地能動性，而不是拿「雅各賓派」這種分類做普世的評價與比較。

實際上，該俱樂部僅聚會過幾次，藉由在禮拜天的彌撒，它成為某種曇花一現的儀式機構。[107]蒂普本身在其中扮演的角色不明：這個社團似乎更像是里波的宣傳噱頭，里波呼籲會員「宣誓厭惡所有國王，除了勝利者、法蘭西共和國的盟友蒂普蘇丹」。[108]據說國旗展開時，蒂普人也在場，遊行隊伍穿過城市，獲得禮炮的歡迎。這儀式能否解釋為「杜爾巴」（durbar）——親睹國王風采並對其臣民下達命令的儀式慶典？據稱蒂普宣布：

> 公開承認貴國旗幟，證明了我對貴國的愛。我宣布我是貴國的盟友，並向你們保證我領土上所有百姓對貴國的支持，就像共和國領土上的人民一樣堅定。去吧，盡情享受你們的節慶！[109]

里波向俱樂部最初的五十九名會員發表談話時，對會員們進行了人權和憲法思想方面的教育。俱樂部會員還根據法國「恐怖統治」頒布的法律制訂了一套法規。身為社團會員的公民在行為上受這些規定的支配。[110]在南亞，這些公民身分的早期定義和暴力關係緊密。每個公民都宣誓保衛法蘭西民族，並宣誓要「（在他們的崗位上）誓死捍衛每個公民不自由毋寧死的神聖權利！」[111]所有向英國敵軍投降的人，或在戰鬥中露出一絲不堅定的人，都將被處死。俱樂部成員多為士兵這點，顯示共和觀念可能對在塞林加帕坦落實紀律處分有幫助。而在蒂普這邊，他展開了軍隊改革運動，使他的部隊成為印度最強大的軍隊，對這位積極的統治者而言，共和法律可能是約束戰鬥部隊的有用工具。[112]好戰的英國人言過其實地將俱樂部歸類為「雅各賓派」俱樂部，讓這個社團的軍事效用與象徵意義呼應蒂普統治的邁索爾。

俱樂部制訂的法律所設想的懲罰，主要在針對對同志情誼和所謂上下級應有關係的違反。雖然俱樂部的文件沒有提到奴隸制，對被奴役者過度使用暴力仍須受嚴謹的克制：「威脅要揍下級的每個上級，即使沒有實際執行，也將被開除軍職，並褫奪公民權一年。」[113]

蒂普想像他的國家為神賜之治（*Sarakar-i-Khudadi*）。據稱他提議和法蘭西島及波旁島結盟為一個大家庭，這和南印度國王把百姓納入其王國內的方式是一致的：「你與你的國家」和「我與我的百姓可以成為一家人；同個誓言可以使我們生死相守」。[114]這點符合蒂普分派給自己的極高階王權。他宣稱他是「帕德沙」（*padshah*），這是蒙兀兒皇帝使用的頭銜。[115]

不同於模里西斯曾試圖把殖民地變成和法國如出一轍的複製品，甚至成為一個獨立國家，這種計畫在南亞次大陸既有的政治和王侯文化下行不通。然而，印度其他地方還有五個法國殖民堡壘，它們試圖更大規模地效仿模里西斯。一旦把這些據點都算進考量後，我們看到的模式就變得更加複雜。

在金德訥格爾（Chandernagore）和旁迪切里（Pondichéry），這兩個與邁索爾相對，位於印度東岸的地方，和模里西斯相似，但相較之下較微不足道的一連串事件發生了。法國大革命的消息傳來後不久，金德訥格爾的總督府被攻破，有位史學家稱之為再現攻占巴士底監獄的情景。民眾分裂為保皇派和反抗派。就像在法蘭西島一樣，這些革命人士成功把保守的法國總督趕下臺，以一個共和政體的議會取代之。[116]在印度東南海岸的旁迪切里，事態更加嚴峻，革命隨著地方議會成立常設委員會並選舉出要派到巴黎的代表而步上軌道。[117]常設委員會首先試圖限制法國總督的權力。從一七八五到九〇年，總共有六位總督先後上任，這些總督進行了一系列不受歡迎的改革，希冀能提高政府的財政效率，這就是委員會之所以成立的脈絡。[118]委員會還對該殖民地地位低於模里西斯提出異議。

旁迪切里境內分成白人區和非白人區，地理上分別是海岸和內陸，該地對於其低人一等的地位感到不滿，試圖成為法屬印度殖民地的領導者，將自己視為法蘭西帝國在東方的中心。一七九一年，它成立了法屬印度的殖民地議會，並試圖找其他法國領地的代表把二十一個席次填滿。由於二十一個席次中有十五席保留給旁迪切里的代表，金德訥格爾只分到三席，也難怪金德訥格爾不承認旁迪切里的領袖地位。金德訥格爾於是試圖和法國建立直接的外交關係，把自己變成一個獨立的國家。[119]

誰是臣屬的一方，而誰不是的問題，還有誰可以是革命公民的問題，在這兩個法國殖民地再度顯得緊迫又具有特殊性，就像在模里西斯一樣。在旁迪切里，當地泰米爾人（Tamils）想要獲得加入議會的資格，但自封為「國家主席」的議會主席拒絕給予他們這項權利，而且傲慢地向他們保證，議會會在需要時尋求他們的幫助。關上這扇門是特別霸道而專制的舉動，因為許多泰米爾人是在蒂普和英國交戰的背景下，基於家園遭人掠奪而來到旁迪切里。[120]

然而，如果這對當局來說是個明確的問題，更令人苦惱的問題是這個殖民地的托帕斯（*topas*）社群。托帕斯類似於想參與議會，卻不得其門而入的模里西斯自由有色人種，他們是次大陸的早期葡萄牙殖民，有著葡萄牙名字，有些還有法國血統。由於旁迪切里的白人女性不多，法國男性經常與托帕斯女性結婚。在最初獲准加入議會的六個月後，托帕斯社群被掃地出門，為表抗議，他們寫道：

托帕斯人相信（在巴黎的）國民議會……已經頒布了一項法令，賦予在法屬美洲殖民地出生並安家落戶的任何自由有色人種公民權。不過，可以肯定的是對這些島嶼（指模里西斯和加勒比地區的島嶼）的有色人種而言，這個原則還沒有明確的定案……[121]

托帕斯人眺望大洋彼岸，透過類比的說詞，向議會請求公民權。一七九二年，他們獲准重回議會。這種前後反覆顯示在印度洋的革命時代，爭取權利是相當折磨人的一件事。這些地理位置相當分散的社群大致了解彼此困境，然而其中的參與者在不同的社群，卻會以不同的方式被定義。法屬印度洋世界的紋理和荷屬非洲南部一樣複雜多樣。儘管模里西斯吸引代表團前來，南亞國家在政治上永遠不會變成這座島嶼的翻版，共和主義或雅各賓主義也不可能飄洋過海而保持不變。事實上，在邁索爾，這些革命時刻與聯繫被用來支持蒂普蘇丹侯國內的威權政治、專制主義和窮兵黷武；

同時，儘管模仿模里西斯，在法屬印度殖民地的革命者也試圖將革命時刻據為己有，讓自己成為中心。接觸與交流的模式連結了模里西斯和南亞；然而，在每個地點，宛如複製貼上一般的歷史動態，隱藏了當地真正的社會與思想差異。關於誰能被劃入共和社群的決定，可能隨時間而改變，因此，這是一段有關抗議、援助和革命的失落地理學。

英國人登場

然而，這兩個相互重疊，卻又各自不同的、和荷法帝國主義密不可分的陸海反抗世界，將隨著十九世紀揭開序幕受到猛烈衝擊。且造成的負面影響在頭十年發酵。英國人在這段時間，入侵這些受反抗與共和主義影響的領土。彼此重疊但又獨樹一格且展現當地紋理的世界，緩慢地被取代。

接下來的內容涵蓋多個我們已經走訪過的地點，時間範圍從英國軍隊首次抵達開普敦的一七九五年，直到一八一〇年的法蘭西島淪陷。英國殖民主義的到來毫無疑問是一個海洋事件，而荷蘭和法國在印度洋的基地被英國攻陷，是得益於其他更遙遠彼岸的支持和補給，以及對帝國擴張在印度洋各地遭遇競爭的恐懼。同時，英國人的到來不僅在政治和治理方面帶來改變，也在意識形態、貿易和文化方面造成改變，並帶來君主制的灌輸、對自由貿易的強調，以及對潛在雅各賓麻煩製造者的監控。這一切作為都是反革命的。

在荷蘭愛國者挾法國援助得勝後，奧蘭治親王威廉五世（William V, the Prince of Orange）流亡到英國，他從倫敦邱園（Kew）的住所發出了一封信，呼籲好望角的總督讓「前文提到的英國陛下」部隊進入「桌灣和錯灣（Table and False Bays）」，以及其他船隻可以安全停留的港口和地方」，而且視他們為和荷蘭同盟的友好勢力，前來防止好望角殖民地遭法國入侵。[122]英國人長期覬覦開普敦，但在先前的爭奪中未能成功，一七八一年，派去奪取開普敦的英國遠征隊敗於皮耶・安德烈・德・蘇弗朗（Pierre André de Suffren）率領的法國艦隊。蘇弗朗該次航行的任務是鞏固法國在印度洋各地的基地，並保衛有可能落入英國手中的荷蘭領土。[123]守住開普敦之後，他的艦隊短暫停靠在法蘭西島，然後前往印度水域和英國人打起海戰。到了一七九五年，又有一支英國艦隊被派去奪取開普敦，准將約翰・布蘭克特（Commodore John Blankett）和少將詹姆斯・克雷格（Major General James Craig）一同率領一營共五百名的士兵，給上將基思・艾爾芬斯通（Keith Elphinstone）麾下的六艘戰艦打頭陣，由此可見英國人想建立據點的迫切心情。[124]英國人的急切，源於擔憂法國人會從在法蘭西島和波旁島的基地奪走好望角。[125]

收到奧蘭治親王從邱園寄來的信時，開普敦代理總督斯勒肯（A. J. Sluysken）陷入了窘境，他該如何解讀這個非比尋常的建議？他該信任英國艦隊嗎？是否有一支法荷反抗艦隊正在前往開普敦，就像一七八一年那樣？他自己的軍隊是一群雜牌軍，由許多不同的歐洲民族組成，而且他需要拜訪許多開普殖民地裡抵制「舊制度」的團體，包括科伊科伊人和拓荒布爾人。停泊在開普敦外的英軍之間的共通特色是他們堅信君主制將持續興盛，英軍的指揮官們設想，共和主義最終一定會被君主主義取代。就算是在荷蘭，一旦巴達維亞共和國瓦解：

不列顛陛下認為符合古老憲法的荷蘭共和國，是他的朋友和盟友；儘管天意准許該國落入外國勢力的統治，然而，國王陛下從來不認為恢復該憲法是不可能的事，他滿懷信心地期待著同樣的天意賜予他的正義大軍祝福，保佑他實現如此令人嚮往的事件。與此同時，國王陛下希望替他符合古老憲法的共和國朋友與盟友，盡可能從共同敵人的野心控制下拯救屬於他們的財產。[126]

這段言論就好像英國想像出一個沒有革命的世界，並根據歐洲革命事件之前的現狀對待開普敦。舊憲法和舊政體被想像成原封不動，受天意和友誼的約束。這封信的作者艾爾芬斯通和克雷格，比較了他們心目中法國和英國政權可想而知的未來：前者的特色是「普世自由和奴隸人權這些迷人的觀念」，導致「整體資金不足……國家市場失靈，以及小型商業的徹底毀滅」，後者則會帶來「保護、和平和商業拓展」，「國家法律、習俗和慣例的延續」，以及很多的「家庭幸福」。[127]

但斯勒肯並沒有屈服於這種大放厥辭，他在收到從美國船隻偷來的一份報紙後有了定見，那份報紙上說，負責治理國家的荷蘭國會已裁定不再需要效忠奧蘭治家族，[128]於是他拒絕英國要求割讓殖民地的請求。儘管遭遇斯勒肯的反抗，英國軍隊還是輕而易舉地進城了。荷蘭官員和布爾人都被要求宣誓效忠英王喬治。君主制就這樣在過去幾年有諸多叛亂勢力、開明勢力和共和勢力風起雲湧的地方，象徵性地被建立起來。很快的，印度和開普敦開通自由貿易的希望，成為以開普敦、孟買和馬德拉斯為據點的商人間的熱門話題。一千桶火藥在一七九七年由「不列顛尼亞號」（*Britannia*）和「伊莎貝爾號」（*Isabelle*），從印度出發運往南非；另外五百桶在運輸過程中被閃電擊中，在途中爆炸。[129]

一七九五年英國攻占開普敦，源起於印度洋的一場複雜帝國主義遊戲。自從一七八〇年起，荷蘭東印度公司明顯的衰落和第四次英荷戰爭爆發結合在一起，在這個脈絡下，英國加快了對開普敦的侵略步伐。（第四次英荷戰爭的爆發有一部分是因為美國獨立戰爭，以及英方對於荷蘭如何和英國競爭對手進行貿易的分歧所引發。）在這幾年間，英國人也試圖在非洲南部建立流放地，早於他們建立新南威爾斯的囚犯殖民地之前。此時對荷蘭帝國形式的惡毒文化批評也在英國觀察家和政治家中出現，他們的批評和布爾愛國主義者都把荷蘭東印度公司視為既腐化又壟斷。[130]

英國計畫一七九五年的遠征時，腦中浮現的是荷蘭東印度公司「最殘暴且最壓迫」的刻板印象，以及連帶產生的飢餓百姓，這些人只能靠掠奪為生，帶有發起反抗的傾向。「我意識到」，亨利．巴林（Henry Baring）寫信給鄧達斯，「他們明顯沾染雅各賓原則的色彩」。[131]與此同時，英國在北美的失敗，以及荷蘭愛國者團體的興起，使法國人能在他們對荷蘭影響力上升的同時，夢想鞏固他們的東方帝國。一七九二年，法國駐海牙大使描述對荷蘭的激烈爭奪：「一旦將荷蘭從英國的束縛中解放，後者的商業優勢將迅速下降。法國將在東印度接收她的對手失去的一切。」[132]發生在歐洲和北美的事件，因而為英法兩國在印度洋開闢了一系列新的地緣戰略可能性。

這幾年，開普殖民地的文化搖擺在兩極之間。自從一七八一年法國戰勝試圖占領開普敦的英國艦隊後，殖民地變得越來越法國化。[133]法語在這時期起飛，開普敦、法蘭西島、波旁島之間的商業結盟也越來越強壯。然而，在隨後的英國占領時期，也就是從一七九五至一八〇三年，開普敦變成比較高壓的監控型社會。在這段戰爭期間，英國人從荷蘭船艦查獲與沒收的私人書信內容，證明英國勢力給開普敦造成的情緒壓力。這些從未送達收件人手裡的信件如今存放在英國海軍部檔案館。在這些書信裡，英國人基本上被視為占領者，而不是解放者。我們看到開普敦的婦女因為和英國人私奔而受指責，以及英國咖啡館不被社會接受。一位開普敦的通信者寫道：「你們已經聽說我們糟糕的情況了吧，最終結果會如何？對我來說，一切都像一場噩夢，而我也無能為力！」[134]

同時，開普敦檔案記載了大量抵達開普敦的「陌生人」的相關通報。這些報告先是以荷蘭語寫成，再用英語寫成，證實對雅各賓主義蔓延到殖民地的擔憂，特別是從巴達維亞來到開普敦的那些人。故宣誓效忠英國君主，成為當時移民的條件之一，而要求移民持有許可證和「護照」的法規，則給逃離歐洲政治變革的入境者造成困難，例如走避國內混亂的荷蘭難民。[135]住在開普區的十六歲以上「本地」伯格（burghers），也就是歐洲裔的定居公民，被要求到開普敦擁有自治權的伯格參議院（Burgher Senate）做登記。[136]

英國占領開普敦引發的緊張局勢，在巴納德的信裡尤其清楚。一七九九年，霍雷肖·納爾遜（Horatio Nelson）在埃及擊敗法國艦隊；馬戛爾尼也因健康不佳辭去開普殖民地總督一職。這兩個消息傳到開普敦後，巴納德寫道：「幾乎每天晚上都有火警……前天有人發現了一個用乾茅草製成的小柴捆，全部浸過瀝青，然後用麻絮捆起來；再前一天，有人發現一根長蘆葦的末端有可燃物質……」[137]開普敦的叛亂世界還未被英國人壓制，英國人成功壓制叛亂是在吸收伯格參議院這樣的機構之後。英國人的控制也曾在一八〇三至〇六年間，被一段荷蘭重新掌權的插曲打斷，此時期，殖民地由巴達維亞政權的愛國者統治。他們試圖引入一系列透過教育體系落實的開明改革，並成立一些改善社團和讀經班作為道德的衡量標準。[138]

把目光移到印度洋的另一端，法屬印度也感受到了英國攻城掠地的衝擊，衝擊又因為新入侵者出現之前的革命情緒而更加顯著。法國大革命使法國國內對印度產生了更大的興趣。[139]然而，由於殖民地的軍事供給「寥寥無幾」，而且一七九三年六月三日，經由蘇伊士運河從馬德拉斯傳來的消息說，英法已經公開宣戰，旁迪切里的居民在英國占領前夕，覺得他們處於「虛弱和被遺棄的狀態」。[140]有人夢想著模里西斯會出手援助，部分居民認為許多船隻停泊在模里西斯，一旦物資補給從巴黎送達，就會前來營救旁迪切里。然而，事實上，法蘭西島更擔心它自己的困境，想知道印度方面是否有任何計畫準備進攻法國在西南印度洋的據點。旁迪切里的殖民地議會和總督合作，組成了一個在總督府開會的戰爭委員會，然後召集了一群民兵，包括一支托帕斯部隊。

共和儀式對於增強這些處於困境的人的自信至關重要，一七九三年六月二十五日至二十六日，「憲法旗幟」被交到士兵手裡，隨後有人發表了幾場演說。到八月時，英國和旁迪切里的衝突已經開始。這不單單是一場較量火力的戰爭，也是一場爭取法國移民民心向背的戰爭，因此我們看到英國人派發政治宣傳品。一名戰爭委員會成員將宣傳品形容為「小型炸彈」。在占領旁迪切里之前，英國人向殖民地發送一份宣傳單，上面畫著路易十六，搭配說明文字，「我死得好無辜。」他們還發送了一份《馬德拉斯公報》（*Madras Gazette*）增刊，提供歐洲最新消息和為什麼應該恢復君主制的論述。

旁迪切里淪陷後，革命情緒迅速變成截然對立的反革命：許多自稱旁迪切里公民的人紛紛哀悼起路易十六，其他無法成為保皇派的人則離開旁迪切里，前往法蘭西島。[141]借用某位參與勢力交接的匿名當代觀察者的話：旁迪切里的居民「脫下了他們的面具」；有些士兵要求舉行紀念路易十六的禮拜，並慶祝聖路易（St Louis，按：十三世紀法國卡佩王朝篤信天主教的國王）瞻禮日。儀式結束時，人們高呼「國王萬歲！」「英國人萬歲！」[142]儘管旁迪切里於一八一六年重返法國控制，而且直到一九五四年前都受法國控制，但它一直都只是某個過去時代的遺跡：接受英國在印度的主權地位是一八一六年法國收復旁迪切里的前提。

如果說一七九〇年代中期有一波進攻潮，另一波則是法蘭西島與波旁島連同荷屬爪哇一起落入英國人手裡的一八一〇至一一年。荷屬爪哇也是印度洋革命衝突世界不可分割的一部分，我們將在本書旅程的其他地方談論英國入侵爪哇一事。現在先回到法蘭西島，英國人認為有必要制止以「海盜巢穴」之島為基地對英國船隻發動的襲擊，並逐漸意識到這些法國小島的防禦薄弱。[143]然而，挑戰在於如何有效占領這些孤立在西南印度洋上的殖民地。答案就是羅德里格斯島（island of Rodriguez），一八〇八年起，英國人利用這個基地，從模里西斯東方約三百英里處，試圖對法國發動封鎖，並監視法國的一舉一動。第一個不太費力就落入擴大圍捕網的島嶼是波旁島。

奪取法蘭西島就沒那麼容易了。在一八一〇年八月第一次進攻失敗之前的備戰期，英國人焦急地搜集情報資訊。一名親英的法國保皇告密者通報說，為了精心策劃一場「光榮的投降」，德肯（Decaen）總督戰略性地持續縮編部隊，將部分兵力派往爪哇島，據說他還已經把自己大部分的財產都送回歐洲了。告密者聲稱，法國軍隊在英國即將發動攻擊前不久被賣給私掠者，而且他詳細描述了海岸線，特別指出模里西斯東南岸外海的拉帕斯島（Isle de la Passe）是很好的第一攻擊點。[144]英國人沒收了一艘法國船上的通訊文件，其中包括從模里西斯要送到爪哇的信。[145]一名軍官寫信給未來的英屬模里西斯總督法奎爾（Farquhar）：

> 現在，讓我們一邊在這裡（波旁島）悠閒，冷靜成就激發的熱情，一邊把目光轉向法蘭西島——平靜地凝望我們務必爭奪的光榮獎賞。德肯是不是使出了渾身解數——以一個士兵的本領和能力，讓我們更難一把抓住獎賞？……您在我的建議下，迅速號令占領拉帕斯島，將對他產生重大影響：此舉將有效確保對大港（Grand Port）的控制，同時打斷他在模里西斯那一側的通訊。[146]

儘管誇下這般海口，但因為對分布範圍廣闊的珊瑚礁和沙洲缺乏了解，英國人第一次進攻時在東南岸被擊敗，令海軍顏面盡失；法奎爾在這場戰鬥的準備階段反覆查看海圖和地圖，最終都是白忙一場。[147]根據某參戰船隻指揮官在拉帕斯島寫下的一份驚慌失措的報告：「很遺憾，天狼星號（*Sirius*，作者的船）擱淺在一個不知名的小河岸。」關於後來被燒毀的擱淺天狼星號，作者報告說：

我想讓您知道船一擱淺的那刻，我們就拿出抵流錨和移泊錨，盡一切努力試圖讓船脫困，但兩個錨一起向船裡收錨。然後我把一整條棕色繩纜和大錨拖出來……我們完全沒辦法將她從擱淺處移動一英吋，而且當時吹著非常強的狂風。[148]

至於另一艘立即遭敵人開火而後擱淺的船隻「內萊德號」（*Nereide*）：「對不起，我得說船長、每位軍官和船上所有士兵，不是死，就是傷。」

在這條海岸線上，一八一〇年八月法國人的勝利至今仍被記得並慶祝。在馬埃堡（Mahébourg）俯瞰大港灣（Grand Port Bay），有座簡單的十九世紀後期紀念碑，令人想起在海戰中喪生的法國人和英國人，它面向清澄的藍色海水，在夜裡被凝望大海的年輕熱戀情侶包圍。英國的戰敗在鎮上的博物館占有一席之地，二〇一八年我去參觀的時候，博物館還展出了一艘英國沉船的大塊殘身，以及最近從一艘參戰的失事英國船打撈到的螺栓、釘子和其他船舶配件。展間另一邊則在慶祝法國「海盜船」活動，展品包括一幅令英國人聞之色變的「海盜船王」羅伯特・蘇庫夫（Robert Surcouf，一

圖 3.5 〈法蘭西島，英國陸軍登陸，從厄普頓城堡運輸船的甲板上看〉，一八一三年

七七三至一八二七年）的英俊肖像；這一切都顯示模里西斯至今仍保有親法文化。然而，儘管第一次進攻敗陣而歸，英國在幾個月後的一八一〇年十二月，從印度洋兩側的開普敦和印度，共獲得超過一萬兵力的軍事和海上幫助，扼死了這些島嶼。

有一系列的繪圖記錄英軍秩序井然地登陸模里西斯。[149]圖 3.5 呈現的是其中一艘運輸船甲板的視角，可以看到小船載著剛下船的部隊呈輻射狀向陸地駛去，[150]在運輸船上，船員激烈地和彼此討論，大概在討論關於部隊供給的問題。另有一張呈現路易士港的鳥瞰圖，[151]遠遠能看到英國艦隊在港口，那是一幅風景如畫的寧靜場景，看不到任何人群或軍隊，只看到在船上和城鎮防禦工事上隨風飄揚的紅旗。[152]為了回應這次襲擊，法蘭西島拚命地試圖集結足夠兵力，甚至不得不求助於島上的英國戰俘。[153]參與這次成功進擊的一名軍官，希望從今以後，世人會因為「他們的敗仗」記得法國人。「公敵的名字現在從這些國家的地圖被抹去；我們給了（法國）殖民體系致命一擊，同時填補了連結東西方帝國的巨鍊的空缺。」[154]英國在模里西斯扣押了大量武器和彈藥，其中包括八千多支法國和英國製造的火槍。[155]

就像在旁迪切里，法蘭西島的政治文化發生了變化，或許更恰當的說法是，保皇主義在一段時間的鎮壓後又重返舞臺，成為可接受的政治意識形態。[156]新任英國總督法奎爾抵達後，立即與模里西斯的貴族建立起友好關係，舉辦舞會和其他社交活動。共濟會也成為總督和菁英之間的橋梁；事實上，共濟會作為聯繫英國殖民菁英及其荷蘭前人的紐帶，在早期英屬開普敦也扮演重要角色。在一八一〇年後的幾年裡，來自法國的流亡保皇派覺得模里西斯是怡人的家園。法奎爾在島嶼菁英間的受歡迎度來自他擁抱自由貿易，正中商人家族下懷，還有他不顧英國走向廢奴，引人爭議地接受奴隸制。一八一〇年十二月的宣言強調和睦的商業願景，並包含以下條款：

> 英國人已經漸漸與法蘭西島的居民建立綿長的堅固友誼，這些居民將得以用極佳條件販賣他們的農場品，而且將享有和不列顛陛下其他臣民一樣的所有商業優勢。[157]

從革命走向反革命的帝國

這個時代，即使在同一個地點或地區，都有無數種不同的反抗。開普殖民地見證了奴隸、布爾人和原住民族的反抗，每個反抗都和其他反抗糾纏難分。從模里西斯如何回應新消息，還有如何試圖維護它的獨立性及作為印度洋其他地方的典範和中心的地位，我們可以看見地方的動態。反抗的多樣性也表示，抗議背後有不同的經濟、宗教和社會基礎。開普殖民地蔓延到非洲內陸，然後因而吸引許多不同的原住民族和被奴役者，反觀模里西斯則是個發射臺，將革命原則由此傳遍整個印度洋。模里西斯有許多不同的民族，但沒有一個聲稱自己是原住民；在法屬印度和法屬島嶼，人們就彼此之間的關係，以及他們和正處於叛亂狀態的母國之間的關係，爆發過激烈辯論，例如荷屬非洲南部的局勢，受荷蘭還有待確定的革命結果，以及荷蘭東印度公司不明確的地位影響。

儘管存在這一切分歧，在印度洋的荷蘭與法國世界，總是有人試圖在窮兵黷武的時代，還有變節或保守主義使人受罰的時代，改造政治，重新定義歸屬感、議會和公民身分。差異在締結不尋常的盟約時可能被遺忘，例如邁索爾蒂普蘇丹和模里西斯共和派之間的結盟；原住民族和殖民地移民的王國或社群，可能被定義為有能力在革命時代行使自己外交力量的民族或國家。在此同時，當地形勢決定混血社群、重獲自由的奴隸，或亞洲人及非洲人能否獲得公民權。儘管我們看到像佩爾這樣極富張力的故事，仍有一股顯著的保守勢力，將原住民族和有色人種排除在這個革命時代之外。

隨著一七八九年的法國大革命成為回憶，拿破崙於一七九八年進入埃及，然後拿破崙戰爭從一八〇三年爆發，革命如今越來越被轉向它的對立面。在對法國人的恐懼，和對荷蘭人的刻板印象，或將邁索爾蒂普蘇丹視為東方暴君的驅動下，一波反革命的帝國主義來到印度洋。反革命的帝國主義試圖建立君主制與自由貿易，並以官僚體系對激進分子進行監督。想要重塑反抗活動的當地議會和俱樂部，因為英國這個單一強權，從向來錯綜複雜並包含法荷在內的帝國景觀竄起，而被中斷與瓦解。

革命政治的傳播和英國帝國主義的到來都發生在海洋上：物資、消息、戰略和人力，以及文化與意識形態包袱，全部都透過海洋從其他地方傳來。具體來說，這意味著改變世界的夢想，取決於橫跨這片汪洋的聯繫：從巴達維亞到格拉夫－里內特，或從旁迪切里到法蘭西島，或從英屬印度和開普敦到羅德里格斯島，大海與船舶無疑是革命時代和帝國時代的渠道。遠渡重洋而來的東西，在被安插到面向水域的特定地區時產生了力量。根據這樣的精神，歐洲絕不是唯一的參照點，大西洋透過談論奴隸叛亂時提到的海地，也進到了這個故事中；然而，大西洋也不是反抗者和革命者心目中唯一的或主要的場域，聯繫和發散的模式在南半球各個水域都看得到。

第四章　波斯灣：糾纏的帝國、國家和水手

波斯灣是世上最隱蔽的一片海域。它經由狹窄的荷姆茲海峽（Strait of Hormuz）還有阿曼灣（Gulf of Oman）通向印度洋。在革命時代的變革故事中，以及英國穩步上升但參差不齊的崛起敘事中，波斯灣應該占據核心位置，[1]但它在這些更宏觀的研究中基本上被遺忘了。

新興的政治結構出現在歐亞歷史悠久的鄂圖曼帝國，以及陷落的薩菲帝國（Safavid Empire）的外圍邊疆。英法兩國在此區域中的競爭模式，也對波斯灣的革命時代而言至關重要。國家、獨立、理性宗教、海盜行為與自由貿易等想法和概念在這裡登場，與時俱進，喚來了帝國的暴力行為。然而，波斯灣的革命時代是關於具有多元文化遺產之族群主動性，這些族群在瞬息萬變的世界中找到了自己的道路。英國人接受這個時期的變動，並把變動化為他們的優勢，展開一場反革命的帝國操縱，這場反革命透過文書作業進行的程度不亞於侵略戰爭。

故事要從一八〇四年發生在波斯灣的一次郵件搶救事件說起。現在位於伊朗西南部和波斯灣沿岸的布什爾（Bushehr），對郵件往返印度的其中一條寄送路線非常重要，在連接巴士拉（Basra）和君

士坦丁堡（伊斯坦堡）的路線上，送往倫敦的郵件會從印度經海路投送到布什爾。[2]保護郵件不被任何人染指的執念，完美展示了背景紛雜的行動者們和各路政治勢力，在英國於一八〇九年和一八一九至二〇年二度遠征波斯灣之前，如何相互爭奪這片水域的通行權。

英國搶救郵件任務

弗朗索瓦－托馬．樂梅（François-Thomas Le Même，一七六四至一八〇五年）出生於聖馬洛（St. Malo）。一七七八至七九年美國獨立戰爭期間，他自願為一艘法國商船服務，而遭到英國人俘虜。後來他受僱於法國海軍直至一七八三年。當初就是他在一八〇四年十月首先危及了經布什爾的郵件寄送。[3]

一七九一年抵達模里西斯後，樂梅就以該處為基地，然後自一七九三年起，把模里西斯當作他從事海上私掠的平臺。一八〇四年，他在短時間內於波斯灣俘虜了多艘英國船隻，其中包括弗洛爾先生（Mr. Flower）搭乘的「飛翔號」（*Fly*），這艘船在今日伊朗本土十英里外的一座小島「基什島」（Qais）被俘獲。他還在馬斯喀特（Muscat）俘獲尤爾船長（Captain Youl）指揮的「南希號」（*Nancy*）；以及在布什爾俘獲洛恩（R. W. Loane）指揮的「士魯斯伯里號」（*Shrewsbury*）。他不可思議地帶著八艘俘獲的英國船返回模里西斯，坐實了模里西斯是私掠和海盜行為據點的說法。

然而，英國人卻能在道德上扳回一城。飛翔號在被樂梅俘虜前擱淺，船長指示船員將英國東印度公司的信件包及其財寶全扔進海裡，以免落到法國人手裡。此舉在那個時期，等同打響了戰爭的第一槍：這將是一場拿回落入敵人手中郵件的大賽。

一包信件丟進海裡和一包信件落入法國人手裡，難道不是一樣糟糕的事嗎？不盡然。如果說樂梅代表法國企圖干涉波斯灣交通往來的目標，那麼弗洛爾、尤爾和洛恩則道出另一個故事。這三個航海家聯手搶救郵件，弗洛爾先生在失落的郵件包被投入海裡時，記下了基什島海外的準確方位，於是三人在布什爾購買了一艘大型阿拉伯帆船（dhow），稱為貝格拉（baghla，阿拉伯語的字面意思為「騾子」）。貝格拉是最大的阿拉伯遠洋船艦之一，帶有一些歐洲設計的痕跡。在「暗地尋找包裹」三天後，洛恩寫說他們「運氣絕佳」地找到了。[4]在成功尋獲信件包之前，洛恩已將寶藏用士魯斯伯里號安全送到布什爾；這名男子對自己保衛大英帝國和英國海軍不受法國侵犯的能力感到自豪。[5]

另有一次，在一八〇四年十一月一日，就在救回「飛翔號」失落的信件包之後，他們的貝格拉遇到了「兩艘大型帆船（Dows）」（印度洋常見的帆船，有時被稱為「阿拉伯帆船」），這兩艘大型帆船改變航向，直直衝向他們。[6]據說，這些帆船是卡西米艦隊（Qasimi fleet）的一部分，源自卡西米氏族，該氏族是在阿拉伯海岸的海洋政治單位，或稱為酋長國。今天阿拉伯聯合大公國的拉斯海瑪（Ras al-Khaimah）和沙迦（Sharjah），統治者都是卡西米氏族的後裔。[7]據洛恩表示，他的船員「做了（逃跑的）一切準備」，然後「升起一面英國國旗」以示臣服，但六十名卡西米突襲者還是登船了。洛恩抱怨突襲者的不文明行為，他用帶有種族刻板印象的語言說，相較於將他送到布什爾下船，展現「風度翩翩行為」的樂梅，這些「野蠻人」如此不必要的暴力，透露他們對「國家法律一無所知，對人性原則也麻木不仁」。隨後我們將逐漸看清，這其實揭露了洛恩對卡西米行為準則與政治組織的無知。根據《水手的編年史》（*Mariner's Chronicle*）的記載，卡西米攻擊者開始「朝他們遇到的每個人又砍又刺，（並）強迫全體船員跳入海裡」。根據洛恩自己的說法，他和其他船員被剝光了衣服，扔進貨艙。

最終卡西米突襲者決定在阿吉曼（Ajman，今日的阿吉曼大公國首都）把俘虜當奴隸賣出。出售前，俘虜被安置在一個泥土屋裡，任憑他們自生自滅，僅供應椰棗和微鹹的水。在阿吉曼，主要貿易商品是珍珠，其附近的海濱上滿布貝殼。有些婦女為俘虜提供了魚、蔬菜和米飯，但這些男人還是不得不到處覓食，採集貝類給自己裹腹。在波斯灣地區旅行的開明派批評家、東印度公司改革倡導者詹姆斯·席爾克·白金漢（James Silk Buckingham）寫道，「卡西米女士們問問題總是非常注重細節，事實上，在清楚確定未受割禮的異教徒在哪些方面和真正的信徒不同之前，她們怎麼也不罷休。」[8]

由於他們的出現引起當地人莫大好奇，這十六名俘虜開始向前來觀賞他們的人收費。洛恩感受到其中的諷刺之處，因為就在這段時期，世界各地的有色人種也正在倫敦展示，娛樂英國人。洛恩認為，對新奇事物的類似渴望肯定無遠弗屆。和倫敦展示會的對比肯定令他感到羞辱，但他想起有句格言說：飢寒起盜心（necessity has no law，按：指洛恩為求生存，儘管屈辱也自願被人當成珍奇異獸欣賞）。[9]為了盡其所能運籌帷幄，他還佯裝醫生，以便接觸阿吉曼的酋長阿布杜拉（Shaikh

Abdullah），幫忙酋長治療他的視力損傷，「我說服酋長讓我在他的手臂上切個開口，心想這會讓影響他視力的所有壞東西散去。」三個禮拜後，酋長宣布來訪商人將採購俘虜：廚師很快就被人以三十塊的價格買走，被洛恩稱為「印度教徒」的南亞木匠則消失無蹤。

有個和英國參政山謬．曼斯泰（Samuel Manstey）熟識的瓦哈比酋長在前去「加入他同夥的軍隊」途中，出面干預，改變了這群俘虜的命運。酋長要求釋放俘虜，特別提到英國有能力懲罰任何膽敢侮辱他們國旗的人，然後表示了他「對英國民族的高度評價和友誼」。這份友好宣言的自相矛盾將在下文中變得越來越明顯，因為在隨後幾年波斯灣發生的事件中，瓦哈比派的行動和好戰令英國人感到憂心。阿布杜拉的回應是帶著俘虜去「巡航」，並重新開始他的掠奪」，然後將他們釋放到基什島，告知他們可以從那裡乘船前往布什爾。

接下來十天，他們大部分時間都躲在基什島，看著身邊刮起一股暴力風潮。一支卡西米艦隊攻擊基什島。基什島居民逃往本土內陸，入侵者將唱空城的主要聚落一把火燒毀。與此同時，跟隨洛恩的男人們又渴又餓，後來遇到一些在空房舍附近吃草的山羊，才滿足了他們的需求。洛恩寫說他「霸占」第一隻被抓到的山羊的乳頭，還說它產出了「我這輩子品嚐過最美味的飲料」。[10]這些人於是成為島上僅存的居民，並給他們的「下肢」穿山羊皮。這行人利用基什島被劫掠時燒黑的木材建造了一艘木筏，並搭上停靠在基什島的一艘船，成功前進到波斯本土的喀拉特（Kalat）。

下一個挑戰是展開西向的長途陸路旅行：他們最終於一八〇五年一月抵達布什爾。在到達布什爾之前，一行人遭到發燒和瘧疾的打擊，有些船員在旅程的最後階段死亡，甚至死在布什爾，包括弗洛爾和尤爾。[11]有個叫克里斯汀·席康尼（Christian Seacunny，席康尼這個姓顯示此人是舵手，而且肯定是個基督徒）的拉斯卡，在穿越喀拉特和齊魯（Chiru）之間的山谷途中過世。

這行人一直「在石頭間緩慢前進，同時（聽著）胡狼和其他動物持續吠叫長嚎」。[12]這段時期，英國剛好以難以捉摸的態勢崛起，這群人於是呼應時代背景，唱起〈統治吧，不列顛尼亞〉（Rule Britannia），來回應山谷中的胡狼，洛恩認為這首歌「在這片荒蕪人煙的嚴酷地區從未有人聽過」。一行人抵達齊魯後，有支搜索隊從齊魯返回山谷，找到「一具屍體，幾乎被胡狼吞食了一半」。那是席康尼的屍體。據說，穆斯林觸摸死去基督徒會「玷汙自己」的想法，阻止了搜索隊將他的屍體帶回齊魯。

然而，儘管有人員損失，還遭到法國與卡西米的干預，信件包還是被保護得當，最終送抵孟買。洛恩在他們獲釋前，成功說服阿布杜拉酋長將信件還給他，作為他贈送酋長六分儀的回禮。他們花了兩天時間在基什島海灘曬信，白天幫信件翻面，晚上收起來，以防晨露浸濕。[13]在卡西米突襲基什島時，洛恩和他的同伴將信件包藏在「地上的深洞」。[14]有一回，洛恩和納克西盧（Nakhilu）統治者拉瑪酋長（Shaikh Rahma）的下屬穆罕默德·阿吉（Muhammed Agi）發生了衝突，根據洛恩的描述，阿吉欺騙了他們當中的幾個人，將信件包據為己有。

被這無與倫比的侮慢惹惱，而且無法忍受（最後還是）失去這東西的念頭，想當初為了保護它，我們曾讓自己遭遇許多不幸，後來為留住它又受了更多的苦，我（洛恩）所有的情緒與熱血煥發為行動，在怒火爆發的第一時間，完全罔顧自己的安危，衝向那個滿嘴謊言的無賴，抓住他的衣領，在那個當下，完全沒想到這樣魯莽行事的後果。[15]

阿吉在這次爭吵後，將信件包還給了他們，白金漢讚許「這些不幸的受苦受難者」「以近乎宗教虔誠的狂熱」守護郵件。他批評政府在孟買收到包裹時的反應有失體統，他寫說，他們只得到了一封感謝信。[16]不過，對這群不惜一切保護書信的人而言，一封信也許是頗為適當的禮物。雖然白金漢沒有提到，但政府發放給亡故的弗洛爾的家屬四千盧比，洛恩拿到兩千五百盧比，同樣亡故的尤爾的代表也拿到兩千五百盧比，政府賠償了每個亡故拉斯卡的家屬。[17]

這些史料肯定修飾了事件的發生經過，然而，一八〇四年戲劇化的搶救郵件任務，突顯個別的英國人在其母國於波斯灣水域一步步迎向勝利時，對法國、卡西米和其他敵對勢力展現了頑強好鬥的意志。在波斯灣，英國人不得不透過把政治和宗教傳統串連起來尋找一條路，他們有時和洛恩與同伴們一樣遭受拳腳暴力，在這個陌生的水陸地理環境裡，有時還得面對疾病侵襲。在這場爭鬥中，英國人自認因重視禮貌、理性和寫作而與眾不同，故信件和包裹受到相應的高度重視。然而，如果救回信件包之類的故事，讓我們看到英國緩緩迎向勝利，我們有必要在此補充，英國人不是唯一試圖透過文字、法律和行為準則征服波斯灣的勢力。

革命準則：英國和瓦哈比威脅

地方政治菁英以和英國人一樣豐富的本領，找到適應革命時代的行進路線。這樣的主張，符合原住民族和非歐洲人在印度洋革命時代裡，展現創造力的整體論點。

洛恩對拉瑪酋長轄下布希亞布島（Busheab，現稱拉萬島〔Lavan island〕，是今天伊朗的離島）的描述證實了這點。拉瑪酋長就是和洛恩吵架的人的上司，他的財富來自掠奪在一八〇三年前往巴士拉的「赫克特號」（*Hector*），該船載著價值不斐的貨物，包括八百五十捆東印度公司的布料。儘管有三艘孟買海軍的船抵達位於波斯灣沿岸的納克西盧，拉瑪仍拒絕將貨物歸還給英國人，直到一八〇六年，當這位酋長的兒子被扣押為人質，他才變得比較通情達理。[18]拉瑪的軍事地位也源自英國軍備，在這個區域，利用從印度船繳獲的軍備武器充當防禦工事是很普遍的事。[19]一八〇三年，拉瑪掠奪了在暴風雨中擱淺的「警報號」（*Alert*），然後利用船上的槍炮興建了一個新型炮陣，「前面築起了一道矮防護牆，彷彿決心擊退任何可能強迫他歸還不當取得的財富的企圖。」[20]儘管英國人給他貼上海盜的標籤，拉瑪遵守的是和英國人不同的法律：「每個國家都有權拿取可能在該國沿岸遭遇海難的財產。」[21]也許是因為害怕英國進擊，拉瑪善待洛恩和他的同伴們，他最後安排他們前往布什爾結束這趟漫長的旅程。

就好像在兩邊陣營之間流轉的軍備和財產顯示的是一段共同的歷史，信件包的故事也不應該暗示，我們可以輕易區分英國人及其無知海盜對手，後者經常被描述為對文本不感興趣。[22]如果說英國人重視文本、規範和法律，那麼他們並不孤單。這時期的海上掠奪越演越烈，是因為瓦哈比意識形態自一八〇〇年起（特別是一八〇八年以降），在卡西米人之間產生了影響。

一七四四至四五年，奉行漢巴利（Hanbali）教法學派的「卡迪」（*qadi*，穆斯林法官的意思）家族後裔穆罕默德．本．阿布都．瓦哈比（Shaikh Muhammad bin Abd al-Wahhab），和靠近利雅德（Riyadh）的德拉伊耶酋長國（Dir'iyyah）統治者締結同盟，催生出瓦哈比運動，這些統治者屬於沙烏地家族（Al Sa'ud），也就是今天沙烏地阿拉伯的王室。作為一套教義，瓦哈比運動強調真主的獨一性，批判把真主和其他神祇擺在一起的多神信仰之罪。阿布都．瓦哈比宣講認主學（*tawhid*），即信奉真主合一的重要性，瓦哈比運動結合了關於祈禱和禁食的嚴格規定，還試圖透過摧毀穆斯林聖人祠、禁止次級朝聖，以及反對用天使、先知、乃至先知穆聖的名字來祈禱，消滅對一神教義任何形式的不忠，把這一切都貼上大罪或多神論的標籤。瓦哈比運動在十八世紀末、十九世紀初的阿拉伯追尋一條聖戰（*jihad*）路線，因此讓沙烏地家族能在政治上利用這個政教結盟創造出強大國家：第一個沙烏地國，進而消滅了部落忠誠以及所謂的迷信。

瓦哈比–沙烏地國從一七九五年起對鄂圖曼帝國發動攻擊，洗劫什葉派聖地卡爾巴拉（Karbala）；它還攻擊敘利亞、葉門和漢志地區（Hijaz）*，並於一八〇三至〇四年占領了伊斯蘭

*譯註：伊斯蘭教兩大聖城麥加和麥地那就位於漢志地區。

世界無可爭辯的中心：麥加和麥地那。從某位拉斯海瑪統治者的蘇菲導師（Sufi teacher）之墓遭破壞，我們可以看出瓦哈比意識形態已經傳入領導卡西米氏族的拉斯海瑪酋長國。這位統治者是拉希德酋長（Shaikh Rashid），他難以接受導師墳墓的每顆石頭全被卸除，不得不逃到波斯灣對岸的林加（Linga，在今天的伊朗）。[23]最終，挺身對抗瓦哈比派的是埃及的穆罕默德．阿里（Muhammad Ali），他持續攻擊新創建的瓦哈比－沙烏地國，並成功奪回麥加和麥地那，沙烏地統治者阿布杜拉．本．沙烏地（Abdullah bin Sa'ud）則被送往君士坦丁堡處決。[24]

史學家貝利（C. A. Bayly）表示：「瓦哈比起義對鄂圖曼侵略性統治的反抗，以及對沙烏地阿拉伯諸多城市適當宗教儀式衰頹的反抗，應該視為世界革命的一種。」[25]借用另一位史學家最近的話：「瓦哈比派排他主義和絕對主義的觀點，挑戰波斯灣放眼向外的混合社群，企圖將一種認同（即遜尼派）強加給所有被統治者，將宗教擺在商業之前，並拆除自由港。」[26]

對瓦哈比派反抗的美化，以及把它詮釋成革命性的反抗活動，部分出自該時期的殖民著作。事實上，在十九世紀早期和拿破崙時代的脈絡下，瓦哈比派可以被描述成類似「反對天主教統治者」的瑞士邦聯各州或荷蘭聯合省（United Provinces）的人民。在這個演繹中，他們挺身對抗鄂圖曼暴政的舉動可以被正面地粉飾。[27]如果說「革命」在這時期是個反覆無常的用語，特別是英國人對革命概念的看法，那麼瓦哈比派的確帶有革命性，除此之外，歐洲評論者試圖透過基督教歷史的類比來理解瓦哈比派，他們說這些人是受啟發的「新教」穆斯林。英國觀察者最早提出的瓦哈比運動記載，來自這時期東印度公司的駐巴格達參政哈福德・瓊斯（Harford Jones）。瓊斯說瓦哈比派是「一支**清教徒**阿拉伯人」，如果不制止，可能「成為這個區域發動重大**革命**的契機」；[28]他描述瓦哈比派的教條包括從「字面」擁抱《古蘭經》：

> 在宗教職責上對《古蘭經》字面形式、命令和戒律稍有偏離的回教徒，就和猶太人一樣是異教徒，是不信者，是基督徒；因此，和他開戰是每個瓦哈比的積極責任，或借用瓦哈比的話，是所有真正的木速蠻（mussulman，按：穆斯林的波斯文）的責任。[29]

然而，在這些歐洲人的描述之外，瓦哈比運動本身就帶有對革命的責任感，我們在基督教歷史中，完全找不到和它相當的任何承諾。根據這種觀點，掠奪英國人或印度人，乃至阿曼人都受到法律和宗教文獻的批准。阿曼人多屬伊巴迪傳統（Ibadi tradition），他們因為「舒拉」（shura，非常著重協商）而與眾不同。暴力的合法性取決於它的對象是信徒社群還是非信徒社群，因為伊斯蘭社群的目標和定義就是恪遵法律，並藉由發動聖戰擴展信徒圈。「可接受的」海上暴力是每個人的主觀認定，因為阿拉伯語並沒有和「海盜」同義的單一字詞；然而，我們不該將這類暴力視為不具有共通行為準則的零星偶發事件。[30]水上掠奪和對鄰近部落的突襲是類似的，然後部分收益又回饋到立國事業之中。

在英國人及其對手在波斯灣的交鋒中，我們會不禁想要假設英國人與眾不同。若做此假設，等於把洛恩筆下保衛書信冒險故事散發的英勇精神照單全收；然而，文本、法律和行為準則，以及「革命」本身的當代用法，超越了歐洲人和非歐洲人、殖民者和本地人的區分。英國觀察家可能把瓦哈比主義拿來和英國的清教徒歷史，或宗教改革運動做比較，但瓦哈比運動帶有屬於它自己的革命性，這點符合本地能動性在全球南方革命時代的崛起；因為這不是從歐洲向外擴散的革命情懷，對立的各方都試圖以類似方式改變政治，英國只是眾多政治勢力之一。

日後英國的侵擾規模、窮兵黷武、不受控的暴力、締結條約和永不停止的戰爭，改變了波斯灣的政治現場，並創造出一個反革命的帝國主義。大英帝國使用和對手相同的技巧，但卻超越了對手，這個帝國在文明和種族方面，把對手描述的和自己本質上截然不同。在洛恩人等的單獨行動後，我們即將看到英國展開大規模干預。

入侵波斯灣：無止盡的戰爭

英國在一八〇九至一〇年和一八一九至二〇年，從孟買對拉斯海瑪發動兩次入侵。拉斯海瑪的地理位置在卡西米氏族聯盟領土的頂端，在今日的阿拉伯聯合大公國境內。[31]根據英國入侵波斯灣的脈絡來看，這些軍事遠征是受到對卡西米海盜行為和瓦哈比運動的恐懼所驅使。在這份恐懼出現之際，我們看到英屬印度和波斯灣之間的貿易在一七九〇年後漸趨頻繁，此外被英國標記為海盜行為的威脅也正逐漸擴散。

和法國在波斯灣與波斯活動有關的擔憂，促成了第一次行動，第二次則發生在後拿破崙時代，這兩次行動是以確保航道為宗旨的炮艦任務；這樣的目的和葡萄牙人在英國入侵之前與波斯灣的交戰是一致的。葡萄牙人自十六世紀就在荷姆茲海峽和其他據點擴展勢力，遠早於為了控制戰略商業通道而試圖入侵波斯灣的荷蘭人、英國人或法國人。

英國一八〇九至一〇年和一八一九至二〇年的遠征關鍵，在於希望支持其盟友阿曼。有位瓦哈比編年史家用比喻的語言描述一八〇九至一〇年遠征的結果：英國人用大水晶把陽光聚焦在拉斯海瑪，讓它起火燃燒。[32] 一八〇九年，馬斯喀特（按：今日阿曼王國的首都）的賽義德·本·蘇丹（Sa'id bin Sultan，按：一八〇六年成為馬斯喀特和阿曼蘇丹）寫信給孟買總督，證明了英國與阿曼友誼的重要性：「上帝為證，我所有的資源都供貴國支配，我相信英國政府將永遠昌盛，無往不利，我相信英國政府可以徹底擊敗並制服所有敵人。」[33]

一八〇九至一〇年的遠征視覺圖像呈現英國放火燒毀聚落，包括商品、海軍物資和建築物。[34]〈波斯灣十六景〉（Sixteen Views of Places in the Persian Gulph）以視覺敘述了這次的軍事遠征，它始於從孟買的阿波羅門（Apollo Gate）啟航，其中包括一幅從波濤洶湧的海面看見拉斯海瑪出現在地平線上的畫面。從更近距離的圖像，我們看到部隊準備登陸（圖4.1），使用較小的船艇駛向海灘，然後是拉斯海瑪正在燃燒的兩幅圖；一名受傷的英國軍官躺在其中一張圖的正中央，擺著壯烈犧牲的姿勢，另一張圖則呈現當地居民絕望地試圖挽救他們的財產。視覺修辭將英國軍隊的果敢忠誠，和幾乎

圖4.1 「部隊登陸拉斯海瑪」，收錄在I・克拉克、W・威廉・海恩斯和R・譚普（I. Clark, W. William Haines and R. Temple）的〈波斯灣十六景〉（Sixteen Views of Places in the Persian Gulph，一八一一年）

衣不蔽體的拉斯海瑪人民的自私利益做對比。

官方記錄報告拉斯海瑪被徹底摧毀。疑似用於海盜活動的五十艘船，包括三十艘大型阿拉伯帆船，據說都被破壞了；有些占領財產被轉交給馬斯喀特。[35]阿拉伯和波斯兩側海岸的其他地方也有船隻被毀。根據遠征隊接獲的指示，放火燒船是處理疑似掠奪商品的適當回應。[36]

誠如所有類似的干預行動，儘管有視覺的宣傳，這次遠征的政治結果仍不完整。有一個說法認為隨著卡西米的政治結構崩解，瓦哈比派的控制更加突出，[37]馬斯喀特的統治者指出，除非英國派出另一支遠征隊，否則他可能抵擋不了有瓦哈比派支持的卡西米人。作為回應，英國人選擇以「幾件槍炮、火槍和彈藥」武裝他，[38]馬斯喀特請求軍隊後援一事，最終在約十年後得到滿足，另一支英國探險隊在一八一九至二〇年被派往拉斯海瑪。

儘管英國和卡西米方面在此期間有外交往來，包括一八一四年曾短暫休兵，在拉斯海瑪失去權威，意味著卡西米菁英無法控制發生在波斯灣區的海上暴力。一八一四年特別尷尬的一個事件是，英國東印度公司的官方貝格拉被擄獲；這艘貝格拉是和拉斯海瑪從事外交的船。[39]一八一九年，拉斯海瑪的拉瑪酋長（全名為哈桑・本・拉瑪〔Hasan bin Rahma〕）為防止英國派兵遠征，提出一份新的停戰協議。這一次，他打算接受英國的海洋法律文化：他談到需要「信號和界限」以及正確使用旗幟，旗幟問題當初曾激怒洛恩，因為他的船被卡西米人強登。[40]但一切為時已晚，第二次英國遠征摧毀了兩倍的船隻和防禦工事，此次行動的某個領軍人物的妻子在談到拉斯海瑪被毀時說：「大氣層烈焰騰空——沒有空氣可以呼吸，我發著高燒。我記得地平線被火焰吞噬。」[41]

在英國報告中，瓦哈比運動的崛起成為英國發動一八一九年二次遠征的原因，一八一九年遠征後，英國人和他們眼中的波斯灣城邦統治者簽署了一系列停戰協議，使這條海岸線在英國流行用語中成為「停戰海岸」（Trucial Coast）。這些停戰協議是將開明帝國對海上良好行為的定義擴散到波斯灣的一次嘗試，這對英國貿易的擴張至關重要。協議對這個區域的滲透力不該被過分強調，[42]根據一八二〇年《總約》（General Treaty）的條款，海盜及掠奪行為將不再發生，這些行為被定義為「人類公敵」，海盜行為的不合法性和戰爭的合法性相互對立：

> 公認的戰爭必須經過公開宣布、公開承認，並由政府下令和另一政府作戰；沒有公開宣布、公開承認和接獲政府命令的殺人和奪取貨物行為，就是掠奪和海盜行為。[43]

在這種觀點下，船隻必須擁有國家認同和聯盟，於是革命時代不可分割的國家與公民語言，就在此被套用到航運本質上了。阿拉伯船隻受條約束縛，必須在陸地和海上攜帶「一面紅旗，無論旗子上有沒有文字」，這面旗子的特徵被詳細闡明：紅色的四周是「白邊，白邊的寬度等於紅色的寬度……英國海軍給這面旗幟的名字是「穿透白的紅」。威廉・格蘭特・凱爾（William Grant Keir）在別處解釋了他的邏輯：有鑑於紅旗被用來表示海盜，其意圖是將紅旗與白邊結合，以象徵和平；[44]波斯灣如今被一個講究文書作業和官僚主義的政權控制了。[45]

根據《總約》的條款，每艘阿拉伯船還必須攜帶附有「酋長簽名」的登記文件，註明船隻的名稱、長度、寬度和容量；外交禮俗將船隻與他們的酋長綁在一起，進而產生酋長是公開宣布從屬於英國人的認同，酋長還要派一名特使到波斯灣的英國總督府，作為其從屬象徵。條約也特別提到令洛恩相當困擾的問題——也就是，儘管他的船員放下了手中的武器，他的貝格拉還是遭到攻擊。

在敵人放棄武器後，將對方處死是一種海盜行徑，而不是公認的戰爭；如果有任何部落在回教徒或其他人放棄武器後殺死對方，該部落應被視為破壞和平；友好的阿拉伯人將與英國人一起對抗他們，如果一切順利，直到做出此舉的人和下令這麼做的人被交出來之前，對他們的戰爭不會停止。

「不會停止的……戰爭」可能會令人想起瓦哈比運動的語言，但在這個演繹裡，它變調成一份彰顯英國法律文化的陳述。我們在條約最後看到英國帝國主義的其他兩個識別標誌：廢除奴隸制，以及聲明自由貿易的好處，今後所有的英國港口都歡迎友好的阿拉伯人。這份條約在一八二〇年一月八日由拉斯海瑪的哈桑．本．拉瑪，以及杜拜、阿布達比、沙迦、巴林和阿吉曼的酋長，在洛恩及其他人最初被俘虜的地方簽署，據說長期從事東非奴隸貿易的馬斯喀特統治者，對於協議反奴的承諾不是太感興趣。馬斯喀特在桑給巴爾（Zanzibar，按：坦尚尼亞外海的東非島嶼）的基地，是法屬模里西斯和波旁島重要的奴隸來源，我們之後會再回頭談這個故事，[46]但這對現在的英國海洋帝國不是障礙。

條約的簽署很有把握地畫出阿拉伯海岸各國的國界及其代表，這和十年前的情況形成對比，在當時，英國還難以判斷波斯灣岸的哪個政治實體可以被當作一個國家。[47]同時，英國也加速測繪波斯灣海岸的島嶼及航道。[48]

在以成文規範與命令為依歸的新興擴張體制下，殖民法律和疑似不承認文件的人，也就是海盜或狂熱分子反目成仇。瓦哈比派和阿曼人對於可接受的海上行為，有他們自己的法律和文化規範，英國的文字機器則對這樣的突襲做出防禦性的回應，然後它開始戰勝這些其他替代方案，甚至在過程中重組了政治單位。在戰爭和大火後，旋即登場的是制訂條約和官僚主義，然後是製圖學（cartography），這些各不相同的戰略彼此相關，就如同在協議過程中對戰爭投入的樣子所示。

充滿破壞和官僚秩序的英國軍事遠征，使殖民者得以將他們的反革命控制擴展到世界的這個角落。隨著軍事遠征自一八〇九年開始，入侵者和在地人在技術上的相似性急遽下降，到了十九世紀中葉時，英國人的最高權威已相當明確，並以官僚體制呈現。與此同時，面海的阿拉伯政治單位不得不忍受他們在一八二〇年簽署的內容，還有協議隱含的國家概念；一八二〇年的《總約》促成了一八五三年的《永久授權休戰》（Perpetual Mandate Truce）。[49]

歐亞帝國和海上政治

一八一九年的英國遠征有個旁支故事，和追溯革命時代、英國崛起與這些波斯灣事件之深層連結有關，[50]因為在這些面向波斯灣的海洋政治單位的背後，是廣土眾民的古老歐亞帝國。如果說波斯灣的政治組織和意識形態不斷變化，它反映的是這些陸上帝王國度的重大變化，以及這些帝國經歷變化後與歐洲外部勢力的相互作用，這一切變化恰巧發生在前所未見的全球化時刻。

旁支故事如下：孟買政府在給一八一九年遠征領軍者威廉．格蘭特．凱爾的指示中，特別謹慎地要求遠征軍，避免干涉波斯帝國和鄂圖曼帝國事務，凱爾接獲的命令是摧毀「任何海盜船艇」，然後「嚴懲以示儆戒」。然而，遠征的目的是將拉斯海瑪歸還給戰勝瓦哈比派的鄂圖曼帝國，如此一來，英國遠征就算是完成了鄂圖曼帝國最初攻擊瓦哈比派的任務。事實上，凱爾被指示不要對最近可能「臣服於易卜拉欣帕夏（Ibrahim Pacha）的權威」的領土採取任何軍事行動，易卜拉欣帕夏是埃及的穆罕默德．阿里帕夏（Muhammand Ali Pacha）之子。凱爾還被告知要謹慎對待波斯，以免侵犯「波斯陛下（的主權），我們尊貴君主的盟友」。在波斯軍官面前，還要明確宣布英國政府對自由貿易的承諾，以便強調遠征對波斯利益的用處。

我們可以把波斯灣海上暴力向四面八方蔓延，放在鄂圖曼帝國對波斯灣這一帶控制薄弱的脈絡來看，這也和薩菲帝國的衰落有關。薩菲帝國的衰落，導致阿夫沙爾王朝（Afshar）、贊德王朝（Zand），以及卡扎爾王朝（Qajar）在十八世紀後期的崛起，這些帝國和位於其邊陲的國家，包括埃及在內，跟不上英法的帝國和軍事進展。阿曼的馬斯喀特港市是追溯這段歷史的好地方，這個政治單位試圖追求一套面向海洋的政策，以便從歐洲人精心策劃的新貿易方式和全球海洋政治中受益。思考從歐亞大規模帝國到馬斯喀特等較小政治單位的轉變，對於描繪歐亞各地的革命時代有其必要，非歐洲人利用這些政治實體，開闢他們自己的專屬道路。

位於馬斯喀特的阿曼商業和政治中心在賽義德王朝（Al Bu Said dynasty）上臺後得到鞏固，該王朝統治阿曼直到今天。[51]王朝的第一個統治者是艾哈邁德・本・賽義德（Ahmad bin Sa'id，在位期間一七四九至八三年），他的父親是一位咖啡貿易商，突顯商業對創建這個王朝的重要性，艾哈邁德・本・賽義德在一七四九年被選為伊瑪目，以位在內陸、距離馬斯喀特七十五英里的魯斯塔格（Rustaq）為基地。同時，沿海馬斯喀特日益增加的重要性來自十七世紀和十八世紀早期，雅魯巴王朝（Ya'ariba）在驅逐葡萄牙人後試圖連結內陸和沿岸的傳統。阿曼人也擁有悠久的海洋文化，可以追溯到波斯的薩珊帝國（Sasanian Empire）時期，從伊斯蘭教興起之前開始，直到伊斯蘭歷史的早期，這個傳統為十八世紀晚期的海洋冒險衝動奠定了基礎。[52]事實上，阿曼的統治者在進入革命時代的時候，麾下已有許多可供他們差遣的船。[53]

現在的目標是讓馬斯喀特成為波斯灣區的新守門者和首選港口。艾哈邁德・本・賽義德的孫子哈馬德・本・賽義德（Hamad bin Said，自一七八六至九二年在位）和他在馬斯喀特的繼任者負責實現這個政治企圖；馬斯喀特成為阿曼無可爭議的獎品。[54]和他的祖父一樣，哈馬德對海洋貿易特別感興趣，馬斯喀特在哈馬德的控制下，和信德省（Sindh，按：位於巴基斯坦，和阿曼隔海相對）與阿富汗的商業關係有所進展。他的繼任者、也是叔叔蘇丹．本．艾哈邁德（Sultan bin Ahmad，一七九三至一八〇四年在位）藉由和巴達維亞、設拉子和阿比西尼亞（Abyssinia，按：衣索比亞的舊稱）等港口簽訂協議，並和許多其他國家保持友好關係，從而鞏固面向海洋的貿易和政治。[55]

蘇丹．本．艾哈邁德也正式確立了英國東印度公司與馬斯喀特的合作關係，這個合作關係支持對拉斯海瑪的軍事遠征。馬斯喀特在一七九八年與「高貴強大的英國公司」簽訂條約，而後一名參政被派駐在馬斯喀特，[56]這有一部分是英國人在背後推動的，因為他們擔心法國人想在這個區域建一間工廠。蘇丹．本．艾哈邁德同意和孟買「政府」「增進友誼」：「從今開始，那個政府（孟買）的朋友就是我們的朋友……以此類推，那個政府的敵人就是我們的敵人……」政府間友誼的語言——前一章的模里西斯和蒂普之間也有這樣的友誼——是根據戰爭來定義的：

> 當英國公司和他們（法國和荷蘭）之間的戰爭繼續，出於對公司的友誼，他們永遠不會在我統治的領土上得到任何可以作為據點或安頓的地方，他們也不會在這個國家內受到公平的對待。[57]

蘇丹．本．艾哈邁德也退出了和法屬模里西斯的貿易關係，並同意英國人可以自由地在阿巴斯港建立工廠。英國企圖在波斯灣建立海上自由貿易集散地，以及英國投向巴林的熱切目光，是這段關係的核心。[58]友誼的語言使這個目的得到授權，同時孤立了競爭對手，並提出了帝國對國家的定義。

和英國結盟後，馬斯喀特成為海上貿易集散地的夢想，短暫地實現了一段時間。有位史學家認為：「阿曼在十九世紀非常需要強大的領導力和軍事實力。但實際上，這個國家受到一個經商王族世系的無效治理，他們的本領和資源幾乎全都和大海相連。」[59]然而，單純把這故事說成內政實力虛弱的故事並不適當。畢竟，重心轉向海洋反映了不斷變化的全球形勢，像是法國和英國的崛起，以及廣土眾民陸上帝國的困境，這顯示馬斯喀特領導者相當活躍地嘗試順應最新時勢發展。馬斯喀特的治理並非無效。我們應該將它描述成「藉由擴大和加強對現有印度洋網絡的參與，在『全球化』世界體系占據一席之地的舉措」。[60]

區域動態也發揮了部分影響。沙烏地國的鞏固和瓦哈比運動的興起，對阿曼扮演波斯灣守門者有負面的衝擊。這些發展促成巴林和卡西米對馬斯喀特的抵制。[61]一七九九年，蘇丹·本·艾哈邁德第一次入侵巴林，此舉激怒了波斯；在他奪取巴林的另一次嘗試中，瓦哈比派出手干預並驅逐了馬斯喀特。阿曼本身在一八〇三年被瓦哈比勢力從陸海兩路夾攻，使它不得不向德拉伊耶進貢。[62]蘇丹·本·艾哈邁德於一八〇四年尋求鄂圖曼帝國協助他對抗沙烏地人的任務中遇難。在他死後，馬斯喀特由賽義德·本·蘇丹（一八〇四至五六年在位）繼任主掌，區域進入一個更加動盪的時期，除了突襲和反突襲事件頻仍，卡西米、巴林、馬斯喀特、沙烏地、波斯、英國和法國之間也交織出一張錯綜複雜的結盟網絡。英國一八〇九至一〇年的拉斯海瑪遠征，就是發生在這樣的脈絡下。儘管始終渴望宣布獨立和擁有至高無上的主權，阿曼如今也在軍事方面和英國串通了起來。

即便一八一九年的英國遠征是在未充分了解該區域內部政治的情況下展開，值得注意的是，長遠來看，英國的軍事干預卻改變了波斯灣的經濟地景。突襲搶劫不再有利可圖，區域政治也隨之重組；區域成為全球的手下敗將。英國以條約帶來了和平，這代表商人不再需要向阿曼尋求安全保障。隨條約制訂而來的下一步是殖民地商業的鞏固。據估計，二十多年前的一七八六年，馬斯喀特的關稅和國內稅收相等；[63]然而，在水域風平浪靜的新脈絡下，阿曼不得不另尋其他充實金庫的管道。

一八二〇年後，阿曼國逐漸將重心轉移到東非。在此之前，阿曼移民、宗教團體及商人和斯瓦希里海岸（Swahili coast）已經有長期的交流。然而，阿曼的重新導向也來自英國自由貿易思想的興起，因為它滿足了阿曼對參與海洋政治和貿易始終不變的願望。十九世紀中葉時，隨著阿曼受到更多英國的影響，阿曼本土和桑給巴爾島在賽義德．本．蘇丹去世後的繼承紛爭中，被分化成不同的政治武器。[64]

難怪十九世紀早期來到馬斯喀特的英國遊客，普遍稱讚居民性情溫和又文雅，而且很享受這裡的魚、石榴和芒果，不過也有人擔心氣候有害身體健康。[65]這就是英國自由貿易的文化生活，它改變了馬斯喀特的基礎和波斯灣的政治。英國人反覆對阿曼強調，這樣的自由貿易就是雙方建立關係的益處。阿曼為了適應新時代，對兩次入侵任一方採取的靈活路線，應該放在波斯灣兩側的鄂圖曼與波斯世界的內陸事件脈絡來看。恰恰是這些歷史帝國的重組，讓馬斯喀特能夠有特別活躍的政治和商業。

一七二二年，阿富汗入侵者在伊斯法罕（Isfahan）郊外的古爾納巴德（Gulnabad）遇到伊朗軍隊，並取得決定性的勝利，為伊朗歷史最悠久的王朝薩菲帝國劃下了句點。[66]帝國約在一六〇〇年達到了鼎盛時期。伊斯法罕被隨後的圍城摧殘，食物短缺和疾病傳播使其人口驟減。十七世紀開始，薩菲帝國境內經歷了一連串糾纏難解的問題；白銀從拉丁美洲經歐洲船隊傳到亞洲是一大關鍵。有位史學家解釋這個結果：「伊朗既不符合典型的歐洲核心角色，也不符合典型的亞洲外圍角色——它購買亞洲產品（像歐洲人那樣），然後出售自己的絲綢（像亞洲人那樣），但歐洲公司從這些交易中獲利兩倍。」[67]位居亞洲和握有大量白銀的歐洲之間的中間地帶，薩菲統治者發現他們的貨幣枯竭，也發現他們被通貨膨脹的問題困擾。這對社會和政治方面造成的影響是軍隊集中化與精簡化，導致一系列部落叛亂席捲帝國，其中最致命的叛亂，就是阿富汗的威脅。這時期的另一個特點是穆斯林法律學者「烏理瑪」（*ulama*）越來越獨立行事，他們對統治者施加壓力，包括祆教徒在內在的宗教少數族群，在宗教迫害中離開了伊朗。

波斯在薩菲王朝垮臺後的十八世紀晚期陷入混亂，這使軍事冒險家竄起，取代了先前的中央集權勢力。最著名的統治者是納迪爾沙（Nadir Shah），他在伊斯法罕建立阿夫沙爾王朝。納迪爾沙力行軍國主義，並試圖推行遜尼派伊斯蘭教。他想在不同教派間找到一個和解之道，而不是延續王國對什葉派的傳統承諾。他在一七三九年洗劫德里。一七五〇年代之後，波斯中西部有一段時間由設拉子的贊德王朝統治。從一七六〇年代到八〇年代，贊德王朝奉行海洋政策，時而能控制巴林和巴士拉，並在和阿曼的戰爭中大展拳腳。卡里姆汗·贊德（Karim Khan Zand）一七七九年去世後，贊德王朝在王位迅速易主七次的動盪中瓦解，盧圖夫．阿里汗（Lotf-Ali Khan）登基的那年是法國大革命。[68]在阿里汗的統治下，四處征戰試圖統一波斯的卡扎爾部落在一七九五年占領設拉子，卡扎爾王朝於是建都德黑蘭。

這些事件為馬斯喀特作為一個海洋政治單位的出現，設下了更深層的條件，馬斯喀特對自身主權的強烈信心，使它能夠參加革命時代的競賽。賽義德王朝的登臺，緊接在波斯統治阿曼時期之後。波斯在一七三七年以一支五千人的軍隊進駐阿曼，開始了對阿曼的統治。然而在十八世紀後期，隨著波斯實力的減弱，情況得以逆轉；馬斯喀特遭到卡里姆汗的對抗，卡里姆汗想要把阿巴斯港和布什爾變成波斯灣的主要中途站，以便增加稅收和關稅。然而，馬斯喀特脫穎而出，成為重要貨物集散地；波斯作家哀嘆馬斯喀特俘虜伊朗船隻，任憑它們被異端掠奪。[69]與此同時，馬斯喀特寫信給英屬孟買，請它不要讓卡里姆汗向東印度公司購買船隻：

卡里姆汗的百姓在哈爾克島（Island of Carrack）、里格港（Bunderich）和布什爾定居，掠奪並占領了幾艘開往巴士拉的英國船隻，還騷擾了許多窮人，他們也有意徵召一些軍隊來干涉我，這迫使我不得不派部隊和船隻去攻擊前面提到的那個島，他們在那裡用箭矢、劍、槍炮和其他武器戰鬥了整個下午，徹底擊敗卡里姆汗軍隊，奪占了卡里姆汗的一艘船和約六千名士兵、馬匹和俘虜，而後我以悲天憫人之心釋放他們，不過他們仍試圖打擾我。因此，我以朋友身分寫信給尊貴的大人，希望您能寫信給孟買總督，不要允許任何波斯人在您的領地購買或建造任何一艘船，因為卡里姆汗是敵人，而且要小心監視別讓他有機會得到戰船，免得他阻止我們和其他商人前往巴士拉。也請尊貴的大人寫信告知海達爾．阿里汗（按：蒂普蘇丹的父親），不要給卡里姆汗任何船隻，這樣做有利於我們的共同優勢。衷心期盼得知大人您的近況，讓我為您效勞，我不會辜負您的任何命令。願上帝永遠賜福您。[70]

馬斯喀特在十八世紀後期曾有過短暫的優勢地位，特別是卡里姆汗去世後，但鄰居的不確定性意味著波斯最終在海上失敗了。波斯沒有在革命時代走出自己的路，而是成為俄羅斯、英國和法國三方外交角力的棋子。十九世紀伊始的時候，卡扎爾王朝因領土問題與俄羅斯開戰，英國和法國於是爭著將波斯軍隊現代化。[71]

馬斯喀特的崛起，以及波斯灣小型政治單位透過代理轉向海洋的重心，也取決於阿曼西邊的另一個歷史悠久的大型農業帝國的命運。

就像薩菲及蒙兀兒帝國，鄂圖曼帝國是仰賴底層小農農業剩餘的歐亞超級強國，它透過中間者的網絡把農業剩餘和皇帝連起來，這些中間者可能扮演軍事、稅收或行政的角色。鄂圖曼帝國和在它東邊的鄰國一樣，也仰賴中間官員在特定省分建立的橫向忠誠，維繫戰爭、朝貢或文化的凝聚力。有個重要的解釋認為，這場危機源於隨中心衰落及千禧年主義散播而出現的「部落突圍」。[72]帝國經濟的去中心化也誘發了都市化的過程，導致邊緣出現一系列挑戰帝國宮廷權威的新興社會階級。史學家如今不認為這些帝國經歷了不可避免的衰落，而是強調對外圍區域和政治單位靈活且適應力極佳的控制。

如果說阿曼是這樣的政體，埃及則是另一個。由於拿破崙為了攻擊大英帝國，自一七九八至一八〇一年揮軍埃及，埃及被直接捲入了拿破崙戰爭。我們可以從拿破崙的到來導致埃及力量減弱，以及鄂圖曼帝國正在改變的特徵，說明沙烏地－瓦哈比主義為什麼在十九世紀初於阿拉伯半島興起。穆罕默德．阿里從一八一一到一八一八年對瓦哈比派的反抗，是埃及對瓦哈比運動的回應。埃及軍隊持續駐紮在阿拉伯半島，並於一八三一到一八三七年沙烏地人拒絕向埃及軍隊進貢時，又加派另一支遠征隊。根據住在德黑蘭的一位英國人表示，到了一八一九年的時候，馬斯喀特的伊瑪目表示「害怕擁有像穆罕默德．阿里帕夏這樣積極進取的鄰居，阿里帕夏近期對抗瓦哈比派的成功，使他在亞洲這一帶威名遠播」。[73]

鄂圖曼埃及、瓦哈比派和阿曼之間的糾葛——後來波斯以阿曼盟友的身分也捲入其中——確實教人感到意外。阿拉伯半島的內陸被視為商業和經濟的死水，就連椰棗和牲畜的數量也不足以出口，過去只受到鄂圖曼帝國的零星關注。聖地麥加和麥地那是任何人想要控制阿拉伯半島的主因，但它們並不在半島乾燥不毛的內陸。考慮到鄂圖曼帝國正處於變革時期，為什麼它在埃及打擊瓦哈比派的遠征中，如此堅定地吸收這個外緣地盤呢？

有一派解釋可能會強調說，這是鄂圖曼帝國對麥加和麥地那遭洗劫的回應。除了受到瓦哈比神學的驅使之外，地處阿拉伯半島內陸的內志地區（Najd）的農業剩餘匱乏，也驅使了沙烏地人攻擊伊拉克或敘利亞較富裕的省分，甚至是漢志地區。漢志地區受益於前往麥加和麥地那的朝聖交通。拆除神龕和洗劫朝聖商隊，既是一個經濟目的，也是一個神學原則，和一神信仰密不可分。鄂圖曼帝國於是對這個由經濟驅動的意識形態的有力組合做出了回應。然而，穆罕默德·阿里直搗阿拉伯半島中心，打擊千禧年主義伊斯蘭教的完整背景，不僅僅來自沙烏地和埃及之間的文化衝突，不單純是由瓦哈比派的洗劫內陸，和埃及入侵所體現的鄂圖曼反抗所構成的模式。它也不單純是某位史學家口中的鄂圖曼帝國對瓦哈比派的「恐懼」，「最基本的人類本能」。[74]事實上，海上貿易變動的形勢和革命時代的政治，還有英國的威脅，都值得密切留意。

在阿拉伯半島的另一端，瓦哈比派和他們的卡西米合作者受益於波斯灣海上貿易的變動形勢。十八世紀後期，和波斯灣珍珠、椰棗、羊毛和鴉片有關的海上貿易復甦，貿易的活絡創造出勞力需求，而勞動力也來自海洋，主要是來自東非的奴隸。這些奴隸的到來是拜阿曼商人的人脈，以及阿曼和桑給巴爾持續培養的政治聯盟所賜。[75]這些在波斯灣中心迅速發展的面海工作機會值得注意。早期決定在阿拉伯半島定居的因素，例如水源和農業潛力，如今不再是限制。[76]奴隸制本身因而重組，它從主要從事家務和農務，轉變成採珠、港口裝卸，以及在阿拉伯帆船或其他遠洋船隻上工作。拉斯海瑪是一大奴隸集散地，其他集散地還有：巴士拉、布什爾、阿巴斯港，以及杜拜。從這片沿海地區，大量奴隸被進一步帶到伊朗和鄂圖曼境內。馬斯喀特港出現了背景多元的一群人，支撐著這種海上貿易：印度教徒、亞美尼亞人和猶太人負責借貸或提供保險，他們不需要遵守伊斯蘭教法。[77]事實上，從孟買逐漸在這個世紀成為波斯灣珍珠的主要集散地，也能明顯看出波斯灣和印度洋有更廣泛的聯繫。

面海小型政治單位的復興（尤其是阿曼），可以從鄂圖曼帝國與波斯各地更深層的歷史，以及這幾十年海上貿易益發重要來解釋。這本身就是政治實踐的一場革命。它是由更強大的地方菁英和宗教狂熱者的出現所致，這些人想要趁勢而起，然而，關鍵是，這些投機分子和革命時代更強大的力量互動，而且取得了一些成功。這裡說的更強大的力量，就是指英國和法國，及在拿破崙戰爭中對立的雙方盟友。在馬斯喀特的外交中，這種全球與區域的相互影響尤其顯著，但我們並未看到波斯灣的特殊性消失。

阿曼注意到法國雖然開出支票，卻沒能信守承諾——譬如任命一名常駐官員的承諾——之後，主動拒絕法國人，而和英國人達成協議。它還觀察到英國在印度扮演越來越重要的角色，就連邁索爾的蒂普蘇丹在馬斯喀特也有一家工廠。

然而，令英國人懊惱的是，馬斯喀特和東印度公司簽署協議後，並未取消和法國人的往來。[78]這種操縱源於鄂圖曼和波斯世界千變萬化的政治地景，在阿曼境內產生了一種可以運用在全球外交的全新信心。請看賽義德·本·蘇丹在一八〇九年遠征指示裡的說法：「一位活力十足且治國審慎的王子，不僅會（維護）領地的良好秩序，而且會（壓倒）其海上競爭對手的放蕩精神。」[79]同時，在阿曼之外，被英國人批評為「瓦哈比海盜行為」的海上掠奪結構，並不是反映英國觀察家所說的貿易衰退，而是貿易復甦的指標。[80]它和部落在乾旱期遷徙至波斯灣的現象同時發生。[81]從這個意義來看，它也是對來自本地和全球的壓力，以及這些壓力對貿易造成的影響的回應。

曾效力於馬德拉斯軍隊的亨利・威洛克（Henry Willock），在派駐德黑蘭卡扎爾王朝的波斯宮廷時，曾寄出一些耐人尋味的信。[82]在一八一九年發動拉斯海瑪遠征之前，威洛克獲命事先取得波斯君主的同意，乃至請求波斯派陸軍應合英國海軍，但雙方的合作沒能發生。波斯在第一時間試圖給英國上一堂關於國與國該如何溝通的課。威洛克報告說，波斯宮廷的「大臣們」：

> 如果波斯沿岸地區的當地人做出冒犯舉動，波斯陛下將懲罰他的子民；如果英國子民的財產被掠奪，取得賠償的正規途徑是向波斯政府提出相關抱怨；過去從未有過這樣的暗示；因此，建議英國軍隊應該只對卡西米人採取行動……[83]

威洛克在回應中堅持立場說，參與海上掠奪的波斯沿岸居民，實際上「獨立」於波斯，因此英國希望「在這些港口樹立起波斯的權威」，同時抑制卡西米人的影響。[84]這顯示英國人懂得以族裔識別，區分沿岸的波斯人和阿拉伯人。[85]

遠征結束後，一場全新的主權競賽就此展開。爭議焦點是波斯灣諸島嶼，以及誰對這些島嶼擁有主權，因為英國正在尋找基地。英國部隊最終登陸非常靠近波斯本土的一座狹長島嶼「格什姆島」（Qeshm Island）。英國求助於阿曼，然後宣布行動合法，它說阿曼對其中一些島嶼擁有管轄權。然而，波斯拒絕承認這個權利，阿曼和英國的關係也因此承受了不小壓力。[86]

儘管在這片水域定義國家、法律和主權，波斯和英國都沒有接受真正的革命時代精神。相反的，波斯和英國對「獨立」等概念的玩弄背後，隱藏了帝國的盤算。他們都有反革命的目標。威洛克指出波斯猶豫不決背後的原因：「身為務實的政治家，他們回想起我們在印度建立的第一個機構，從最初小範圍的領地，最終成為一個巨大的帝國……」[87]認真思考這個轉變後，「波斯人的虛榮心使他們認為，他們的祖國是宇宙間最受青睞的地方，而且是所有鄰國嫉妒和覬覦的目標。」[88]當國家和通行權的語言沒有奏效，而且英國登陸格什姆島之後，波斯隨之改採自然領土的概念。它說，「任何人只要到過波斯灣或阿拉沿岸與波斯沿岸，或是檢索過畫著帝國疆界的地圖與地理作品」，肯定知道這座狹長島嶼屬於波斯海岸吧？[89]在經歷了一些爭鋒相對的外交互動，而且和波斯差點開戰之後，英國軍隊於一八二二至二三年撤出格什姆島。[90]

英國人無疑正在展示他們的軍事肌肉。但進到一八二〇年代後，波斯灣的革命時代，仍可能包含舊帝國和新政治單位的能動性。許多政治勢力以投機的方式干預此刻，以便擴展貿易、政治和立國的條件。

波斯灣是一片被陸地環繞的海洋。它構成了一條斷層線。不斷進化的面海政治單位、古老的帝國和外部帝國勢力，為了控制崛起的治國之道而彼此搏鬥，同時，英國人逐漸在這方面成為主導。政治的同心圓——地方、區域和全球，或阿曼／埃及／瓦哈比、波斯／鄂圖曼和法國／英國——在相互對抗時產生緊張關係。每個圓圈裡，能動性和局限性都非常明顯，直到英國自由貿易和大英帝國主義外交的力量，逐漸壓倒這個多層政治組織。在追蹤革命時代原住民族和非歐洲百姓自下而上的湧動時，需要注意小型政治單位（及其人民）所在的層級高度。蓬勃發展的海上貿易，將政治力量吸引到這個水汪汪的地理環境。人們採用的靈活路線，從他們對船的需求也看得很清楚，現在我們就來看這個需求。

革命時代的帕西人

是時候以完全不同的觀點檢視波斯灣，從孟買看向這片海，因為還有另一股政治力量影響著這個區域：英屬印度。波斯灣不是封閉的海，它是在革命時代被從四面八方接近的一片水域。正是這些多方交戰造成這個時期變幻無常的可能性。我們需要全方位地接近波斯灣在新興精神世界的位置。

一八一九年二月十日，一艘新船漂浮在孟買港的中間碼頭。「沙阿朗姆號」（*Shah Alum*）沒有舉辦將葡萄酒倒在新船上的傳統命名儀式。[91]《亞洲日報》（*Asiatic Journal*）報導說，只是有「明顯的玫瑰水和玫瑰油氣味」，翌日早晨，港口裡的所有阿拉伯船都向這艘船致敬。沙阿朗姆號的目的地是波斯灣的馬斯喀特，準備加入賽義德．本．蘇丹的海軍。

沙阿朗姆號由帕西造船工人建造，彼時帕西人已經以擅長製造堅固的柚木船聞名，這些船在適航性測試的表現不會輸給歐洲船。《亞洲日報》提到沙阿朗姆號預計將會得到一位穆斯林聖人的賜福，但其實為這艘船命名的，是一名聽取了常住孟買的馬斯喀特代理人建議的歐洲人。沙阿朗姆號下水的那一年，也是英國第二次遠征拉斯海瑪的一八一九年，遠征標誌著英國與阿曼的關係又更加鞏固。

十八世紀末和十九世紀初，許多人開始辯論橡木和柚木作為造船木材的優點。[92]這場辯論的背景是法國革命和拿破崙戰爭，當時船隻短缺，而印度製造的船，載著稻米和小麥在一七九五年抵達倫敦。[93]這是一個革命時代的固定討論套路。衝突的傷亡數字被其中一本評論冊子用來支持以柚木造船，而不是橡木。根據一八一〇年率英軍登陸模里西斯的阿伯克龍比將軍（General Abercrombie）的證詞，「射擊炮火對柚木造成的影響，遠不及對橡木危險」。阿伯克龍比在支持柚木時，把水手的安全當作致勝論點，把安全性的重要擺在英格蘭造船商的經濟困境，以及他們對於競爭不過印度造船廠失去生計的擔憂之上。[94]

這場辯論及其相關緊張局勢，透過劃分印度洋得到解決。從好望角往西，貿易僅限使用英國製船隻。同時，所謂的「港腳船」（country ship），也就是印度製船隻，有明確的用途。英國私商可以在印度到東印度群島與馬來半島、印度到中國、印度到波斯灣的貿易使用港腳船，但不能用於歐洲貿易線。[95]有時這些船也會被東印度公司僱來運送郵件與部隊；事實上，丟失郵件的飛翔號就是一七九三年在孟買造好的。[96]

在這樣的故事中，帕西造船商及其所屬的商人家族、船東、放貸人、經紀人和印刷商的大圈子，被視為大英帝國主義最成功的「買辦階級」之一。[97]從為了表彰他們對英國人做出卓越貢獻的一系列孟買船廠「造船大師」肖像，能看出他們很輕鬆地融入了英國文化。[98]

孟買的第一位造船大師，是一七三五年從蘇拉特（Surat）搬來此處的孟買瓦迪亞家族（Wadia family of Bombay）發跡者：拉夫吉・納薩萬吉（Lavji Nasarvanji）。他的孫子、第三代造船大師賈姆謝吉・巴曼吉・瓦迪亞（Jamsetjee Bomanjee Wadia，約一七五四至一八二四年）的肖像，展示了帕西人如何讓自己適應英國規範。賈姆謝吉・巴曼吉和與他的堂兄弟法姆吉・馬納克吉（Framji Manakji）共享第三代大師的頭銜，後者也被英國人收錄在系列肖像中。[99]賈姆謝吉・巴曼吉的肖像是散發豐富訊息的一個畫面，它展示賈姆謝吉包裹在帶有金色、紅色和綠色繡花的羊絨披肩下的白色長袍之美。（圖4.2）這幅畫裡有兩個技術能力的標記，包括一個圓規和兩份規章，其中一份規章塞在賈姆謝吉的長袍裡。第二份規章躺在桌上，很可能是東印度公司在一八〇四年發給他的，上面讚美他「不變的忠誠和禁得起時間考驗的服務」。[100]他身上衣服的做工和他在造船方面的專業相匹配，這也是畫面想要傳達的訊息。

窗戶外的船是「明登號」（*Minden*，一八一〇年），「第一艘、也是唯一一艘在母國外建造的英國風帆戰艦」，符合賈姆謝吉負責的計畫。[101]和沙阿朗姆號不同的是，它是在「破瓶」儀式之後，由「數千名觀眾」目送下水。[102]這幅畫符合歐洲肖像畫和探索的傳統，畫中有一把椅子、一面窗簾和一扇可以看到外面世界的窗戶。因此，賈姆謝吉之子的肖像背景，是開闊的山景、椰子樹，以及一艘航行在清澈水中的帆船。（圖4.3）

圖 4.2 〈賈姆謝吉．巴曼吉．瓦迪亞〉（Jamsetjee Bomanjee Wadia，約一七五四至一八二一年），J．多爾曼（J. Dorman）油畫，約一八三〇年

賈姆謝吉．巴曼吉的肖像並不強調毫不費力的天才，或果敢的英雄主義，這些被認為是英國探險家的特色。事實上，這幅畫強調的是認真刻苦。賈姆謝吉．巴曼吉本人顯得相當疲倦，一隻眼睛幾乎完全閉上，而且皺著眉頭。他的堂兄弟法姆吉．馬納克吉在畫中則是手裡拿著眼鏡。[103] 明登號啟用後，人們不斷提起賈姆謝吉．巴曼吉作品的特色和卓越，也不斷提起船隻使用的柚木品質。請看英國海軍部長的話：

圖4.3 〈拿洛吉．賈姆謝吉〉（Nourojee Jamsetjee，一七五六至一八二一年），畫家不詳，很可能是J．多爾曼，約一八三〇年

……在造船後期，我第一次看到這艘船，她的主要木材一覽無遺；不得不說，我對這些木材感到非常滿意，因為很多都是在英格蘭建造的船隻比不上的；我對透過鳩尾榫將樑嵌入堅固夾板的固樑法（這方法在國王造船廠〔King's Yard〕是沒見過的）非常滿意。隨著建造越來越接近完工，我每天監督進度，對船隻的可靠堅固沒有半點懷疑，對造船的方式也沒有半點懷疑……[104]

有時候，造船大師們憤憤不平，覺得英國人沒有充分報償他們舉世聞名又嫻熟高超的勞動。法姆吉過世時，賈姆謝吉和盧斯坦吉・馬納克吉（Rustamji Manakji）寫說，如果當初他們選擇從事自由貿易，而不是造船，他們應該會比現在富裕得多。他們也提到，在加爾各答用劣質木材造船的歐洲人，可以帶著「給他們自己和家人的一些補給」回家。法姆吉的十八口之家就沒有這種待遇了，賈姆謝吉家亦然。[105]

大約八世紀的時候，帕西人在阿拉伯征服伊朗後，從波斯先是來到了古加拉特（Gujarat），躲避對袄教信仰的迫害。[106]他們從十七世紀起在蘇拉特港建造船隻，同時過著越來越都市化的生活。可能因為飢荒一再發生，越來越多帕西人遷徙到孟買，一八一一年的時候，孟買城裡已經有一萬名帕西人。這些帕西人大多是以農民和工匠的身分來到孟買，但隨後轉而從商和踏進工業。他們日益累積的財富，有一部分是來自棉花、鴉片、借貸和當掮客的獲利。不久後，他們成為印度政治圈的拓荒者：在英國，前三個成為國會議員的亞洲人都是帕西人。[107]有人主張他們是次級帝國主義者（sub-imperialists），這樣的觀點認為，他們靠著較高的職業流動性適應大英帝國，譬如相較於印度教徒或穆斯林。在大英帝國裡，他們不受到失去政治或行政方面地位的阻礙，不像一些有頭有臉的印度菁英；相反的，他們積極學習英語和海洋文化。

然而，這個備受肯定的詮釋有它的極限。沙阿朗姆號，還有同樣是為是為阿曼而不是英國造的「泰吉布號」（*Tajbaux*，一八〇二年）、「卡洛琳號」（*Caroline*，一八一四年）和「挪塞里號」

（*Nausery*，一八二三年），為這個故事帶來了可供討論和評論的空間。帕西人不只幫英國人造船，也為馬斯喀特造船，這可以和帕西族群的遷徙歷史，還有阿拉伯面海政治菁英對來自印度的木材和船隻的長期依賴，搭配在一起看。有個理論認為阿曼人早在十七世紀就委託印度製造船隻，當時阿曼人是為聯繫波斯灣和印度的葡萄牙船運效勞。[108]根據一份研究估計，在一八〇二至三五年之間，孟買總共為馬斯喀特建造了八艘船。[109]其他由阿拉伯人和波斯人行駛的船，很可能也產自印度沿岸。在十八世紀早期的時候，波斯納迪爾沙麾下的船隻都是在印度建造與維修。[110]在一八〇九至一〇年的拉斯海瑪遠征後，英屬印度政府為阻止被他們視為威脅的瓦哈比海盜行為，下令禁止出口木材到波斯灣。然而，卡西米人還是有取得木材的管道，譬如位於印度沿岸最西南方的特拉萬科爾（Travancore）。[111]類似討論在第二次遠征後的一八二〇年再度出現。[112]

英國人無力控制印度沿岸的船隻製造，就好像他們無法壟斷可用於建造船隻的珍貴硬木取得管道。[113]事實上，他們焦急著想估算馬拉巴爾和卡納拉（Kanara）印度西南沿岸森林的面積，這些森林可以供給造船所需的木材。[114]印度製船隻的到來，在馬斯喀特造成極大衝擊。舉例來說，卡洛琳號在賽義德·本·蘇丹遭瓦哈比派攻擊時加入他的海軍艦隊，為了提振士氣，據說他登上卡洛琳號，甲板「站著一千名手持長矛的士兵，當中有一群人是他自己的奴隸」。這艘船很快投入攻擊敵軍的任務。[115]然而，根據孟買政府的法蘭西斯·瓦爾登（Francis Warden）表示，卡洛琳號差點就被拉斯海瑪的卡西米人占領。[116]

直到一八二〇年代之後，孟買造船廠沒落，木造船隻終於被英國的鐵皮蒸汽船取代，在此之前，波斯灣和孟買之間的交流，持續在英國人的眼皮底下發生。[117]這個交流符合革命時代的氛圍，符合戰爭期間和戰爭衝擊商業時，人們對優良船隻的重視。帕西人可能受益於大英帝國，可是我們不該基於這個原因，將帕西人排除在革命時代行動者的族群之外。[118]

他們在孟買的早期政治立場，進一步支持這樣的描述，因為帕西人在回應英國基督教傳教士對祆教的批評時，開始把自己想像成一個民族，並對他們在波斯的歷史變得熱衷。[119]帕西人遷徙到孟買的數量強化了他們的族群認同，產生了一種不想被印度文化同化的渴望，他們也嘗試重組治理帕西族群的機制。十八世紀初期，帕西「潘查亞特」（*panchayat*，帕西人的族群治理議會，理論上由五位被推舉的領袖組成）在孟買成立，負責管理族群事務。一八一八年，議會由十八位在公共集會上被選舉出的議員負責運作，[120]透過議會自治是革命時代的經典符徵。瓦迪亞家族是在潘查亞特上享有領導地位的眾多家族之一。議會將有關婚姻和領養、財產和慈善的事務納入其管轄範圍內。在新近崛起和歷史悠久的帕西商業菁英之間，還有新的西方習慣和傳統規則之間的對立，削弱了潘查亞特的政治力量。到了一八三〇年代後半時，潘查亞特早已衰落，被新一代帕西人指控犯下貪汙腐敗、重婚和偶像崇拜的罪名。

帕西人從十八世紀早期開始旅行到倫敦，行使他們的權利，也藉此機會觀察和批評英國人。在眾多造訪倫敦的帕西旅人當中，有兩名瓦迪亞家族的造船商，他們是賈姆謝吉·巴曼吉的孫子。傑罕吉爾・拿洛吉（Jehangir Naoroji）和赫吉博伊・梅赫萬吉（Hirjibhoy Meherwanji）在孟買造船廠沒落的時候，被派去倫敦學習造船新技術。他們在一八三八年抵達，不僅參觀了造船廠，還參觀大英博物館、動物園和其他倫敦景點，提到「那巨大引擎」帶來的進步，還有引擎「越來越廣泛地被應用在航海用途」。[121]

在查爾斯・福布斯（Charles Forbes）的保護下，兩位造船者還參觀了下議院。福布斯曾住在孟買，經營福布斯公司（Forbes & Co），然後返回英國從政，以無黨籍身分當選議員，反對東印度公司的壟斷。[122]造船者根據後來訪問議會的經驗，對英國在擴大選舉權的一八三二年改革法案中選擇「改革或革命」發表評論。他們在議會目睹了議事辯論，坐在下議員旁聽席「最前面」的座位一整晚，長達八個小時，直到凌晨兩點半，穿著他們所謂的「我們的服裝」，據說那吸引了每個議員的目光。

傑罕吉爾和赫吉博伊在日記寫下這樣的評語，「英國憲法被認為是世界上最好的憲法，也是其他國家在立法時可以效仿的完美典範。」但他們除了提出這樣的觀點，也譴責選舉帶有「賄賂」色彩，以及改革法案加強了這種「賄賂」，因為它讓窮人的選票可以被購買。我們可以從困擾孟買帕西人議會的問題，來解讀這些評論。關於一八三〇年代後期英國改革的爭論，和對孟買權利的質疑，在同個時間點發生。

簡言之，帕西人的造船故事，和本章前幾節的政治活動圈是一致的：因為帕西人保有和波斯灣與大英帝國的連結，同時重寫了地方政治。換句話說，這個故事既在地又橫跨全球。帕西能動性符合革命時代本地活動崛起的特色。就像卡西米人或阿曼人一樣，帕西人是移動中的族群和社會，擁有讓人意想不到的聯繫。傳統意義的「本地」也許可以被拓寬，以便納入類似帕西人的複雜移動路徑和遺產。

然而，孟買透過船隻和西方產生的連結，不僅限於社會地位上升的造船商，還包括定期往返這段航線的船隻上的勞工、商人和奴隸。在這些船上，從波斯灣到西印度的革命時代，比較少有菁英選民修改憲法文化，或是偶爾挑起更暴力的反叛。

阿拉伯和印度之間的叛亂

英屬印度洋世界被從事「港腳貿易」（country trade）的英國製造船和印度製造船，按船型一分為二，但事情並沒有這麼簡單。因為在革命時代，波斯灣和孟買及其他印度西部的港口，被阿拉伯船隻越來越緊密地連在一起了。[123]

在十九世紀初，有好幾年，進出蘇拉特港的阿拉伯船數量和噸位都超過英國船。[124]清點阿拉伯船是一項艱鉅的任務，因為有些阿拉伯船懸掛英國國旗，還有一些可能連紀錄都沒有。阿拉伯海上活動的增加直接源自拿破崙戰爭，阿拉伯船隻被視為中立船隻，因此既不會被英國攻擊，也不會被法國攻擊，這樣的優勢讓一些歐洲船懸掛起阿拉伯旗，尤其是法國和荷蘭，進一步增添計算阿拉伯船隻數量的複雜性。貝格拉和較小型的類似船隻「巴提爾」（*battil*）被用來從事印度西岸和波斯灣之間的貿易，歐洲船隻在這段貿易航線也越來越普遍。有些歐洲風格的船是阿拉伯商人向法國人買進的，然後法國人又從英國人手裡奪走這些船。

這段貿易線有種類齊全的商品來回穿梭，包括出口印度的瓷器和穀類，還有進口阿拉伯半島的蘆薈、銅、珠子、馬匹和珍珠；奴隸也可以雙向移動。在指控阿拉伯商人從事間諜活動和偽裝法國貿易船的英國商人持續反對下，管制措施在一八三〇年代中期變得嚴格，於是阿拉伯船隻被放到和其他外國船類似的分類。從這個角度來看，馬斯喀特統治者與孟買造船商之間的關係，可以被擺進更廣泛的區域往來脈絡裡。阿拉伯半島和印度西部之間的聯繫，在這幾十年變得更加緊密，而英國人正試圖將官僚之網撒向他們。

透過拼湊數量不多的十九世紀早期波斯灣、阿拉伯和波斯的英文旅遊日誌，我們有機會還原勞動者和奴隸在阿拉伯船隻上，以及在掛英國國旗的港腳船上的經歷。也曾記錄一八〇四年搶救郵件任務的白金漢，注意到往來馬斯喀特和孟買的船隻所使用的語言：「在他們自己的大船上，甚至桅杆、帆和繩索的名字，以及命令制度的演變，都混雜了阿拉伯語、波斯語、印度語、荷蘭語、葡萄牙語和英語，就像在印度一樣……」[125]他指出，但上述語言的廣度扁平化後，就成為這些船隻上形形色色船員最多人理解的「印度斯坦語」（Hindoostanee）。其中也有一些明顯的葡萄牙語殘留，在旗幟、指南針和海軍中隊的用字相當明顯。[126]

語言的廣度和船員的多元背景旗鼓相當。馬德拉斯軍隊的威廉．赫德（William Heude）中尉從印度前往波斯灣，然後經陸路於一八一七年返抵英國。他在第一段旅程乘坐一艘懸掛英國國旗的「阿拉伯船」，名為「富齊爾・卡林姆號」（*Fuzil Kareem*），以下是他對船上族裔風景的描述：

> 船上有五十名拉斯卡船員，和九十名乘客；其中有三十人是波斯人，他們身材粗壯、能幹、脾氣暴躁；其餘是阿拉伯人、土耳其人、猶太人和異教徒，他們各有特色，地位不一，來自你想得到的各行各業。有商人，有要去卡爾巴拉聖墓的朝聖者；有馬販、士兵、紳士和奴隸；他們從四面八方前來孟買……[127]

赫德也露出這個時期常見的疑慮：船上會不會有突厥人其實是法國人偽裝的，「躲在鬍子和頭巾的掩護下？」他也寫到船上的人的迷信。當他們在距離馬斯喀特六十英里處的惡魔峽谷（Devil's Gap）因為風力不足而行程延遲，人們懷疑那是「先知的手指」造成的。當一名阿拉伯人和一名猶太人從船上落水，有個突厥人將他們的不幸歸罪於其邪惡本性。事實上，乘客在往返孟買和波斯灣的航行期間喪命，這幾年似乎經常發生。船上空間擁擠讓航行安全問題更加惡化，眾多乘客和他們托運的貨物與農產品擠在一起。[128]赫德帶著刻板印象寫說，那兩個落水的人不到一天就被遺忘了。

當他們抵達馬斯喀特，有二十五艘船在帕西人打造的卡洛琳號的保護下，正揚帆前往孟買。赫德也提供了關於馬斯喀特奴隸市集的描述：

二十或三十名主要來自桑給巴爾海岸的年輕非洲人，穿越沙漠而來，在市集兩旁、按照性別排排站……（他們的主人）在成排奴隸之間穿梭，似乎對有意購買的奴隸的身體和皮膚非常挑剔；他們會檢查一些非常微不足道的細節，令我感到不可思議；我當然不是這方面的鑑賞家，不懂得挑選任何比駱駝或馬更聰明的動物。[129]

在這個強調理性力量的時候，人類被認為和其他動物是不一樣的，可是赫德卻把奴隸拿來和駱駝與馬做比較，著實矛盾，並且令人感到不舒服。這透露出即便十九世紀已經過了二十年，奴隸貿易已經廢止，英國人在面對奴隸制時，依然散發文化焦慮，而且擺脫不掉種族歧視的觀點。同時，赫德的觀察散發連貫的刻板性別印象；譬如阿拉伯人被描述成在挑選「年輕女性」時特別謹慎。[130]

赫德有許多描述都顯得漫不經心。事實上，《愛丁堡評論》（*Edinburgh Review*）痛批作者說太多「關於突厥醉漢的閒話和憋腳故事」，而不是以「滿足讀者對他旅行經過的國家的合理好奇」為目標。[131]這樣的讀者反應，和赫德筆下發生在富齊爾．卡林姆號上的叛亂是一致的。赫德在離開馬斯喀特時搭乘富齊爾．卡林姆號，他說船上有群波斯人在口角後試圖勒死一名拉斯卡，並在大副出面干涉時，群起反抗大副。騷動在清晨時分傳遍整艘船；「叛亂者」被「朝大便的方向」推擠，「幸運地沒有造成流血傷亡」。[132]

因此，這些船隻在語言與社會方面的混融，不代表彼此競爭的圈子之間能和睦相處。這個事件發生後，船隻旋即遇上一艘「無法無天、完全不受控的海盜帆船，他們惡意的野蠻暴行，超越了文明交往、相互信任的範圍。」[133]這艘「阿拉伯船」的叛亂事件，發生在和其他與波斯灣瓦哈比運動有關的革命事件相同的時空。事實上，各種背景的觀察家、旅行者和水手聚在一起，把船上發生的叛亂，拿來和由疑似海盜發動的海上掠奪做比較。叛亂和海盜行為都被說成是對法律的威脅，而且涉及過分「殘暴的肢體傷害」。[134]

另一個引人入勝的旅行者，是一八〇九至一〇年和一八一四至一五年在阿曼的文森佐・莫里齊（Vincenzo Maurizi）。他在書名頁介紹自己在「東方很多地區行醫……是馬斯喀特蘇丹的軍隊指揮官，負責打擊卡西米和瓦哈比海盜」。但馬斯喀特的賽義德・本・蘇丹在聽了一名英國軍官的建言後，指控他是拿破崙的間諜（這很可能的確是事實）。莫里齊因為親法立場和家人鬧翻後才離開了義大利的家鄉。[135]有一回，莫里齊沒有取得想繼續僱用他的賽義德・本・蘇丹的許可，擅自逃離馬斯喀特。他搭上一艘以柚木製成的小船，「用了從（印度西南）馬拉巴爾海岸運來的一整棵樹」。[136]他的旅程危險重重。船員中有兩名領航員，一個阿拉伯人和一個南亞人，還有替印度商人工作的「很多賈格爾人（Jedegals）*」。莫里齊自己的僕人來自馬斯喀特和巴爾卡（Barka）之間的村莊，也跟著莫里齊一起登船。

*譯註：分布在巴基斯坦和伊朗族群，說印度—雅利安語支的賈德加利語。

旅程的危險有一部分在於這艘船在大浪中顯得很脆弱，譬如小船被「一道強烈水龍捲」攻擊的那次：「我的穆斯林同伴立刻大聲呼喊安拉、安拉，賈格爾人同樣激烈地高呼神啊、神啊。」[137]莫里齊試著替船減輕重量，把一大袋椰棗推下水，然後又把一個裝滿了魚鱗的袋子推落，這些魚鱗本來要運往印度和中國，「用於製作美麗的漆器」。莫里齊折騰了好久之後終於安全上岸，諷刺的是，他回到了馬斯喀特，不過這趟旅程讓他驚嘆航行小船的危險，這些船「拼湊的方式，就像義大利農民的鞋」，「完全是為了把船員送到陰間而造的」。

莫里齊的經驗貼切地捕捉將波斯灣與阿拉伯半島和西方連起來的貿易世界的自然環境條件。位於波斯灣入口的奎因島（Quoin Island），是人們向神祇祈禱的中途站。一八一七年，有艘英國港腳船在奎因島把一艘小船放行到海上當祭品，「裝上帆具，等待最後啟航指令，船上載著母船所有商品的樣本」。[138]由於行駛在孟買和波斯灣之間的旅程險象環生，再加上各種船隻越來越頻繁地出海，而且給船員施加巨大壓力，反叛的沃土應運而生。

因為東印度公司保存了包括叛亂事件中船長、僕人、奴隸和水手證詞等詳細紀錄，一七八〇年代後，發生在港腳船上的拉斯卡叛亂是有可能追溯的。[139]拉斯卡就像幫派成員，接受一個水手長（*serang*）的指揮。水手長負責招募拉斯卡，然後和歐洲船長談判他們這群人的勞動合約。雖然以印度人為主，但同一幫人之中，也可能有來自印度洋各地不同血統的人。印度洋貿易按船舶類型劃分和〈航海法案〉（Navigation Laws）的影響有關，根據該法案，抵達和離開倫敦的英國船隻，船員必須以英國籍為主；儘管船員組成嚴重依賴印度拉斯卡。[140]在實務上，這代表拉斯卡經常在前往倫敦途中的船找到工作，因為這樣的船隻需要水手從印度返回英國；但這些拉斯卡人發現自己在靠近倫敦時頓失工作，有時甚至得在回程中改當乘客。

由於〈航海法案〉的立法拘束，拉斯卡對英國長官和船員的敵意、怨恨和衝突也越來越強烈，這部分是和薪酬差異以及對拉斯卡的剝削有關。拉斯卡問題成為大英帝國開明派改革者爭論的焦點，並受到人道主義社運分子的關注。[141]然而，改革的嘗試卻帶來更八股的官僚管理，而不是拉斯卡工作條件的改善。在拿破崙戰爭結束後通過的所謂〈拉斯卡法案〉（Lascar Act），進一步阻絕了英國船隻合法使用印度海員的可能性。[142]這些大環境條件決定了孟買和波斯灣之間港腳貿易路線上爆發的拉斯卡叛亂型態。

港腳船上的拉斯卡叛亂牽連複雜的結盟和滿腹牢騷，水手長或他的副手可能充當叛軍領袖或抗議起始點；甚至曾有孤立的歐洲人加入反叛行列。叛亂形式從停工到相當於控制船隻的暴力動亂都有可能，港腳船不太能夠對付這種反抗。到十九世紀中葉時，疑似拉斯卡在加爾各答、孟買和馬德拉斯燒毀船隻的報導，被大英帝國各地聳人聽聞的記者注意到，視之為「蓄意縱火」的案例：一八五一年有十四艘船被燒毀。[143]

反抗的發展可以用模仿來標記，譬如叛亂奴隸在開普敦的表現。反叛的船長可能模仿被罷黜的船長，或是占領他們的船艙。警報號一八〇四年從加爾各答到孟買航行途中被印度水手長接管後的情況就是如此。這名水手長掛起阿拉伯旗，把船領向今天葉門的穆卡拉（Al-Mukalla）。消息傳來，說叛軍已經殺害了所有歐洲人，英屬孟買政府派出巡洋艦想收復這艘船。在出版報告中，船員們被以帶有種族刻板印象的用語，描述成「滿頭絨毛的人，最初是阿拉伯人從非洲東岸採購的奴隸，然後蛻變成了木速蠻」。[144]孟買政府積極出面為這個「最可怕又最成功的陰謀」負責，希望能在警報號返航印度時「逮捕越多海盜越好」。[145]

另有一次叛亂發生在一八二二年航行於孟買和波斯灣之間的「孟買商賈號」（*Bombay Merchant*）。孟買商賈號抵達穆卡拉後，水手長和船員要求上岸，但船長亨利．威廉．海蘭（Henry William Hyland）拒絕請求，宣布「一次只有一個人可獲准離船」，導致一個簡單的請求演變成一場火力全開的叛亂。[146]最終：「水手長和一些船員對船長動手，船長好不容易才擺脫他們。」船員成功離船上岸，船長不得不放棄這艘船，搭另一艘船返回印度。水手長指揮孟買商賈號成功返抵孟買，而且「令船東滿意地」交付了貨物。事實上，水手長比船長早了幾個月到達孟買。海蘭船長對發生在孟買商賈號上的事件描述，勝過其他千言萬語。他在給孟買政府的請願書中提到船員的「變節行為」，並稱之為「叛亂和海盜行徑」，可藉由「合法執行他們理應受到的適當處罰」加以避免。[147]

因此，印度洋的抗議分類之間存在一種意識形態的滑移（ideological slippage）。海盜可以被拿來和反抗的拉斯卡做比較，對瓦哈比派的種族和宗教態度，可以為理解搭乘「港腳船」從事伊斯蘭朝聖之旅的乘客擁抱的「種種迷信」奠定基礎，而這樣的懷疑也會助長有越來越多拉斯卡皈依伊斯蘭的恐懼。從發生這些事件的船隻的歷史，也能明顯看到背景的模糊。舉例來說，孟買商賈號曾在一八一〇年被英國人用來占領模里西斯，它根據休戰條款運送島上的法國駐軍到歐洲，標誌著英國接管的開始。[148]船隻來往穿梭，被英國人、法國人和波斯灣的商人與統治者換個用途再利用。如果說波斯灣一帶有許多不同的政治、宗教、法律和治國類型，橫渡這些海洋的社會經驗也是非主流的，船舶的所有權及用途亦然。

革命與反革命糾纏難解的政治

構成波斯灣革命時代的政治可能性糾纏頗為驚人。借用孟買布政司瓦爾登一八一九年寫下的話：「複雜利益」和許多「強權」在「各種革命」上演之際，在波斯灣「競逐優勢」。波斯和鄂圖曼世界的「動盪狀態」連同這些利益，一起催生了瓦哈比勢力的崛起。[149]

這個時期海上政治、掠奪和商業的擴張，部分源自陸上帝國的重建，以及與海洋接觸的政治勢力的強化，像是馬斯喀特。然而，波斯灣的政治圈也包含了相互競爭的歐洲人，尤其是英國和法國，他們為控制通訊管道、貿易和通往亞洲和中東的戰略通道而爭鬥不休。同樣重要的還有英屬印度，波斯灣對通往孟買的航道的依賴，以及孟買當局如何試圖控制這條航線，例如對拉斯海瑪發動軍事遠征。

單純像這樣列出政治單位的層級，不能幫助我們理解這個時代真正的複雜性。事實是，移民、技術人員、水手、奴隸、士兵和外交官等族群使波斯灣變得充滿生氣，而且各自在此找到了他們自己的路。波斯灣革命時代的歷史，不應該只是單純地被當作瓦哈比起義的故事。事實上，「波斯灣」不光代表現代地圖上被標記為「波斯灣」的地理區域；它是革命時代精神世界裡的一個空間。從各個方向接近波斯灣之後，我們可以把這個對波斯灣的理解，拿來對抗現代人對於是否該為這個海灣取不同名字的爭論，如「波斯灣」、「阿拉伯灣」，甚至是「鄂圖曼灣」或「伊斯蘭灣」，或是對抗想要把非洲或亞洲聯繫排除的相關計畫。[150]相較之下，這裡講述的波斯灣歷史，從文化遺產的角度來看始終是絕對的複數。這和記錄在世界被遺忘角落構成的，革命時代的一連串本地與非歐洲作為的更大企圖，是前後連貫的。

英國人憑著他們的法律規範和文件，開始將他們的權利和公民身分概念植入波斯灣地區，目的是為了對國家、政治、貿易甚至勞工有決定權。事實上，從法國船隻在一八三〇年代後期於英屬孟買進行修繕的事實，可以看出英國之於法國的主導地位。[151]但在這一切發生之前，馬斯喀特曾經短暫展現對自己主權的信心，同時玩著革命時代的遊戲。而在蒸汽時代來臨之前，此時各國對帆船的需求，讓帕西人前途綻放光明。拿破崙戰爭的政治脈絡，在新的法律規範在一八三〇年代期間被提出之前，給阿拉伯航運船隻帶來了豐厚利益。

這麼一來，我們可以透過各種從底層崛起的行動者，描述波斯灣和那些在波斯灣活動的人。菁英、貿易社群或技術人員正是藉由在這個勢力網絡開展他們的政治活動，找到了自己的路。那些被困在單一關係向量的人，譬如在〈航海法案〉約束下登船的拉斯卡，並不是非常成功。那些透過推動改革主義宗教，有創意地重塑歷史帝國文化的人，或那些穿梭在不同業主之間，利用南亞和中東造船業既有聯繫的人，在革命時代發展得最好。

不幸的是，這個多元的革命地景，逐漸和一個反革命的帝國主義交纏在一塊。各方行動者共享法律、立國和主權主張，可是英國干預的規模超越了他們的對手。隨著時間過去，孟買成為決定波斯灣樣貌的一方。這個變化也暗示英屬印度在十九世紀中葉的崛起。但英國旅行者和官員也發現他們的分類受到挑戰，而且被連接波斯灣與印度的這片水域混淆。貿易、朝聖、奴隸制和造船可能仍在他們眼皮底下迅速進行。儘管法律規範想要定義海盜行為、盜竊、奴隸制和邦交友誼，實務上卻存在一種明確的混亂，革命時代的各種抗議不僅橫跨不同的地理位置、政治氛圍和族群。舉例來說，英國想像連結了不同背景的奴隸制和反抗；雖然該帝國自以為擁有嚴謹的話語定義。

我們被誘惑用宏觀政治解釋革命時代的種種爭執，以及政治組織和商業的轉變。但帕西人崛起或拉斯卡叛亂向我們證明，這些變化對個別人士的困境、乃至他們如何被描繪，都會產生個人層面的後果。接下來發生在塔斯曼海的故事，把這個時代的帝國對峙高階政治（high politics），和性別與種族的變遷秩序連起來。故事始於有一群人被捲進不斷變遷的外部世界。如果說本章講述的故事，是許多族群在多重政治結構中的能動性，諸如帕西人或馬斯喀特在本地、區域和全球之間的能動性，在下一章登上主舞臺的將是澳洲原住民的能動性。在反革命帝國主義透過開明與官僚的立國實驗往前躍進的時代，原住民能動性堪稱是一件了不起的大事。

第五章　塔斯曼海：反革命的親密記號

我們難免會有一種想法：和逝者最近的距離，就是接近他們生前的物品。對可拉・醋栗（Cora Gooseberry）而言，這樣的念頭真真假假，對錯參半。可拉是依奧拉族（Eora）的女人。依奧拉族這個名字底下，包含了住在雪梨沿海地區超過三十支氏族的澳洲原住民。[1]可拉是邦格瑞（Bungaree）的遺孀；邦格瑞就是公認被書本記載為澳洲人的第一個人。

據說，新月形黃銅護胸鎧甲「R251B」過去曾穿戴在可拉身上。我在雪梨的米契爾圖書館（Mitchell Library）檢視它時，發現它拿在手裡並不是很沉。圖書館閱讀室的四面牆，幾乎被塔斯馬尼亞黑木書櫃填滿。[2]鐫刻在護胸鎧甲正面的文字，可能在嘲弄澳洲原住民招呼外來移民的方式。但我在想，雕刻文字會不會其實提供了可拉自覺地位不凡的一絲證據。鎧甲上的雕刻以大寫字母呈現：「可拉・醋栗，弗里曼・邦格瑞（她先生的名字），雪梨&植物學灣女王」（Cora Gooseberry, Freeman Bungaree, Queen of Sydney & Botany）。（圖5.1）

另一個被認為屬於可拉的物件是「R252」，藏品敘述為一只「蘭姆酒杯」，單柄，青銅製。殖

圖 5.1 〈可拉．醋栗，弗里曼．邦格瑞，雪梨＆植物學灣女王〉，黃銅護胸鎧甲

民時期有個觀念認為，這時候的雪梨澳洲原住民嗜酒成性。[3]「R252」是十九世紀的書籍收藏家大衛．史考特．米契爾（David Scott Mitchell）的藏品，米契爾圖書館就是以他命名的。米契爾在沒有徵引任何證據的情況下，告訴他的助理，這個杯子之所以上寬下窄是因為：「有人用馬林魚的尖刺幫她把杯口變大，好讓她的杯子能裝多一點蘭姆酒。」這個杯子就放在「他（米契爾）椅子後方」的壁爐上。[4]可是，這個外型粗糙的杯子，有可能讓我們看到可拉如何在今天被稱為雪梨的港口內走出自己的路嗎？在殖民時代的新南威爾斯，蘭姆酒本身是一種貨幣，倘若如此，我們必須堅決地駁回酗酒成性的殖民修辭。

根據一八四〇年代的一份雪梨報紙表示，可拉是大溪地「波馬雷女王的遠房王室姐妹」，這和護胸鎧甲上使用的王室符徵「女王」一詞是連貫的。大溪地的波馬雷四世（Pomare IV）在英法兩國爭奪她著名的家園時，刻意彰顯她作為一個女王、女性和母親的形象，[5]可是，波馬雷四世和可拉之間有一個不同之處。因為雪梨是大批白人殖民者湧入後，將澳洲原住民從土地上趕走所建造的城市，當地原住民族並未在澳洲整併出類似大溪地、東加或太平洋其他地方那樣的王族世系。倘若如此，稱可拉為女王，不就只是另一個殖民修辭的指標嗎？就像說澳洲原住民有酗酒問題的刻板印象。

我們可以藉由把焦點放在水上和性別，從可拉的護胸鎧甲追查出一個澳洲原住民的觀點。可拉流傳下來的兩件護胸鎧甲都雕刻著魚的圖案，而這應該不是出於偶然，她的諸多名字中有一個名字意思是「羊魚」（goat fish）。[6]我們現在知道，在歐洲漁網與船隻到來之前，沿海依奧拉族的女性會划她們的獨木舟（*nowie*）用釣線和魚鉤捕魚，扮演重要經濟角色，[7]這些女人的身影出現在依奧拉族獨木舟的早期彩繪裡。雪梨殖民初期的日記作者，稱讚澳洲原民女性對操作船隻很有一套，也稱讚魚鉤和釣線是別出心裁的技術。原住民女性捕魚時小孩緊跟在後，反觀男性通常是站在岸邊用魚叉捕魚。[8]

舉例來說，喬治．查爾斯．詹納（George Charles Jenner，發明天花疫苗的愛德華．詹納〔Edward Jenner〕的姪子）據信創作於十九世紀早期的一套水彩作品，以許多澳洲原住民為主題。我們看到有一名澳洲原住民男子手持魚叉看著水面，伺機而動，彷彿正準備攻擊某條魚；在另一幅畫中，有個原住民男子將手中的魚傳給畫面外的人，還有一名女子帶著孩子坐在獨木舟裡，手裡握著一

圖 5.2 〈新南威爾斯當地住民〉（日期不詳，據信在一八〇六年之前），作者為喬治．查爾斯．詹納和威廉．瓦特豪斯（William Waterhouse）

條釣線。[9]（圖5.2）依奧拉族婦女在雪梨沿海地區的捕魚活動，也突顯了她們生活的流動性和海洋性。這些是在新南威爾斯周圍河流和沿海航行的女性，她們不是游牧民，也不是四處遊蕩的人。

澳洲原住民男子本內隆（Bennelong）的妻子巴蘭加魯（Barangaroo），是雪梨殖民初期留下最多紀錄的女性。雪梨的第一任總督亞瑟．菲利浦（Arthur Phillip）曾帶本內隆造訪倫敦。本內隆在一七九五年回到雪梨。近年來，巴蘭加魯對先生學起英國人做事的反抗與不滿，引起不少評論。在某個分析中，儘管身為總督的座上賓，她仍堅持「徹底裸體」，連一件襯裙都不穿。[10]作為一個捕魚者，有紀錄顯示她追趕不上英國漁夫創造的漁獲量，對原住民因而仰賴殖民者感到心有不甘。[11]她堅決的能動性符合革命時代的敘事，展現一種本地原住民的風範和抵抗。

女性從事捕魚工作，有時會讓英國男性把她們描繪得缺乏性吸引力。第一艦隊的外科醫生喬治·沃根（George Worgan）提到原住民女性散發「腥臭魚油」味道。他寫說，她們用魚油覆蓋身體，而且這魚油還混合了積在她們皮膚上的煤灰，因為她們划獨木舟出航時，都會在舟裡升個小火。作為殖民地性文化的證據，他接著說道：「……每個英雄救美的衝動念頭，以及每個深情討喜的歡愛異想……都被放逐了」。[12]

在可拉的故事裡，代替原住民女性漁民崛起的，是擔任航行助手的原住民男性。因為在英國人的眼裡，可拉的丈夫邦格瑞讓她完全黯然失色。邦格瑞有很多妻子。他跟著探險家弗林德斯繞行澳洲一圈，在一八〇一至〇三年完成了確定整個澳洲輪廓的航程。在今日僅存的十八幅（或許還有更多）邦格瑞畫像中，為邦格瑞名聲定調的是由厄爾所做的一幅油畫，[13]（圖5.3）畫中的邦格瑞擺出酋長般的姿態，他以一身將軍打扮歡迎觀看者，他身後的雪梨港有三艘英國戰艦，另外一艘船可能屬於迪維爾的法國遠征隊。他穿著一件緋紅色的外套。

才華洋溢的邦格瑞，就像不再被殖民者需要的軍事與航海工具。雪梨的改革派總督麥覺理在一八二二年返回倫敦那天，給了他一整套軍服。麥覺理說：「我給他一套舊將軍服套裝，讓他打扮成酋長的樣子。」邦格瑞是在「豐盛的酒宴上」收到這件外套，麥覺理還要求繼任總督為邦格瑞提供一

圖 5.3 〈新南威爾斯當地住民邦格瑞肖像，背景是雪梨港的麥覺理堡〉，奧古斯都・厄爾，約一八二六年

艘「配有漁網的漁船」。在邦格瑞收到這份贈禮的同時，他和他的「族人」被重新安置到喬治岬（George's Head）的某個農場。送禮物和重新安置的改革計畫，和麥覺理重整殖民地的獨裁企圖前後連貫。[14]

厄爾的邦格瑞畫像符合殖民時期對他的描述，當時都說邦格瑞是雪梨的入口。俄羅斯、法國和英國的旅行者常提到邦格瑞搭著他的「樹皮獨木舟」來迎接船隻，領他們進港，向他們「表示歡迎，歡迎來到他的國家」，「同時也嘗試拿取（他們）大概不太願意放棄的東西——也就是，你身上的部分現金」。[15]若放到更大的歷史背景來看，這幅畫令人想起利用軍裝效果，藉以玩弄和推翻殖民文化的那些本地人和原住民，像是開普敦的路

圖5.4 〈新南威爾斯當地住民邦格瑞〉，出自奧古斯都・厄爾的《新南威爾斯和范迪門斯地風景：澳洲寫生》（*Views in New South Wales and Van Diemen's Land: Australian Scrapbook*），一八三〇年

易・范模里西斯或海地的杜桑・盧維杜爾（Toussaint Louverture）。[16]厄爾還畫過參與巴西脫離葡萄牙的獨立抗爭的女士兵唐納・瑪麗亞・ 耶穌（Dona Maria de Jesus），可以說是和拉丁美洲革命時代的一個完美連結。[17]除了邦格瑞之外，另一個在這時期歡迎訪客來到雪梨的人是牙買加船夫：「比利布魯」（Billy Blue）；這又是一個大西洋聯繫。[18]

這個意象的新版本出現的時候，我們可以明顯看到作者對邦格瑞領袖權威的貶低。畫冊《新南威爾斯和范迪門斯地風景》（*Views in New South Wales and Van Diemen's Land*，一八三〇年）中有幅畫將邦格瑞擺在一名女子旁邊（圖5.4）：

畫像呈現他脫帽對登陸外來者敬禮的樣子，陪在一旁的是他的妻子之一，抽著菸斗。[19]港口船隻這下子被閃爍深藍色光澤的酒瓶取代。背景的房舍暗示雪梨正在擴張，但邦格瑞和他身旁的女性（可能是他的其中一名妻子）和那個擴張計畫是無關的。在這幅新畫裡，作者把邦格瑞放在突出的位置，我們也可以在這個畫面看到比較強烈的種族差異觀點。

在厄爾的畫裡，邦格瑞脖子上掛了一塊護胸鎧甲，上頭鐫刻著，「邦格瑞，一八一五年布羅肯灣（Broken Bay）部落酋長」。麥覺理總督首創贈送護胸鎧甲給澳洲原住民的傳統，或許是汲取他在美洲經營的經驗。邦格瑞很可能是第一位受領者。[20]在邦格瑞死後，有個針對他自稱擁有的王位的種族嘲諷，重述了他對他領導地位的主張。有個惡毒的抨擊在他死時戲仿了上述護胸鎧甲上的頭銜：「原住民國王陛下邦格瑞，雪梨部落的最高酋長。」[21]另一個抨擊形容他是「受人敬畏的對蹠地*陛下」（revered antipodal Majesty）。[22]一八五七年，在人體測量學盛行的年代，據說澳洲博物館（Australian Museum）收到了他的顱骨，但今天已經消失無蹤。可拉在一八五二年被人發現於雪梨卡斯爾雷街（Castlereagh Street）的阿姆斯飯店（Sydney Arms Hotel）自然死亡，死時高齡七十五歲。[23]《貝爾的雪梨生活》（*Bell's Life in Sydney*）在發布她的訃告時指出，她「是雪梨原住民部落最後的後代；因此她的王國今天連一顆醋栗都不值」。[24]

從可拉和邦格瑞兩人的例子，還有可拉的護胸鎧甲故事與厄爾的邦格瑞畫像，我們可以明顯看到，英國人當時採用了和君主制和酋長制有關的特殊詞彙。他們這麼做是為了按照贈送禮物和學校教育的帝國改革計畫方向，整頓澳洲原住民。高高在上和變化無常的性格描繪，壓倒了本地作為，像是原住民女性的捕魚活動。這一切都能算是種族和性別的新秩序。從厄爾的邦格瑞畫像被剪貼複製，或是從這兩個有色人種的訃告認為把他們描述成君主是一件幽默的事，可以明顯看到將此秩序建構起來的連串步驟。這個對種族與性別的理解無疑相當粗暴。然而，我們仍有可能突破這個秩序，找到源自本地的觀點和風範。

種族和性別的反革命秩序

有趣的是，殖民者在新南威爾斯掏空酋長制和君主制，和把澳洲原住民罕見地描述成他們社會組織裡的共和派，同時發生。這再次突顯了和時代思想的具體連結。

厄爾的畫透露了許多早期雪梨社會的細節。這位藝術家畫過一幅據說是一八二六年度的原住民大會的水彩畫。[25]（圖5.5）《雪梨公報》指出大會上有二百一十名「原住民」和一百名「住民」。平息

＊譯註：也稱相對極，球體直徑兩端的點互為對蹠點，因此某地的對蹠地是地球上距離該地最遠的地方，而且基本上會在另一個半球，譬如英國格林威治的對蹠地非常接近紐西蘭一處無人群島，該群島因而得名為「安蒂德波斯群島」（Antipodes Islands），字面意思就是「對蹠點群島」。

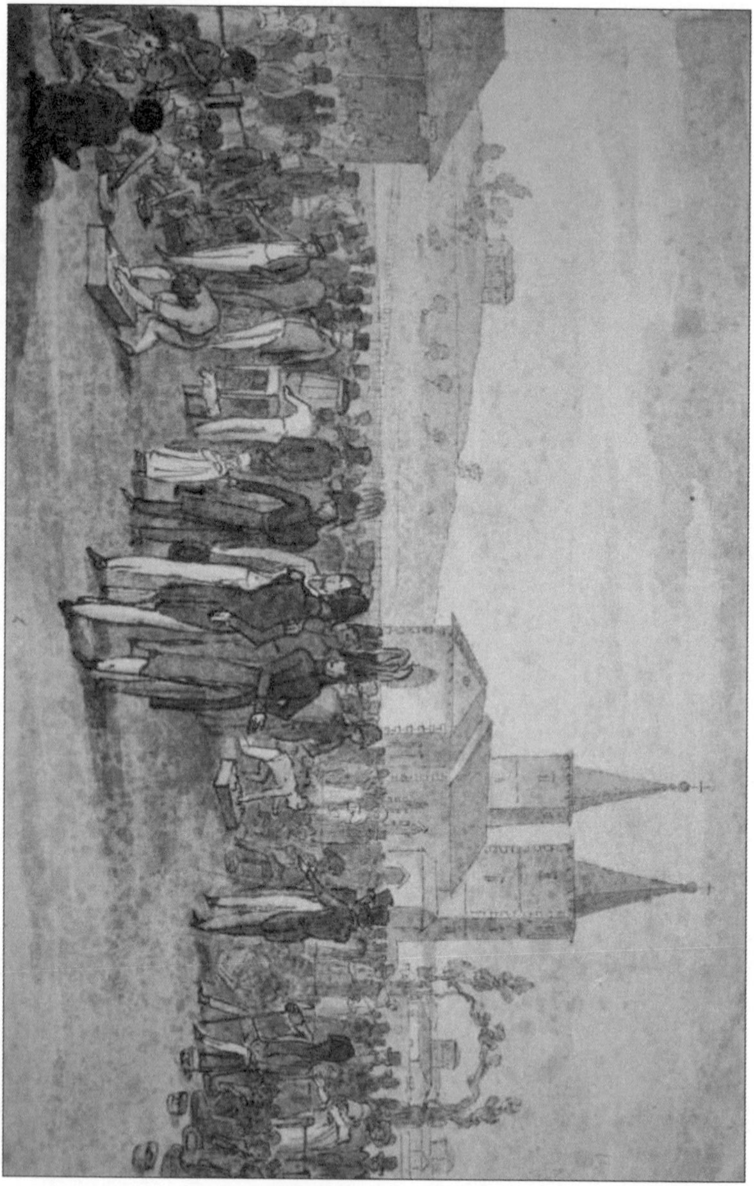

圖 5.5〈巴拉馬打原住民部落的年度大會〉，奧古斯都．厄爾，據信為捕捉一八二六年大會實況的水彩畫

反叛和騷亂是這些會議的主題。澳洲原住民據說快樂得和「許多王子一樣——事實上，我們懷疑拿破崙即便在生涯最高峰，也不曾像他們一樣免於對外的憂慮和內心的不安」。記者指出大會上「有百姓、警察、酋長、妻子、女兒、情婦，甚至還有國王，所有人雜亂無章地混處，彼此熟悉得好像人人都是徹頭徹尾的共和派一樣」。[26]

和共和主義的連結也出現在其他地方。今天備受喜愛的早期雪梨評論家沃特金・坦奇（Watkin Tench）寫道「他們的制度，嚴格來說是一個**平等**的制度」。[27]《雪梨公報》的作者也評論說，傳教士對他們的「政治陰謀」追根究底，而陪審團制、徵稅和民意代表的好處，使英國人「歡呼並擁抱這數十萬、數百萬的同胞，不僅是把他們當作同胞老百姓——更是作為基督徒弟兄姊妹」。正因如此，這個政治語言有很多的變化：澳洲原住民有時被戲稱為君主、酋長和共和派。這一切使自由人道的干預，和重新安置都一樣合法。

以有秩序的性別規範安頓家庭關係，對麥覺理及其助手們所設想的開化計畫至關重要，這代表由於原住民族受到殖民詞彙的支配，進行中的轉型帶有一些私密面。麥覺理在寫給倫敦方面，談論「這個國家原住民的性格和一般習慣」的信中，談到澳洲原住民部落通常以二十到五十人的小規模，在森林中穿梭，靠著負鼠、袋鼠、蠐螬（按：金龜子或獨角仙等甲蟲的幼蟲），還有「在鄉間和海岸出沒的其他動物和魚類」維持生計。[28]他隨函附上了一封威廉・雪萊（William Shelley）的信，雪萊曾短暫主持和原住民會議有關的原住民學校。

雪萊闡述了學校教育、種族和性別之間的連結。在原住民族身上培養英國作風的問題在於「他們普遍受到鄙視，尤其是英國女性的鄙視」。在提倡將他主管學校裡的男孩和女孩放在不同公寓分開上課時，雪萊寫道：

> 沒有歐洲女人願意嫁給**原住民**，除非是被社會遺棄的揮霍無度之人。同樣的情況也會發生在歐洲人接待過的原住民女性身上。形單影隻，無論是女是男，即便從小就和歐洲人一起受教育，甚至被教育得很好，長大後，一般還是會被異性歐洲人拒絕，因此必須走進荒野尋找陪伴。[29]

雪萊論點的含義，說穿了，就是「原住民」男人需要娶「原住民」女人，就好像歐洲人會和歐洲人結婚。他的學校就是為了訓練像這樣的一群人而存在。

由於殖民規範以這種方式強加在當地人身上，男子氣概成了邦格瑞的通行證，這讓他被歐洲人看見，成為英國人描繪澳洲原住民時的焦點。他最早在一七九九年和弗林德斯前往今天布里斯本北邊的赫維灣（Hervey Bay）從事繪測之旅，乘坐以諾福克松木製成的單桅帆船「諾福克號」（*Norfolk*）。除了後來和弗林德斯一起環繞整個澳洲，他也在一八一七年和諾福克島前副總督的兒子菲利普·帕克·金恩（Philip Parker King）航行到澳洲西北部。值得一提的是，他進到了和弗林德斯作品有關的文獻集：「布羅肯灣北側的本地人邦格瑞，以好性格、開放和**男子漢的**表現著稱（粗體是我加的）。」[30]在大衛．柯林斯（David Collins，後來的范迪門斯地〔塔斯馬尼亞〕總督）的敘述中，邦格瑞還被稱為「百折不撓」還有「見義勇為且不帶戒心」。

搭乘諾福克號在摩頓灣（Moreton Bay）遇見原住民族時，邦格瑞自願擔任弗林德斯的使者。他選擇赤身裸體、不帶武器地上岸，就像出現在岸上的澳洲原住民一樣，如果誠如最近的一些論點所言，採用歐洲服裝混淆了雪梨澳洲原住民對性別的衡量，那麼邦格瑞不穿衣服的決定，或許可以被視為其原住民男子氣概的聲明。[31]和弗林德斯在一起時，邦格瑞試著像雪梨沿海一帶的原住民男性一樣用長矛捕魚，而不用女性捕魚用的魚鉤和釣線。有一次他們並肩表演，弗林德斯和邦格瑞同時朝三條大魚開槍和擲矛，結果兩人都沒抓到魚。還有一次，邦格瑞把長矛和投擲棒送給當地人，然後向他們展示如何在浮石河（Pumicestone River）使用它們。[32]邦格瑞也在環繞澳洲，以及後來陪同菲利普．帕克．金恩出航時，扮演起赤身裸體的使者和擲長矛的人。[33]

弗林德斯對靠近浮石河源頭的人如何捕魚非常好奇，並指出他們的方法是邦格瑞從未看過的，暗示邦格瑞可能也對他們的捕魚方式感興趣：

> 團隊裡看到魚的人，靈巧地移動到魚的後方，張開他的勺狀漁網：其他人負責阻止魚從任何一邊逃跑，魚幾乎十之八九一定會落網。使用這種漁網，他們有時會跑到水深及腰處；根據實際觀察的結果，他們似乎很成功，因為他們通常很快就會到岸邊附近生火，然後就著火堆坐下；毫無疑

問，是坐下來享用鮮美的魚，一出水立刻拿去火烤的魚。

弗林德斯從這些捕魚觀察，建立起一套文化與種族差異的理論。歐洲的差異觀念，覆蓋在原住民的差異觀念之上。弗林德斯主張，使用漁網捕魚而不是長矛，人們彼此會產生友誼。因為漁網提供一種更確定的捕撈方式，導致漁網使用者更常在一個地方定居。另一方面，長矛說明了雪梨的暴力：「即使在人口稠密的雪梨城，鮮少看到沒帶長矛、投擲棒和棍棒出門的傑克遜港居民……這些工具甚至是他們用來管教妻子的終極工具……」[34]

一八〇四年，《雪梨公報》報導邦格瑞因為投擲「長得有點像突厥半月彎刀的彎曲狩獵棍」，在雪梨造成了眾人圍觀的場面。半月彎刀的形容出自鄂圖曼世界。對這個作者而言，邦格瑞的舉動是惡毒「原住民戰爭」的表現。儘管邦格瑞是個「以彬彬有禮著稱的原住民」，衝突還是爆發了。[35]邦格瑞的價值，唯有在符合階級驅動的英國男子氣概時會被容忍，而這種男子氣概在革命時代經常等同於君子風度的戰爭，原住民的性別意識必須服從於更高級的殖民認同及其教養禮貌。

種族和性別的新殖民概念在一八三〇年代顯然處於高峰，當時有一套供人上色的澳洲原住民黑白版畫在雪梨成為暢銷作品，這些版畫的作者是威廉・亨利・費尼霍夫（William Henry Fernyhough），他抵達澳洲不久後便到雪梨的一間印刷公司工作。這些版畫大概是以德國藝術家查理・羅迪厄斯（Charles Rodius）的繪圖和素描為基礎，[36]在這些版畫中，畫家和模特兒之間是有距離的。黑漆漆

圖 5.6　W．H．費尼霍夫《新南威爾斯原住民十二幅肖像系列，人物寫生》（*A Series of Twelve Profile Portraits of Aborigines of New South Wales, Drawn from Life*，一八三六年）。這幅版畫中的人物是可拉。澳洲國家圖書館（National Library of Australia）藏有上色過的原件

的可拉面朝左，沒有任何臉部特徵，不會有進行對話的需要。[37]

然而，這個種族與性別秩序興起，並且導致以白人為主要人口的雪梨殖民空間白人化，依然仰賴澳洲原住民女性提供的資訊。可拉和她的家人出沒雪梨街頭，在靠近飯店的地方和禁苑（the Domain，按：今市立廣場）露營。禁苑是一塊在雪梨中央的開放空間，麥覺理總督在這裡築牆，作為公眾使用的遊樂花園。和可拉一起露營的澳洲原住民，向白人示範如何投擲迴力鏢。[38]可拉不只是原住民的一個象徵，直到一八三〇年代以前，她的生平都支持著對殖民雪梨的一個重要論點：「是時候甩掉雪梨是一座『白人城市』的想法，甩掉原住民默默淡出城市畫面，然後從『歷史舞臺』退出的想法。」事實絕非如此。[39]澳洲原住民在這

座城市有他們自己的位置。

正因如此，我們才會從十九世紀中葉一段罕見的記載，看到可拉為藝術家喬治・安葛斯（George Angas）提供關於北岬（North Head）原住民石頭雕刻的資訊。起初她拒絕帶安葛斯去看這些雕刻的請求，她說這種地方是「禁忌之地，她絕不能走訪」。但安葛斯不放棄：她「給煙斗填了些黑葉菸草後，變得比較健談……」[40]此舉使她掉進了原住民婦女在早期雪梨擔任文化中間人的角色，這個角色於是也變成了一個種族的刻板印象。[41]

米契爾圖書館外頭矗立著一尊弗林德斯雕像，面向以麥覺理總督命名的街道，在英國殖民者的眼中，它肯定展現驕傲又青春的男子漢氣概。這尊雕像是圖書館在一九二五年為換取弗林德斯的手稿收藏而立的。值得注意的是，邦格瑞沒有在這裡出現，可拉或邦格瑞的另一個妻子瑪托拉（Matora）當然也沒份，但弗林德斯最近倒是得到了另一個同伴，他的愛貓「特林姆」（Trim）。特林姆在澳洲家喻戶曉，就連圖書館的咖啡廳都以牠為名，圓鼓鼓的特林姆雕像在一九九六年揭幕，牠站在弗林德斯後頭，從圖書館其中一面彩色玻璃窗下方抬頭望向右。獻給牠的兩面牌匾之一寫道：

> 特林姆。馬修・弗林德斯的勇敢愛貓，牠在一八〇一至〇三年隨主人環航澳洲，此後，隨主人流亡到模里西斯，在那裡不幸早逝。

弗林德斯遭模里西斯德肯總督囚禁期間所寫的一段獻詞，是特林姆被擺到神聖雕像基座上的部分原因。弗林德斯的致敬透露他當時閒得發慌，內容令人啼笑皆非又過分熱情。特林姆以天文學家和熟練海員的姿態登場，而且被說成一隻帶有印度血統的貓，弗林德斯說特林姆是聖經時代登上諾亞方舟的貓的後代。據說特林姆也和邦格瑞培養出了特別的關係：「如果牠需要喝水，牠會對邦格瑞喵喵叫，跳上水桶；如果想吃東西，牠會從下面叫他，然後直接走向他的山羊皮，那裡通常會有剩下的黑天鵝。」[42]

弗林德斯連同他的愛貓被捧為英雄，對應的是邦格瑞和可拉這些原住民從歷史記憶位移，性別和種族的殖民規範被用來整頓澳洲原住民的自我意識。在可拉和邦格瑞的故事裡，我們也看到了海上邂逅可能會招來重新安置的殖民計畫，包括嘗試將邦格瑞安置到海濱的一處農場，讓他從那裡歡迎入港船隻。作為航海家的助手，邦格瑞比捕魚的原住民女性更受到注目。酋長和君主這種帶有政治目的但空洞的概念，被用在澳洲原住民身上，好讓反革命的帝國能嘗試管理這些人，但這個反革命仍有待完成：原住民勢力在某些地方依然很明顯，包括我們從可拉晚年生活中看到的市中心，還有接下來我們要談的塔斯曼海。

在革命時代奪取塔斯馬尼亞

以下這些人的故事，和英國在十八世紀末、十九世紀初進展的故事是一致的。從澳洲本土移動到巴斯海峽（Bass Strait）對岸，這個時代的殖民競爭，從殖民聚落的起源就能看得一清二楚，也就是最初名叫范迪門斯地的塔斯馬尼亞。[43]

在十九世紀的頭幾年，雪梨越來越憂心法國和美國的利益在這個區域到新南威爾斯南部一帶造成的違法事件，當來自法蘭西島的一支捕海豹遠征隊在澳洲本土和塔斯馬尼亞之間的姐妹群島（Sister Islands）失事時，雪梨的菲利普·吉德利·金恩總督幾乎是鬆了一口氣，他寫信給倫敦，稱這場災難將阻止更多「來自那一帶的冒險者」，大概是指被英國人視為共和主義和海盜事業堡壘的模里西斯。[44]但令人擔憂的不只有法國人，一八〇四年，金恩發表一項聲明說，美國人在塔斯馬尼亞和澳洲之間的巴斯海峽，建造和他們獵捕海豹行動有關的船隻，該行徑「違反了《萬國法》（Law of Nations）」。[45]事實上，失事的海豹船上的確也有美國船員。[46]總督強調這個侵犯行為對雪梨殖民地移民的重大影響：共有一百二十三人，「不包括造船工和許多其他工匠和勞工」，這些工人的生計受到外來者的威脅。[47]

來自模里西斯的捕海豹船隊停靠雪梨港口的時間，和鮑丹率領的法國探險遠征隊重疊。謠言在鮑丹遠征隊離開雪梨僅僅幾個小時後傳遍殖民地，說法國航海者接獲指令，正前往塔斯馬尼亞的昂特勒卡斯托海峽（d'Entrecasteaux Channel）建立基地。金恩總督聲稱，有一名英國軍官帕特森中校（Lieutenant-Colonel Paterson），曾參與挑選預定殖民聚落地點的討論。總督自豪地通報說，他毫不遲疑地派出一艘「殖民船艦」，載著所有他能夠找到的「科學人士」。

他們迅速推演出一整套用來挫敗法國人的作戰計畫，官方指示該船海軍軍官見習生調查海峽動靜，在那裡升起英國國旗，然後留下一名守衛。[48]誠如一位研究塔斯馬尼亞的著名史學家所言：「如果當時沒有和法國交戰，英國不太可能在這個時候占領范迪門斯地。」[49]一八〇二年升旗事件實際上發生在巴斯海峽的國王島（King Island），隨後有一群士兵在一八〇三年從德文特河（Derwent River）登陸，然後是一批囚犯在一八〇四年被送到今天的霍巴特（Hobart），標誌英國正式併吞塔斯馬尼亞。

金恩急著強調他智取法國人的成果，寫信給曾隨庫克船長出航的植物學家班克斯報告說：

> 軍官見習生受到鮑丹相當友善的接待。鮑丹後來跟我說，他覺得有點受傷，我們怎麼會以為「要是他那邊有這樣的意圖，他會隱而不宣」等等。不過他是以最友好的態度說這番話，儘管見習生在靠近他們帳篷的地方，插下國王陛下的旗子，而且在法國船隻停留期間持續讓國旗飄揚。[50]

在這個交流中，我們同時看到了暗地裡的敵意和表面上的恭謹。因為鮑丹和金恩兩家人在雪梨已經結為朋友。「我一直很重視您的友誼，而且將永遠珍惜，」鮑丹在寫給金恩的信尾這麼說。[51]

拿破崙戰爭的英法競爭還有另外一個層面。和鮑丹同行的弗朗索瓦．庇隆（François Péron）是一位魯莽的戰略家、激進的愛國者與博物學家，繼承了昂特勒卡斯托遠征之旅中起身反抗船長的那些科學家留下的傳統。他是此次遠征的動物學家，[52]受到金恩侮辱法國的姿態刺激，庇隆在一八一〇年過世前，為法國政府寫了一部為什麼有必要吞併新南威爾斯的回憶錄，文中指控英國人發動「侵略」，[53]他問說：「難道在南方大陸和數不盡的大洋群島上，就只能升這面國旗（指英國國旗）？」

在國王島的國旗事件之後，庇隆對他以皇家頭銜稱呼為「閣下」的收信人表示，已經「沒有時間可以浪費」，「我們必須不惜一切代價打擊這個國際惡鬼，否則世界貿易將被英國控制。」[54]庇隆的眼睛看向東邊和西邊，想像新南威爾斯的官員將指揮南方漁業，將決定美洲西部以及摩鹿加群島（Maluku Islands）的命運，這樣的想像和雪梨英國人的想像是一致的。他堅決要求：「因此務必將新荷蘭（澳洲）從英國人手裡搶走……不宜再延誤。」[55]

沒有證據顯示法國政府直接聽取了庇隆的呼籲，不過他對新南威爾斯的部分看法，在鮑丹的旅程化為文字出版後，間接重見天日，並影響了法國對流放地辯論的語言。此外，法國計畫占領新南威爾斯的消息，在一八一三年再度傳遍澳洲，這個計畫已經被證明是源自庇隆。[56]如果說國旗事件導致塔斯馬尼亞的殖民，他在另外一件事情上確實發揮了影響力：庇隆的行動促成了弗林德斯的入獄。弗林德斯被囚禁，有一部分是因為庇隆寫信給法蘭西島的專制總督德肯，說這位航海者正在尋找一個軍事基地。[57]

庇隆的回憶錄以全球革命時代的觀點，解讀雪梨的地方政治。反抗在雪梨是一種在地事業，愛爾蘭人在其中扮演要角，而且他們會利用國際事件來達成自己的目標。庇隆描述在雪梨的愛爾蘭人：

有多少次，我們看到這些不幸的被驅逐者，他們淚流滿面，咒罵英國，懇求拿破崙，並在復仇時刻詛咒他們的壓迫者？有多少次，他們嘗試逃到我們的船上卻失敗，他們始終認為操縱這些船的是他們的解放者和朋友！有多少次，我們因被迫交出這些不幸的靈魂，甚至將他們驅逐到鄰近陸地而哭泣。[58]

這位法國愛國者在回憶錄提到由愛爾蘭人領導的一八〇四年「城堡山起義」（Castle Hill Uprising），起義者中也有一些英國人。他指出愛爾蘭人死傷慘重，在叛亂後遭到驅逐出境，而且被更加嚴密的監視。他想像，這種負面情緒會使愛爾蘭人在遭遇攻擊時，以「堅定不移的忠誠」加入法國陣營，[59]並透露有些在雪梨的愛爾蘭人曾參與安伯特將軍（General Humbert，按：法國人）在愛爾蘭組織的軍隊，這支軍隊本著革命原則在一七九八年對英國發起抵抗。[60]從庇隆的觀點來看，訓練愛爾蘭軍團將是法國接管新南威爾斯後，確保法國在雪梨的殖民地不被英國人奪回的關鍵。[61]

愛爾蘭人當然也有他們自己對全球政治的想像，這點從他們在這時期努力逃離新南威爾斯，尋找從陸路前往中國的路線可以看得出來。[62]坦奇在報導像這樣的一群愛爾蘭人時說，他們相信新南威爾斯北部有一條河流，將新南威爾斯和「中國的尾端」隔開，一旦渡河到對岸「他們會踏上銅色皮膚民族的地盤，這個民族將親切地接待他們」。[63]

庇隆和其他在鮑丹遠征隊上的同胞，和這些年來曾經過雪梨的觀察者和旅行者一樣，把雪梨視為一個海上樞紐。遠征隊二號船「博物學家號」（*Naturaliste*）的指揮官，描述了連接起雪梨港和大溪地，從事肉類交易的船隻。他指出還有其他從事海豹獵捕的船，遠渡重洋到印度和中國。有家商船公司在紐西蘭經營返回英國的船隻，還擁有從巴西載運囚犯到紐西蘭的船隻，殖民地有「兩艘負責保衛它的護衛艦」。[64]對法國人而言，雪梨的價值在於它對世界最南端來往船隻的指揮權，英國人對雪梨的評價也是如此。

英法的交流和競爭並不單純，在雪梨是朋友的人，可能會成為在塔斯馬尼亞插旗的競爭對手。然而，這複雜的關係推動了英國的殖民步伐，革命時代給菁英對峙、海上競爭和貿易的故事都增添了迂迴曲折的發展。對塔斯馬尼亞評論之中的文化、知識和環境動態，和那個時期的作風是一致的，軍事化數據採集和「改善」自然一拍即合。

塔斯馬尼亞島

今天的塔斯馬尼亞首府霍巴特，可能會給人一種地球邊緣的感覺。我造訪霍巴特時，配有在南極工作裝備的巨大亮橘色「南極光號」（Aurora Australis）破冰船就停泊在深水處。有個東西沿著薩拉曼卡碼頭（Salamanca Wharf），在已經被改造成時髦店鋪和餐廳的一八三〇年代喬治時代倉庫前方，提醒我們早期的塔斯馬尼亞殖民地為何而生：一個黑色的捕鯨船大熬油鍋，用來滾煮剝除下來的鯨脂，生產鯨魚油。不遠處是亞伯・塔斯曼（Abel Tasman）的紀念碑，上頭裝飾了許多船隻和星

圖 5.7　塔斯馬尼亞國王島的象鼻海豹。維克多．皮里昂（Victor Pillement）〈從象灣看到的新荷蘭、國王島、海象或稱象鼻海豹〉，一八二四年

星，彷彿某種幽默和複雜象徵主義的古怪結合，用來緬懷第一個看到塔斯馬尼亞的歐洲人。熬油鍋提醒觀看者，從塔斯馬尼亞出海工作的捕海豹船和捕鯨船，在一八三〇年代被羊毛貿易取代之前，對澳洲殖民地的早期經濟非常重要。捕鯨業由在塔斯馬尼亞南部營運的資本密集型公司主導，捕海豹業則是以塔斯馬尼亞島的北部為作業基地。[65]

庇隆的作品有談到海豹和鯨魚。據估計，在這個時期，南半球捕海豹業五十年內捕獲了七百萬頭的海豹，是相當極端的一個自然資源開發案例。庇隆說這是一門「不可思議的生意——毫無疑問，是人類迄今從事最大膽也最賺錢的生意之一」。[66]他哀嘆環球航行曾被視為了不起的重要大事，而今在這些商人和水手間卻成了家常便飯。[67]同時，弗林德斯也在尋找穿越巴斯海峽的航道時，在日記裡寫到了海豹，牠們的隨機分布「讓（弗林德斯）百思不解」。「牠們會完全不登陸某座島嶼，卻把附近其他幾個島的岸邊布滿；更別說，即便在同一座島上，有些位置會被徹底冷落，但完全看不出任何顯著原因……」他推測答案可能在於「湧流和漩渦，也許還有很多原因」，都是些「難以察覺」的原因。[68]

庇隆對海豹的觀察散發一種民族誌色彩，他的觀察紀錄帶有親密接觸的痕跡，出自一八〇二年他受困巴斯海峽國王島的十二天滯留期。[69]這位法國博物學家的海豹分布理論，比弗林德斯提出的更加複雜。[70]在這次航行的官方記載中，庇隆概述了海豹在南半球的地理分布，「主要是在荒島」，從巴斯海峽到福克蘭群島（Falkland Islands）和胡安費爾南德斯島（Juan Fernandez Island）。[71]在理解象鼻海豹出現在某些島嶼而不是其他島嶼的不規則分布事實時，庇隆主張牠們的出沒與否，取決於「海象*喜歡打滾的淡水小池塘」。[72]

據說溫度也是影響分布模式的因素之一，因為有人說象鼻海豹不喜歡極熱和極冷的環境。庇隆指出懷孕的母海豹被公海豹監督，公海豹「藉由咬她們」，「把她們趕回去」執行照顧小海豹的任務，[73]「哺乳期持續七到八週，在此期間，海豹家庭裡沒有任何成員進食或下海。」等到三年過去，小海豹長大，成為意識到自己性需求的公海豹，然後就會「互相攻擊，牠們的打鬥持續不懈」。[74]水手們提供了庇隆一個簡單的類比，勝利的海豹就好像「突厥後宮的主人」，這使「愛吃醋又專橫的海豹」被戲稱為「帕夏」。[75]

對海豹的關注展現一種經驗主義、浪漫化、擬人化，乃至帶有刻板性別和種族觀點的自然觀察。這樣的評論符合當時特有的一種「改善」自然的思想，殖民者據此試圖用理論說明大自然的恩賜，然後進一步把大自然的恩賜變得更完美且更實用。[76]英國人和法國人的海豹自然歷史觀察，包夾了在革命時代對塔斯馬尼亞的占領；無論對英國或法國，自然歷史觀察距離併吞都已經不遠。控制和建立海豹獵捕交易的秩序之所以重要，不僅是因為這些航行之旅會跨越新興的政治界線，譬如間接促成英國主張奪取塔斯馬尼亞的失事模里西斯海豹船。自然開發在商業上有利可圖，因此大家都爭著想從中分一杯羹。

本著對自然資源利用的承諾，新移民留下的文字提到塔斯馬尼亞島植被茂盛、舒適宜人的地景。對後來的總督柯林斯而言，范迪門斯地沒有讓人心生厭惡，不像「（澳洲本土）過多的大片森林，立刻解除人們的勤奮武裝，而且即便是想像力最豐富的人，也想不出任何誘人的計畫」。而弗林德斯則在一次在橫渡巴斯海峽時，在塔斯馬尼亞嚐到了此生喝過最甘甜的水。[77]兩相對照，新南威爾斯被人認為出乎意料的貧瘠，這點從澳洲原住民和殖民者為了魚發生扭打可見一斑。[78]新南威爾斯有一側被藍山（Blue Mountains）屏障，歐洲人直到一八一三年才越過。[79]

＊譯註：此處英文是 sea elephant，法文為 l'elephant-marin，字面意思為「海象」，但指的就是「象鼻海豹」，而不是法文為 morse、帶有一雙長牙的的真海象。

塔斯馬尼亞自然資源豐富的想法，和島嶼在十八世紀末及十九世紀初被視為自然奢華享受的縮影彼此吻合。弗林德斯和庇隆對海豹的民族誌與科學描述，也符合當時對澳洲原住民的評論。事實上，殖民者對海豹和人類的描述呈現許多對稱的特徵。海豹數量的減少，和駭人的塔斯馬尼亞原住民銳減同步發生。

海豹獵人、原住民女性和殖民地人道主義者

海豹獵人在當時被描述成「海狼」（seawolves），這個詞把他們和革命時代的海盜擺在一起，譬如在波斯灣被貼上海盜標籤的那些人。[80]

一八一〇年起，海豹獵人和原住民女性一起住在巴斯海峽，這是個多語社會，成員包括英國人、愛爾蘭人、美國人、葡萄牙人、拉斯卡、紐西蘭人、大溪地人還有澳洲原住民。[81]十九世紀進入第二個十年的時候，關於這些社區的許多報告在雪梨流傳，於是約翰·麥加維牧師（Rev. John McGarvie）把他們寫成在海峽上岸的「逃跑者」，後來結識了「老蒙羅」（old Munro），在蒙羅和他的「黑人妻子」帶領下，領略了「關於這危險海峽神祕交通和路線的一切祕密」。詹姆斯·蒙羅（James Munro）被形容成「保護島（Preservation Island）島主暨國王」，是最早的常駐海豹獵人之一。[82]「逃跑者」暗示有些海豹獵人是逃跑的囚犯。

發生在這些海豹獵人社區的事件，可以視為革命時刻落實的一個過程。在我們開始敘述那段歷史

之前，首先必須強調，海豹獵捕生意是隨一八二〇年代晚期塔斯馬尼亞原住民抵抗升溫，在塔斯馬尼亞登場的驚人暴力的其中一個面向。拿破崙戰爭參戰者的到來，還有在范迪門斯地定居下來的其他難民，包括殖民官員後代與英國貴族，是塔斯馬尼亞血腥戰爭背後的驅動因素之一，塔斯馬尼亞原住民在這些戰爭裡被追殺，同時也對移民發動報復性的暴力攻擊。隨著殖民人口從一八一七至二四年增加了六倍，塔斯馬尼亞島也從「一個以靠小規模農業、捕鯨和獵海豹維生的混雜社會，（變成）以生產高級羊毛為主的畜牧經濟」。[83]

殖民地當局利用反革命來遏止移民和塔斯馬尼亞原住民之間暴力相向，透過謹慎而有目的性的操縱，智取本地行動者。推動這個政策的還有對窮兵黷武和人道主義相互矛盾的責任感，這是該時期特有的混合元素。帝國反革命在塔斯馬尼亞露出了幾個明顯的跡象，舉例來說，殖民者建立了軍事要塞、地方警察隊，並出動武裝團體在各地四處搜查，使塔斯馬尼亞成為此時世上受到最嚴格警察監控的領土之一，[84]還有從一八二八年起實施三年多的戒嚴令，實施的理由是要透過恐怖手段實現和解，但其實是被用來殺害塔斯馬尼亞原住民。然後是一八三〇年的「黑線」（Black Line），它可能是來自對抗法國戰略的衍生設計，利用了在印度和半島戰爭中的戰爭專業知識，以及帝國狩獵的模型，由軍隊、囚犯和移民組成人鏈，試圖把塔斯馬尼亞原住民趕到一塊受約束的狹窄土地。最終，反革命不僅等同於捕捉塔斯馬尼亞原住民的軍事戰術，反革命也是一個意識形態上的舉動，它見證經過廢奴磨練且源自福音派宗教的文明責任感，被應用在運輸和關押巴斯海峽的塔斯馬尼亞原住民，導致他們的滅亡。

那個時代的語言——包括源自人道主義思維的語言——被用來描述和干預巴斯海峽的海豹獵人和捕鯨者社區，這以福音派人道主義者和後來的原住民「保護者」喬治．奧古斯都．羅賓遜（George Augustus Robinson）的重要著作為例。[85]對羅賓遜而言，海豹獵人是「惡劣的人」，因為「英國本土的政府為了廢除奴隸貿易，已經付出了數百萬——因此奴隸存在於大英帝國的殖民地上，絕對是不得體而且可恥的。這些人公然違抗政府」。[86]

這個時候已經有人開始呼籲管理海豹獵人的社區，這些呼籲和開明帝國時代的帝國政府改革態度一致。一名海軍軍官在一八二六年寫給范迪門斯地總督喬治．亞瑟（George Arthur）的報告中，形容巴斯海峽是「持續上演暴力、掠奪和各種犯罪的地方」，報告呼籲對捕海豹船上的乘客進行更嚴密的檢查，以阻止從雪梨逃跑的囚犯來到巴斯海峽，這些越獄囚犯隨後會成為海豹獵人。它還呼籲將海豹捕獵季節限制在五到六週之內，避免幼海豹太小就被殺死，並要求在海峽上其中一座島建立一個「政府據點」，配備民兵和軍隊。[87]對軍事殖民的要求，預示了羅賓遜的塔斯馬尼亞原住民保護區在日後的誕生。[88]一八三三年，規範范迪門斯地船運的法案在塔斯馬尼亞戰爭期間通過，法案內容包含了防止船隻偷渡逃犯的種種措施。[89]最終，巴斯海峽各地蒸汽船運和農業貿易的興起，壓垮了海豹獵人的社群。[90]

對羅賓遜本人而言，拯救和海豹獵人一起生活的原住民婦女，是實際執行自由主義改革的範例，身為一個「人道主義者」，他寫說，她們「從自己的國家被帶走」，在綁架的過程中，白人男性會把女人的手綁起來，然後逼迫她們上船，將她們載運到巴斯海峽上的島嶼。一旦「擁有」「眾多」的時候，他們會「選出一個受寵的，她可以不用做任何的活，然後其他女人都必須聽她的。」[91]一名海豹獵人——托馬斯・塔克（Thomas Tucker）——據稱在「熱烈」追求原住民女人時，射殺了一名塔斯馬尼亞原住民男子。從她們身上的傷疤，就知道她們受了「不該承受的虐待」。羅賓遜把這些女性的名字和故事編纂成一本目錄，而且他會明確指出哪些人已經獲救，被安置在他的機構中。名單中有一位被「有色人種」綁架的女人，另一個女人已經有「黑人丈夫」，還有在海豹獵人之間被傳來傳去、當物品交換、當商品買賣的其他女人。我們看到原住民婦女被棍棒毆打的記載，譬如有位女性據說告訴羅賓遜，有個海豹獵人因為她弄丟了他的其中一隻狗而打傷她的頭。在某個可怕的故事中，羅賓遜介紹了Worethmaleyerpodyer：

> 約二十歲……派珀斯河區（District of Pipers）出生的女子，被（一八二〇年捕鯨船失事後來到巴斯海峽的）海豹獵人詹姆斯・艾弗瑞特（James Everitt）強行從她的家鄉帶走，後來她在伍迪島（Woody Island）被他兇狠地用火槍射穿身體而死，因為他對她處理羊肉鳥（Mutton Birds，按：水薙鳥屬）的方式不滿意……[92]

有人為他指出 Worethmaleyerpodyer 墳墓的位置。[93]然而，儘管從羅賓遜繼承自廢奴傳統的作品，可以看到他對普及自由的責任感，他把這些女性的能動性看得微不足道。羅賓遜的著作可能是塔斯馬尼亞早期歷史最具爭議的史料，他的作品也在澳洲人圍繞原住民歷史地位主題的歷史辯論中，成為眾人關注的重點。

有些人認為他是「種族滅絕」的代理人，根據這些評論者的說法，在亞瑟總督的同意下，羅賓遜將多數塔斯馬尼亞原住民聚集起來，並在一系列以開化原住民為目標的調解任務後，於一八三〇年代中期把他們載運到巴斯海峽的弗林德斯島（Flinders Island）。漂流到這個偏遠據點後，疾病迅速奪走塔斯馬尼亞原住民的性命。對其他史學家而言，羅賓遜是一個追逐私利的傭兵，還有一些人覺得，羅賓遜誇大原住民遭受的暴行，隱瞞原住民對移民做的壞事，選擇性地報導移民在塔斯馬尼亞殺害原住民的事件。用最近一名評論者的話來說，羅賓遜「不斷與他的同伴爭論，永遠堅持自己的主張」，他在史學家之間的地位也是如此。[94]在他職業生涯後期，他的焦躁不安引領他跨越巴斯海峽，一八三九年，他成為澳洲本土菲利普港（Port Philip）原住民的首席保護官。

羅賓遜報導了逃離又重返海豹獵人社群的女性。這代表他的作品不能被視為女性徹底欠缺能動性的指標。譬如，有個被羅賓遜稱作 Tarerenorer 的女人，據稱在逃離海豹獵人後，「對移民聚落做出了滔天暴行」，在那之後，又回到了海豹獵人的社區，羅賓遜就是在那時接收她，把她安置到保護區。[95]

然而，當我們去思考這些婦女何以成為主要的養家者，負責到海岸和海上覓食，而且有夙負盛名的游泳、潛水和航海技巧，羅賓遜對塔斯馬尼亞原住民能動性的過分低估就變得清晰。[96]相較之下，霍巴特的詹姆斯·凱利（James Kelly）對她們在這些方面的角色提出了更有血有肉的描述，讓她們不單單是別人眼中被綁架的女性。

凱利的船員給了六名女子每人一根棒子，然後看著事件在他們眼前展開。女人們悄悄靠近海豹，躺下來，把棒子擺在身旁，「有些海豹抬起頭看牠們的新訪客，嗅聞她們的氣味。」於是這些女子模仿海豹，依樣畫葫蘆地，像海豹一樣舉起手肘和手，給自己搔癢。一個小時後，她們倏然起身，朝海豹的鼻子重擊，殺死了海豹。「眨眼間，她們都像被施魔法般地跳起來，每個人又多殺死一隻海豹……她們放聲大笑，手舞足蹈，好像在說她們取得了和海豹對戰的重大勝利。」然後她們帶著死去的海豹入水游泳，這應該需要很大的力量，把海豹拿去給那些看著她們的男人。隔天，女人們帶頭獵捕海豹，她們還在獵到海豹後，把海豹鰭肢和肩膀烤來吃。

凱利對女性勞動者的鮮明描述，若不是有喬治·布里格斯（George Briggs）擔任助手是寫不出來的。布里格斯得到這些社群的認可，他一直住在巴斯海峽擔任海豹獵人，而且在海峽有「兩個妻子和五個小孩」。凱利寫說布里格斯「學會了本地語言」。[97]根據凱利的記載，女人們在他們即將離開時哭了起來，然後她們請布里格斯稍等片刻，留下來看支舞，這是任何協議和交流結束的記號。[98]包括男人和小孩在內的三百人開始在埃迪斯通角（Eddystone Point）跳舞。女人們「圍成一圈，繞著死海豹堆跳舞……她們展現出一種非常獨特的態度」，「然後男人們開始用長矛和狩獵棒假裝打鬥

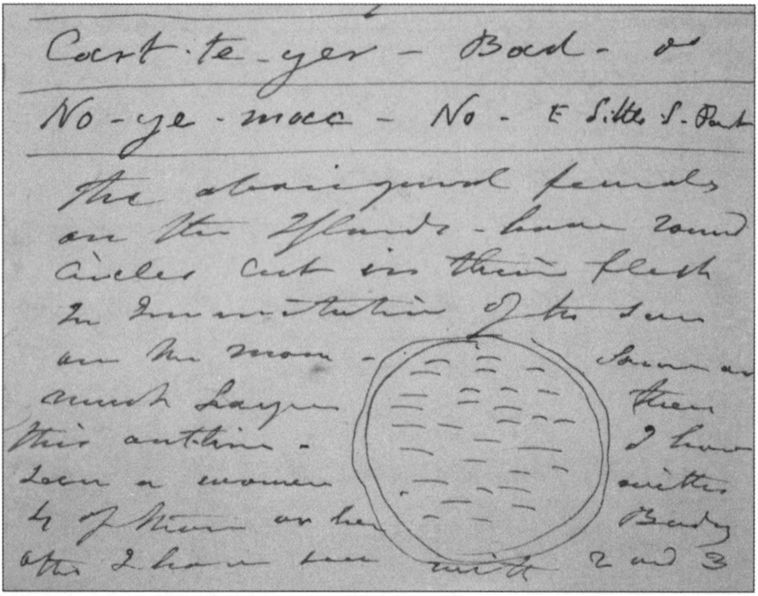

圖 5.8　喬治．奧古斯都．羅賓遜文集，第八卷，第二部，范迪門斯地，九月三十至十月三十，一八三〇年

起來——繞著死海豹堆跳舞，朝海豹堆揮舞他們的長矛，彷彿他們正在獵殺海豹……」[99]

很可惜，在史學家評價羅賓遜的辯論中，很少有人回頭去看他的日記原稿，而是選擇用經過刪修重新出版的日記作為論點的骨幹。米契爾圖書館收藏的原稿是一套豐富的史料，稿紙尺寸和材質不一，其中有些是手抄副本，有些用墨水，有些則是用鉛筆。原稿傳達出他從事實地考察工作的匆忙，而且包含許多和日記正文一樣有趣的筆記；關於羅賓遜如何應付塔斯馬尼亞原住民婦女的線索都在這些潦草字跡裡。他密切觀察她們，舉例來說，鉛筆和墨水混用的破爛奶油色一八三〇年日記本的最後幾頁，被羅賓遜拿來記塔斯馬尼亞原住民的名字。在名字之外，羅賓遜還寫下一些生平資訊，各島嶼當地「民族」的名稱，對景觀的粗糙回憶，例如「波特蘭角（Cape Portland）附近的崎嶇山脈」，各地地名，接著他突然在頁面拉出一條橫線，然後在下面用墨水畫一個圓，附上以下筆記：

> 島上原住民女性在身體切割圓形傷口，模仿太陽和月亮。有些比我畫的這個輪廓大得多。我見過一個女人身上有四個，還見過一些女人有兩個或三個。[100]

在琳瑯滿目訊息中穿插出現的，是他從原住民婦女那裡聽來的單字集，包括以鉛筆寫下的 Try-yer-lee，即「東方，白人」，和 Parlee，即「黑人東方」。女人稱呼在東部海峽（Eastern Straits）和白人一起生活的人為 *Tyereelore*。[101]羅賓遜也注意到年齡的差異：稱呼年輕女人和年邁女人、年輕男人和年邁男人的不同單字都被記錄下來。這是身為人類學先驅的民族誌的慣用手法，其田野工作者把自己沉浸在觀察對象的語言和習俗裡，把他們當作樣本觀察，調查他們的各種特徵。在這個例子裡，羅賓遜觀察的是他們的皮膚特徵。在帝國主義於塔斯馬尼亞軍事鬥爭中興起之際，從海豹自然歷史和塔斯馬尼亞原住民的民族誌中都看得到的情蒐指示，也陪伴著帝國主義的興起。然而，這樣的情蒐若不是有原住民的幫助，根本不可能展開。

我們從另一本日記的 *Tyereelore* 舞蹈鉛筆素描，可以看到相互依賴的關係。舞蹈場景是羅賓斯島

（Robbins Island）對岸的海豹獵人營地，羅賓遜用墨水在日記本匆忙速寫了這座島嶼的樣貌。[102]人——這裡只有女人——沒有穿她們的袋鼠皮，全身衣不蔽體，除了頭頂往往戴著顏色鮮豔的帽子。[103]羅賓遜在旁邊的筆記寫道，這些女人送給他貝殼項鍊，而他則是送珠子、針墊和鈕扣給她們當作回禮。[104]借用（大概是某個書記員抄寫下來的）他的話來說：「無比美好的夜晚，獵捕海豹的女人們和我生起篝火，跳舞唱歌直到離別，她們似乎很享受彼此的陪伴。」[105]

根據一位有 *Tyereelore* 血統，而且從小在弗林德斯島長大的學者表示，塔斯馬尼亞原住民在一八二〇年代開始表演新的舞蹈；有時女性模仿海豹，後頭跟著小孩和男人。[106]在羅賓遜另一幅素描中，女性穿著袋鼠皮連身裙出現在海豹獵人身旁，儘管畫的很粗略，可以看出其中一個海豹獵人的臉被用鉛筆塗黑，此人可能是來自群島灣區的「紐西蘭本地人約翰．維太耶（John Witieye）」，他和在前一章登場的基督宣教團倡導者馬斯登牧師顯然相識。這個男人是毛利人，名叫馬塔拉（Matarra），他去過英國，在巴斯海峽娶了一名原住民女子。[107]

這些 *Tyereelore* 是羅賓遜的幫手和調解人，幫助他和內陸原住民社區，以及他希望納入「保護」的其他婦女取得聯繫。正是透過海豹獵人和海豹獵人從塔斯馬尼亞原住民那裡獲得的情報資訊，羅賓遜才得知羅賓斯島上，躺著一具遭某原住民男子用長矛刺穿的原住民女子屍體。[108]

在帝國不容置疑的力量及其分門別類計畫面前，強調資訊傳遞中的相互糾纏，使我們能夠欣賞一個持續的遺產，這些混血社區的部分香火延續直到今天，他們將塔斯馬尼亞原住民的遺產視為自己的遺產。這和十九世紀流傳的塔斯馬尼亞原住民滅絕說相違背。[109]原住民後裔學者表示，儘管塔斯馬尼亞西北部的原住民人口銳減，尤其是在塔斯馬尼亞戰爭期間遭武裝團體殘殺，我們不應否認這份遺產的延續性。[110]

塔斯馬尼亞的歷史是關於暴力和殖民主義的故事，然而，故事中並不缺乏原住民觀點和傳統，以及殖民者對原住民的依賴。大英帝國的反革命在發動軍事化的人道主義干預，以暴力且有目的性的方式壓制原住民勢力時，必須把過去存在的東西也納入考量。羅賓遜對原住民女人充當中間人的需求，和他賦予女性極小能動性的民族誌及侵入性表現風格並存。

飄洋過海的原住民族

另外還有一個背景有助於理解羅賓遜和海豹獵人的遭遇。除了塔斯馬尼亞的原住民，來自澳洲本土和奧特亞羅瓦／紐西蘭的原住民，也是海上的旅行者，原住民和殖民者都在這些南方海洋的水域從事活動。

住在巴斯海峽的海豹獵人布里格斯，在原住民女性的陪同在下前往雪梨，或許還去到了紐西蘭；蒙羅的眾多妻子中有些是澳洲本土的原住民，還有一個來自紐西蘭；[111]巴斯海峽上至少有一名印度女性，她是印度教徒，和一名海豹獵人同居。這個水上遷徙的範圍意味著塔斯馬尼亞獵捕海豹的故事，應該和紐西蘭與澳洲本土沿海的捕海豹和捕鯨社區放在同一個脈絡看，英國商業活動的結締組織把這些地方連接起來，因此為原住民女人和男人的旅行提供了全新場域。

這些聯繫的結果在海豹獵人和捕鯨者的文化生活中很明顯，克里奧爾方言出現，歐洲人「原住民化」，原住民「歐洲人化」，漁獵知識在歐洲人和原住民之間傳來傳去。[112]原住民的性別觀念在這裡占有一席之地，因為原住民女性指導白人男性如何在惡劣的條件下生存，[113]獵捕海豹的女性擴大了她們的傳統角色，以便在快速發展的歐洲貿易結構中找到自己的路。

誠如可拉和邦格瑞的情況，殖民者對種族、性別和婚姻的理解，被覆蓋在原住民的自我觀念之上，隨著大英帝國及其商業和文化開始發揮影響力，（毛利、澳洲原住民和塔斯馬尼亞）原住民女性地位的變化，出現在兩段夥伴關係的歷史中。其他史學家已經把這些傳記故事拼湊起來了。[114]

首先是威廉．佩勒姆．達頓（William Pelham Dutton）的故事。達頓出生在雪梨，在霍巴特長大，號稱是澳洲維多利亞省波特蘭（Portland）的拓荒者。他和塔斯馬尼亞原住民女子仁岡希（Renganghi）建立起一段夥伴關係，仁岡希又名莎拉（Sarah）。[115]達頓從波特蘭的基地和倫敦與中國做海豹皮生意，而後又從捕海豹轉向捕鯨，仁岡希在達頓擔任「亨利號」（*Henry*）船長時曾和他一起出海。據稱達頓從澳洲海岸附近的袋鼠島（Kangaroo Island），將她從一個獵捕海豹的社區救出來。這兩個人住在波特蘭的一間小屋，育有一女，每當達頓出海捕鯨時，仁岡希會管理他們共有的捕鯨站，和捕鯨者一起工作。一八三六年，仁岡希在達頓出海捕鯨時被帶走，交由羅賓遜「保護」，然後被送到弗林德斯島。

達頓和仁岡希在一個連接塔斯馬尼亞、紐西蘭和澳洲的海洋世界裡移動，一八四〇至四一年由達頓指揮的「非洲人號」（*Africaine*）航海日誌洩露了內情，我們在這份史料裡很難看出非洲人號的所在位置，因為它的旅行路線在澳洲本土、塔斯馬尼亞和紐西蘭之間移動。達頓的航海日誌沒有拿陸地當參考點，而是針對漁獲量做記號。這份關於風和海的枯燥紀錄穿插著魚尾圖，魚尾符號暗示捕鯨方面的成功，同時期其他捕鯨船的航海日誌也有這樣的習慣：船長畫了幾條魚尾，就代表捕到幾條鯨魚。[116]

追溯仁岡希的生平，必須完成檔案檢索的壯舉，重建仰賴許多零碎的證據，例如下面這段愛德華・漢提（Edward Henty）對她的描述，漢提是負責將她遣送到弗林德斯島的人：

> 一八三五年一月五日，星期一
>
> ……駕駛雙桅縱帆船羽薊號（*Thistle*）前往朗塞斯頓（Launceston）。乘客H・康菲爾德（H. Camfield）和一名屬於威廉・達頓的黑女人，要在國王島上岸。[117]

第二個故事是湯米・雀斯蘭（Tommy Chaseland）的故事，和達頓截然不同，他在紐西蘭南島仍被許多人記得，畢竟奧塔哥大區（Otago）裡有個行政區和岬角都是以他命名。他是澳洲原住民女子和英國罪犯生下的孩子。在一八二四年定居紐西蘭之前，他曾在塔斯馬尼亞和雪梨一帶，還有包括馬克薩斯與大溪地在內的大太平洋地區，以及加爾各答與模里西斯從事船員工作。[118]他後來得到了一個毛利名字湯米・提提瑞內（Tame Titirene），可能是以羊肉鳥「提提」（titi）命名。[119]

他融入毛利世界的過程並非全無暴力，他參與海豹獵人發動的復仇，藉以報復毛利人對他們犯下的罪行。[120]他成為南島離岸福沃海峽（Foveaux Strait）海豹船隻的頭頭，這些船屬於移居雪梨的加爾各答商人羅伯・坎貝爾（Robert Campbell）。[121]他和毛利女人普娜（Puna）關係最早的文字紀錄，是他們在查塔姆島（Chatham Island）失事後，從那裡駕駛一艘開放無遮頂的捕海豹船離開。根據二十世紀初採集的口述歷史，普娜坐在船頭祈禱直到風暴減弱，幫雀斯蘭度過難關。[122]安頓在毛利酋長為海豹獵人保留的科德菲什島（Codfish Island）後，他又一次蒙受普娜天大的恩情。據說普娜在船隻失事後把雀斯蘭從海裡拖上岸。一八四四年，普娜承擔起「做飯和鋪床的家務」，在另一段回憶中，她被形容是「能夠成為文明人幫手……的極少數毛利婦女之一」。[123]這個時候，雀斯蘭已經成為著名的捕鯨者，也許是紐西蘭最好的捕鯨者。據說他變得像個「花花公子」，享受著普娜為他熨燙的白襯衫。[124]史學家琳內・羅素（Lynette Russell）這麼說：「雖然他永遠不會變成白人，但人們對他的描述，暗示他並不是單純被視為有色人種。」[125]

對比仁岡希－達頓關係的故事，普娜－雀斯蘭的夥伴關係過渡到了開明的帝國主義時代：一八四三年，兩人在詹姆斯・沃特金牧師（Rev. James Watkin）的祝福下，正式確定關係，普娜也受洗了。[126]六年後，普娜去世。雀斯蘭後來娶了父母為毛利女人和葡萄牙水手的年輕女子。[127]然而，在她去世之前，普娜能夠決定她的命運，她之所以享有這樣的選擇，一部分是因為她的出身，她來自納塔胡部落（Ngai Tahu）的一個強大毛利酋長家族，[128]然而，這種世襲特權首先受到捕海豹和捕鯨圈體系的限制，然後又受到英國殖民文化期望的限制。

這兩個故事並非非比尋常，他們之所以被後人重述，取決於故事主角的不尋常，而且在他們所代表的捕海豹和捕鯨圈擔任領袖，這代表他們會留下比較多歷史痕跡。儘管他們之間有所不同，他們的故事證明獵捕海豹和鯨魚，使女性和男性能在塔斯馬尼亞、新南威爾斯和紐西蘭大三角內的眾多基地，發展出策略性的夥伴關係。這一切都突顯英國的商業、宗教和帝國扮演著原住民族繼續存在的背景。

但不同地點之間還是有差異，雀斯蘭作為基地的紐西蘭南部，跟隨稍早發生在塔斯馬尼亞的獵捕海豹模式變化，事實上，紐西蘭的海豹捕獵業是在人們從巴斯海峽出走之後發展出來的。[129]而後到了一八三〇年代時，隨著人們從捕海豹轉換到捕鯨，紐西蘭南部的捕鯨站成為跨文化關係的基地，捕鯨者在這裡與原住民婦女結婚以獲得土地。[130]與此同時，「原住民滅絕」的敘事在塔斯馬尼亞流傳開來，儘管有證據顯示混血社區持續存在。紐西蘭南部的故事，應該拿來和前面章節提過的群島灣的故事做對比，也就是簽署《懷唐伊條約》和政府機關進駐的地方。[131]

系統性殖民

隨著英國殖民者從海洋活動轉向取得土地和創造牧場，即將登場的是英國殖民聚落的崛起。

促成這個轉變的一個關鍵面向，是捕海豹、捕鯨和陸上殖民之間的連結。首先，從事捕海豹和捕鯨工作的人處理交易時變得更多角化，把他們在塔斯曼海各地的生意和倫敦、加爾各答、廣州、開普敦和太平洋島嶼連起來。他們擺脫了雪梨官員階級對貿易施加的控制。[132]其次，他們開始制訂自己的條件，過去他們被印度東印度公司的控制和缺乏當地貨幣的窘境所束縛；東印度公司享有從好望角到合恩角（Cape Horn）的貿易特權。第三，隨著海洋被無節制地掠奪，他們從海洋轉移到陸地。轉向大陸的改變，源自歐洲的戰爭、經濟封鎖和蕭條改變了海洋貿易的背景。[133]漁業被其他行業取代。

支撐這種改變的是一種「系統性殖民」意識形態，這種意識形態反對前一個時代的普遍無知、種族雜交、奴隸制和掠奪，「系統性殖民」是以調整務實移民分散為目標的一套哲學；它見證為殖民而成立的合股公司出現在塔斯曼海各地。根據英國議會一項法案組成的范迪門斯地公司（Van Diemen's Land Company）成立於一八二五年，目標是將資本投到塔斯馬尼亞，換取對英國工廠的羊毛供應。它獲得了塔斯馬尼亞西北岸、面積二萬五千英畝的一片土地，一面臨海。等到一八三〇年的時候，它已經購得了一系列土地。

這家公司在早期受到塔斯馬尼亞其他殖民者的妒忌，他們認為它「形同一種壟斷」。[134]儘管視農業為首要目的，該公司仍希望把捕海豹和捕鯨業納入贊助版圖，它的第一份年度報告提到考慮貸款給捕鯨船和捕海豹船，還有收購房舍、碼頭及其他建築物的意圖。[135]公司的契約僕役逃跑，抱怨他們受到的對待，人道主義者如羅賓遜記錄了塔斯馬尼亞原住民和公司代理人之間爆發的暴力衝突。[136]公司在飼養綿羊方面並不成功，但經營項目很廣，范迪門斯地公司至今還在，但已改名為塔斯曼農業有限公司（Tasman Agriculture Ltd）。

從愛德華・吉本・韋克菲爾德（Edward Gibbon Wakefield）觀念的影響，我們可以看到紐西蘭的海豹獵人、捕鯨者和公司背書的土地取得之間的連結；韋克菲爾德就是提出「系統性殖民」的主要思想家。韋克菲爾德主張出售土地，而不是分配免費補助，他相信這麼做將能透過促進勞動和限制移民太過迅速地變成地主，幫助殖民地經濟擴張。韋克菲爾德對紐西蘭特別感興趣，這促成了一八三八年紐西蘭殖民公司的成立。他的兄弟威廉・韋克菲爾德（William Wakefield）在一八三九年來到紐西蘭；同時抵達的還有愛德華・吉本・韋克菲爾德的兒子愛德華・傑寧漢・韋克菲爾德（Edward Jerningham Wakefield）。《懷唐伊條約》進行談判之際，威廉正在和毛利人進行土地買賣的談判，他注意到來自雪梨和霍巴特的投機者在紐西蘭隨意占用土地。[137]公司鼎盛時期擁有一百萬英畝的土地和四個城鎮：威靈頓、新普利茅斯（New Plymouth）、旺加努伊（Wanganui）和尼爾遜（Nelson）。[138]

威廉與傑寧漢的日記不斷提到海洋工作者，[139]威廉說捕鯨者急著想擁有一個英國殖民聚落。他描述參訪時看到的捕鯨站，包括一個由奧塔哥的泰亞羅阿（Taiaroa of Otago）領導的捕鯨站。奧塔哥的泰亞羅阿是「紐西蘭最歐洲作風的酋長」，控制了許多捕鯨船。儘管威廉把他和酋長的談判呈現得像是自己的傑作，我們還是看到有一位巴雷特先生闖進了他的記載。迪基・巴雷特（Dicky Barrett）是對紐西蘭地理瞭若指掌的一名捕鯨者，威廉認為他對納塔胡部落有很大影響，因為他娶了一位酋長的女兒瓦卡娃・拉維尼亞（Wakaiwa Rawinia）。[140]威廉在尼柯遜港（Port Nicholson，按：今威靈頓港）談判購地事宜時，巴雷特扮演關鍵的助手角色，讓威廉得以中途介入酋長們對於是否出售土地的辯論儀式。[141]威廉的日記在記載談判結果時，因為使用「透過巴雷特」和「我」這兩個說法而露了餡：

> 在（辯論的）尾聲，透過巴雷特先生，我正式詢問在座酋長們是否有了決定，然後他們問我「你看過地了嗎？你喜歡嗎？」我回覆說，我想看的都看到了，一切都很好……[142]

即使在購買這片土地後，公司的任務轉向地理測繪、城市規劃和建設碼頭，威廉在一八四〇年寫說，他已經任命巴雷特擔任「原住民代理人」，在這個職位上，他將成為「移民和他們的黑皮膚鄰居之間的中間人」。這個工作每年有一百英鎊的薪水。[143]不令人意外的，韋克菲爾德也讓巴雷特擔任港務長，[144]將一名捕鯨者吸收到公司的經營核心，突顯系統性殖民的意圖是挪用和改造紐西蘭現存的人脈關係和聚落。[145]巴雷特最終成立了一家飯店「巴雷特飯店」（Barrett's Hotel），這間飯店成為威靈頓的城市樞紐。他也開始從事養牛業，明顯意味著從海洋轉向陸地的變化。[146]

革命時代的共鳴在這段歷史中還是看得到，哥本哈根出生的約根・約根森（Jorgen Jorgenson）的職業生涯，就是很好的例子。他曾和弗林德斯一起航行，參與了捕海豹和捕鯨的工作。後來他成為范迪門斯地公司的雇員，穿越和探索內陸，就像過去在海上冒險。[147]在此期間，他在歐洲捲入了拿破崙戰爭，並在英國遠征軍占領哥本哈根後攻擊英國船，被英國俘虜。為了將冰島從丹麥的控制中解放，他在當地發動革命，獲得「冰島的保護者閣下，陸地和海洋的總司令」的稱號。[148]在以囚犯身分被送到塔斯馬尼亞殖民地的最後一段職業生命中，他聞名海上的私掠、貿易和冒險活動，針對的是躲進山林的罪犯、偷羊賊，還有監督塔斯馬尼亞原住民。[149]

在雪梨，新的自由貿易模式促進了殖民聚落的正規化，另一個關鍵的人物故事主角，是說明這個轉變階段很好的例子：坎貝爾公司（Campbell & Co.）的蘇格蘭人坎貝爾。從印度來到雪梨後，坎貝爾很快就對用海豹遠征支付帶商品到雪梨的費用感興趣，他並不是這幾年試探雪梨的唯一一家加爾各答公司。[150]坎貝爾蓋了一座私人碼頭，用加爾各答進口的柚木造鯨魚船，並在殖民地和塔斯馬尼亞放養來自印度的馬和牛。他在十九世紀初期因降低雪梨船來品的價格而廣受歡迎，而且因為攻擊壟斷而為人稱道。[151]他最終違抗東印度公司的壟斷，嘗試直接和倫敦進行貿易，一八〇五年，他帶著二百六十噸海豹油和一萬四千張海豹皮的貨物，在家人的陪同下航向倫敦。[152]

坎貝爾在這幾十年間，由從商轉而從政。他接任地方法官和海軍軍官的職務，還捲入對布萊總督的叛亂行動，布萊總督就是已經因為邦蒂號兵變事件而出名的那位船長。一八二五年，坎貝爾成為立法局的成員，他請求終止運送囚犯，主張應該鼓勵自由移民才對。他反對陪審團審判的開明原則，當陪審團審判的法案通過時，他寫說，倘若沒有陪審團原則：「我的孩子就不用承受被帶到陪審團席，連日和祖國監獄的垃圾接觸的屈辱。」[153]他的政治工作和對適合放牧的土地投資結合在一起，包括在今天坎培拉的一大片林地，根據他在一八三一年的計算，他的名下擁有二千隻羊和六百頭牛。[154]

接下來，我們再看一個故事，這個故事展現了由海洋轉向陸地的變化，對海洋貿易者鋪天蓋地的影響。在前文中觀察原住民海豹獵人的凱利，今天仍是一個能引起霍巴特人共鳴的名字。霍巴特觀光路線必經的「凱利臺階」（Kelly's Step）是具有歷史意義的戶外樓梯。凱利出生在新南威爾斯，是囚犯在澳洲生下的第一代自由人後代，在澳洲稱作「通貨小伙子」（currency lad）＊。他曾參與巴斯海峽的捕海豹工作，在雪梨公司「凱博和安德伍」（Kable and Underwood）當學徒，「學習水手的技藝與祕密」，[155]後來因為一八一二年環繞范迪門斯地航行而聲名大噪。他也從霍巴特一路朝紐西蘭南部獵捕海豹，並在紐西蘭試圖報仇雪恨時，和毛利人發生了暴力衝突。在一八二一年，他被任命為霍巴特港務長，然後開始投入捕鯨業，並在經營捕鯨站的同時也開墾耕地，後者可以提供捕鯨者所需的補給。

他的捕鯨合約書——占了他手稿的很大一部分——象徵了這個行業的不確定性。凱利的船員在報名加入每次航行之前，必須承諾會「根據他們可能得到的指示，在不同地點」之間航行。他們拿到的報酬是一定比例的暢銷產品，例如航程上產生的鯨魚油和鯨骨。[156]一八四二年，凱利被法院宣布破產。[157]最後的這個事實證明，像凱利這樣的人並沒有取得絕對的成功，事實上，名氣不若凱利響亮的其他人，往往會經歷接二連三的財務危機。

商人和地主階級變幻莫測的崛起，不僅在塔斯曼海和巴斯海峽各地的新興殖民地街道上感受得到。

這些是會對家庭生活造成影響的親密變化。我們在原住民或本地的女人和男人受到新興殖民形勢影響，和商人、海豹獵人和捕鯨者私通的地方，看到一套「白人化」政策的猛撲。[158]威廉・韋克菲爾德在他的紐西蘭日記寫道，在一段「表面婚姻」中強娶「原住民女性」是「非正規殖民」的自然產物。從現在起，這樣的事會消失。[159]隨著農業擴張、鄉村邊境開放，以及後來的黃金發現，大量移民進到澳洲和紐西蘭，使白人殖民者能在距離都市中心很遠的地方建立家庭。隨之而來的是合法批准對原住民族的財產剝奪，宣布他們的土地為王室合法所有。[160]這是系統性殖民帝國帶來的兩個相關結果。

在坎貝爾家，扮演坎貝爾委員得力助手的姐妹蘇菲亞・坎貝爾夫人（Mrs Sophia Campbell），一共生了七個孩子，難怪坎貝爾會寫說，他「有許多家人需要供養和教育」。[161]坎貝爾之家在碼頭邊，這間房子顯然很容易成為「掠奪」的目標，坎貝爾有一次曾寫說：「昨晚，我家人在樓上一個房間發現了一名男子（造船廠的囚犯），這讓他們大受驚嚇。」[162]在霍巴特，凱利為他的家人蓋了一間大房子，安排女兒們上音樂課，送兒子們去倫敦念書。他在聖大衛教堂（St David's Church）有專屬的教堂包廂。[163]就像研究凱利捕鯨站的一名考古學家所說的，凱利屬於一個「介於兩者之間的世代」，

＊譯註：在新南威爾斯殖民早期，「通貨」是指英鎊以外的任何貨幣，英鎊是當時唯一的法償貨幣。由於英鎊短缺，「通貨」自由流通，但不總是被接受，因此這個詞帶有非法、次等和從屬的意涵。以此類推，對比英國出生的「英鎊」，在殖民地出生的殖民者被稱為「通貨」。

「夾在舊的身分地位心態和新的現代階級劃分之間」。[164]凱利家族地位的提升和家庭悲劇接踵而至。當他被宣布破產的時候，他的妻子在兩人第十個孩子誕生後去世，他的長子也在一次捕鯨意外中不幸喪命。[165]

誠如這兩個小插曲所揭露的，構成殖民家庭的要件是不穩固的，倘若其社會認可必須以危險又投機的生意做基礎，就更是不確定了。

英國化地主階級移民家庭的出現，是來自從思想上對系統化殖民產生責任感，帝國也因而離開海洋登陸地面。系統性殖民見證了革命原則的逆轉；它是根據新的種族及性別規範，對家庭安排造成親密影響的反革命。它徹底改變了塔斯曼海各地商人和本地女人之間的往來、依賴和暴力文化。

結論

這章勾勒的塔斯曼世界樣貌很不尋常，儘管在澳洲和紐西蘭的歷史中，可以看到一種海洋變化，但直到今天，依舊鮮少有關於這個時期的歷史敘述把這兩個國家合在一起談。[166]澳洲和紐西蘭被分開談論有一部分是因為以下觀點：英國與毛利人的關係和英國與澳洲原住民的關係對比鮮明，前者有一八四〇年簽署的《懷唐伊條約》，後者沒有簽訂任何條約。在這個對比的核心中，我們看到對歸屬主權和對種族與性別角色指派方面的差異。[167]此外，奧特亞羅瓦／紐西蘭不像新南威爾斯或塔斯馬尼亞是囚犯殖民地的事實，也形塑著兩地之間的對比。這兩個國家故事的分離，顯示將原住民族選擇的路加以區分是很好的政治工具，然而，從新南威爾斯（以及可拉和邦格瑞的故事）到塔斯馬尼亞（以及關於塔斯馬尼亞原住民，尤其是女性海豹獵人的可怕記載），再到奧特亞羅瓦／紐西蘭（以及殖民定居家庭的出現）的過程中，本章的敘事嚴肅對待在這個時期能看到的各種海洋連結。[168]移動在這些地點之間的觀念、族群和表現形式，讓這些地方露出相似之處。

舉例來說，圍繞原住民族未來的根本分歧，都在這時期出現在上述各地，同時各地以一種伴隨邁向系統性殖民而生的節奏，和彼此聯繫和切斷聯繫。在每個相關和差異的故事中，原住民族總是有辦法讓他們的勢力被看見，然後自行遷移，這為這些水域的殖民流動性確定了框架。種族和性別的分類，覆蓋在原住民能動性和水域活動之上。殖民的土地強制徵收和原住民活動被綁在一起——前者沒有在全然未與後者妥協的情況下進行。

大英帝國在南方的海上建立前哨站時，其反革命行為包括菁英的探索競爭，譬如令庇隆惱火的塔斯馬尼亞插旗事件。它圍繞在海洋盡頭的自然歷史「改善」計畫，像是對海洋生物的經驗論和理想化描述。反革命在介入這段歷史之中的窮兵黷武、人道主義和改革裡，還有這些計畫對酋長、君主和共和主義概念的利用與嘲弄之中，顯而易見。英國人動用了文明的定居家庭觀念，使性別和婚姻的新概念可以覆蓋原住民對自我的認識。反革命既是考察測繪，也是教育，同時也是坎貝爾支持的那種自由貿易和反壟斷模式，雪梨、霍巴特或威靈頓等城市因此模式得以擴張。關於帝國如何在英法旅行者彼此競爭，以及戰火方興時刻茁壯的廣角認識，使原住民及其歷史在原住民土地被搶去創造現代世界時，能和歐洲人被放在一起談論。

澳洲和紐西蘭的歷史經常被視為和土地及畜牧業分不開，但在這章的故事中，水和土地從頭到尾是連接在一起的。原住民女人和男人的水上活動，被按照歐洲人對探險的性別規範重組，航海者弗林德斯和邦格瑞的合作就是一例。塔斯馬尼亞北海岸的原住民婦女，傳授重要的海豹獵捕技能給海豹獵人和捕海豹船；捕鯨船影響了紐西蘭陸地的系統性殖民計畫。從反奴隸制和反海盜行為之中可以看到的一種海上愛國主義語言，彈跳擦過這個世界的各個地方，影響了官僚國家的興起和貿易管理。

殖民地移民的生平故事突顯了從海上貿易到畜牧業的轉變，有時這個過程被歐洲革命時代的事件戲劇性地打斷，就像約根森的情況。在本章介紹的人物生平中，我們看到捕鯨者和海豹獵人落地生根，從海洋轉向陸地，從經商貿易到參與政治，從漂泊不定到進入基督教婚姻。因此，撰寫一段跨海的歷史，是為了重新思索大英帝國在世界這個角落的起源，同時也是為了接通澳洲大陸和紐西蘭及塔斯馬尼亞諸島嶼所代表的獨立實體，這些地方一起誕生，成為殖民地——但它們的日後發展卻分道揚鑣。

考慮到塔斯馬尼亞戰爭的殘酷，還有重新安置殖民的殘酷，我們不能只是把革命時代當作一個抽象的、結構性的現代化過程，或是一種政治方案或政治理念。我們需要思考它如何造就了反革命的大英帝國主義。同時，需要為它增添人的元素。我們需要思考它給性別概念造成的轉變，種族的概念也是。除了海豹和鯨魚，還需添加其他生物，因為這個快速擴張也對環境方面造成影響。下一章將從印度洋的孟加拉灣水域談論這個主題。戰爭將是後續事件的一項重要特徵。

第六章　印度的海洋邊疆：戰爭的水上血統

一八二〇年代中期，孟加拉灣水域給上緬甸的阿瓦王國帶來了新危險，[1]出自佛教僧人「吉幹湖村老見習僧」（Kyi-gan shin gyi）之手的罕見珍貴書信，為我們透露了正在發生的事。[2]

這位僧人的真名是莽努（Maung Nu），他始終停留在見習僧的修行位階。事實上，他四海為家，兜轉在貿易和法律的圈子之間，當他的學者名氣傳開來時，波道帕耶王（King Bo-daw-hpaya）邀請老僧到他在阿摩羅補羅（Amarapura）的都城定居。阿摩羅補羅位於今日緬甸北部曼德勒（Mandalay）的近郊。老見習僧的書信集以棕櫚葉為稿紙。這些信屬於慈愛書簡（*Myit-taza*）的文體，用一種緬甸鄉下村民熟悉的語言寫成。老見習僧大概是替一些不識字的民眾代筆，寫信給他們的至親至愛，信裡提到百姓因為緬甸阿瓦王國集權中央，以及歐洲貿易規模擴大所帶來的種種變化而陷入困境，這些改變促使人們從北方遷徙到沿岸地區和歐洲人做生意。

「老見習僧」幫一名年輕男子「蓮葉」寫信，男子順伊洛瓦底江而下來到仰光：「我應該在啟航前寫信的，可是在這種瑣碎的小事上，重要的是關愛。」[3]對「蓮葉」而言，仰光是來自孟加拉灣各地的人聚集的城市：「形形色色的水手、陌生人和習俗迥異的異邦人，分屬很多不同的種族，全都是我叫不出名字的種族。」這裡提到的民族有亞美尼亞人、羅馬天主教徒、葡萄牙人、非洲人、阿拉伯人，包括「印度教苦行僧（Hindu Sardhus）、穆斯林船員，以及孟買商賈在內」的各種印度人：

他們是留八字鬍、鬢髯、落腮鬍、雙腿毛茸茸的多毛之人。他們精力充沛，個性機警，從一個地方奔忙到另一個地方，一遍又一遍，上上下下，進進出出，來來回回，蜿蜒曲折地奔向東、北、西、南的每個角落。

特別有趣的是，這令人頭暈目眩的描述，和伊洛瓦底江上游北方人的穩重可靠形成鮮明對比：「我希望，我親愛的家人對我保持忠實和真誠，無論別人用誹謗虛假的閒言閒語怎麼說我的過去和現在，都像那隻銀蜥蜴一樣，不受影響……」。銀蜥蜴指的是水手的羅盤，因為信裡描述銀蜥蜴，「一直靜靜地指向北方。」

根據當時流傳的一個說法，緬甸在第一次英緬戰爭（一八二四至二六年）之前的這些年裡，是一個確信自己必將戰勝英國的自負政權。[4]將本地統治者和國王描述成「東方暴君」，在亞洲各地是很普遍的事。歐洲觀念開始對我們即將談到的其他衝突產生影響，包括在爪哇、斯里蘭卡和中國發生的衝突。但莽努的信反而展現出對危險的敏銳洞察，和土地有關的危險。南部的沿海地區，還有和英屬印度接壤的邊界，普遍動盪不安。因此，這不是一個對外頭世界一無所知的王國。

在老見習僧為惦念兒子的父親代筆的另一封信裡，據說王國心臟地帶傳唱起令人不安的新曲調。星象對波道帕耶王不利：

> 占星術士和老百姓一致認為時局不利，星象大凶，國王和王國都面臨危險……不幸的是，吾兒，你因為做生意前往沿海地區的大城，例如達拉（Dallah）、席利安（Syriam，按：今席林）、馬達班（Martaban）、錫唐（Sittang）、直通（Thaton）、毛淡棉（Moulmein）、勃固、馬比（Hmawbi），你正走在他毀滅大軍將至的道路上。吾王最偉大的勝利將在吾國臨海區域上演，但這些地方也將成為他的大軍創造災難和破壞的舞臺。5

像阿瓦和康提（Kandy）這樣的王國，常被描述為內陸國家，後者是今天斯里蘭卡境內的內陸高地王國，也是該島最後一個獨立的據點。傳統觀點認為這時期的亞洲政權沒有能力應付海洋歐洲人的科技及軍事力量，這個觀點特別適用於他們對英國侵略的反應；英國在拿破崙戰爭期間和之後，入侵這些領土和整片水域。然而，第一次英緬戰爭期間發生在伊洛瓦底江上的對峙僵局，卻和這個觀點恰恰相反。在斯里蘭卡，再度從海岸進擊的英國人，先是於一八〇三年頗為慘烈地敗給了內陸的康提王國，然後才在一八一五年擊敗康提王國。

十八世紀末和十九世紀初期間，歐洲陸軍與海軍和非歐洲部隊之間出現了重大的技術差距。然而，這並沒有為殖民者自動帶來成功。在亞洲的環境，後勤補給、地勢變化和運輸仍然困難重重，我們甚至可以說，在面海的地方尤其困難，因為那裡的地形地貌多變，不僅有沿海地區，有高地，有河流，還有沼澤地。亞洲政權積極回應，在歐洲進擊的過程中尋找自己的路；與此同時，這些戰場上，歐洲人因為無法確保勝利，於是發動起大規模的搶劫搜刮。

戰爭裡的船

第一次英緬衝突是大英帝國早期歷史不受重視的一場戰爭，這種輕忽是不合理的，因為它讓英國人損失了五百萬英鎊和一萬五千條性命，而且前後持續了兩年。[6]

戰爭始於阿瓦王國向西推進。波道帕耶王之孫巴基道（Ba-gyi-daw）率領大軍，試圖將不在王國管轄內的曼尼普爾（Manipur）、若開（Arakan）和阿薩姆（Assam）納入控制。在加爾各答的英國人開始擔心，緬甸想要占領加爾各答的傳言甚囂塵上。[7]阿瓦在一七五八年和一七六四年入侵曼尼普爾，並在第一次英緬戰爭爆發前終於征服了它。[8]若開在一七八五年被吞併，然後瑪哈·班都拉一世（Maha Bandula I）在一八二二年指揮兩萬大軍出征阿薩姆，他們輕易就打敗了阿薩姆的阿洪姆王國（Ahom）。來自該地區的難民潮、對阿瓦繼續擴張的擔憂，以及若開邊境的衝突，導致英屬印度於一八二四年正式宣戰。

第一次英緬戰爭的確是源自對疆界的爭奪，而它曲折痛苦的過程有一部分是拜季風和地形所賜，例如在今天緬甸西部的若開山脈（Arakan Yoma）。不過，英國人贏得戰事，卻是因為他們在海上的行動，有一支英國海軍艦隊先是停靠在孟加拉灣的安達曼群島，然後駛抵仰光。

海上的推進令班都拉率領的緬甸軍隊防不勝防，他們當時正從阿薩姆和若開發動精心策劃的兩路突襲，試圖打通從吉大港（Chittagong）繼而通向加爾各答的陸路路線。[9]由於英軍在吉大港的防禦工事不足，這場陸上戰役本來有可能取得一些對阿瓦有利的出奇成果，但班都拉大軍卻因為英國船隻抵達仰光，被迫一百八十度大轉向，和英國人在仰光交手。

英國艦隊抵達後，雙方在伊洛瓦底江上玩起爾虞我詐的遊戲。在戰爭的某個重要階段，雙方船隻短兵相接。緬甸人知道英國在其他地方攻城掠地的進展，同時對他們自己的主權有清晰的想法。阿瓦以佛教宇宙中的理想王國南贍部洲（Zambudipa）闡釋自己的主權，[10]並在此時透過創造泛緬甸族裔認同感強化自己的政權，以對抗內部的競爭對手，這也導致緬甸境內戰事的增加。緬甸人在十八世紀後期，首次使用帶有族裔特色的名稱「緬甸」。誠如史學家維克多・利伯曼（Victor Lieberman）指出的：「對國王和泛緬甸的效忠，逐漸取代了地方的身分認同。」[11]小船的使用、王國對英法競爭的反應、王國對歐洲展示物品的採納，以及王國對海上貿易的關注，突顯一種帶有思辨能力和反應機制的政治，這和全球發展及區域變化的情況是一致的。他們的王國不是天真的軍國主義政權。

抵達仰光後，英國人受到當地船廠的接待。這些船廠由六名外國造船商經營，他們使用仰光的出口商品大宗：緬甸柚木。多數船隻是為亞美尼亞人或穆斯林商人造的。抵達仰光的遠征隊遇到了受馬斯喀特統治者委託製造的兩艘大船，排水量都是三百噸，這代表就連緬甸都在馬斯喀特統治者的勢力範圍內。[12]我們在造船商裡看到和亞美尼亞的聯繫：商人馬努克·沙奇士（Manook Sarkies）。沙奇士擔任英國人的通譯，[13]他的家族企業經營靛青、檳榔和蟲膠的貿易。[14]

英國人對海洋緬甸的興趣，從英軍密切觀察緬甸戰船可見一斑。有份記載指出，緬甸人使用「上等柚木造船，先大致成形，然後再用火膨脹」。作者托馬斯·阿伯克龍比·特蘭船長（Captain Thomas Abercromby Trant）把這些戰船排名在英國船隻之上。排名的依據是船速，緬甸戰船的速度來自船體輕盈，以及露出水面的表面積小，再加上「整齊劃一的槳，按照船夫之歌的節奏落下」。特蘭船長為他的讀者提供超過三頁的緬甸戰船歌曲樂譜。[15]據說戰船可搭載約五十或六十名槳手，「組成艦隊」，發動「莽撞」攻擊。[16]在一張華麗的圖中，我們看到成為仰光首席海軍指揮官的弗雷德里克·馬里亞特船長（Captain Frederick Marryat），展示了一艘英軍捕獲的鍍金長戰船，長八十四英尺，沿伊洛瓦底江蜿蜒而上，船上槳手座位安排的井井有條。[17][18]這幅畫有一個版本的金箔船身和遠方岸上的鍍金寶塔相互輝映。[19]

在讚美戰船之餘，馬里亞特還把兩艘低階的緬甸船加以分類：商人使用的平底船，以及「單純的獨木舟」。[20]戰爭前，沿伊洛瓦底江而上的大船交通，包括到北方進行稻米貿易的船隻，送往王國宮廷的槍炮也從這條路線通過。[21]緬甸河舟和海船的優勢在於它們吃水淺，又有划槳手的推進力，這樣的組合在緬甸縱橫交貫的流域裡有很好的表現。歐洲的海船不是在這些航道上擱淺，就是應付不了河水湍急或曲折河道。[22]

出版成冊的戰爭圖集，以英國艦隊集結孟加拉灣安達曼群島為敘事起點；然後是艦隊抵達仰光；然後是占領佛塔林立的仰光，這幅圖的重點是佛塔上頭的金箔；然後是英國船隻繼續往伊洛瓦底江上游航行。[23]我們看到英國船在地面部隊的支援下，和緬甸戰船展開對決。[24]戰爭的視覺劇目以海事為主，也讓海事衝突被搬到內陸亞洲呈現。

戰爭結束時，英國對沿海地區的興趣，從殖民者透過一八二六年的《楊達坡條約》（Treaty of Yandabo）占領曼尼普爾、若開和丹那沙林（Tennasserim）可看出，這使緬甸進入孟加拉灣的通道大幅縮窄。戰後，根據緬甸宮廷編年史《琉璃宮大王統史》（*Kon-baung-zet Maha Ya-zawin-daw-gyi*）記載，王子和大臣們告訴國王，仰光河流沿岸的城鎮和村莊是「戰爭可能入侵的門戶」。[25]

在戰爭中，英國除了需要認真看待緬甸的航行能力，也對河上爆發的另一類型衝突感到驚慌。有些在緬甸的英國評論員對石油這項資源不甚了解，稱之為「土油」（earth oil），還說石油存在於緬甸人可以經水路運送它的任何地方。它被用來點燈，塗抹木材以免受昆蟲蛀蝕。[26]戰爭期間，緬甸人會造木筏，然後在上頭放置一罐石油，點燃後，將木筏送往水上，包圍英國船隻，就像「一座座會移動的火山」。[27]在馬里亞特船長的私人日誌中，可以看到英國人如何以火反制火：

一八二四年
六月三十日　火筏順流而下
七月一日　見習生弗雷德克·布朗先生：陣亡
　火筏繼續往下游
三日　火燒達拉（城）。[28]

火在緬甸是有豐富意涵的符號政治（symbolic politics）。木造城鎮常有被燒毀的危險；國王必須任命防火官保護城鎮的安全。都城阿摩羅補羅曾在一八一〇年付之一炬。過去的篡位者也會用火奪權。[29]對英國人而言，火是焦土戰略不可或缺的元素，就像海軍是英緬衝突的特徵，雙方在火的方面也有對稱與糾纏。

船戰隨著時間過去，在衝突後帶來了船舶外交。隨英國遠征在一八一一年從荷蘭人手中奪取爪哇的約翰·克勞福（John Crawfurd）在一八二六年戰爭結束時進到緬甸，擔任仰光的民政長官。克勞福率領一支使團前往阿瓦，談判商業協議。他被安排參觀了一場水上節慶，節慶的內容包括船隻展示。當他乘船抵達節慶現場時，他看到坐在一艘大駁船上的國王和王后：

這艘船的形狀好似兩隻大魚，極為華麗：船體處處貼滿了金箔，還有至少三十英尺高的尖塔，從船身中央升起，宛如迷你皇宮。

克勞福寫到鍍金的戰船和鍍金的御用船，就連大槳和短槳都貼滿金箔。作為君主王權的宣示，國王在他專屬的白傘下遊行，御用船上還有專為國王和王后設置的寶座。國王和王后坐在大駁船船頭的綠色天篷下，「這是有身分地位的人才能占據的位置。」[30]就這樣，以國王為中心、由臣民環繞的神聖王國在水上呈現。克勞福和英國人無意間參與了這個符號政治。戰船相伴的水上宮廷奇觀，也被捕捉在有插圖的貝葉冊（*parabaik*，可折疊手抄本）裡，以及當時的寺廟藝術裡，顯示這樣的符號政治有更廣泛的視覺流通。[31]

在現在已譯成英文的宮廷編年史中，這一切的含義很清楚：國王仍視自己為王國君主，按照字面理解的話，是全緬甸至高無上的唯一統治者。[32]戰爭結束時，宮廷編年史並不是說緬甸被英國人打敗，而是說由於英國人過度擴張，需要進行和平談判。國王會按照符合佛教認知的方式，慷慨地支付英國人的費用，國王將「透過施予取勝」。[33]換個角度，這就是英國人口中的賠償。[34]其他紀錄指出國王一一八七年得古月（Tagu，按：緬曆第一個月，也是舉辦潑水節的月份）的上半月，也就是一八二六年三月十一日宣稱：「寡人恪遵一切君王行為準則。」[35]上述種種都帶著政治權力聲明的意圖。緬甸在和外來者從事政治交涉方面，並非默然無聲或一無所知。儘管戰爭技術可能已經拉開了差距，實際來看，英國和緬甸仍是勢均力敵的對手。

儘管有這種對稱性，克勞福的敘述陷入對東方的刻板觀點，而不是展現理解或強烈的好奇。例如，船隻節慶以漫天「粗俗黃金」劃下尾聲，「我所見過最華麗、最有氣勢的表演，和東方浪漫主義不可說不相稱。」[36]這種東方主義的想像，在對送往英國的緬甸文物戰利品的描繪中還能繼續看到。約翰・斯金納牧師（Rev. John Skinner）評論了在倫敦龐德街亞洲學會（Asiatic Society）展出的一系列藏品；這些是馬里亞特帶回英國的戰利品。斯金納說緬甸戰船模型堪比「巴約掛毯（Bayeaux tapestry）上畫的」諾曼船（Norman vessel）。斯金納的日記裡還有馬里亞特藏品的水彩畫。在某幅畫裡，戰船沒有照慣例配備划槳手，旁邊有單獨呈現的槳、舵、撐竿、緬甸鐘和佛像。[37]

在第一次英緬戰爭中，戰爭技術和政治符號意義也以另一種方式繞著一艘船打轉。這回成為焦點的是一艘英國船。這艘在第一次英緬戰爭引起最多討論的船，是蒸汽船「戴安娜號」（*Diana*）。它讓我們看到英國人即便使用新的戰爭技術，也無法輕易得勝。[38]在戰鬥中使用戴安娜號是馬里亞特的點子，也是英國人第一次在戰爭使用蒸汽船。我們在一幅戰爭插圖中，看到背景的達拉鎮遭英軍炮火攻擊，「很大一部分」正在燃燒。[39]然而，畫裡沒有關於被摧毀城鎮的細節，而是在前景中呈現了許多英國船隻。戴安娜號在左側，附近是一艘馬來船的船首、由馬里亞特指揮的雙桅炮艦拉恩號，還有一艘被俘的緬甸戰船和一艘運輸船。船隻在平靜水面集結，顯示英國戰爭仰賴集結各式各樣船艦，包括亞洲人在孟加拉灣或伊洛瓦底江使用的船隻，尤其是在這個地帶。[40]

即便需要混合的導航模式，戴安娜號提供的優勢毋庸置疑，例如發射火箭。據英國報導表示，緬甸人對火箭發射的連續快速、致命性和「不祥的呼嘯聲」感到不可思議。[41]戰爭期間被國王俘虜了兩年的一名英國人在重獲自由後登上戴安娜號，他說蒸汽船是「充滿魔力的傑作」，因為它引起了當地人的恐懼。[42]他們接近蒸汽船，彷彿它是某種「被高超巫術召喚而來的地獄之獸」。[43]英國人對戴安娜號有這種魔力感到非常滿意。英國蒸汽船的速度和緬甸戰船旗鼓相當，使英軍能夠奪占緬甸戰船。[44]

後來，克勞福在他擔任大使期間乘坐戴安娜號旅行，不斷提到緬甸人看見蒸汽船時的焦慮不安。[45]據稱國王曾公開表達擁有一艘蒸汽船的意願，還特別注意到了煤礦，詢問緬甸境內有沒有發現這種礦物。[46]如果說緬甸人精心編排了一場排場盛大的船隻表演，藉以傳達佛教國王的理念，英國人則是希望藉蒸汽動力，象徵他們在發明機器方面不斷提升的帝國實力。蒸汽船的符號力量也和緬甸傳統相互對抗。英國觀察家記錄了一則在緬甸百姓之間流傳的預言，預言說，直到有一艘船能在季風季節期間，不借助划槳手或風帆之力，沿伊洛瓦底江逆流而上之前，王國都不會被擊倒。[47]

矛盾的是，克勞福指出他的使團搭乘戴安娜號，花了三十天才從仰光到達阿瓦。相較之下，緬甸戰船如果晝夜航行，「天氣好的時候」只需要四天，「雨季期間」需要十天。[48]蒸汽船在回程遇到困難，因為河流水位下降，期間一度需要三百名緬甸人協助將它拖離沙洲。[49]英國技術的勝利依舊羽翼未豐，我們不該假設蒸汽船必然造成巨大衝擊。一八四四年，緬甸人購買了他們的第一艘蒸汽船。他們用「火」稱呼蒸汽，於是蒸汽船在緬甸語中就成了火機器。[50]

英國人和緬甸人的水上活動種種，都是為了外交和象徵意義，還有為了戰爭。如果這突顯了英國人和緬甸人之間的糾纏和對稱，拿破崙戰爭的全球脈絡則是在英緬戰爭過程中，造成了某種程度的暴力劫掠。這種劫掠是雙方勢力平衡改變了的一個關鍵指標。

後拿破崙時代的劫掠

對從沒來過仰光的遊客而言，大金寺（Shwedagon Pagoda）始終是充滿魅力的地標。（圖6.1）人們相信寺裡供奉著釋迦牟尼和他三位老師的舍利。登上其中一處階梯，經過無數攤販後，你會來到上層的露臺。黃昏時分，這裡擠滿了虔誠信徒和遊客，他們和我一樣順時針繞著佛塔和它的附屬廳堂、聖祠及寺廟。由於大金寺如今流露超脫世俗的氛圍，很難想像這座佛塔是第一次英緬戰爭某個階段的事件中心。占領仰光後，英國人把大金寺變成他們的行動總部。[51]

圖 6.1　仰光大金寺，作者拍攝

考慮到佛塔的高度，這個選址肯定帶有戰略意義。但使用佛塔也是一種文化傲慢的展現。一名評論者寫道，在佛教僧侶歌頌他們的神的地方，「今天可以看到英國士兵清理他們的火槍，或抽著雪茄。」「佛祖頭頂被人褻瀆地帶上一頂軍帽，祂的雙臂披著紅外套、背包和其他士兵裝備的配件。」[52]在佛寺院落內找到的一個鐘，因為上頭的金銀和巴利文及緬文銘刻而受到重視。它被拖上一艘木筏，送往加爾各答，但中途沉入河道，直到一八二六年一月才被挖出來，歸還給大金寺。[53]

搶劫文物在其他地方的成果更是豐碩。交戰期間，在寺廟和聖地「翻箱倒櫃」搜索裡面收藏的聖人遺物成為常態。[54]搶劫讓飢餓的部隊得以飽食。根據某個通報紀錄，軍隊共有四千頭緬甸閹牛。人們把從民宅偷來的鴨子和其他家禽藏起來。[55]英軍四處搜查擺有金銀佛像的禪修小間或房間的行為，被比擬為某種「榨取和採礦」；英軍此舉的確是受到他們心中的貴金屬價值所驅使。[56]

緬甸文物的市場於是形成；物件在加爾各答宣傳，然後進到倫敦的私人收藏家手裡。[57]馬里亞特的典藏至少有一百三十七件文物，包括斯金納素描的那艘戰船模型，仗著他從緬甸帶回那麼多戰利品，馬里亞特提議他應該成為大英博物館的董事會成員之一，他還獻給大英博物館一尊「鑲金緬甸大佛祖像」。根據一名研究佛教的早期東方學者表示，這件文物來自仰光大金寺。[58]這是一尊空心的漆器佛像，最初展示在博物館的主臺階上，就在長頸鹿旁邊。當時博物館還在蒙塔古居（Montagu House）的舊址。[59]

構成第一次英緬戰爭的海上對峙、搶劫和持久衝突，全都有助於支撐這個衝突是拿破崙戰爭之產物的論點，這場戰爭需要被放進革命時代裡。讓我們繼續用文物佐證。第一次英緬戰爭和拿破崙戰爭的血脈相承，從另一件非凡文物的歷史可以看得到，「散發著五光十色的金、銀和寶石光輝，」它在戰爭中被掠奪後，來到了倫敦街頭。[60]這件文物講述了一段交流和模仿的歷史。它從緬甸的土瓦（Tavoy）港口被奪走，並按照英國人先前送給緬甸人的某個禮物的樣式打造。在加爾各答售出之後，它落腳於倫敦皮卡迪利（Piccadilly）廣受民眾喜愛的埃及廳（Egyptian Hall），引起各界媒體關注，繼而又從埃及廳轉賣給一位私人收藏家。[61]這裡說的文物就是華麗的緬甸國王御用馬車。

不同於英國人送給緬甸人的馬車，王座低矮，這輛御用馬車讓國王坐在高處，施展王權的符號政治。它有可移動的座椅。[62]展示引發的熱潮源自英國人對另一輛戰利品馬車的記憶，吸引了無數民眾前來參觀。這裡說的另一輛馬車，就是一八一六年也在埃及廳展出過的拿破崙馬車。《泰晤士報》（*The Times*）在介紹緬甸國王御用馬車展覽時，說它是和先前拿破崙馬車一脈相承的展覽，並預言這輛馬車一定「和波拿巴的馬車魅力相當」。報紙接著說：「有人告訴我們，它和大金寺的主塔外觀極為相似，共有七層，以精湛工藝逐層按比例縮小。」[63]

對記者而言，阿瓦國王和拿破崙都是被徹底擊敗和過分自信的敵人，因此由記者向外延伸，正經歷國家復興的英國人應該也是這麼想的。

阿瓦國王表示，他很訝異我國政府沒有在最近與法國的戰爭中，向他商請協助對抗波拿巴。他說，他可以派出四萬士兵，把法蘭西民族從地球表面徹底剷除。在口出如此放肆的狂言之後，讀者們聽到下面這段話也不會感到驚訝，他十分坦率地警告我國在印度的政府，在他將我們趕出印度後，他將率軍**出征**制服英國。[64]

第一次英緬戰爭前後的英法交戰

從更長時間範圍的思考，我們就會了解，為什麼拿破崙戰爭能為第一次英緬戰爭提供比較參考點和理解框架。

印度的法國和英國聯繫，在十八世紀的下緬甸發揮了作用，而且這些外國聯繫被捲入了十八世紀中葉南部勃固人和北部阿瓦人之間的戰爭。[65]南部的叛亂者被阿瓦的徵稅和南遷的移民激怒。這時期，[66]法國人和英國人都為了改裝船隻，在下緬甸建立據點，[67]在旁迪切里淪陷之前，法國人也考慮過把印度洋總部遷至緬甸的可能性，在前面章節介紹過的蘇弗朗海軍上將，是這個計畫的頭號主角。[68]

麥克・賽姆斯（Michael Symes）在一七九五年和一八〇二年連續兩次率領英國使團，他後來參加了西班牙的半島戰爭，在海上送命，這個使團的目標之一是說服緬甸君主切斷和法國的連結。[69]緬甸的法國連結是源自緬甸和法蘭西島的往來，這是一段引人入勝的遠程外交和貿易故事，但長期被研究印度洋的史學家忽視。在賽姆斯第一次出使時，談判受到不利的影響，因為：

……消息隨掛緬甸旗幟從法蘭西島出發的一艘小船抵達仰光，帶來對歐洲局勢的負面描述；將歐陸盟軍的挫敗，誇大為徹底戰敗；還補充說，荷蘭人和西班牙人加入擁護共和主義的陣營，英國人距離徹底毀滅已不遠矣。[70]

在第二次出使時，賽姆斯的使團不得不在宮廷等候，等一支來自法蘭西島的法國代表團帶著「模里西斯總督的信和禮物」沿江而上。[71]當法國人抵達阿摩羅補羅時，賽姆斯對這個代表團的成員嗤之以鼻：他們分別是從法蘭西島派來的一艘法國商船的美國籍貨物管理員、一名從加爾各答重獲自由的囚犯，以及某法國男人和某緬甸女人生下的兩個兒子。[72]緬甸和模里西斯之間的接觸，在模里西斯落入英國控制之前的幾年開始逐漸減少，但在此之前，阿瓦曾向這座法屬島嶼索討彈藥和火槍，同時，緬甸朝廷也接見不少法國私掠者。模里西斯和阿瓦關係的這些面向，和蒂普蘇丹的邁索爾和模里西斯交流展現的特徵是一致的，[73]它們都展現出非歐洲人的自信，而這是革命時代在印度洋的一個決定性特色。

一八〇二年，賽姆斯通報有艘來自模里西斯的船，帶著一批火器槍枝抵達緬甸。[74]緬甸的宮廷記載也有提到法國援助彈藥一事。[75]一八〇九年，模里西斯被封鎖時，英國派遣一支外交使團訪問阿瓦，以消除英國也要推翻阿瓦王國的任何恐懼。[76]除了外交和彈藥，貿易在緬甸和模里西斯的連結中也有它的作用，而且貿易商品可能包括油和柚木。[77]從更大範圍的印度洋競賽舞臺來看，這顯示緬甸在英法競爭的政治角力中，選擇採取一種消極回應的立場。

有鑑於上述在戰爭爆發前的早期歷史，前文提到導致第一次英緬戰爭的邊境擔憂，使英國人確信有需要控制緬甸的邊界，以免法國利益在後拿破崙時代，再度在這個印度鄰邦找到發展的出路。[78]對法緬關係誇大的擔心一直持續到十九世紀，在一八五二至五三年第二次英緬戰爭後，有報導稱阿摩羅補羅有一批被強行拘留的法國百姓。根據仰光檔案的一封信表示，有個人來到阿瓦王國，本來是準備要做點生意，卻「被要求協助製造武器、火藥和其他東西，但他說他拒絕了」，在這封致函英屬印度的信件中，據稱該男子的妻子有時「被惡劣地痛毆」。[79]諸如此類的軼事，使英國人能把他們的工作，解釋為真正解放者的工作。這些軼事顯示英屬印度對邊境的恐懼持續存在。[80]

此外，為了證明這場戰爭和革命時代之間的連結，第一次英緬戰爭參與者的生平也值得我向各位娓娓道來。拿戰爭日記在前文中被引用過的馬里亞特為例。馬里亞特救人無數：他因為提出救生艇計畫，獲得皇家人道協會（Royal Humane Society）頒發勳章。他老是奮不顧身地跳到海裡救人，檔案館裡有個剪貼簿上糊了好幾份證書，證明馬里亞特英勇救溺的男子氣概。[81]他也曾和法國人作戰，並參與一八一二至一四年的英美戰爭。他後來成為小說家。也許是因為參戰的實際經驗，他草擬了一份信號代碼，幫助海軍和商船彼此合作無間。[82]他未標明寫作日期的信號書手稿是一件很費心力的文物，精美的彩色旗幟畫在清晰網格中，傳達特定訊息、方向和信號，另外還有一份船舶名冊，說明如何判讀船隻的國籍。[83]

然而，拿破崙戰爭形塑馬里亞特的決定性證據，在於他對一個事件的著迷；也就是，他在聖赫勒拿島親眼目睹的拿破崙之死。[84]馬里亞特畫了幾幅死去拿破崙躺著的素描，我們無法確定哪幅是在他死去房間裡繪製的原始草圖。其中一幅帶有手寫的英文副標題：「五月六日星期日早上的拿破崙・波拿巴，死後十四小時——在他斷氣時躺臥的床上。」[85]這些黑白的簡約圖畫看起來很莊嚴。死者安息，裹著一件長袍，擺在他身上的耶穌受難像突顯死亡的平靜。[86]

對於馬里亞特而言，緬甸戰爭讓他在拿破崙戰爭中建立起的職業生命獲得延續，透過馬里亞特，我們也能推論還有其他人和他一樣——包括率領第一次英緬戰爭參戰部隊的阿奇博爾德・坎貝爾將軍（General Sir Archibald Campbell），攤開他的工作簡歷，宛如一部拿破崙戰爭史。有段關於伊洛瓦底江戰爭的記載指出，部隊由年輕軍官組成，他們自拿破崙戰爭結束以來就沒見識過戰爭了，「看到這次服役機會……露出最真誠的快樂。」[87]換句話說，需要工作的軍人們在承平時期投身到不必要的戰爭。畢竟，緬甸對印度構成實質威脅的機會，微乎其微。因此，對拿破崙軍事行動的徵引在史料裡出現比較是出於碰巧。[88]從另一個角度來看，阿瓦宮廷上有包括革命戰爭和拿破崙戰爭難民在內的外國人，為國王提供建言。其中一號重要人物是「被法國大革命帶來的變化和機會」重擊的西班牙人老蘭切戈（Sr Lanciego），他過去是私掠者，後來成為皇親國戚。[89]他在仰光港代表國王負責收稅。[90]

若在此時期的全球歷史下，一場接著一場的戰爭構成一連串的脈絡，那麼首次的英緬戰爭，實際上不該只納入後拿破崙時代的戰爭系譜，還應屬於另外一條區域性的戰爭脈絡之下。[91]第一次英緬戰爭是十九世紀初孟加拉灣戰爭故事的終點記號，從這個觀點來看，英國入侵今天印尼的爪哇（一八一一年）和今天斯里蘭卡的康提王國（一八一五年）到英緬戰爭，這一系列戰事形成一道弧線，都是由印度方面精心策劃，或是得力於印度援助的殖民衝突，這些衝突的目的是為了在英國更牢固地控制次大陸時，穩定英屬印度的海洋邊疆。

橫跨斯里蘭卡、爪哇和緬甸的水上戰爭區域路徑，圍繞著政治組織內的局部變化和宗教秩序，它包括宗教導師或戰士的移動，並使殖民進展的消息傳到亞洲菁英階層。亞洲政權之間還能明顯看到一種海洋的想像，這些動態構成了孟加拉灣各地的聯繫。然而，殖民學術研究、戰爭和海軍部署，循這些本地通道前進，並為它們的內容帶來轉變。這個殖民操弄策略，再次暗示帝國將時代潛力折疊收納到帝國結構內部的反革命動態。

從緬甸到斯里蘭卡

將斯里蘭卡最後一個獨立王國康提和緬甸擺在一起看時，很清楚顯示兩者都經歷了佛教君主國的復甦。[92]兩個王國都在十八世紀致力於文化改造。無論在斯里蘭卡或緬甸，改革都促成了英國的殖民主義和殖民領土擴張，並在某種程度上為之確立框架。

阿瓦王國某些詔令提到斯里蘭卡僧侶的頻率，比提到對英法入侵的擔憂還高。一八〇六年，阿瓦國王為種植斯里蘭卡僧侶帶來的菩提樹苗下了仔細的命令，菩提樹能得到特殊對待，是因為據說佛祖在菩提樹的樹枝下悟道證果。在詔令中，還列了一連串詢問這批來自小島的僧侶的問題：他們為什麼到緬甸？來時的旅程多久？斯里蘭卡使用什麼曆法？[93]後來，這些僧侶獲准到仰光接應其他從斯里蘭卡抵達的宗教人士，以及一位名叫庵婆伽訶（Ambagaha）的大師。[94]國王下令，要求百姓在這些斯里蘭卡佛教文物被運往阿瓦途中，向它們進獻食物與鮮花。[95]

次年，朝廷詔令規定斯里蘭卡僧侶會見緬甸僧侶，並要他們把帶來的棕櫚葉佛教手稿和醫學著作翻成緬文，[96]作為回報，一八一〇年返回斯里蘭卡的僧侶，獲贈了王家圖書館的宗教經文。這些僧侶被載運到海邊後，踏上朝廷為他們安排的返航行程回到島上，[97]有一群斯里蘭卡的僧侶還和當時正在訪問阿瓦王國、來自所謂「中印度」（Middle India）的其他宗教人士會面並交談，他們還看到了從印度聖城婆羅痆斯（Benares）帶來的佛教物品。[98]上述種種都是發人深省的插曲。它們並未展現高地王國阿瓦和康提的孤立，儘管那是英國描述裡的一項主要比喻，這些插曲反而展現了它們之間的相互聯繫，以及它們在更大規模的英國控制到來之前就已深入印度大陸。

十九世紀初，和緬甸的聯繫，在斯里蘭卡僧侶間產生了一個新的宗教團體，名字就叫「阿摩羅補羅」，和阿瓦的首都同名。[99]雖然緬甸宮廷紀錄的宗教團體起源相關日期，和斯里蘭卡棕櫚葉文獻上的日期不完全一致，但來自斯里蘭卡的僧侶代表團，顯然曾在十九世紀初期接二連三地前往緬甸。這有一部分是為了活化島上的佛教理解能力，[100]斯里蘭卡和緬甸與暹羅的聯繫存在已久，保持聯繫的諸多目標包括保存受戒禮和宗教經文流通的通道。[101]十八世紀中葉，康提王國的佛教神職人員經歷了全面重整，擁抱佛學和傳道的國王、改採古語的學者高僧、和接受新教育系統訓練的學習僧侶，都說明了這些變化。國王們精心策劃壯觀的公共展演，例如至今仍每年在王國首都舉行的佛牙遊行，同時也贊助新的寺廟藝術。斯里蘭卡島王權的復興，和發生在緬甸的事件有相似發展，在緬甸，國王也贊助棕櫚葉寫作計畫，而且有許多淨化宗教的嘗試。[102]

如果說，康提與阿瓦王國之間的相似性，可以從一八〇三年英國大敗於康提，到一八一五年捲土重來拿下康提的這段期間，兩個王國之間的連繫來理解的話，我們還可以再看到另外一個兩王國的共通特色，那就是帝國在兩個區域的行為相似性。因為英國為殖民發動的戰事，與伴隨著的東方主義，都循著相似的軌跡，將孟加拉灣兩側的原住民國度連結起來。

英國和康提王國的第一次戰爭，相當殘酷。一七九六年從荷蘭人手中奪走沿海領土後，英國人試圖征服內陸地區，維護他們對整個島嶼的主權，背後動力來自統治全島能得到的實務和經濟利益。殖民者占領康提的都城，發現城裡早已人去樓空，接著遭到國王的軍隊團團包圍。隨著季風和疾病肆虐，加上陣中印度與馬來士兵叛逃到敵營，殖民者決定撤兵，但不幸遭康提人攔截。[103]只有三名英國人躲過屠殺，倖存下來，參與這場戰爭的印度人、馬來人和僧伽羅人的死亡數字，很可能比英國人還多。就像第一次英緬戰爭，這是一次計畫不周的戰爭，地形和惡劣天氣，連同敵方的游擊戰術，給殖民者造成了一場災難。

《英國戰役》（*Ingrisi Hatana*）是寫在棕櫚葉上的一部詩集，為紀念一八〇三年康提國王戰勝英國，可能從大概一八〇五年起，花了一段時間分段寫成的。根據推測，它是從表演給國王看的歌謠再做改編。它宛如一份血腥的勝利慶賀文，內容充斥殺戮英國人的細節，不過這種暴力和英國在當時對殖民地反對者發動的「總體戰」中，上演的暴力行徑並沒有什麼不同。暴力自始至終都和維護國王的優越性，以及王國的族裔認同有關。誠如緬甸，斯里蘭卡也主張佛教王國「三僧伽」（Tri Sinhala）的統一，三個公國團結在一個王國之下，因此，在整個孟加拉灣，和英國人的戰爭都是政治、精神和族裔團結的一個藉口。

《英國戰役》記載了有關英軍推進的精采畫面。以下提到的一切都隨著英國人一起移動：「大炮、手槍、槍炮……強韌鋒利的長矛、斧頭、圓盤、劍、弓箭、標槍」，「強壯的馬匹和無數公牛拉的車」、「露營帳篷、床和椅子、銅器、紙、書、大鍋醋、子彈、彈藥、鼓、果醬……」，「雞、羊、鵪、鴨、牛、山羊」，「米、椰子、鹽」，「支付薪餉所需的大量盧比和金幣」，當然還有「由兇猛的大象、馬匹和步兵組成的龐大軍隊」。[104]

描述英軍從海岸上的英屬可倫坡離開時，詩人指出：

> 伴隨著轟隆隆的槍聲和樂器聲，英國士兵帶著陽傘、旗幟等東西，騎乘轎子和馬匹從可倫坡出發。[105]

談論英國人占領棄城的評論如下：

愚蠢的英國人看到（僧伽羅軍隊）撤退，便一股腦地進城，像一群衝進荒廢田地的牛，殊不知農民已將所有糧食都帶走了。他們渡河後住進城裡，說明他們註定要成為烏鴉、狗和狐狸的食物。

將英國的戰爭技巧描繪成欠缺智慧，然後把英國人的行為描繪成貪婪和掠奪，和國王及其軍隊高雅的隊伍形成鮮明對比：

許多頭大象在戰場上如雷鳴般狂吼，牠們看起來像在地上移動的雲，身體有七個部位和地面接觸。

道路兩旁一排排的馬匹，就像乳白色海洋的一道道波浪。看！牠們奔跑時揚起的塵土，使陽光照射不到地表。

於是，馬車車輪發出的聲音飄蕩在空氣中，一些士兵帶著盾與劍、弓與箭，身穿閃閃發光的盔甲，四方部隊整裝就緒如斯。[106]

詩集盛讚國王審慎挑選他的士兵，他「由九重寶石製成」的飾品和上等華服，以及他對音樂和女舞者伴奏的挑選。難怪國王會宣布：「讓這樣的敵人來吧！越多越好！我將擊敗他們，舉起勝利的權杖，揚名天下。不用擔心。」然而，就像緬甸的情況一樣，這不是東方獨裁者無知的王者聲明，這點很重要，因為把末代國王呈現得像殖民類型中的暴君角色，對於把英國擴張辯解成通往自由的渠道至關重要。[107]事實是，康提王國的勝利，說明英國人在製圖、軍事和技術方面，都缺乏高人一等的卓越知識。同樣顯而易見的是，康提人有能力把資訊掌握落差化為他們的優勢。他們在游擊戰中利用叢林和丘陵，對抗一支偏好組成不適用於康提地形的戰鬥陣型的軍隊。

就像緬甸一樣，斯里蘭卡的核心王國在戰前幾年、乃至幾個世紀，學習了來自歐洲的各種做法，這也是他們能夠得勝的原因。在英國人之前，康提曾與葡萄牙人和荷蘭人交戰，在這些戰爭中，總有逃兵倒戈到康提的陣營。一八〇三年，有個名叫班森的炮兵，從英國陣中叛逃，加入康提王國，然後在康提被託付管理火藥的職責，這讓人想起阿瓦向拿破崙戰爭的歐洲難民學習，認識新武器。[108]然而，倒戈的不僅僅是歐洲人，從歐洲軍隊叛逃到康提陣營的馬來士兵更是數以百計，一八〇三年包圍英國人的康提軍隊中還有八十名非洲人，或稱為「卡菲爾」（Kaffir）。此外，康提人將一些歐洲火器和大炮據為己有，也仿製了一些類似的武器。[109]

兩方的差異，乍看之下，可能等同於海洋大英帝國和群山扎實環繞的高地康提王國之間的差異，因而導致海洋和陸地的對戰。但就像在緬甸的戰爭一樣，這樣的分析簡化過頭了。占領錫蘭（英國人對斯里蘭卡的稱呼）行動發生在拿破崙戰爭的脈絡裡，誠如開普殖民地的情況，奧蘭治親王逃往倫敦，指示錫蘭的荷蘭人張開雙臂歡迎英國人。與其讓沿海省分落入法國控制，英國人接收荷蘭領土，而且從此沒將錫蘭歸還。英國對錫蘭的渴望，是一種海洋的渴望，這座島嶼如此靠近他們不斷擴張的印度領土，而且在東海岸的亭可馬里（Trincomalee）還有一個天然大港，條件好到不該拱手讓給敵人。[110]即便海事考量在某種程度上決定了英國在斯里蘭卡的政策，康提王國也不是沒有他們的海洋想像。因為康提王國自認擁有整座島嶼，康提歷任國王以控制沿岸港口的通行權感到自豪，這是塑造荷蘭－康提外交關係的一個關鍵。[111]就像在緬甸一樣，斯里蘭卡殖民地開拓者和被殖民者之間也存在對稱性。

因此，注意到《英國戰役》裡關於水的母題也不是怪事。這和國王在都城中心挖鑿湖泊的計畫可以說彼此呼應，這座湖泊被視為類似眾神攪動的乳白色海洋。[112]在《英國戰役》中，不懷好意的英國士兵「就像波浪一樣，手持武器咆哮前進」，而後在陛下跟前的「海灘」被擋住了。國王本人「用他的劍攪動了敵人的海洋」，隨國王登場的音樂，就像「世界盡頭的海洋咆哮」，[113]這不單純是一個比喻，因為土地和水，自然和男性，宗教和種族，在這段宣示國王——一位在十八世紀末和十九世紀初在政治方面大獲全勝的康提國王——的神威之敘述中彼此交織。英國人把此處的象徵意義，詮釋為裝飾性的象徵意義，誠如克勞福對緬甸水上節慶的回應，他們沒有意識到這些符號在統治者和人民之間創造了一種連結。英國人對這些符號政治的誤解，以及試圖宣揚英國自由和理性的殖民目標，意味著他們被康提人當作一個屈從的勢力，就像在緬甸一樣。

不同於一八〇三年的戰爭，導致康提王國一八一五年淪陷的戰爭在都城本身沒有造成太大擾動，康提菁英和英國人簽署了一份公約。有一首截然不同的民謠，把英國勝利歸功給逃往英國的康提朝臣埃赫勒波拉（Ahelapola）：

> 就像世界盡頭的汪洋，大軍在樂聲中手持旗幟、華蓋和武器，就像英雄羅摩（Rama）進到羅波那（Ravana）（印度史詩《羅摩衍那》中的兩個角色）的城市。他（埃赫勒波拉）以佛陀之力進入仙卡達（Senkada，康提的都城）。[114]

在都城外的其他地方，英軍大肆搜刮康提各省，就和他們後來劫掠緬甸一樣。由於居民聞風逃跑，需要物資和協助的軍隊將村莊洗劫一空，各地佛寺承受了和緬甸佛寺一樣的攻擊。在斯里蘭卡東南部的朝聖地卡塔拉伽馬（Kataragama），「佛寺的財產」被一支英國分遣隊帶走，而且很多房舍的「屋頂被拿去當柴燒」。[115]在接下來的三年，隨著反英叛亂在一八一七至一八一八年席捲康提各省，這種暴力變得更加根深蒂固，英國人使用焦土戰術，讓人們挨餓，陷入恐懼，期望能藉此終止遍地烽火。根據寫在棕櫚葉上的詩，英國人「帶著弓、劍和槍炮的武裝，朝十方擴散」，放火燒房子，四處打劫，「殺人無數」。[116]

在戰爭和叛亂之中，我們看到和孟加拉灣各地緊密相連的康提王國殘影。因為誠如和英國的戰爭在緬甸和斯里蘭卡有類似發展，康提人抵抗英國的嘗試，也和它的外部聯繫走同一個路線。以一個具體事件為例，它揭露聯繫在革命時代激增的詳盡細節。一八一六年，在康提領土爆發大規模反英叛亂之前，殖民者收到推翻英國政府「陰謀」的相關情報，情報來自康提王國的官員埃克納利戈達．尼拉姆（Eknaligoda Nilame），他效忠英國，而且對俘獲康提末代國王有重要貢獻。[117]

有位年約三十的年輕僧侶到尼拉姆府上拜訪，待家中其他人都去休息後，年輕僧侶向尼拉姆托出攻擊英國人的計畫。他對尼拉姆說：「（英國）總督要派所有的頭領（酋長）從康提（到可倫坡），然後利用這個機會把他們集中到船上，送到未知的**大海遠方**。」僧侶解釋，問題在於，沿海和內陸省分已經統一在一個政權（英國）底下，頭領們無處可逃。

僧侶延攬尼拉姆加入密謀的簡報和邀請還沒結束，他說，「陰謀」的雛形是從察利亞種姓階級民兵領袖（Chalia Mudliyars，在靠海省分為英國政權工作的頭領，控制採收肉桂的工人）之間的對話中誕生，其他民兵領袖說他們不能在第一時間就加入，不過會幫忙派出「小偷和流氓（比比皆是的黑人守衛）」。他們還會派出一位馬來穆罕迪拉姆（Muhandiram，按：錫蘭沿海省分頭領制度裡的一個職位）、另一名訓練有素且握有頭銜的戰士，和其他馬來指揮官與士兵。參與謀反計畫的還有曾是康提王國大臣的馬杜加勒（Madugalle），他負責組織失落王國頭領們的支援行動。「卡菲爾」，也就是非裔的部隊，也會獲邀加入反英大業。[118]馬來人將會營救俘虜，這些「馬拉巴爾人」俘虜，據稱是末代國王的姻親和兄弟。「馬拉巴爾人」這個詞後來演變成「泰米爾人」，用來指島上的少數民族，他們是蹂躪斯里蘭卡直到近年的漫長內戰的衝突焦點。[119]

我們在此看到的是一群由反叛者組成的複合團體，他們的故事反映了康提及其亞洲鄰國在本地海洋保持聯繫的歷史。象徵康提王權的佛牙也將被人藏起；據說，有人捎了一則訊息給卡塔拉伽馬佛寺。在密謀中，我們還看到有人提供叛亂分子朝康提領土前進所需的路線指示，謀反者打算以一場穆斯林宴會為藉口，展開這場抵抗行動，[120]據說「全國各地都有大量的武器」可以使用，那是前朝國王留下的武器。人們認為落入英國人手中的武器，只占國王武器庫存的一小部分。

叛軍對緬甸的想像影響了一八一六年的密謀。叛軍有個想法，希望找一個「來自阿瓦的國王」當作起義的焦點，而策劃此次陰謀行動的主要住持伊哈伽馬（Ihagama）似乎確實曾嘗試前往緬甸。[121]英國總督報告他所掌握的陰謀情報，另外還提到有七位住持動身前往阿瓦，同行者之中有一位生在阿瓦但長居錫蘭的人。[122]總督指出，在此之前，有個阿瓦的代表團曾來到康提，未經許可，也沒有引起太多注意。他懷疑其中動機不單純。這些「阿瓦使團」，他寫道，「以派送宗教文獻到那個佛學重鎮為藉口，然後在這個保護傘下，為所欲為地從事各種協商。」

年輕僧侶告知尼拉姆的計畫被英國人推翻了；參與密謀的主要佛教僧侶紛紛落網。在後來的脫逃行動中，他們當中有兩人被抓回，伊哈伽馬則是銷聲遁跡。[123]對水域的控制權逐漸落入英國海軍戰爭機器手中，但在趨勢底定之前，亞洲人利用水上聯繫實現他們自己的盤算。

尼拉姆的情報提到了一名馬來頭領阿薩納（Asana），他答應組織協助叛亂的支援，伊哈伽馬與阿薩納的對話構成了這次密謀的核心。阿薩納曾在一八一五年逃離康提，並幫助英國人入侵康提王國，在那次遠征中，他與非常尊重馬來戰士的路易士・德・布舍上尉（Lewis de Bussche）一起服役。在一八一七年出版的書中，布舍上尉寫道，馬來人是「強壯、大膽和勇敢的種族」，並在一八一一年英國占領爪哇時證明了他們的英勇。[124]在逃離王國並加入英國陣營之前，阿薩納曾是末代國王的戰士之一，然而，這位馬來戰士卻又在一八一六年向反英叛亂分子提供幫助。

英國總督決定將阿薩納驅逐出島，並「將他送到他家族的故鄉（爪哇的）巴達維亞」，理由是他樂於從事任何「危險事業」。[125]他被安置在斯里蘭卡南部迦勒（Galle）的一艘船上。不過，阿薩納成功在更北邊的安巴蘭戈達（Ambalangoda）海岸逃脫。二度落網的他被送回迦勒接受軍事看守，等待下一批開往東印度群島的驅逐船，和他一起被看守的還有他的兩個成年兒子及其他家人，看管措施沒有奏效，因為在隨後的一八一七至一八一八年叛亂，又有人嘗試和他聯絡。[126]

十九世紀初，英國在緬甸和斯里蘭卡發動的戰爭有一系列驚人的相似之處。在緬甸和斯里蘭卡，我們都看到了君主集權、宗教改革、殖民軍事知識搜集，以及英國無法應付在未知熱帶地形上的游擊戰。英國人總是誤解和族裔與海洋文化相關的王權表達方式，或是把這些表達當作一種裝飾，然而，掠奪大規模進行，因此物資和阿薩納這樣的線人或戰士，逐漸被英國人以武力強行吸收；一八〇三年和一八一五年康提戰爭截然不同的過程就是見證。如果說第一次緬甸戰爭發生在後拿破崙時代，斯里蘭卡和英國的戰爭則是和拿破崙戰爭同時發生；英國積極奪取錫蘭的部分原因來自英法之間的競爭，然而，緊跟阿薩納的故事很重要，否則我們可能會失去這個區域戰爭脈絡的另一部分。

前往爪哇

這位馬來戰士把緬甸與斯里蘭卡的故事，和孟加拉灣另一側、更東南方的另一個脈絡聯繫起來。阿薩納原是爪哇人，而爪哇是這個區域在革命時代的一個關鍵要素。爪哇的荷蘭殖民地環繞著中南部的許多爪哇諸侯公國，正是荷蘭人把爪哇的馬來人帶去斯里蘭卡作戰，而且在荷蘭人向英國人投降時，斯里蘭卡島上至少有一千名馬來人。[127]

爪哇在一八一一年被英國人以暴力強占，在部分史料中，爪哇被當作「法國的」，而不是荷蘭的。這是因為它被看作一個共和思想的前哨站，由赫曼・威廉・丹德爾斯（Herman Willem Daendels）治理，巴達維亞共和國建立之前，丹德爾斯曾在一七九四至九五年，和入侵荷蘭的法國共和軍並肩作戰。等到一八一一年英軍入侵爪哇時，爪哇由揚・威廉・詹森斯（Jan Willem Janssens）指揮大局。[128]模里西斯被英國人控制後，外界以為法國很可能會試著增援荷蘭的爪哇。後來成為新加坡拓荒者的史坦福・萊佛士（Stamford Raffles）寫說，爪哇各地的荷蘭國旗被法國國旗取代了。[129]

印度總督明托勳爵（Lord Minto）在爪哇和法蘭西島陷落後寫道，「從好望角到合恩角之間，已經沒有任何英國的敵人和競爭對手。」[130]按照這種觀點，一八一一年英國入侵爪哇的成就，是以「中間穿插無關緊要間隔的」一條島嶼鏈，將英國在澳洲和印度的據點連起來，誠如萊佛士所言，它們「幾乎從孟加拉灣一路延伸到我們在新荷蘭（澳洲）的殖民地」。[131]如果說我們在斯里蘭卡見證的是亞洲的海洋想像，英國的爪哇行動則是殖民地的海洋想像。

然而，五年期限後，英國於一八一六年將爪哇歸還荷蘭，而後爪哇在一八二〇年代出現接二連三的起義和叛亂。這些秩序擾動圍繞「正義國王」迪帕納加拉（Dipanagara）的救世主形象而凝聚。他理解百姓的經濟焦慮和社會不安，以及對舊秩序的嚮往，於是以伊斯蘭千禧年主義為組織號召。雖然是緬懷過去的保守立場，這次叛亂被解讀為印尼民族主義萌芽的指標，不過這樣的詮釋跳躍得太過頭了。[132]無論如何，爪哇在十九世紀成為荷蘭殖民主義的世界中心。這證實了史學家喬斯・戈曼斯（Jos Gommans）的論點，他說荷蘭帝國有一種模式，「在領土越受限制的殖民地變得越集權」，而不是同化分散在世界各個角落的人民和地方。[133]

英國入侵，把爪哇和印度洋其他地方的事件連結了起來。在印度和統治菁英之間，將敵人從「印度洋各海域」「徹底驅逐」，需要征服「法屬島嶼」，還有「顛覆敵軍在東部島嶼的勢力」，他們認為一支規模和攻占模里西斯相當的軍隊，應該足以勝任這項任務。對模里西斯和爪哇發動的兩次攻擊，被認為都屬於「受相同政策原則建議的……同一個計畫」。[134]在印度早已身經百戰並曾參與一八一〇年攻占模里西斯行動的威廉・索恩少校（Major William Thorn），根據「事發當下」做的筆記，寫下關於英國人抵達爪哇的紀事。他後來也參與了滑鐵盧之役。[135]

索恩的故事從英國艦隊自馬德拉斯啟航講起。[136]卷首收錄精確繪製的航行軌跡：穿越孟加拉灣，在馬來半島的檳城（Penang）會合，穿越麻六甲海峽到達爪哇海，來自馬德拉斯的部隊在檳城，和從加爾各答前來的第二師會合。這一切突顯了在英屬印度海洋邊疆運作的區域殖民戰爭動態。

英國人將散布在亞洲大陸和太平洋之間的一串島嶼看作印度的擴充，基本上屬於海洋空間。借用克勞福在他書中談論「印度群島」（the Indian Archipelago）的話：「從他們棲居之處的本質來看，島民必然是海洋民族。」[137]他把船隻的使用寫成堪比駱駝、馬和牛對「四處遊蕩的阿拉伯人」的功用，並且補充說「海洋之於（這些島民），就像**大草原**和**沙漠**之於後者」。[138]再一次，誠如在緬甸所見，穿梭在這片島嶼星羅棋布的大海上的船隻也被加以分類：據說馬來帆船（*proa*）甚至略勝英國船一籌。[139]萊佛士在計畫一八一一年的爪哇遠征時，將這些海上活動歸類為「馬來海盜」，非常符合當時的殖民地邊疆恐懼：

> 馬來政府和歐洲的封建國家有個共通點，首領的財富只是在於有很多人力，和他們以土地耕種出的產物。只要有人力和木材，就可以輕鬆造出馬來帆船或戰船，而且為船隻配置人員不會給氏族首領或他的任何家人帶來麻煩。出海遊蕩是下一步，此舉在馬來現有道德標準中，完全沒有一絲恥辱的意味。海盜在突襲了一些不疑有他的商人後，冷靜地將奪來的商品載到任何他找得到買家市場的地方脫手。[140]

他在遠征前寫給明托勳爵的長篇論文中，進一步解釋說，這種「海盜行為」源於古老習俗：「古代的馬來傳奇文學」和「他們的正史片段」經常提到從事海盜活動的巡洋艦，他也怪罪伊斯蘭教的傳播要為海盜禍患負責。[141]萊佛士在別的文章裡，介紹了他從馬來語翻譯成英文的一套馬來海事規則。[142]遠征爪哇之初，天氣開了英軍一個玩笑，「強烈颶風」襲來，影響了航道上前往馬德拉斯的船隻，船隊被吹向陸地，還有些船隻就此沉沒。一艘補給船沉船的消息，甚至傳到了最近剛被英軍拿下的模里西斯。模里西斯接獲請求，提供「上等歐洲鹽巴」給即將遠征爪哇島的部隊食用。[143]

在橫跨孟加拉灣的航行過程中，由於船上悶熱的高溫和狹窄空間，馬匹和人類的健康備受關注，可能是因為這些情況，部隊在檳城得到了充足的牛肉補給。索恩描述他從甲板上看到的檳城，還有港口的外觀和聳立在港口之上的山峰。他的書把爪哇島和馬都拉島（Madura）、帝汶島（Timor）、摩鹿加群島、班達群島（Banda）和安邦島（Amboyna，按：又稱安波沙洲）擺在一起，當作一連串的海洋聚落。索恩提到有各種大小的船隻都在檳城製造，自從英國人在一七八六年控制檳城之後，這裡儼然成為一個商業中心，吸引「二手錫蘭（Junk Ceylon，普吉島）*、吉打（Queda）、雪蘭莪（Selanger）和其他馬來港口的貿易」，包括胡椒、檳榔、藤和一些金礦。[144]

從檳城，遠征隊繼續航向麻六甲，船隊在麻六甲又遇上另一個海洋災難的打擊。這一次，問題不是出在天候，而是用船隻運輸火藥的危險。一艘自孟買出發的補給船，船上火藥因起火爆炸，所幸船

＊譯註：馬來語 Tanjung Salang 的訛誤，Tanjung 是「角」的意思。第一個繪製普吉島細節的歐洲探險者費爾南・門德斯・平托（Fernão Mendes Pinto），在地圖上把這座島稱為「二手錫蘭」。

隻爆炸的時候，附近沒有艦隊的其他船隻。在麻六甲，人們正慶祝著六月四日的國王聖誕，這是愛國主義和殖民主義海洋文化典型的事件：「遠征戰隊和岸上炮臺發射的皇家禮炮，將快樂的一天昭告周知……」。[145]有一項和天氣相關的算計，決定了遠征隊前往爪哇的前進路線，遠征隊必須在季風季節開始前到達。部隊人員必須保持健康，但開始下雨後，這項任務變得更加困難。[146]最終決定是，遠征隊橫渡海洋到婆羅洲，然後一路沿著海岸往南直到爪哇。[147]

萊佛士在遠征前已派人探勘過這條航道，而他也把最初推動印度政府入侵爪哇的功勞攬在自己身上。[148]他安排的探勘確定了「沿婆羅洲海岸，利用海風和陸風前進的策略，（然後）以類似方法從婆羅洲穿越新加坡海峽」。[149]在婆羅洲附近，淺海與猛烈狂風聯手威脅遠征隊，形成了危險的景象：

> 還有一個更可怕的景象，完全超乎想像；——載有一百匹馬和兩百名人員的一艘艘大船，瞬間被拋向空中，下一秒立刻沒入海底，力道之大，船隻的龍骨都撞到地面了，泥地被巨大力量撕裂，使周圍海水看起來像是濃稠的泥濘。[150]

在婆羅洲最西南岸的參呇角（Point Sambar）會合後，英軍開始討論如何攻擊聚集在爪哇巴達維亞的荷蘭軍隊。他們「預計登陸時會遭遇強烈反擊；此外，面對一支兩萬人的大軍時，下船肯定會有一定風險，以及不少的損失」。兩萬人是英國對荷蘭軍隊規模的估計。科林．麥肯齊中校

（Lieutenant Colonel Colin Mackenzie）在印度是著名的勘測員和東方學家，他被派去勘察海岸，以確定最佳登陸地點。英軍最終決定在距離巴達維亞十英里的西林興（Cilincing）登陸。[151]

包含炮艇在內的百船艦隊載著一萬一千名士兵，在一八一一年八月四日的星期天下錨。[152]索恩立刻把這次登陸比作當初的模里西斯登陸，特別指出他們在一處不容易的海岸安全登陸。「這種安全無虞的想法，」他提及這個登陸點的時候寫道，「使我們得以安然無損地執行下船，就像在法蘭西島一樣。」[153]和模里西斯的連結，從英國一八一〇年征服模里西斯後送達的軍備和後援被轉送到爪哇也可見一斑。[154]

索恩在對海上旅程的評論之後，緊接著談起軍隊在陸地上朝巴達維亞移動的艱辛，特別注意地勢地貌，河流水道和海岸，索恩形容這是「錯綜地帶」，四處都是大量「沼澤、鹽坑和運河」。[155]吉萊斯皮上校（Colonel Gillespie）提到部隊在「幾乎無法通行的地帶」感到「疲憊不堪」。[156]〈英軍路線計畫〉（Plan of the Route of the British Army）草圖呈現英軍自登陸後的通行路線，也記錄了這裡的地形，[157]克勞福將群島描述「密密麻麻」，提到大片沖積地、大量河川和數不清的海峽和海上走廊。[158]軍隊在沒遭遇任何抵抗的情況下占領了巴達維亞，發現殖民聚落已經被拋棄，街上散落著被搶剩的咖啡和糖存貨：「性情溫和的居民經歷了一段極度恐怖時期」。[159]

英國國旗不久後升起，[160]隨後英軍從巴達維亞出發，和駐紮在靠近巴達維亞的維爾特夫蘭登（Weltevreden，按：荷蘭文意思是「心滿意足」）的荷軍爆發公開衝突。荷蘭人的策略是把自然當作一個作戰元素，詹森斯想用巴達維亞引誘英國人，希望「這個城鎮的不健康和海濱的惱人天氣」會對英國部隊的健康產生影響。按照這個計謀，當荷蘭軍隊在維爾特夫蘭登養精蓄銳時，英國人應該會病魔纏身，孰料英國人攻占了維爾特夫蘭登「環境宜人」的駐紮地。[161]

雙方在科尼利斯堡（Fort Cornelis）纏鬥良久後，只有以詹森斯為首的小部分荷軍成功脫逃，[162]一場海上追逐在其他港口接連落入英國控制之際展開。[163]英方追擊詹森斯，並提出一份投降條款，內容充斥英國的自由修辭。

……先生，如果您繼續對受苦民眾的哀嚎充耳不聞，——如果一定要讓鮮血不必要地流淌，——如果一定要放任當地人掠奪和屠殺爪哇的歐洲居民，先生，我們將要求您和那些持續支持您的人，對後果負責。[164]

詹森斯最終在沙拉迪加（Salatiga）附近做了最後抵抗，也在那裡無條件投降。在入侵行動的第一階段結束時，索恩特別指出，英國人在巴達維亞陷落時沒有從事任何掠奪，他聲稱，「幾乎連一例，都沒發生。」[165]對內陸地區被他稱為「當地強權」的勢力採取行動時，劇情的展開就大不相同了。[166]

遠征「蘇門答臘島內陸貿易的商業中心」巨港（Palembang），是英國對抗本地政權的一個面向，據說驅使這次遠征的，是英國對巨港荷蘭工廠居民疑似被謀殺感到憤怒。[167]一場河流競賽於是登場，彷彿第一次英緬戰爭內容的預告。在競賽中，我們看到當地人使用許多火筏、一艘「阿拉伯船」和河裡的成堆木頭對抗英國人。[168]然而，對於克勞福而言，島民的海軍戰術完全不敵英國戰略，他們在水上只能發動「掠奪戰……唯一和印尼島民聰明才智匹配的戰爭」。[169]換句話說，這些人被當作逍遙法外的「海盜」，事實上，據稱在東部諸島相當猖獗的「海盜行為」，以及壓制海盜的必要性，是促使英軍遠征爪哇的另一個早期因素。[170]

大規模的殖民暴力掠奪，肯定是英國能擴大延伸法荷政權先前做法的唯一解釋，但這和索恩筆下清白的英國人是截然不同的解釋。隨著英國轉向日惹蘇丹國（sultanate of Yogyakarta），我們在悲劇事件中可以看到全面爆發的打家劫舍。[171]誠如研究該事件的傑出史學家所言：這是拿「一種殖民暴政，和另一種」交換。[172]日惹淪陷後，英國與馬打蘭蘇丹（Sultan of Mataram）簽訂條約，在內容中大言不慚地表示，征服是出於「保護這個國家免受殘酷無情的暴君壓迫之必須……」。[173]這裡又出現了和緬甸與斯里蘭卡故事中一樣的「東方暴君」比喻，用來合理化他們以解放當幌子的侵門踏戶行為。

一八一二年六月，在日益升溫的文化和外交緊張局勢中，日惹王宮（Yogya *kraton*，*kraton* 指首都宮殿經過強化防禦的結構）遭英軍入侵，劫掠整整持續了四天，戰利品由揹夫和牛車帶離；珠寶、精美衣服和武器在宮殿外的市集待價而沽。[174]有一部統治菁英阿里亞·帕納拉爾王子（Bendara Pangeran Arya Panular）所寫的爪哇編年史，寫在樹皮上，是克勞福帶到英國的手稿收藏的一部分。這部編年史最近被專家翻譯成英文摘要，詳細描述了當時發生在王宮內部的全面失控。掠奪戰利品的銷售持續了一個月，都城居民和印尼歐洲人迅速大撈了一筆。[175] 婦女被抓，要求以鑽石贖回。[176] 宮廷手抄本被克勞福洗劫，這部史書說印尼士兵積極參與劫掠，據說他們就像正在狩獵的獅子一樣，英國高級軍官則是像剛剛吃掉人類的血紅巨人。[177]

戰爭和學術研究綁在一起。麥肯齊是駐爪哇英軍的總工程師，在一個負責為英國利益研究爪哇島的委員會擔任主席，該委員會的職務範圍很廣，從土地使用權和稅收到宗教、文化和歷史皆在其研究範圍內，這使麥肯齊能深入探索「幾乎每一部分的」爪哇，包括勘測梭羅河（River Solo）。[178]

有鑑於爪哇遠征行動的反革命和反法荷政治目的，麥肯齊試圖完成、而不是推翻荷蘭政權所展開的工作，相當值得一提。他製作了一份由荷蘭人起頭的「海圖、平面圖和地圖的完整登錄冊」。他指出，荷蘭人已經累積了關於海岸、港口、河流、山脈和自然史的大量資訊，並呼籲「對整座島進行一次全面的地理和製圖勘查，以完成如此優質的研究開端……」他以革命時代的觀點看待他的知識工作：

> 現在看來，對歐洲各國既有關係改變甚巨的美國戰爭與法國大革命，最終給荷蘭東印度公司的貿易和繁榮帶來了最後一擊；種種改革、改變和改良制度的努力，只不過稍微拖延了他們破產的時間，與此同時，幾乎是同樣的獨家壟斷，引起了我國國家委員會的注意……

換句話說，荷蘭人的改革衝動，現在需要由英國人透過投入「政治經濟科學的建立」來接棒，壟斷時代將被自由貿易取代。[179]然而，具有諷刺意味的是，這個改革時期——連起荷蘭和英國的種種政策——後來被荷蘭人對土地更嚴密的國家控制，以及荷蘭重返爪哇後更緊箍的稅收制度取代。從荷蘭到英國又回到荷蘭的繼承線並不平穩；沒有簡單淺顯的連續性。[180]

麥肯齊把爪哇置於大英帝國在印度的領地內，視之為更外圍的海洋邊緣。對他來說，爪哇在醫學地貌方面「和印度顛倒」。它的沿海地區是不健康的，「高地和森林地帶」卻有益健康。這些環境條件是由「河流與大海交匯處的平坦沼澤」造成，沼澤使肥沃的土壤沉積物被帶到淺海，在淺海「發酵和腐爛」，並散發出一種蒸汽。[181]麥肯齊身為勘測員的直覺，在他處理一系列問題時顯而易見，包括這段醫學評論。同樣的能力在他的軍事謀略及觀察中也看得到，譬如他在日惹王宮淪陷前對宮殿所做的考察，[182]也延伸到對文化遺蹟的研究，他以勘測員的準確清晰和專業術語描述古物。[183]

爪哇入侵隨著遠征從海上移動到陸地，從印度移動到巴達維亞，也跟著受到自然地形的影響。規劃遠征和了解這個區域的人民，一定得應付大海。入侵爪哇島和發生在印度洋其他地方的事件相吻合：它和占領模里西斯一前一後發生。同時，全球反法和反共和的情緒，還有以（看起來只有英國人能提供的）自由貿易與自由保障，對抗負面的暴政和壟斷特徵，也都是這次軍事行動背後的推動力。在這些戰爭和意識形態的殖民聯繫底下，這個故事中的亞洲和本地聯繫也很明顯。它們包括被歐洲人描述成海盜行為的宗教及貿易交流。

鴉片戰爭是終點

對於考察拿破崙戰爭期間及之後發生在陸海之交的血腥戰爭，思索第一次英緬戰爭十多年後在南海爆發的鴉片戰爭（一八三九至四二年），是很適切的最後展望。[184]

鴉片戰爭的血腥程度，可比上述發生在爪哇、斯里蘭卡和緬甸的事件。根據參加過半島戰爭的英國人的說法，一八四二年的寧波戰役（Battle of Ningbo，按：即浙東之戰）在一個小範圍內，累積了數量空前的殘缺屍體：「榴彈炮停止射擊，只是因為再也無法將準心指向任何活著的敵人，已經堆疊起來的墳墓，不再扭動尖叫。」[185]在這場戰役中，清帝國的軍隊試圖奪回一座於一八四一年遭英國控制的堡壘。數千名清兵被區區數百名英國人擊敗，這個事實證明，改變歐洲陸戰的最新野戰炮技術（榴彈炮）正對中國海岸造成衝擊。

技術差距拉開的程度，終於能使英國人在與亞洲人交戰時取得成果，在亞洲，糾纏和對稱在前文提到的衝突中，扮演相當重要的角色。這個技術差距包括槍支、大炮和火藥、彈道理論和軍事演習的組織。它從陸地延伸到海洋。因為新技術包括船上的重型臼炮，它有能力摧毀多艘中國戎克帆船，至關重要的是，英國人如今已掌握了在戰爭中使用蒸汽船的技巧。蒸汽船「復仇女神號」（*Nemesis*）是英國戰爭手段的一個重要工具。在一八四一年的第二次穿鼻戰役中，看過復仇女神號的中國人說：「怎麼可能！我不曾見過這般時髦的魔鬼船。」[186]

東亞戰爭的起因和英國航運日益全球化、「紳士資本主義」（gentlemanly capitalism）和對自由貿易的承諾有關，這些是工業化世界強權的部分要素，隨著英法對抗時期的遠離，英國變得更加自信。對法國的擔憂仍盤旋不去：鴉片戰爭的近因之一是法國於一八三八年關閉布宜諾斯艾利斯（Buenos Aires）和英國的貿易。[187]鴉片戰爭的遠因在於英國人的茶葉消費，這意味著十八世紀後期英國和中國之間的貿易平衡對後者非常有利，對英國東印度公司則是一場災難。

東印度公司該如何抵消向中國沿海省分購買茶葉的白銀流失？鴉片是完美的答案。鴉片在中國已經是一種菁英的消費商品，鴉片在印度種植，由英國和印度的私人「港腳」貿易商運往中國，販售給中國消費者，抵消了英國的銀條損失。一八〇八年白銀流向逆轉，於是英國和中國沿海的貿易逆差不再。東印度公司對茶葉貿易的壟斷在一八三三年被廢除後，隨著私商參與，茶葉貿易進一步擴大，鴉片貿易也隨之在中國擴大，但清政府制止這種貿易，希望加強控制，同時也試圖糾正被視為腐壞心智的鴉片吸食陋習。

雙方的緊張對立藉一連串事件爆發，現在就差一點能引發戰爭的火花。一八三四年，曾參與特拉法加海戰的律勞卑勳爵（Lord Napier）來到廣州，希望敦促清帝國放寬貿易限制。律勞卑沒有按照清朝的外交禮儀行事，不像克勞福遵循緬甸皇室禮儀，或者可以說是被緬甸皇室禮儀束縛。律勞卑本以為從印度調派軍隊能解決和中國的分歧，結果他卻因為發燒在澳門過世。一八三〇年代末期時，廣州的鴉片商人也加劇了緊張局勢。

事態自一八三七年清朝官員阻撓鴉片非法貿易到達臨界點。這批鴉片出現在外國人的海上倉庫，防堵相當成功，大量鴉片都還堆積在伶仃島的箱子裡，還沒賣出去。獲道光皇帝任命為欽差大臣的林則徐要求走私者將全數鴉片交給清廷，無償充公了兩萬箱鴉片。不同於在斯里蘭卡、爪哇和緬甸的戰爭，倫敦政治家對後續事件發展的方向起了關鍵作用。這也表示治理和帝國主義在通訊更快速的十九世紀中葉，還有其他不一樣的可能性。英國的聲譽不容詆毀，於是首相帕默斯頓勳爵（Lord Palmerston）派出一支海軍，藉封鎖中國沿岸地區，讓清廷感受英國的實力。[188]

這仍然是水上外交，但和緬甸戰船部署在伊洛瓦底江的時代已經不同，這是成果豐碩的激進炮艦外交。英國對清朝的勝利導致雙方簽訂《南京條約》（一八四二年），條約要求清朝向外國商人開放五個通商口岸，並割讓香港給英國。

然而，英國人的崛起也可以從船隻和水域，以及圍繞著船隻的比喻來理解。在那個時期，我們看到英軍對中國戎克船及其戰鬥力的種族輕蔑。有位記者在一八三六年供稿給《中國叢報》（*China Repository*，在廣州發行的新教期刊）的文章中寫說，清帝國海軍的戎克船就像「巨大的荒誕雜耍表演」，這名記者語帶侮辱地寫下從太平洋延伸到南亞的比較，當清朝海軍面對「我們（英國人）所知最野蠻的國家」，記者指出，派出「幾艘紐西蘭的戰爭獨木舟」就能戰勝了，但清朝的船若要和「一艘使用拉斯卡船員的非武裝商船」對抗，可能會被打敗。[189]

這種對中國船隻不屑一顧的描述，是新教報章雜誌和傳教士典型的態度，他們在這些年裡大肆以負面文章詆毀中國。然而，值得一提的重點是，被這位記者批評的如此不堪的船隻，並不是清帝國軍事防禦的根本要件。舉例來說，只有二十九艘戎克戰船參與了第一次鴉片戰爭在廣州附近爆發的衝突。[190]誠如一位專家的解釋：「在清朝，水軍嚴格來說是一種反倭寇的部隊。」[191]言下之意，英國人能對清軍造成重大傷害，是因為這些船隻不是專為戰爭設計的。就像在緬甸一樣，火筏也出現在這次對抗英國的戰爭中，但英軍在一八四二年沒有因為水上的噬人烈焰而驚慌失措，而是在寧波附近奪占了三十七艘火筏。[192]

清朝試圖效仿和學習外國人如何建造船隻，但進展很慢。清朝起初試著自造「輪船」，其實就是用人力驅動的加裝了齒輪的改裝戎克船，林則徐還買了一艘西洋商船「劍橋號」（*Cambridge*）。然而，中國人不熟悉如何使用這些船隻，英國人因而能在鴉片戰爭中輕鬆得勝。劍橋號被炸毀，「好讓清朝的廣土眾民心生恐懼」。[193]除了造船，模仿還延伸到武器領域：一八四二年，英國人在舟山發現一間正在製造臼炮的炮彈鑄造廠。[194]

這些實驗以嘗試翻譯西方作品和監視西方技術為基礎；另一個目的是改革清朝教育，納入海軍教育。魏源於一八四二年首次出版的《海國圖志》中，提倡在官方考試測驗海軍方面的知識。[195]丁拱辰（一八〇〇至一八七五年）描述了蒸汽動力的運作，並建造了一個蒸汽機模型，同時，林則徐的繼任者這麼形容驅動輪船的動力：「謠傳是人或牛在驅動齒輪。但這完全是推測。」[196]蒸汽機曾在伊洛瓦底江給緬甸人留下深刻印象，顯然依舊魅力不減，不過在清朝，這份魅力促使人們嘗試描繪並建造其複製品。

十九世紀後期，中國在向歐洲購買軍艦的同時，還升級了他們建造船隻的嘗試，開始造起鐵殼船。江南機器製造總局成為東亞重要的軍備製造中心。它從事科技書籍的翻譯，提拔「工程師」和提倡機器製造。根據一位史學家表示：「一八六七年年中的時候，江南製造局每天生產十五支步槍和一百發十二磅榴霰彈。十二磅榴彈炮以每月十八門的速度生產，並作為軍需供應一八六〇年代的平定北部捻亂之用。」[197]

除了江南製造局，福州還有福州船政局。巔峰時期，此處僱用了三千名工人，在占地一百一十八英畝的廠區上有四十五座建築。外國顧問——包括英國和法國的顧問——是船政局廠區的靈魂人物。然而，等到十九世紀末的時候，日本的航運技術已經超越清朝。一八八四年，清軍擁有五十艘歐式船艦，其中一半是本土製造。清朝海軍由於不夠集權而且戰爭準備不足，在一八八四至八五年爆發的北越戰爭中，再次輸給了法國。這一役為一八九四至九五年，清軍在甲午戰爭敗給日本埋下伏筆。

這段後期的歷史證明，自鴉片戰爭之初採用狹隘觀點的危險在於，會誤以為是簡單的技術差距，使西方科學、技術和戰爭機器得以宰制中國，因為中國的回應是持久而有創造性的。再一次，誠如本章其他地方的戰爭，區域動態，這次是中國和日本之間的動態，是東亞進到二十世紀後未來發展的關鍵。日本被當作成功西化的現代國家。

結論

大英帝國軍事機器十九世紀中葉在亞洲的崛起，通常是從印度西北部陸地的邊疆來理解。由於擔心俄羅斯入侵印度，英國在新興「大博奕」（Great Game）競賽的驅使下，在這裡投入了代價高昂的戰爭。這些戰爭不再被視為是由高層戰略驅動，而是由身處當地的人製造需要外來干預的危機，使競賽不停前進。在鋪設電報線之前，缺乏安全通訊使這些好戰的人能夠茲生事端。旁遮普、信德和阿富汗等緩衝國，都感受到了英國勢力的威逼。一八四五至四六年，英國對旁遮普邦錫克教徒發動戰爭，並於一八四八至四九年終於征服旁遮普；信德在一八四三年淪陷。對阿富汗的戰爭就顯得相當困難：扶植傀儡統治者的策略沒有奏效，戰爭兩度在一八三九至四二年和一八七八至八〇年爆發。這一系列的衝突，證明了邊疆政治的不穩定性。

然而，我們可以把目光從英屬印度的陸地邊疆，轉移到其海洋邊疆，徹底顛覆這個故事。在水域的邊緣，戰爭也是代價高昂又致命，而且事實證明，熱帶氣候，以及河流、運河、平原和高地相互交錯的地形，對英國人而言很陌生，英國的船隻、後勤補給和外交在這裡表現不佳。同時，抵抗英國進擊，也可以激發來自海洋各地戰士的力量，來自傳播到海上各處的宗教觀念的力量，或來自同樣從海洋或河流尋找靈感的不同政治想像模式的力量。當船隻在緬甸內陸的伊洛瓦底江上正面對決，新形式的海洋衝突就誕生了。這一切發生在當地的海洋活動都是革命時代不可或缺的部分。

戰爭在這裡把亞洲和殖民地、區域和全球，匯聚在一個脈絡下，它們在此之前從不曾被聚在一起。這是因為在十九世紀下半和二十世紀初期無疑變得更加重要的土地殖民模式，隨著「地緣戰略」的崛起，被回溯性地套用到過去，用來理解這段比較早期的戰爭期。在現代的黎明時分，從海灣和河川認識戰爭的方式，符合今天對近世歐洲「軍事革命」著名論點的懷疑精神。根據這個論點，軍隊數量的擴增、維繫軍隊不斷增加的成本，和新的組織形式，導致了社會的軍事化和壟斷權力的現代國家的興起。官僚主義源自軍事規劃。然而，在這種主要以陸地和歐洲為焦點的解釋中，海洋和海軍，還有歐洲以外的世界，往往不見蹤影。

在這個水世界裡，殖民者和機器先是與其他搜集情報和打仗的方式糾纏在一起，譬如緬甸、爪哇或清代的船隻。這對英國的軍事和技術能力並非容易的轉變——別忘了伊洛瓦底江上緩慢行進的「戴安娜號」——第一艘用於戰爭的蒸汽船。殖民主義超越在地和亞洲聯繫的方式，橫跨了宗教、政治、貿易和想像的形式，緊密依循其反革命性格。

革命時代的英法爭鬥正在這些戰爭中解決。來自歐洲的難民可以擔任顧問，例如在阿瓦。在拿破崙戰爭建立起軍旅生涯的人，可能從事劫掠和監視活動，這些活動和十九世紀初歐洲的「全面戰爭」是一致的。對英國人而言，這一刻使科學的數據採集、昂貴軍隊的使用、新技術，以及包裝著解放與自由貿易語言的貴族軍國主義，得以從水域邊界進到內陸。

英國試圖奪取荷蘭在爪哇和錫蘭的據點，背後明顯是受到對法國的恐懼和一股反革命推動力的影響。他們這樣做是為了防止這些據點落入法國之手，在爪哇的例子中還有另一個原因，亦即它是人們口中印度洋共和主義的陣地。英國對其他歐洲人的侵略，加劇了他們和本地政權的競爭。以洗劫日惹王宮的為例，它發生在英國占領荷蘭的爪哇基地之後。與此同時，英國的爪哇或斯里蘭卡政策，可能跟進荷蘭人已經制訂的政策。

如果說水上有這種部分重疊的聯繫，亞洲和殖民的聯繫、區域和全球的聯繫，英國人常發現自己被本地民族拉進接觸水陸的替代方式裡。這些替代模式既屬於外交又屬於軍事的範疇，同時也和對文化及宇宙的理解有關。然而，英國人的成功來自追蹤而後超越已經存在的事物。英國跟著佛教或爪哇戰士的路線走，或試圖根除被他們歸類為「海盜活動」的行為。本地居民崛起後，帝國的反革命隨之而來。

自由貿易戰爭的崛起，在中國那部分的故事結尾可見一斑。在這個脈絡下的英國勝利，可以拿來和克勞福在一八二〇年代緬甸遭遇的困難做比較，克勞福當時也是在尋求一份貿易協議。亞洲人不再能輕易取得軍事成功的幾個關鍵：英國砲艇、資本或保險。這在實際情況中意味著，英國商業在國際間的崛起，加上英國現在擁有的工業技術能力，使英國人能主宰亞洲沿岸的人民。當地造船的模式、跨海貿易的模式，或交換資訊的模式（例如寫在棕櫚葉上），都受到殖民主義發展的影響。戰爭條件的轉變，也暗示著知識經濟條件的轉變、技術專長之間出現差距，還有英國對商業的控制。最後三個主題——知識，技術和商業，是下一章內容的核心。

第七章　孟加拉灣：建立帝國、全球和自我的模型

天文學家約翰．哥丁罕（John Goldingham）正在計畫一趟從馬德拉斯到赤道的遠征。「選擇赤道的基地時，」他在一八二二年寫道，「應注意盡可能遠離山區勝地的範圍，而且要靠近海洋。」[1] 在今天將地球視為完美球體的認知裡，赤道是個被視為理所當然的標記，然而，這種想法常常忽視了以下事實：地球這顆行星應該被描述為一個扁球體。

到地心距離的變化，在靠近赤道的地方尤為明顯。這顆行星在赤道附近隆起，而隨之而來的地表到地心距離變化，又伴隨著些微的重力加速度波動。對地球撒下一張由數字、經度計算、潮汐測定和沿海標記點組成的網，是為了標準化地球的畸形怪狀而啟動的一項工作，這是把地球變得更像球形地球儀的程序的一部分。

這個數據採集工作的進行銜接起不同學科，並取代了消息提供者和中間人，以維護全球帝國主義的利益。隨著殖民聚落和城市變得穩固，區域和領地被放到網格中，它們在網格中有了專屬的位置，譬如在地圖上，或是在當地時間的列表中。隨這些臨海知識而來的基礎設施項目，像是燈塔或造船

廠，使殖民者、商人、旅行者和各種技術人員的通行變得更為順暢。在自由貿易帝國的時代，當蒸汽船停靠港口時，本地人民不得不接受這種知識統治徹底改變他們的海洋和土地。然而，這個計畫獨特的抽離感和分門別類，譬如把自然和地球視為值得被繪製和利用的測量表列，並非沒有得到來自個別人士的回應。

哥丁罕主持的馬德拉斯天文臺，最初在一七八六年以私人名義建立，並於一七九二年根據東印度公司董事會的一項決議正式成立。一七八六年創建時，馬德拉斯天文臺被認為是「歐洲人在東方」成立的第一個天文觀測臺。[2]它主要是作為航海用途：判定經度和修正船上的天文鐘（chronometer，按：亦稱為航海鐘、船鐘），天文鐘是幫忙確定坐標的時計。哥丁罕寫道：

> 一座公共天文臺……是觀察天體的場所，確定準確的天體位置和運動，以期改進航海的表格和航海地理。[3]

然而，其他活動和學科和該機構的航海工作事項有部分重疊。天文臺和為培訓勘測員而設立的機構共用工作人員，即馬德拉斯的歲收測繪學校（Revenue Survey School）。[4]測繪南印度海岸是這群專家的重要職責。經度計算的參考點由馬德拉斯天文臺提供。研究氣象學也在天文臺占有一席之地，考慮到東印度公司船隻在孟加拉灣季風季節期間航行所遭遇的困難（更多內容稍後再談），這是可以預料的。同時，哥丁罕觀察潮汐的變化，並將這些觀察結果和來自世界其他地區與南亞各地的數據結合在一起，包括來自阿瓦第一位英國參政亨利．伯尼（Henry Burney）的數據，顯示緬甸也在天文臺的影響範圍內。[5]

在天文臺看到的學科互惠交流範圍，和天文臺工作影響的地理範圍是相符的。就像是在這裡實踐的科學研究，也橫跨海洋、陸地、大氣層和天空等不同空間。天文臺不只是一個用來觀察天空的地方。各種延伸，舉凡學科的，或是地理和地形的，都展現帝國本身的全面性。

面向大海的多學科天文臺

在一七九六至一八三〇年擔任馬德拉斯政府的天文學家之前，哥丁罕已經在孟買做過月球與木星衛星的觀測，以及計算孟買和馬德拉斯之間的天文鐘讀數。[6]他發表的科學著作，證明了他對多項觀察的興趣：他權衡了藉觀察木星眾多衛星及其月蝕，確定任何地理點的位置的價值。他認為這是比使用「較為罕見」的「日蝕、月蝕或月掩星」更可取的方法。[7]他確定了馬德拉斯的經度和時間，將馬德拉斯時間與格林威治時間連動。

他算出了聲音在馬德拉斯移動的速度，提出在馬德拉斯聖喬治堡（Fort St George）城牆和聖托馬斯山（St Thomas' Mount）觀察到的槍聲結果。天文臺就夾在這兩個地方之間：「每個觀察員在閃光的間隔開始數拍子，然後回報數據。」這些節拍和溫度、氣壓和濕度，以及當時的風和天氣狀況相關。哥丁罕滿意地總結說：「從這些實驗推導出的平均聲速，似乎是每秒一千一百四十英尺，和牛頓與哈雷的估算非常接近。」[8]除此之外，他還涉足古文物研究和建築學。[9]值得注意的是觀察的普遍性——這一切被做成表格的數據都是相互關聯的。數據越多，系統化程度越高，從地球開採和人民身上榨取的資源就越多。數據和空間的交疊，將自然變成易懂又通用的測量表列。[10]

這種數字管理方式在海邊蓬勃發展，因為面向大海的地點可以提供特別好的天空觀察平臺。因此，在一八〇五至一八一〇年間代理哥丁罕主持天文臺的約翰．沃倫（John Warren）寫說，他花了很多時間消化那些在歐洲無法進行的觀察。有一回，他在一八〇九年開心寫下，他觀察到了「位於南方更高處（的星星），由於這些星星在歐洲不可見的關係，它們很多都被非常不準確地標記在多數航海家手裡的星表上」。[11]

沃倫和其他人成功在馬德拉斯探測到多顆彗星。儘管受到惡劣天氣多次打斷，從馬德拉斯這樣的地方，更容易發現沃倫在一八〇七年探測到的「大彗星」。沃倫寫道，在他於十月二日發現它之前，人們曾在孟加拉、檳城和海上看到這顆彗星。儘管如此，他可能是最早觀察這顆彗星的人之一。[12]面海的天文臺讓不同類型的問題和結果能被連起來看。例如，在發表氣壓計的讀數時，哥丁罕思忖著如果月亮導致大海產生潮汐，月亮會不會也對空氣有所影響。借用他的話，會不會也有「大氣的潮汐」？計算後，他得知答案是否定的。

有鑑於馬德拉斯天文臺位於印度洋中心的地理位置，其主要航海目標是作為這片汪洋上眾多船隻的校準點。譬如沃倫曾提到為「在馬德拉斯進行了將近二十二年的大量經度觀測」建立秩序。[13]東印度公司的船隻就是某種漂浮在海上的天文臺，是「經度判定硬體設備的一部分」。這些船舶的航海日誌在一七九一年新增了一個用來判定經度的欄位。一直要到大概一八四〇年代，天文鐘讀數才成為判定經度最牢靠的方法。在這之前，船隻在判定經度時，還是比較常用月角距和航位推算，勝過天文鐘。如果要讓海上的船隻充當天文臺和測量經度的地點，則必須仰賴時間和空間都不會變的馬德拉斯天文臺，作為它們的參考點。[14]

這稍微解釋了描述馬德拉斯天文臺應該如何建造的一些詞，為什麼是「堅固」、「平穩」和「穩定性」。天文臺的營建規劃非常注重材料：例如，儀器將放置在花崗岩支架上，就像「印度寺廟」使用的石頭一樣。這些石頭支架可以防止振動引起的任何改變。天文臺的牆壁將以製作「固體」的最佳材料「紅磚和煅燒石灰石」製成，地板則由來自緬甸的柚木製成。建築被認為足以抵禦季風季節。[15]天文臺的西門放置了一塊花崗岩碑，上面刻有銘文。這段銘文另以三種印度語言，刻在天文臺中心的圓錐體上。這些語言分別是波斯語、泰盧固語（Telugu）和泰米爾語。錐體上有個眺臺，儀器可以從那裡指向天空。（圖7.1）銘文的內容歌頌「英國對亞洲的慷慨」和天文科學的到來，天文學將是「這個龐大（英）帝國未來世代」的福氣。

圖 7.1　馬德拉斯鐘擺實驗的長度，出自哥丁罕，《馬德拉斯天文臺論文》（*Madras Observatory Papers*[16]）

從馬德拉斯到蘇門答臘外小島的遠征

在計畫一八二二年的遠征時，哥丁罕腦海浮現的是蘇門答臘附近「一座健康的小島」，「和大陸的距離不遠也不近」。

這次遠征將從馬德拉斯天文臺出發。在先前章節讀到的航行，我們看到英國和法國探險家為了標定島嶼在南方海洋地圖的位置彼此競爭又合作，但這次航行不一樣。哥丁罕和荷蘭人分享了他提議的航程，並在東印度公司印度次大陸當局的迅速和全力支持下完成航行。[17]到了這個時候，地理興趣很重要，但不如商業或政治考量，和早期的大航海時代不同。

哥丁罕正在尋找某種特定的島嶼，從事一項具體的計算和校準任務，這項任務和島嶼及其居民的關係不大，而是和島嶼在地球上的位置，以及新的科學經驗主義興起有關：

遠征的主要目的是進行查明赤道鐘擺時間長度的必要實驗和觀察，將結果和在馬德拉斯還有地球其他地方做過的研究相結合。[18]

鐘擺時間長度實驗是今天物理系學生都要做的實驗，簡單來說就是，計算地心引力對鐘擺鉛錘擺盪時間的影響，這個時間在地表上會因地點不同而有些微變化。哥丁罕提議以數學計算，在靠近赤道的地方，按照精確度至幾分之一秒的重複觀察，確定重力加速度並確認地球確切的形狀。在前一輪的馬德拉斯實驗，沃倫已經提出結論：地球是個「多相球狀體」（heterogeneous spheroid）。[19]世界各地科學家在這個時期熱衷於重力加速度的系統性判定，有一部分是受到英國物理學家亨利・凱特（Henry Kater）的研究驅使，他在一八二〇年寄了一個恆定鐘擺給在馬德拉斯的哥丁罕。凱特為實驗鐘擺做的新設計給計算重力加速度微小差異帶來更高的準確度，進而為地球形狀的判定帶來更高的實證精確度。[20]

凱特本人曾在一七九四至一八〇六年間參與印度的測繪調查，他使用一種泰米爾人很熟悉的種子，發明了「一種非常巧妙的方法來確定大氣中的含水量」。[21]等到一八二六年的時候，全世界已經有約四十種不同的鐘擺時間長度計算，包括在模里西斯、關島、開普敦和雪梨得到的結果。事實證明，調和這些實驗結果是一件教人非常頭痛的事：「在法蘭西島、關島和茂宜島，誤差很大。」[22]統合測量結果的目標得到經度局（Board of Longitude）的支持，但仰賴橫跨全球各地的非正式社交模式。[23]時任明古連（Bengkulu）總督的萊佛士在哥丁罕直接找上他後給予贊助，就是這種交際的絕佳說明。萊佛士同意在明古連接待遠征隊，提供他們需要的建議和協助，再將遠征隊連同一名衛兵一起送往蘇門答臘。

哥丁罕口中的「觀察員」在蘇門答臘外海進行了八百項實驗，「觀察員」其實就是在東印度公司測繪學校接受過訓練的兩名勘測員。彼得・勞倫斯（Peter Lawrence）和約翰・羅賓遜（John Robinson）出發執行任務前，在他的監督下，於馬德拉斯天文臺接受了無數小時的訓練。勞倫斯的上級，一位馬德拉斯勘測員說，勞倫斯曾經因為「不斷喝酒」而陷入麻煩。這位上級向東印度公司的管理當局請求確認勞倫斯已經恢復「習慣性節酒」，這段故事和某位紀律嚴明的觀察員放行他參與哥丁罕任務前後連貫。[24]在這樣的管訓之下，勞倫斯和羅賓遜必須扮演受控制的人類觀察儀器，在數據採集系統中創造出一個複合體。這個複合體除了人類，還包括許多和他們一起作伴的科學設備。

勞倫斯和羅賓遜攜帶的儀器包括天文時鐘、鐘擺、溫度計、袖珍天文鐘、六分儀和「帶腳架的六分儀」；「帶玻璃蓋的人工水平儀——也是用來測水平的水銀」、大型望遠鏡、便攜式中星儀（transit instrument）、經緯儀和覘板羅盤儀（circumferentor，一種用於測量的羅盤）。[25]除了確定鐘擺擺動外，哥丁罕還給他的助手們一份清單，列出需要在當地進行的其他觀察：

實驗期間，必須確定時鐘走動的速率正確，根據星星和太陽做確認——而且所有的觀察結果都要仔細登記下來。你們可以建造一個小柱子給中星儀，要造在天文臺右側一點的地方，不要擋到以望遠鏡觀察鐘擺的視線，但又可以利用天文臺頂部的開口，以便觀測中天（Transits）。如果對人工水平儀不算太高，也應該觀察太陽的子午線高度（meridian altitude）和天頂兩側星星的子午線高度；觀察次數越多越好——需要精確到秒的單位。經度必須由天文鐘和木星衛星的月蝕推算。[26]

儘管經過這麼精確的訓練和指導，遠征隊還是遭遇了嚴重阻礙。這其實沒什麼好驚訝的：畢竟觀察員可是在地球兩個地殼板塊的邊界處試圖研究地球的形狀。他們在明古連時遇到地震的驚人震動；離開後，他們遭到猛烈狂風襲擊，迫使他們躲到船艙裡避難，然後在艙口蓋關閉的情況下面臨窒息的危險。於是他們不得不返回明古連，然後在那裡染上熱病。據說，當遠征結束時，隊裡的每個成員都得過熱病了。[27]

在他們穿越蘇門答臘附近的島嶼和聚落，尋找進行鐘擺時間長度實驗的完美地點時，遠征隊又遇到了一連串的微震。有一次在巴剛島（Pagang Island）：「感覺到地震的震動，據說使地球起伏不定了幾分鐘——不久後，又感覺到另一次（但更輕微的）震動……」[28]經過多次觀察——例如在塔巴努里灣（Tapanuli Bay）附近經度、方位和角度都已確定的「糖塔山」（Sugar Loaf Peak），遠征隊終於決定了進行鐘擺時間長度實驗的地點，並開始建造一個天文臺。雀屏中選的地點是甘薩勞特（Gaunsah Lout，大概是Gangsa Laut），該島就在蘇門答臘西海岸赤道上方、今天的皮尼島（Pulau Pini）外海。[29]

根據遠征論文的描述，甘薩勞特是一座「三百六十五英尺長，二百英尺寬的」島嶼。[30]有個插圖呈現了這支調查團：在一排白色帳篷前方，有四名戴帽子的歐洲人正比手畫腳地盤算計畫，在帳篷正前方則是一組身著藍色衣服的亞洲助手。（圖7.2）左邊有一艘本地船隻，提醒我們，無論這座島嶼多麼遺世獨立，多麼適合做赤道實驗，這座島嶼終究是在一片有人居住的海域上。一個不受任何干擾的獨立實驗是不可能的。

這些英國觀察員也接受拉斯卡的協助，大概就是插圖中穿藍衣的人。官方論文指出，成員們害怕受到「穆斯林狂熱分子教士派（*the Padres*）」的攻擊。這裡的「教士派」是指十九世紀早期的伊斯蘭改革派運動（Padri movement）。這一波席捲西蘇門答臘的宗教復興活動，試圖清洗伊斯蘭教裡的地方習慣法和各種慣例（*adat*）。有個歷史解釋認為，引發改革派運動的催化劑是從麥加帶著瓦哈比改革知識回來的朝聖者，這和我們先前在波斯灣遇到的事件有關。它也利用了東南亞和中東之間歷史悠久的學術網絡。[31]

圖 7.2 〈甘薩勞特島和島上的天文臺及營地〉，出自哥丁罕，《馬德拉斯天文臺的……遠征……赤道鐘擺時間長度報告》（*Report of the Length of the Pendulum at the Equator... Made on an Expedition... from the Observatory at Madras*，馬德拉斯，一八二四年[32]）

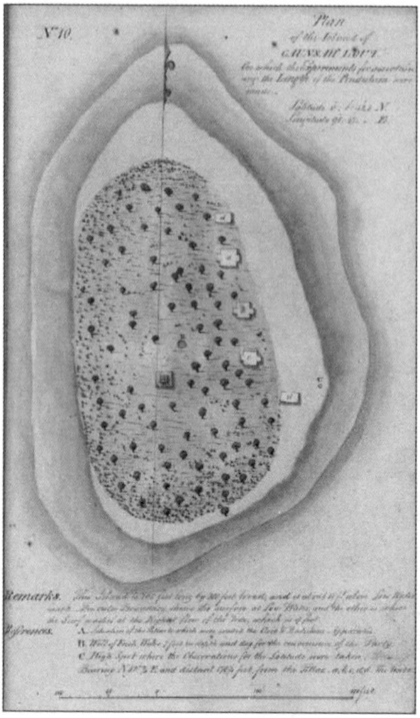

圖7.3〈甘薩勞特島平面圖，島上進行查明鐘擺時間長度的實驗〉，出自哥丁罕，《鐘擺時間長度報告》（*Report of the Length of the Pendulum*[33]）

改革派運動主要發生在高地，但位於西蘇門答臘海岸的巴東（Padang，靠近被選中的實驗島嶼）在改革意識形態的影響範圍內，反改革的難民也出現在此地。當荷蘭人在一八二一年從英國人手中奪回了部分蘇門答臘領土時，荷蘭人是和反改革勢力站在同一陣營，這個陣營中有很多傳統貴族。伊斯蘭復興成了殖民主義的反對者。荷蘭和伊斯蘭改革者之間的衝突，也許是萊佛士為遠征隊提供衛兵的原因。改革派運動很容易被視為革命時代的一部分，因為它關注宗教的淨化，也試圖整頓政治，建立更中央集權的統治，但它在這次遠征中沒有任何影響力。儘管「邏輯」和「理想真實」的科學，是該運動相當重視的學術復興計畫的一部分。[34]

實際上，哥丁罕遠征隊面對的問題是儀器盜竊。矛頭指向「野蠻居民」：他們假裝來釣魚，進到帳篷，拿走了「中經儀、方位羅盤儀、覘板羅盤儀和一個屬於克里斯普船長（Captain Crisp）的小盒子」。[35]他們的解釋是，這些本地人以為黃銅是黃金。哥丁罕的人馬在入夜後巡邏「實驗島」直到天亮，以免有外人上岸。甘薩勞特島在第二張圖裡，像是一座橢圓形的蛋狀島嶼，分作海岸和植被兩層，通往位於島中央的觀察點（圖7.3）於是，一座科學堡壘的想法，就以這種方式被強加在穆斯林從事改革活動的土地上，在本地人展現出拿走歐洲（的東西，像是歐洲的儀器）渴望的土地上。

將諸如甘薩勞特等島嶼精確地繪製在地球全圖上，是眾多試圖確認地球確切形狀的成績之一，除此之外，還有另一個成績。遠征結果莫名地助長了一個觀點，催生了對地球的科學疏離觀；全世界有大概四十個地方提供了數據，數據在一八二六年被整合起來。[36]中間人對哥丁罕和他的小圈子進行的實驗很重要。然而，這些實驗的進展證明在地作業的標記者，隨著地球成為被製成列表的對象，正逐漸消失。

英國科學機器裡的人

哥丁罕在馬德拉斯天文臺，親自參與了遠征蘇門答臘前進行的鐘擺時間長度實驗，並使用婆羅門助手：蒂魯文卡塔阿查里亞（Tiruvenkatacharya）負責數時鐘，斯里尼瓦阿查里亞（Srinivasacharya）負責記時間。他們名字末尾的阿查里亞是一個頭銜，標誌他們的導師身分。有鑑於哥丁罕訓練勞倫斯和羅賓遜時的用心，這些任務顯然相當重要——即使微小誤差都會危及後續的計算，但印度人卻被託付了這個觀察的責任。[37]

沃倫也這樣僱用助手。一八〇九年，他曾用斯里尼瓦阿查里亞在馬德拉斯做鐘擺時間長度的實驗。[38]在一八〇七年的彗星報告中，他指出他在十二月初時生病了，導致無法再做更多觀察工作，可是「婆羅門助手斯里尼瓦阿查里亞持續記錄星空」。斯里尼瓦阿查里亞測量這顆彗星之於其他星星的位置：「他最後一次看到彗星是在十三日，在那之後，月亮的亮度使他沒辦法再觀察到它。」[39]

然而，在這一切活動當中，地方菁英、本地消息提供者和歐洲人之間，包括在南方海域其他地方，提供資訊給航海者的太平洋島民，這些歷史悠久的個人關係有了新的色彩。這個疏離、架空、多面向且規模龐大的全球模型製作，在結合經度和緯度、海洋、陸地、空氣和天空時，仰賴各式各樣的儀器和觀測基地，使人們不再那麼需要依靠當地資訊。或者，即便依賴中間人幫忙建構模型，他們的印記也會從產生的成果中消失。以哥丁罕在馬德拉斯和蘇門答臘的實驗為例，實驗結果是一長串的統計數字，看不出任何勞動或個人特質的跡象。[40]

這個策略也許可以被放進引領大英帝國反革命到這一步的廣泛主張之中。英國人將他們的戰爭機器，以及他們對諸多事物的承諾，如國際貿易、干預人道主義、法律、根據種族和性別制訂的禮俗、文化研究和搜集等，轉而用來為自己的利益服務，並取代臣民、消息提供者和勞動者。在這麼做的同時，他們談論從暴政和壟斷中解放，免受暴政和壟斷傷害的自由，把這些遣詞用字視為他們的專利。

他們試圖據為己有的，還包括在海洋旅行路徑、抗議和能動性方面受到革命時代形塑的那些人民。我們在被殖民者和殖民者的軸線上，以及各個歐洲競爭對手之間，看到糾纏和借用。然而，暴力，譬如和這個時代「全面戰爭」並肩同行的洗劫戰利品行為，使過去的平衡開始傾斜，就像在緬甸的情況。因此，橫跨各個水域的密集殖民路線也開始傾斜，無論是從事戰爭還是學術研究的路線。在大英帝國積極移動的過程中搜集到的資訊，對英國人在南方浪潮中脫穎而出至關重要。馬德拉斯天文臺活動突顯的就是這種資訊。在革命時代，本地人是知識創造的積極參與者。理性科學的地盤正大幅擴張。但英國人籠絡消息提供者，卻沒有表揚他們在創造全球觀點過程中的能動性和協助。

舉例來說，一八二五年，沃倫完成了一部主題為印度計時的鉅著，書名為《時間集成》（*Kala Sankalita*）。此書由馬德拉斯聖喬治堡學院出版社（Fort St George College Press）發行，副標題大致說明了書裡的內容：〈印度南部民族劃分時間的各種模式專題論文集：另添加三個通用表格，從表格上即可得知泰米爾、泰盧固和伊斯蘭教俗民年曆的起點、特色和根源，前兩者對應歐洲年曆的十七、十八和十九世紀，後者則是對應從公元六二二年（伊斯蘭曆元年）到十九世紀〉。因此這涉及透過印刷出版，將過去屬於棕櫚葉文本的知識傳播出去：「向歐洲人揭露那些不起眼的年曆的內容和結構，近兩個世紀以來，這些寫在棕櫚樹葉上的年曆，在他們眼皮底下流通，而他們不曾懷疑計算這些年曆可能需要動用的技能和力氣。」[41] 此書意圖使在南亞流通的不同曆法能更容易轉換，尤其是轉換歐洲年份在南亞各曆法的對應年份。

這本書能夠付梓，不僅是受到東印度公司以及聖喬治堡學院的大力贊助，同時也是拜印度洋各地英屬政府的贊助所賜。沃倫感謝錫蘭、威爾斯親王島（Prince of Wales Island）和模里西斯的政府。[42]東印度公司指出，沃倫將印度和歐洲曆法相互對應的工作成果，對「政府官員」將是一大幫助。[43]商人和「公司領地範圍內的所有階層」都被想像是本書的使用者，誠如書名所言，作者希望世俗和宗教儀式的規劃都能受益於書中匯集的數據。沃倫還感謝了一位幫助他長達三年的助手——「馬德拉斯最有學識的當地人」之一。[44]作品完成後，沃倫的計算由聖喬治堡學院的「印度天文學家和其他當地人」負責檢查和驗證。[45]

然而，這位天文學班諦達（*pandit*，按：佛教術語，意為學識淵博的大學者）在構成這部鉅著的大量描述和表格中，卻絲毫不見其蹤跡。我們只在前言看到下面這個句子，要感謝「學院僱用的當地天文學者歐迪沙西亞（R. Audy Shashya）婆羅門，感謝他和作者就這部論文的主題從事交流，在將近兩年的時間裡提供專業協助」。[46]在東印度公司馬德拉斯省長（Madras Presidency）的公開日記中，可以看到帶有特權的專業知識生產，取代了來自本地的個人化資訊，該日記在談論《時間集成》時表示：

> 在我們的成員之中，沒有人對印度天文學有足夠涉獵，能夠誠實估算並且有信心地報告沃倫上校作品的優點和價值……

讓我們借用醫療勤務部（Medical Service）喬治・海恩先生（Mr George Hyne）的判斷。海恩曾和沃倫一起為本書的出版共事，並提出他的結論：

> 沃倫上校的《時間集成》是需要大量苦心孤詣的研究，以及非常豐富的印度天文學知識，才寫得出的一部作品。它自稱是打開印度陽曆和陰曆的鑰匙。書中有豐富素材可用來建構關於日月位置的日曆，並以無數實例和插圖呈現這些日曆的編寫模式，以及有助於縮短勞動和促進對調查對象之理解的各種實用表格。[47]

如果說本書可以「縮短」勞動，它靠的是縮短和取代本地中間人的工作。然而，馬德拉斯天文臺還有另一種用來縮短其員工工作的方式。我們在這個機構裡可以看到其他歐洲國民為英國服務。在追蹤革命時代後英國崛起的軌跡時，值得一提的是，哥丁罕其實並非英國人，而是丹麥人：他屬於這個時期在印度各地工作的一群丹麥博物學家和技師族群。據說他的本名叫作約翰尼斯・古登罕姆（Johannes Guldenheim）。[48]

丹麥在南亞有一些規模不大的殖民前哨基地，對新教傳教士而言是很實用的基地，直到後來他們開始進入英國東印度公司的領地。有個基地在印度東南沿海——特蘭奎巴（Tranquebar），現在稱為塔蘭甘巴迪（Tharangambadi）。丹麥人在那裡建立了一個堡壘「丹斯堡」（Dansborg，按：就是

「丹麥人的城堡」的意思）。它直到一八四五年才被割讓給英國，不過一八〇八至一四年拿破崙戰爭期間，這裡也被英國占領。

哥丁罕請長假時，暫代其職務的那個人不是英國人，只是把名字英語化了。他在法國大革命後的一七九一年離開巴黎，而他的家族成員有一支已經在愛爾蘭定居。約翰・沃倫的真名是讓－巴蒂斯特・弗朗索瓦・約瑟夫・德・沃倫（Jean-Baptiste François Joseph de Warren，一七六九至一八三〇年）。他對抗過邁索爾的蒂普蘇丹，而後在邁索爾從事測繪。沃倫的諸多關切之一是公路里程碑，很符合他對數字資訊的執著。他自掏腰包在印度南部的一些道路上放置了二百六十二個里程碑。法國君主政體復辟後，他在一八一五年返回法國，並且在法國軍隊中復職，但後來又返回印度和旁迪切里。[49]

在籠絡這樣的人時，英國殖民數據搜集模型帶有早期革命時代的痕跡。來自利益衝突帝國的戰士和人民，在英國資訊機器的複雜體系及其對經驗主義的承諾中，占據了他們自己的位置。測定航海問題和其他相關科學，內含一個瞄準世界各地的重要跨大陸事業野心。[50]殖民英國對這個歐陸網絡的控制逐漸加強，這點從馬德拉斯兩位重要天文學家名字的英語化可見一斑。

如果這表示印度洋世界的時代正在改變，我們可以說革命騷動的遺產也在改變。馬德拉斯在拿破崙戰爭之後的十九世紀第二個十年，成為了一個更加自信的大城市。[51]這個城市在對邁索爾蒂普蘇丹的勝利中擴張，本身就烙印著革命時代的印記。邁索爾是殖民時代馬德拉斯最大的威脅，誠如我們所見，它最終在一七九九年被擊敗。此後，馬德拉斯出現了一項強加殖民文明的都市計畫，小至安裝路燈和鋪設人行道等等，大至將英國化的英國堡壘和多功能且社會組成複雜的「黑城」分開。由於遠離歐洲使馬德拉斯殖民地居民有四面楚歌的孤立感，於是他們發展出一種「南方愛國主義」，這種南方愛國主義來自採用獨特的當地習俗，使他們不僅不同於倫敦，也不同於北部的加爾各答。馬德拉斯日益增長的城市信心，從海灘上也看得到，因為這裡建起了一個正式的貿易區。

殖民地的重組帶來了關於種族和性別方面的間接後果。殖民地開拓者和被殖民者之間的分歧——像是城市的輪廓——在十九世紀被更仔細的闡明。中間人在馬德拉斯天文臺的地位變化，需要從這種更廣泛的社會和政治角度來理解。同樣重要的是，馬德拉斯如何扮演讓帝國在海上各地擴張的樞紐。

天氣觀測員和帝國地理建模

當大英帝國從印度拓展到東南亞，季風季節是它必須控制的海洋挑戰。東南亞殖民聚落在萊佛士等人物的保護下逐漸成形，顯見帝國控制季風的成果。殖民地沿著西海岸，以一系列港口和面水聚落的形式出現，包括檳城、麻六甲和新加坡。殖民基地的地點由船隻航線決定，受到風的連續吹打，需要一個避風港，尤其是那些在印度和中國之間繪製貿易航線的船隻。天氣和帝國是相互交扣。

關於季風的科學工作，就像哥丁罕和沃倫的實驗，有人正努力創建全球模型，以促進帝國的發展，解釋並馴服風。在十八世紀末和十九世紀初，討論季風和提出季風理論的主要聲音，是受僱於東印度公司的東印度群島航海家，而不是歐洲的空談哲學家。馬德拉斯就像這群人的發射臺。

東印度公司官員詹姆斯・卡珀（James Capper）積極觀察天氣，並說明了這個天氣模式。卡珀駐紮在馬德拉斯好幾十年，不僅兩個女兒都在那裡受洗，而且曾為馬德拉斯軍隊作戰。在馬德拉斯期間，卡珀記錄了天氣。他的《風和季風觀察》（*Observations on the Winds and the Monsoons*，一八〇一年）是在撤回威爾斯的凱西（Cathays）休養健康時撰寫的，書中有他對一七七六年整年的馬德拉斯天氣觀察樣本，以及溫度計和氣壓計的月平均讀數。天氣日記讀起來可能是對經驗細節的枯燥摘要。以卡珀馬德拉斯日記的這則紀錄為例：

> 六月。一日和二日，規律的陸風和海風；三日，猛烈的長岸風。四日，早上天晴，中午多雲，晚上下雨。——注意：當天有兩百多發禮炮發射，懷疑是否導致下雨？——五日，全天陸風，隨後至二十四日都是如此；二十四日早上十點有海風，晚上多雲有雨。二十九日，陸海風四次交替變化。三十日，晚上下雨。到十五日，溫度計平均讀數八十六度；十六日到月底為九十四度。[52]

然而，這種經驗主義的興起具有誤導性——因為對卡珀和其他天氣觀察者而言，經驗主義科學的功能是提供控制一系列數據資料的工具。這些數據開啟了創造出一個正規解釋模式的可能性，包括對風、海、雨和溫度的解釋，同時也將人類行為與天氣之間的關係納入考量。[53]請看卡珀根據實際觀察經驗（包括麻六甲海峽）談論水龍捲的冊子中的這條評論：「在一些例子中，（水龍捲）是會被槍支開火而摧毀的。」[54]

他的結論是，水龍捲出現時，「接近地表」的大氣處於「高度稀薄狀態，而且無疑正直最炎熱的天氣」。[55]據說，「電流」的上升或下降會導致冷空氣強迫自身通過「稀薄介質」，從而產生颶風、旋風、暴風或水龍捲。[56]卡珀對「深夜時段」（late hours）的古怪建議，大概最能說明數據的相互關聯，還有對人和天氣之間關係的關注，以及一種涵蓋廣闊的多維觀點。有鑑於現代大都市的生活已經把「白天變成黑夜」，他針對睡眠的最佳方式提出了建議。這些建議的對象是英國讀者。他制訂了一套整理床鋪和應該使用什麼床墊的詳細規則，一切都是為了調節體熱循環。他建議應在臥室內放置溫度計，而且不建議反覆呼吸停滯的空氣，也不應在臥室內擺放「香花」。[57]

這種一般方法論——涵蓋舉凡對人類和環境相互關係的承諾、搜集各種來自不同背景的數據的任務，到有關水龍捲等天氣現象普遍性及可比性的理論——在卡珀對季風的解釋裡，全都一覽無遺。卡珀首先將風分成「反覆出現」到「一般」等類別。他提供了對風循環的全球調查，以及印度和美洲降雨量比較，還有關於河流和山脈、溫度和太陽和月亮的評論。[58]下面這項調查把風和海連在一起：

洋流在印度洋……信德灣（Gulf of Sind）和孟加拉灣，幾乎總是和風循著相同的路徑。吹西南季風的時候，洋流不斷從西南流向東北，再到西南。這種風和水相連的原因似乎不言而喻。[59]

他還解釋了馬德拉斯海岸線科羅曼德海岸（Coromandel coast）的拍岸浪：

> 吹西南季風時，從南方流入信德灣和孟加拉灣的大量水體，極有可能是南極地區在南半球夏至期間融化的冰雪造成的……而西南季風期間以猛烈力道衝擊海岸的拍岸浪，很可能也是這樣來的。[60]

數據的相互關聯不僅產生對水面和水面之上現象的解釋，例如拍岸浪和水龍捲及其與季風的關係，卡珀還把地球熱氣描述為風的成因。卡珀認為，就像一般的火被點燃，當存在「地球和大氣層中」的「電火」受到干擾時，就會產生風。[61]

像這樣標記數據，使世界的地理學能夠得到合理化，因為經驗主義驅動了一種分類的熱忱，和製作各種全球模型的熱忱前後呼應。在經驗主義的分類熱忱中，卡珀建議馬德拉斯面向的孟加拉灣，應該標記為 gulf，而不是 bay，把 bay 這個分類留給更小的灣，然後用 gulf 指稱大海底下「比較小的」海域。[62]孟加拉灣的兇猛被解釋成源自它的地理阻擋：風吹到印度洋北部後無處可逃，導致產生了季風季節的模式。

與此類似，根據擁有豐富印度周圍海域航行經驗，並在印度洋從事法國海軍活動情蒐的國家貿易商托馬斯・佛瑞斯特（Thomas Forrest）在《東印度季風論文》（*A Treatise on the Monsoons in East-*

India，一七八三年）中說：「我是指夾在好望角到東北方之間的整體；東至中國海；然後向南，到新荷蘭為止，向北沒有出口……」[63]佛瑞斯特馬上給這個觀察打了個比方，要求讀者想像如果大西洋的歐洲一路延伸到北美。他認為在這樣的情況下，大西洋也會有季風。佛瑞斯特的論文有很大篇幅都用來描繪，在季風季節特定時期航行於孟加拉灣應該保持的正確路線，他主張關於季風的理論著作應該搭配航行實務來寫。

建立模型的錯覺——以及藉由將整個地球變成一個物品，重建人與自然之間關係的潛力——在佛瑞斯特某個作品的結論中尤其明顯：《從加爾各答到孟加拉灣東側墨吉群島的航行》（*Voyage from Calcutta to the Mergui Archipelago, Lying on the East Side of the Bay of Bengal*，一七九二年）。本書旨在吸引對緬甸外海墨吉群島（按：又稱丹老群島）的興趣，佛瑞斯特將其視為航海者的良好墊腳石，因為這些島嶼排列規則，形成抵禦西南季風的連接屏障。這些島嶼是通往孟加拉灣東側一系列良港的絕佳進出點。[64]

佛瑞斯特的詳細地點描述和關於航行的精確指示，最後以對另一個模型漫不經心的建議作結：「為什麼沒有人將幾英畝的青翠平原，變成一張世界地圖？」佛瑞斯特提議可以在「富人」的花園布置出這樣的地圖。他在受困西南季風期間，用兩塊厚木板做出了一個大型地圖，於是萌生這樣的想法。他為這個花園提供了詳細尺寸：「大陸和島嶼可以用草皮製成，用石礫堆出海洋」；然後在特定的地方，可以「用石礫堆出石柱，表示季風、信風和洋流等特殊情況」。

這麼做的意圖是讓更多人看見自然，擴展心智的力量，從而對特定地方有更深入的認識。對佛瑞斯特而言，這樣的計畫將能突顯從英格蘭沿海的唐斯（Downs）到印度的航道，和航行在狹窄海域的艱辛和疲勞相比，「根本微不足道」。[65]地理的模型在此期間呈倍數成長。佛瑞斯特最後的提案很有趣，因為它模糊了模型和自然之間的分野；他企圖把世界地圖引進花園裡。在這個早期階段，英國貿易和帝國在新的控制中心（例如孟加拉灣東側的殖民基地）內，整頓了現有的貿易商和助手。為此，佛瑞斯特把馬來爪夷文（Jawi Malay）的航海資訊納入他繪製的海圖裡。[66]全球模型再度仰賴本地資訊而建立，同時亦抹去這些資訊的貢獻。

正是這些知識的全球模型製作，使從英屬印度向外輻射的工具主義帝國控制漸漸成為可能。英國人利用他們的科學，在孟加拉灣東側建立了持久的立足點。這些模型和在此之前就存在的亞洲海洋國家的突變模式，形成鮮明對比。換句話說，正在形成的知識和數據模型不僅範圍擴及全球，而且帶來了帝國和殖民地。模型取代本地中間人的方式，和它建立領土控制的方式是相似的。

正是佛瑞斯特這類國家貿易商的活動，使檳城在一七八六年被納入東印度公司的治理。即將成為檳城監督官員的佛瑞斯特同事法蘭西斯．賴特（Francis Light），寫信給印度當局，表示檳城是「東部貿易的便利彈藥庫」，需要一些「實用的便利港口……在戰爭或季風季節時，保護和中國從事貿易的商人」。[67]另一名貿易商詹姆斯．史考特（James Scott），為控制檳城提出了更有整體性的論點：

第一，因為它是所有季節能夠輕易安全進出的地方。

第二，因為在那裡建港也許能得到當地人的同意，因為海峽北部的港口和荷蘭人沒有聯繫，而海峽又以此地為中心。

第三，因為我們想要這樣的港口，遇到意外的時候，我們只能撤退到麻六甲……那還是荷蘭人願意的話，他們當然不願意，而這裡可是我們歐洲、馬德拉斯、孟加拉、孟買和中國船隻的海上大道……[68]

整併檳城之前，英國徹底地評估了檳城的潛力，以及——接棒佛瑞斯特在此之前從事的工作——海灣其他島嶼的適用性，包括安達曼群島、尼科巴群島和破錫蘭角，也就是現在的普吉島。[69]其優勢在於造船優質木材的供應，同時也是船隻修理的好地點。需要強調行動者如佛瑞斯特在促成此事方面的角色：佛瑞斯特花了大量時間主張在孟加拉灣東側建立英國基地，但最終他在公司董事心中失去了聲譽，而且沒看到他的墨吉群島提議得到落實。[70]

一八〇五年，檳城加入加爾各答、孟買和馬德拉斯的行列，成為直屬董事會的東印度公司領土第四個管轄省。一八二六年，新加坡和麻六甲被劃歸於檳城之下，就在麻六甲短期回歸荷蘭人時期結束之後（按：一八一八至二五年），從而在海灣東側形成了通往中國的三個港口。[71]

值得注意的是，英國與柔佛蘇丹（Sultan of Johor）及其天猛公（部長）*簽署了一份條約，標誌「新加坡島主權和財產的割讓」，影響範圍擴及「（新加坡）海岸十陸哩（geographical mile，按：每一陸哩約一．八五五三公里）內的海洋、海峽和小島（小島的數量可能不少於五十個）」。[72]一八二四年的協議標誌著新加坡不再由聯盟統治，成為徹底的英國領地。[73]帝國是為了印度、孟加拉灣和中國南海之間的海上通道建設而來：先看到海才看到陸地之前。拜海洋所有權定義之賜，領土控制成為了可能。

英國在孟加拉灣東側的海上推進，是源自荷蘭東南亞帝國的界限模糊不清，這個問題直到一八二四年簽署《倫敦條約》（Treaty of London）才在理論上得到解決。儘管該條約旨在確定邊界，但即使到了一八四〇年，荷蘭人還是能指責英國勘查員不懷好意，用科學和製圖的活動偽裝其戰略探索。[74]知識製造和帝國形影不離。

這些勘測員所畫的地圖中含有各種帝國想像。詹姆斯．霍爾斯堡（James Horsburgh）的《孟加拉灣》（*Bay of Bengal*，一八二五年）海圖以海洋為中心，畫了多條穿越海洋的通行路線，在交替的季風季節，為從歐洲、馬德拉斯和加爾各答出發的船隻指出通往麻六甲海峽的最佳航道。[75]地緣戰略並不遙遠，喬治．羅曼（George Romaine）的《孟加拉灣簡圖》（*A Sketch of the Bay of Bengal*，一八〇二年）就是一例。在這張為保護帝國不受法國私掠船侵擾而畫的地圖上，海軍指揮官提出三艘巡洋艦能守衛戰略通道的可能路徑。[76]類似的戰略想像，帶動了關於孟加拉灣界線的討論。一八〇五年，兩位海軍針對東印度公司船隻在檳城和孟買之間的分配事宜，陷入了緊張對峙。造成對峙的癥結在於，錫蘭和馬德拉斯應該被編入檳城的管轄，或是孟買的管轄。[77]

對海洋勘測和帝國之間的連結而言，一八一九年萊佛士占領新加坡和丹尼爾・羅斯船長（Captain Daniel Ross）的海洋測繪接連發生，是強而有力的證據。羅斯草擬了一份《新加坡海港平面圖》（*Plan of Singapore Harbour*，一八一九年）。[78]這張地圖（頭幾個使用「新加坡」一詞的文件）的大部分面積，都被擬定興建港口的廣闊水域占據。[79]地圖的一處標註為「深水區」，另一處標註為「馬來村」。沿著地圖左上角的海岸線，有一條小溪和紅樹林。在另一張圖中也看得到一些海港的側面景色，有清晰的海拔高度，還呈現水上往來的船隻、一面飄揚的旗幟，和一處「海濱勝地」，這些都是這個海上帝國階段的經典元素。[80]在相當大幅的《新加坡島平面圖》（*Plan of the Island of Singapore*，一八二二年）中，也可以看到對海岸的關注。這個平面圖可能是詹姆斯・富蘭克林船長（Captain James Franklin）的勘測成果，包含對海岸帶非常詳細的評估，而完全沒注意內陸，除了武

---

*譯註：馬來人蘇丹國的高級官職，主要負責治安，是蘇丹宮廷侍衛和軍隊的統領。一五一一年，麻六甲王國遭葡萄牙滅亡，蘇丹逃往廖內群島，派天猛公代表統治其在大陸的領地，即今柔佛和新加坡地區。一七六〇年後，天猛公以廖內蘇丹封臣的名義，成為上述地區的實際統治。

吉知馬山（Bukit Timah hill），留下一片空白。[81]

控制海面使英國得以鞏固受保護的陸地聚落。如果我們採納新加坡參政克勞福在一八二四年發表的看法，英國的海洋「主權」主張和「對殖民地的軍事保護」有關，「為了（他們的）內部安全，為了（他們）不受四周的成群海盜騷擾」。[82]等到十九世紀中葉，隨著英國崛起的確定性取代革命和戰爭，這一串孟加拉灣下方的跳島，在帝國製圖中有了不一樣的意義。它們不是避難處和安全港灣，而是自由貿易的輻輳和磁鐵，位於印度和中國之間的海上商業中心。

在蒸汽引擎帶動的英屬新加坡之中的不安自我

這個新興的全球知識及模型製作模式，其危險性在於它科學地將每個地方——譬如蘇門答臘外海的「實驗島」和新加坡等島嶼——擺進一個由表格組成的地球模型裡。如此一來，全球知識無論在海洋或陸地都無往不利，並從海洋漸漸移向陸地，將馬德拉斯天文臺這樣的基地變成了數據搜集平臺，使船隻航行在孟加拉灣的時候，確切知道自己在地球上的位置，而且擁有面對各種海風和尋找港口的知識。地球靠近赤道一帶的粗獷被馴服了。就算這只是知識變革的其中一個面向，新的經驗主義數據搜集制度的興起和帝國本身的演化與進步密切相關，誠如前文勾勒的那樣。這裡也看得到一段連結海上航線的陸地據點的螺旋式歷史，主權和控制的概念隨著勘測從海洋轉移到陸地，由於人際關係的扁平化和對地域性的重新思考，這些變化被人類觀察者視為全新且危險的。

模型很容易被視為有效且具有變革性的，但全球觀點的興起折損了當地知識分子的自我理解，因為他們試圖從舊事物的角度理解新事物。這些知識對身體造成了影響，事實上，身體和天氣之間的關係，已經引起了東印度公司航海者的注意。隨著新加坡這樣的港口被整併，並納入殖民地後，自我在全球大數據和帝國之中產生的焦躁不安，也從一八二五年以降變得更加明顯。

拿泰國來的暹米先生（Mr Siami）為例，萊佛士在進行促成新加坡崛起的一八一九年談判時，暹米可能也在場，他描述一項英國人頒布的法令如下：

> 像伴隨著雷電的肆虐風暴襲擊我們，將船隻和船首吹向四面八方，多數船隻的船舵和船槳都碎了，支索和升降索被切斷，帆具折斷，懸盪在半空中，只剩前桅和主桅。唉，實在是太可憐了。我們這些拖著繫泊船具的泊船，現在找不到避風港了。我們感到無比淒涼。[83]

暹米接受了新加坡船務總管辦公室（Master Attendant's office）的聘任。一八二三年，他的名字出現在官員名單中，身分是「中國和暹羅作家暨翻譯」。[84]然而，東印度公司董事將船務總管調到檳城的決定，意味著他丟了飯碗，而這就是他感到如此痛苦的原因——像一艘四處漂泊沒有庇護所的船。他用船隱喻其自我的方式確實相當出眾，同時暗示海洋帝國為他這樣的人帶來了巨大變化。

暹米可以和萊佛士的另一位馬來抄寫員阿卜杜拉．本．阿卜都．卡迪爾（Abdullah bin Abdul

Kadir，一七九七至一八五四年）做比較。卡迪爾在新加坡和傳教士及其他外國人一起擔任語言教師，在他的記憶裡，萊佛士之於他「就像父親一樣」。這樣描述有助於他宣稱自己和這位在一八一一年提議入侵爪哇的偉人有私交。[85]卡迪爾為了探望家人，經常往返新加坡和麻六甲之間，並於一八五四年在麥加朝覲時去世。[86]

《阿卜杜拉的故事》（*Hikayat Abdullah*）手稿於一八四三年在新加坡完成。阿卜杜拉提到了蒸汽航運在何時最初傳來的記載，那是在孟加拉灣裡展現的自然的下一階段。他原先不願意相信這些記載，因為他沒看到「視覺證據」，直到一張蒸汽船的圖片出現，他終於有了「絕對的把握」。可是他的朋友們嘲笑他，「誇大了英國人的威力，（來告訴他們）最不可能的無稽之談。」[87]阿卜杜拉在一八四一年參觀了一艘蒸汽船「塞索斯特利斯號」（*Sesostris*），這艘船參與了中國的鴉片戰爭。[88]

阿卜杜拉隨後接受美國傳教士阿爾弗雷德．諾斯（Alfred North）的邀請，在輪船上寫了一篇馬來文章，[89]用他既有的知識來解釋新事物，例如寫道，蒸汽船上的火不是由木頭產生，就像馬來人用木材生火那樣：「煤看起來像岩石或石頭，有光澤，堅硬，彷彿取自地面或山脈。」船本身的速度好像被六、七百匹馬在陸地上牽引，還提到到船上的炮彈和他的頭一樣大。根據現有思維認識新機器的最終指引，大概是把塞索斯特利斯號描述為「真主為其思想和進取心而賜予人類的禮物」。[90]

作為一名翻譯，阿卜杜拉也參與傳教士的實用知識出版，像是「物理世界的本質、大氣、蒸汽船和蒸汽機的發明、美國的天然氣製造、供水系統、蒸汽的用途、捕鯨業，以及各種關於科學和西方文明的其他事物……」他在《阿卜杜拉的故事》結尾說明他從事這一切的目的：不是向英國人磕頭，而是讓馬來人也可以「創造新事物」。[91]誠如阿卜杜拉所言，他對西方知識的接觸，從經驗數據的興起到蒸汽船，遵循了一條路徑：從不信到透過證據確信，從確信到透過實際展示來寫作。在此期間，他正從事著另一個旅行，他的目標是改變馬來人對機器的看法，並促進他認為的創造力。

然而，即使阿卜杜拉與蒸汽船打交道，為出版商撰寫和翻譯有關科學和技術的文獻，他也保留了凝視大海的古老傳統。新舊的糾纏在他搭乘英國快艇式帆船（新加坡最快的船隻之一）進行的航行紀錄中顯而易見，他正帶著海峽殖民地英國總督喬治·波罕（George Bonham）的信要給半島東海岸吉蘭丹（Kelantan）的統治者。[92]這段紀錄以爪夷文（阿拉伯馬來文）和羅馬體文字寫成，兩種文字各自印在對開的頁面上，標題為《阿卜杜拉吉蘭丹行記》（*Kisah Pelayaran Abdullah ke Kelantan*），阿卜杜拉很高興得知它還被翻譯成法文。[93]航行時，阿卜杜拉想起善良的神「拯救我於無數危險中——槍戰、子彈、海盜和吉蘭丹的戰鬥」，這使他吟唱起一首馬來四行詩「班頓」（*pantun*）。這種四行詩通常著重於歌詠愛情，[94]他的班頓把歐洲之旅和歐洲船隻置於這個歷史悠久的文體脈絡裡，同時也像暹米一樣，在生活和大海與航行之間穿梭：

站穩來！錨鬆了！
槳已經成扇形展開，大砲開火了。

如果那是子彈，子彈會扎得很深。

如果是愛，那不是片刻的。[95]

在另一個記錄他朝覲旅程的海上敘事中，阿卜杜拉再次以戲劇性文字描述波濤洶湧的大海，並將他的船和被海水拍擊的「椰子殼」做比較。[96]他寫道，知識「是真主最美妙的創造」：「知識不會拖累或成為那些攜帶它的人的重擔，也不需要空間來收納。它既不需要食物也不需要飲料來維持，但它隨時準備滿足我們的需求。」[97]他用身體的語言來表現知識理論，但又主張知識的非物質性。

他關注知識給身體帶來的影響，從他敘述為治療鞘膜積液而進行的手術中顯而易見。他曾使用許多馬來、中國和印度的藥物，但都沒有治癒。當一位來訪的英國醫生檢查後告訴他，他必須接受開刀治療，排出積液，他感到很害怕。這種恐懼就像當時的穆斯林害怕接種疫苗一樣，因為那就像給身體一個切口。[98]阿卜杜拉仔細考慮了整晚，和他的朋友討論，他們告訴他：「你別去。你給這些白人治療的機率是一半一半：死就死了，活就活了。」[99]

然而，相較於他的同胞們把西方創新看作概率遊戲，而不一定會產生特定結果，因此態度分歧，阿卜杜拉選擇接受開刀。然後，他拿了兩瓶排出的液體，寄給住在麻六甲老家的父母。他寫道，在六甲，人們對他的評價是：「他的腦袋接受白人的方式。換作我們之中任何一個人，我們寧願死於這疾病，也不會鼓起勇氣去做他所做的事情。」[100]或許他的同胞認為他對西醫的認同改變了他的腦袋，又或許卡迪爾本身對切割感到憂心，指出他在手術紀錄中一再重複的句子仍是至關重要的：讚美真主的恩典。[101]

這個故事充滿關於知識和身體如何相互作用和相互改變的問題。恰恰是西方全球科學與技術的興起，開啟了這一系列問題。即使從一個看似忠於大英帝國的人的角度來看，這一系列思索也沒有簡單解決方案。

學者們對阿卜杜拉在新加坡早期歷史的地位仍有爭議。他比暹米更出名、更有學識，他在今天被視為最早的馬來現代作家之一：「可能是半島馬來人（Peninsular Malay）面臨因接觸西方而生的道德困境的第一人。」[102]但稱他為馬來人，等於給他貼了一個不確定的標籤。族裔詮釋此時正在殖民術語的衝擊下被淨化和僵化，即使馬來人指的是願意接觸印度洋各水域、定義比較寬鬆的一群人。[103]在阿卜杜拉的語言學生、新加坡政府勘測員湯姆森（J. T. Thomson）的記載中，阿卜杜拉的父親是南印度納格爾（Nagore）泰米爾人的兒子，而他的祖父是葉門阿拉伯人的兒子。湯姆森形容卡迪爾的容貌是「南印度泰米爾人」。[104]在今天的新加坡詞彙中，阿卜杜拉是娘惹（Peranakan），指不同族群通婚生下的混血兒，而不是馬來人。從《阿卜杜拉的故事》也能看出明確定義阿卜杜拉的難度。一方面，它在馬來文學中被視為激進的斷絕，因為它的自傳形式，包括使用第一人稱的「我」及其印刷出版。[105]然而，另一方面，《阿卜杜拉的故事》是存在已久的馬來宮廷編年史的進化，結合了忠告和告誡，而且關注統治者的家譜和德性。按照第二個解讀的邏輯，正是因為阿卜杜拉試圖復興、而不是改變馬來文學，才會在馬來語正被基督教傳教士和翻譯家羅馬化的時候，用爪夷文（阿拉伯馬來文）寫《阿卜杜拉的故事》。他是現代主義，還是復興主義者？傳統的看守者，還是西方的模仿者？用這些既定的二分法認識這個重要的聲音，還有暹米，是相當憋腳的做法，因為他們是兩個生活在巨變時代的人，應付著全新知識的創新。

閱讀《阿卜杜拉的故事》的趣味，正是看著阿卜杜拉在不同選擇之間移動：從基督教到伊斯蘭，從傳統治療到西醫，從馬來人的海洋活動到英國蒸汽船和相機。阿卜杜拉的舉動本身，表明種種變化正在英國統治的反革命中發生。阿卜杜拉所處的動盪歲月，以及這些動盪給他帶來的壓力，符合《阿卜杜拉的故事》在形式、意圖方面的前後跳躍。對阿卜杜拉與暹米而言，新加坡這個地方的人類正置身一趟海上旅程，而船隻本身象徵著此地正處於過渡狀態的生活。與此同時，船舶和其他機械技術的新穎性，以肉眼看起來非常真實的方式，將身體重新定位在流動性、貿易和帝國的新世界之中。阿卜杜拉和暹米的回應是試圖從比喻、知識和物質方面駕馭這些浪潮，處理被殖民者的需求和問題。生活處於不斷的變動中，身體也是；身體在全球知識新時代中掙扎的需求亦若是。

燈塔的工具主義和主觀性

從阿卜杜拉和暹米對水域和帝國的看法，轉向英國臣民及其自我，前面提到的勘測員是很有趣的觀察對象。他們在像馬德拉斯這樣的基地工作，試圖馴服風和浪。儘管活躍於十八世紀末和十九世紀初的英國人，例如佛瑞斯特和卡珀，想要創造出成功的全球模型，這些知識對他們的自我意識的影響，直到十九世紀中葉仍然不穩定。此外，基礎設施改善的宏大計畫——例如為幫助船隻通行而設計的大型燈塔計畫——不僅讓人看到單純的成功，同時也看到許多抵抗的時刻，以及這些英國人對本地及被殖民勞動力的依賴。

撰寫英國人進行的測繪計畫時，阿卜杜拉描述了他和一名東印度公司勘測員建立起的深厚友誼。他稱他的朋友為史密斯（Smith），並提起他們關於新加坡和麻六甲歷史，以及日月食和星星的討論。[106]史密斯負責測量深度，測繪殖民地周圍水域的島嶼和航道。兩人分別時，卡迪爾寫到對方以手錶與他交換**喀里斯**（kris，一種匕首）。[107]他和湯姆森的關係，也許是這段敘事的樣板，湯姆森也是出版《阿卜杜拉的故事》的英譯本的人，他於一八四一年抵達新加坡，時年二十一歲，被任命為政府勘測員。他在這個職位上，對殖民地建築物、橋梁和道路的設計發揮了重要作用。他因為在新加坡海峽東側建造霍爾斯堡燈塔（Horsburgh Lighthouse），以及一八四九年對馬來半島東側進行勘測而為人稱道。[108]湯姆森在馬來土地上的回憶錄，有一章都在寫阿卜杜拉，並指出儘管他和基督教傳教士相識已久，仍保持堅定的伊斯蘭信仰。[109]

湯姆森的霍爾斯堡燈塔是為了紀念自一八一〇年起擔任東印度公司水文師的詹姆斯·霍爾斯堡。霍爾斯是航海資訊的權威。他根據仔細檢查航行記載和東印度公司海洋勘測員所畫的地圖，在他的《東印度目錄》（*East India Directory*）發布並更新這些資訊。[110]以他為名的燈塔矗立在季風季節洶湧的海面之上，旨在作為英國在通往中國的航線上脫穎而出的物理標誌。燈塔戰略性地放置在航線的中途點，幫助希望從中國進入新加坡的航海者。蓋燈塔的提議源自接二連三的船難，並受到為紀念霍爾斯堡發起募捐的商人的大力推動。[111]湯姆森指出，它是「印度唯一坐落在大海中一顆孤石上的一座燈塔」。[112]最近，這座燈塔所在的岩石「白礁」（Pedra Brac）成為馬來西亞和新加坡政府起紛爭的原因，兩國都聲稱擁有這顆礁岩，直到國際法院將它判給新加坡。

各式各樣的環境挑戰的困擾著這個大型計畫的進展。在這個時期全球知識推進過程中出現的基礎設施干預難以完全實現。和燈塔有關的文件指出，燈塔所在位置導致成本高昂，因為岩石「在東南季風期間會受到海浪影響」，因此其結構需要「用花崗岩和水泥完全覆蓋」。[113]儘管海風呼嘯，蚊子是個大問題。蚊子導致柔佛天猛公前來參觀時，和他的隨行人員迅速離開。[114]建成後，衝擊西部岩石的拍岸浪足以將一個人擊倒，浪高在海平面之上二十二至二十五英尺之間，有時甚至無法站在燈塔入口處。[115]被派去執行任務的工人（包括一些囚犯），不僅群起抗議，而且據說總共說十一種不同的語言，導致工程進度緩慢。除此之外，還有船舶難以靠近岩石的問題，以及海浪在施工期間沖走了一些臨時聚落。[116]借用湯姆森的話：蓋燈塔的工作「無時無刻不在創造恐懼和不確定」。[117]

湯姆森的成功取決於他對工人身體的管理和控制能力。來自新加坡操持客家方言的八十名華人石匠，受僱於新加坡島東北方的烏敏島（Pulau Ubin）。[118]今天很多遊客會搭「傳統木船」去參觀烏敏島，這些人和我一樣，想在過度都市化的新加坡尋找大自然。為燈塔切割花崗岩、將巨石劈成小塊的中國工人沒有逃避現實的空間。湯姆森在兩張素描中畫下石匠的工作流程，幻想能按照步驟加以控制。在這些圖中，石頭被塗黑，用浸過墨汁或木炭水的繩子做標記，然後用鑿子整平。[119]（圖7.4）如果石頭需要進一步破碎，就在石頭上鑽小孔，並用楔子填滿，直到花崗岩裂開。[120]

湯姆森對對工人姿勢的關注和程序不相上下，製作一塊好石頭不僅需要純熟的技術，還需要工人和石頭「相互適應」。湯姆森描述這種相互適應：

……這樣做的時候，（工人）讓自己處於多種姿勢；坐在自己的腳後跟或蹲下，是他們最喜歡的姿勢，也是最自然的姿勢，但有時候他們會坐在地板上，其他時候則把左手放在大腿下方，有時他們蹲到腰幾乎都打不直了。[121]

根據湯姆森的說法，問題在於這些工人沒有達到歐洲的正確性標準。他抱怨說，他們的工作沒有使用鉛垂線、水平線或直尺的證據。[122]湯姆森繼續推論（或者說是進一步幻想）並自創種族觀念，寫說中國人在「赤道高溫下的」勞動，不敵歐洲人在溫帶氣候勞動的一半。在他看來，這不是因為缺乏體力，而是受到氣候的影響。[123]在其他著作中，他主張氣候在決定種族差異方面至關重要，因此在定居紐西蘭，並成為該國第一位勘測長後，他的馬來經歷促使他提出毛利人是從「巴拉塔」（也就是南印度）遷徙而來的理論。他也正面評價中國移民適應紐西蘭的能力。[124]

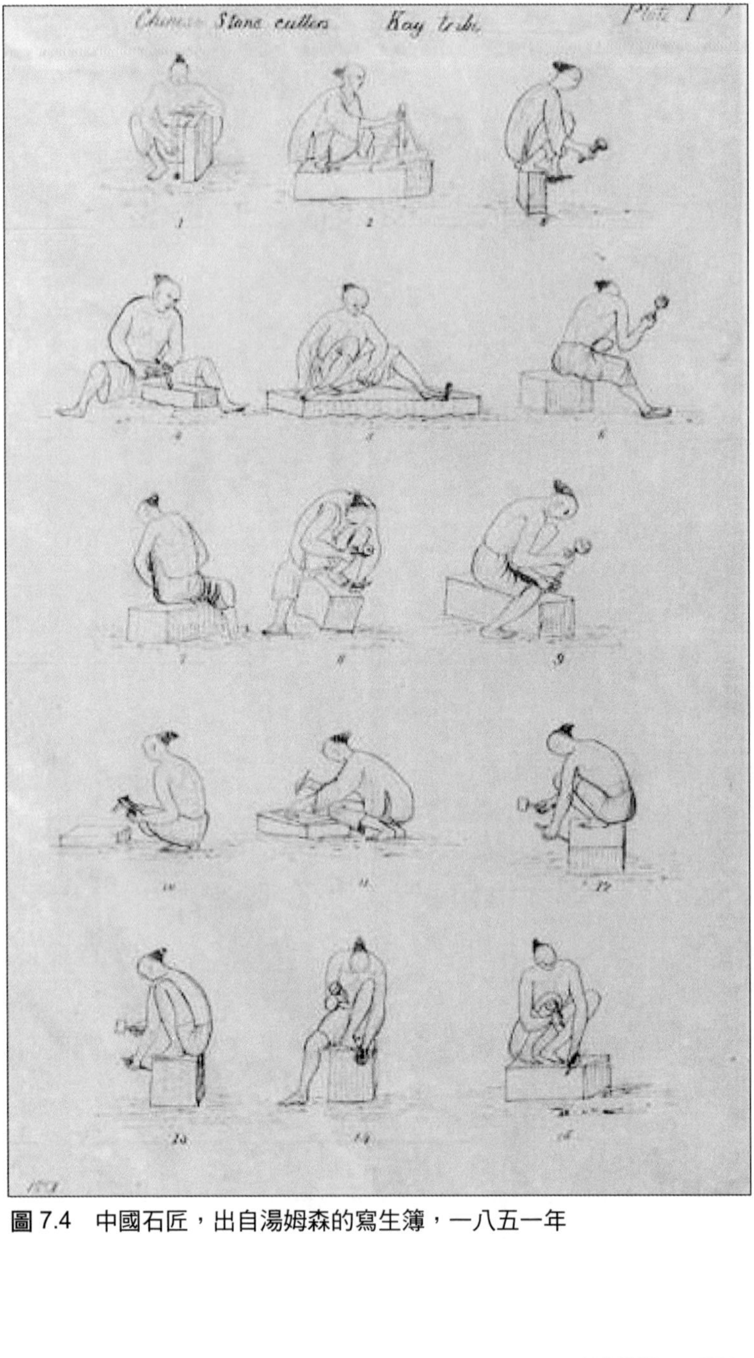

圖 7.4　中國石匠，出自湯姆森的寫生簿，一八五一年

如果說建造燈塔是在自然極端條件下測試歐洲勘測技術和亞洲人身體能力的一項計畫，這也是湯姆森進行民族誌觀察和計算的好機會。民族誌觀察在建築工地的強制條件下，以這種方式進行。如此賣力的研究和控制，和班謠達在馬德拉斯天文臺不受監督地觀察彗星，可謂有著顯著的改變。

在燈塔的施工過程中，工人對他們必須完成的壓迫性工作，做出了可見且重要的抵抗。湯姆森的其中一張圖，描繪了白礁上的「一場暴亂」，這張畫是他後來在紐西蘭才畫的。在畫裡，中國工人因為對在岩石上工作的麻煩感到不滿，於是試圖搶占一艘補給船。[125]相較於對工人工作時的精確描繪，工人的身體在這裡和彼此融合成一體。天氣與身體漂泊無所繫的關係，從湯姆森敘述中國人抵抗之後，接著講到南希號船上的兵變事件，也看得出來。南希號參與了燈塔的建造。船員據說是馬來人和「印尼－葡萄牙人」，他們因為天氣嚴酷和暴風來臨而憂心忡忡，於是發起了罷工。[126]

湯姆森在東南亞的工作對他自己的身體也造成了極大傷害，導致他不得不離開熱帶地區，很可能是因為在岩石上感染了瘧疾。他報告燈塔工程時從頭到尾都在抱怨「生病」，並宣稱「這座岩石似乎與我為敵」。[127]同時，馬來拉斯卡承襲在海上沉思的馬來傳統，在工程剛開始的初期，透過唱班頓詩使自己入睡，有點畏懼他們遭受的惡劣天候考驗。[128]因此，從各方面來看，這工作使在岩石上反思自我成為必需。

湯姆森以對水龍捲的氣象評論結束了他關於蓋燈塔的報告，讓人想起卡珀的著作。在燈塔建造期間，他看到了二十多個水龍捲。他指出他看到的第一個水龍捲在「玩耍」，管狀結構時而縮短，時而增長，周圍的水氣則以螺旋狀捲動。他畫了一張水龍捲的圖——也是為了展示了它的流動性和可變性。根據湯姆森表示，水龍捲是由帶電雲的影響造成的。在他的分析中，暴風等天氣現象在這一帶水域的流動性和季風有關。[129]

儘管對全球知識有這些主觀的、身體的、沉思的、困惑的和抗拒的反應，這也是一個讓殖民者得以崛起的自然法則前進時期。霍爾斯堡燈塔於一八五一年正式點亮。航海家們立即評論了「（旋轉）燈的巨大效用和光輝」。[130]它為在該區域建造其他燈塔開啟了討論的空間。同時，從這時期的地界爭端可以明顯看到，海峽有更多人口開始進行並遵循測繪。[131]

時至今日，地圖仍被讚譽為新加坡值得關注的文物。[132]對陸地和海洋的高度工具性理解得到了貫徹，二十世紀後期至今將陸地推向海洋的大規模填海計畫生動地體現了這點。這種晚期現代的工具主義，起源於英國殖民主義和東南亞既有文化、貿易與政治體系往來時帶來的轉變。

自由貿易城市：水文地理學走向內陸

放眼十九世紀初之後的幾十年，加上考量大英帝國、知識和模型之間的關係，新加坡取代麻六甲和檳城成為三者中的最佳商業中心，吸引中國人、印度人和馬來人前來，創造了一個國際化的殖民城市。[133]一八三〇年代中期，一年內有超過五百艘方帆帆船和超過一千五百艘「本土船」停靠新加坡港，城市擴張的歷史背景於是底定。[134]這種擴張在新加坡地圖上留下了痕跡。

圖 7.5 〈從政府山向東眺望的新加坡城〉，約翰・特恩布爾・湯姆森（John Turnbull Thomson）

水文地理測繪技術轉向內陸，我們看到勘測員在整齊的網格中繪製街道。[135]地圖還包含更詳細的導航資訊，協助頻繁的商業航運。例如，湯姆森的新加坡海峽地圖，含有海峽兩岸潮汐和洋流模式的資訊，以及與水深相關的深度註記。還包括來自新加坡磁力觀測站的測量結果，讓航海者能校正他們羅盤的磁偏。[136]和這些資訊並肩而立還有對聚落的關注。湯姆森寫道，他在一八四五年對新加坡進行的地形測繪，是「以航海測繪的方式」進行。[137]他在轉寄一張河流圖時寫道，他在河口使用馬來名字，在源頭使用華文名字，因為這說明了聚落分布的模式。對河流的關注引起了擔憂，他們想知道砲艇能不能在這些河流上航行。如果說馬德拉斯天文臺曾經扮演一個進行海上導航的平臺。現在，航海和海事成為測繪聚落和土地的參考樣板。

和湯姆森的地圖相關的是，他對中國移民在島內的鉤藤和胡椒種植園的描述。他聲稱這些移民過著「艱苦而勤奮的生活」，沒有曬到太多陽光，比海峽其他族群「更賞心悅目」的存在。然而，他寫道，他們已經遷徙到柔佛州，因為他們在新加坡的種植園「地力已經耗盡」。他以民族誌學和種族的眼光評論說，這些勞動者「外表健壯」，「十人中有九人未婚」，而且吸食鴉片成癮。湯姆森繼續說，考慮到他們與世隔絕的聚落，他們吸食鴉片沒有造成更普遍的整體影響，為他們辯護。[138]在新加坡的早期英國人，明顯對在他們一八一九年登陸新加坡之前來到該島的數千名中國種植園主的情況一無所知。[139]

湯姆森一八五一年關於「按科學原則的排水和排汙」計畫的一封信，清楚展示海濱如何為理解和繪製英國殖民聚落奠定基礎。他指出，即使在「祖國」，使用測繪規劃公共衛生也是最近才開始的事，而且他沒聽說在印度曾有這樣的嘗試：

> 關於（輔助汙水處理的）測繪，非常需要仔細觀察潮汐漲落——以及將汙水排進小溪的理想水流——這些觀察結果將有助判斷城鎮汙水處理系統的可行程度——為此，流入小溪和從小溪回流的水還應該加以量化，以便提供數據改善其河道。這些數據還可用於估計河道改善對城鎮汙水和排

水系統的影響……雨量計的每小時觀測，也有助於確定短時間內的最大降雨量，以便計算下水道排乾固定表面積的能力——避免建造遠大於需求的下水道的不必要花費。[140]

在這種觀點下，新加坡在海峽位置的繪圖變得更廣泛——使水和土地的起伏對現代英國殖民主義的一個緊迫擔憂產生影響：衛生問題。在這裡，現代都市生活的現實是圍繞水和土地的實際條件而生。然而，這個計畫的失調之處在於，海峽殖民地分散在成群島嶼之間的地理條件，使它難以管理和治理。印度視之為一個負擔，尤其是東印度公司在一八三三年失去對中國貿易的壟斷之後。[141]寬鬆治理加上大量的移民，這些殖民地成為變化無常的文化、移民和資本中心。新加坡視檳城和麻六甲為附屬物或落後地區。海盜為困擾將這些殖民地變成（遠處外圍還有種植園的）都市自由貿易堡壘的問題，提供了絕佳說明。

進入十九世紀好一段時間後，新加坡還在擔心海盜問題，儘管蒸汽動力起初曾引發一波樂觀看法，認為足以遏止海盜作亂。[142]關於戰略脆弱性的恐懼也沒有消退，因此早先對孟加拉灣的製圖想像，仍活躍於新加坡作為自由貿易港口的願景。[143]霍爾斯堡燈塔被認為容易遭受攻擊——容易成為海盜劫掠的目標，需要安裝槍砲作為防禦用途。[144]

結論

失業的暹米很清楚帝國自由貿易在新坡的運作和矛盾。他在一八二〇年代寫了一首詩〈生意買賣〉（Trading, Selling and Buying），以平版印刷發行，並在殖民地大聲公開朗誦。在深入一名武吉士船長和中國與印度商人間的糾紛細節之前，暹米提出了他對航海者的裁決：

現在商人治理著這塊土地
這是世界走到盡頭的徵兆。[145]

阿卜杜拉的著作中也可以看到對新消費風格的批評。值得一提的是一八四八年在某新加坡期刊以爪夷文刊登的〈元旦馬來詩〉（Malay Poem on New Year's Day）。這不是對單純的歡樂記載。阿卜杜拉尖銳地指出新年慶祝活動的商業化，他談到麻袋比賽：

現在還有一件奇事，
人們成對進入麻袋，
為了錢，他們甘願忍受任何事物，
於是他們一個個緩慢地跳著……

想得到白種人（*Orang Putih*）的錢可不容易。
你冒著穀子般的粒粒汗珠，
直到身體疲憊不堪，才算完成
人們就這樣跌坐在彼此身上，起起落落。[146]

阿卜杜拉描述他看到的奇觀，許多不同種族的人為了滿足殖民主人的樂趣，在新加坡海濱和彼此競賽。為表彰他們的賣力演出，「英國人扔出他們的硬幣」。關於慶祝活動的地點，阿卜杜拉寫道：

喧囂聲響如風暴，
年輕的、年邁的、小的、大的都在爭搶，
在草地上跌跌撞撞，
有的衣服破了，有的
扯到頭髮歪斜。

在詩的結尾，阿卜杜拉評論「各種」食物和飲料都有賣。這是「理所當然該花錢的日子」。對這位穆斯林來說，自由貿易消費玷汙了體育和娛樂帶來的樂趣，它產生了過剩，並帶來了一種競賽，允許人們變得不文明。

仍如最近許多作者所主張的，誕生於大海的馬來聯繫舊世界，絕對延續到了十九世紀，南亞和東南亞的海洋聯繫也是如此。[147]但在另一個層面上，帝國產生了一道裂痕，使某個世界逐漸崩塌。有一種全球模板在十九世紀初興起，這是帝國主義的產物，這樣的模板化橫跨陸地和海洋，擴及地方、區域乃至人的框架；一切都被放進大量的數字和數據堆裡。

這類觀察——就像在馬德拉斯天文臺所做的觀察——包含一系列相互關聯的學科，從星體研究到水下洋流和潮汐，從身體和醫學到工程和公共衛生。全球知識製造從馬德拉斯這樣的地點拓展到新加坡。它催生了諸如建造燈塔的大型計畫。儘管關心海上航行的安全性和定位——全球模板化卻使許多船舶沉沒。在此過程中，隨著新知識和新機器的滲透，孟加拉灣就在被重新繪製在世界地圖上之際，在帝國的自由貿易世界裡被重鑄了。自然、海洋和身體都被工具化，就像蘇門答臘外海的「實驗島」被當成一個工具。本地援助被超越；不過在其他區域，本地的航海傳統仍繼續傳承。

這樣的論點類似於探討原住民如何在接踵而來的關於種族、性別及人道干預的反革命論述（counter-revolutionary discourses）中，在塔斯曼海表明他們自己的立場。這與帕西造船商在帝國內外和海洋各地（甚至隨著帝國主義試圖壓制各種反叛，延伸到阿曼）找到自己的生存之道是一致的。在這裡，此論點隨著探索帝國的回應而持續進展。身體和自我在新的全球擴展結構中連根拔起，因此，當地知識分子不得不重新適應海洋及其在海洋中的位子。

他們不得不在為新蒸汽船設計的地圖上找到自己，這些新蒸汽船使新加坡，還有馬德拉斯，成為全球商業不平衡的停靠點。

如果說拿破崙戰爭釋放出一個帶有侵略性的大英帝國主義，以及對於共和主義、難以控制的海上邊界、專制和東方奢華的擔憂有關，那麼對大英帝國進展的保證，也來自實證上進步。它來自有紀錄地採集支撐領土擴張和商業的數據和事實，同時為英國人提供了做大夢和放眼全球的資源。在這一切當中，革命時代的實際標誌——別忘了英國化的哥丁罕和沃倫的命運——本身被英國的資訊機器所採用。更重要的是，參與時代知識追求的本地人被取代或抹殺了。知識在戰爭的陰影下向外傳播——例如對邁索爾的戰爭。它從風帆悄悄滑向蒸汽。

這些知識不僅成為殖民地規劃的核心，而且成為港口城市生活的核心。正是在這樣的公共空間，對全球大英帝國主義的回應又開始了，誠如我們將在本書最後一章看到的。阿卜杜拉的詩寫於一八四八年元旦是相當貼切的，因為這一年又是全球革命史上重要的一年，它以特別的方式在印度洋各地的報紙上引起了反響。

第八章　印度洋各地：南方比較一覽

如果有需要證明大英帝國的道德正直，許多人往往會搬出廢奴，但在複述這個故事的人當中，幾乎沒有人理解奴役的結束緩慢又曠日持久，而且在很多地方遭到抵制。更少有人了解廢奴主義是改革計畫一部分，該計畫針對範圍更大的世界，一直持續到十九世紀中葉，和各方的競爭論點對抗。換句話說，廢除奴隸制並不是一個確定的事件。

我們的旅行進入了本書的最後階段，即一八三〇年代和四〇年代，尤其是一八四八年的壓力點，它提供了最後一個視角，我們能藉以觀察革命時代與帝國之間的關係。一八三〇年代和四〇年代，隨著殖民者在戰爭中得到越來越成功的結果，例如在中國海岸的勝利，帝國壓制叛亂也越演越烈。技術和資訊的進步也是這些年的特點，有改革殖民政府的企圖，也有一股撲向所謂的「自由貿易」的潮流。在文化和社會方面，將民族、區域和領土分類，甚至將整個地球表格化，這些努力產生了把世界當作數據模型的一種殖民觀點，這種觀點有可能忽視其中的協力者、反抗者、宗教復興主義者和叛變者的行動。

如果說反抗與困惑的殖民百姓，如暹米或阿卜杜拉，被取代但沒有被抹去，那麼在知識推進的過程中，這些人也因為公共領域在港口都市的活躍而再次重整旗鼓。圍繞廢奴的辯論為宣傳自治樹立了樣板，這些（對奴隸制與殖民的）討論的致命性，由最近成立的私人報紙形塑。辯論關於「解放」、關於解放的政治，以及解放在印刷品和城市俱樂部中的表達方式，在全球南方各地開啟了一系列的比較。這些比較是種自我評估，也是朝向自治邁進的主張。它們發生在蒸汽船前進並加速接觸的時候，但偏遠地方之間的接觸，卻是期待比現實美好。

如果把廢除奴隸制放在這個背景來談，它就成了各種分歧的意識形態、政治立場和社會組織形式爭鬥不休的大時代下的典型事件。一八四八至四九年，西南印度洋（本章的重點討論區域）各地在歐洲革命的新時刻爆發爭論與騷動，構成了和法國大革命後該區域發展平行的一連串事件，包括立法議會、請願和推動殖民政府控制的替代方案。然而，這不只是一次歷史的重播；這些事件的性質受到了開普敦、路易士港和可倫坡等成長中的港口都市性格的影響。在法國大革命半個多世紀之後，各種新的表達可能性，以及對未來的不同夢想也改變了僵局。報刊上關於「解放」本質的辯論，與其隱含的保守主義和種族主義，也限制了原住民族和被殖民者的聲音。

廢奴主義：並非道德轉折點

有關模里西斯廢除奴隸制的相關年份可以表述如下：奴隸貿易在一八一〇年英國占領模里西斯時

已經被禁，奴隸制在一八三五年廢除。學徒制於一八三九年被取消，這個制度規定前奴隸必須為他們的主人工作六年，理由是為自由受訓。儘管這樣的年份敘述乾淨利落，但英國人占領後五年，有個在一八二〇年代獲派調查該島政府的委員會發現，仍有兩萬名奴隸非法登陸模里西斯，其他估計數字甚至更高。[1]模里西斯自一八一〇年就上任的長命英國總督，內心懷抱著支持奴隸制的情緒：法奎爾（Robert Farquhar）敦促倫敦豁免模里西斯，使其免受一八〇七年禁止英國臣民從事奴隸貿易行為的規範。進一步的證據是，到了一八三〇年代的時候，奴隸制本身蛻變為其他的強迫勞動模式，最明顯的就是南亞勞動者在契約的束縛下抵達模里西斯。他們最初在一八三四年抵達，加入已經存在的印度勞動社區。到了一八四六年，這些勞動力已經占總人口的百分之三十五。[2]一八二〇年代後期另有一次從新加坡引進中國契約工人的失敗嘗試。[3]契約勞動是否是一種新的奴隸制，在當時引起了人道主義者的爭論，史學界則接續了這個爭論直到今天。[4]

於是，自由與不自由、奴役與非奴役之間的差別，在模里西斯的英國統治下變得越來越混濁而令人困惑。事實上，在某些方面，自由可能會跑在廢奴之前：在奴隸制正式結束之前，被奴役者在尋求奴隸解放（manumission，贖回自由）方面，發揮了相當大的能動性。在模里西斯，奴隸解放率相對較高。[5]誠如最近一名史學家所言：「他們沒有等待他們的主人和英國殖民當局釋放他們，而是能夠透過工資積攢足夠的錢換取他們的自由，這些人大多是技術熟練和半熟練的奴隸和學徒。」[6]同時，英國人發放款項補償奴隸主失去奴隸的損失。在發放給英國殖民地的二千萬英鎊總額中，模里西斯拿到了二百多萬英鎊的補貼。[7]其中一些補償金被投資到甘蔗種植園，再次消融廢奴的道德勝利，並在後奴隸時代的模里西斯種植園投下奴隸制的陰影。

此外，模里西斯的甘蔗種植園急遽擴張，在一八二五至三〇年間大約成長了一倍，到十九世紀中葉，島上產生了更大的勞動力需求。過去鼓勵加勒比地區為英國生產糖的優惠關稅取消，刺激了模里西斯糖業的迅速勃興。考量到今天大型甘蔗種植園中的勞動密集結構，勞動者在不同的管理制度下，成為屬於私人（但殘酷的）權力關係下的非人勞動工具，這是模里西斯在糖業勃興之前的奴隸與主人關係的特色。[8]

糖的急遽擴張把模里西斯和市場的起伏綁在一起，同時使該島變得依賴馬達加斯加、開普敦和印度的供給。[9]學徒和獲得自由的奴隸把自己變成社會下層的農民，大多放棄種植園的工作，展現成為小地主的決心。[10]在該島被英國人占領後，逃跑（marronage）在奴隸之間變得更加普遍。管理奴隸逃跑的規則，被拿來當作處理南亞逃跑勞工的樣板，[11]基於上述這些原因，一八三五和一八三九這兩個年份，以及廢除和改革勞動的程序，並沒有透露太多關於廢奴制的訊息。資本的流動、工人自己的能動性，以及前奴隸和新勞工相互對稱的困境，和帝國政策緩慢漸進而不完整的本質，橫切過這些普遍被視為道德轉折點、標誌著據說是奴隸制終結的年份。

模里西斯舊事重演？

我們在第三章介紹過模里西斯。一七九〇年法國大革命的消息傳來後，模里西斯成立了共和議會。在那個時期，該島將革命浪潮發散到印度洋各地，直到一名專制總督前來，在一八〇三年重申了奴隸制，以及英國於一八一〇年接管模里西斯。

英國在吞併的準備過程中被激怒，因為模里西斯就像一個反英攻擊的平臺。譬如私掠船的行徑，這些武裝商船洗劫英國船隻，再將得到的資金挹注到島上的種植園系統裡。一八一五年，島上的白人和有色人種波拿巴主義者，再次利用對奴隸制的不滿，密謀擺脫英國統治。借用一位當時的有色人種的話，在英國人被驅逐之後，「所有保皇派或有頭有臉的人都會被殺」，然後鄰近的波旁島將展開革命。他預期反抗者將組織「波拿巴式」的政府或其他同樣「臭名昭著」的政府。[12]

一八二七年，主要的法國－模里西斯種植園主，創建了殖民地委員會（Comité Colonial），作為一個平行的政府結構，由律師阿德里安．迪皮納（Adrien d'Épinay）領導。這個殖民地委員會類似於世紀之交的革命議會，這是模里西斯奴隸制終結仍有待商榷的另一個原因。該委員會主導一場保守派革命——將總督查爾斯．科爾維爾（Charles Colville）等英國統治者，和精通法國法律的種植園主、律師、商人和義工團串連起來。這些人聯手抵制勞動法的改革和奴隸解放。

借用一名史學家對事件的描述，模里西斯菁英奴隸主的反抗，也許是一場「不流血的政變」和「茶杯裡的風暴」。[13] 然而，支持奴隸制但聲稱自己立場超然的模里西斯首席大法官愛德華．布萊克本（Edward Blackburn），在一八三二年聲稱，憤憤不平的殖民者看到了一個「生死攸關的問題」，於是「盲目地決心不惜犧牲一切……」。[14]如今要詳細檢視這一刻，就必須追溯兩個立場持續的對峙，一方是保守派對獨立性的維護；另一方面是大英帝國的改革式反革命推動力（reforming counter-revolutionary impulses）。

一八三〇年代初期，科爾維爾總督的睜一隻眼閉一隻眼，使擁有奴隸的菁英在殖民地委員會領導下武裝自己、進行演習和舉辦公眾集會。他們穿著法國國民自衛軍的制服，由一位曾為拿破崙效力的軍官領導，將整座島劃分為多個軍區。[15]他們拒絕納稅並杯葛由奴隸保護者（Protector of Slaves）發起的案件，後者調查非法對待被奴役者的相關投訴。[16]一八三〇年，七月革命推翻查理十世（Charles X）的消息，給了他們一股動能，在這之後，當地報刊報導了一八三一年巴西佩德羅一世（Emperor Pedro I）皇帝退位的消息，以及來自加勒比地區的消息。但模里西斯的英國政府沒有崩潰，而是中立化，一切都「看在遭（總督）科爾維爾迅速下令關押在軍營裡的一千六百名英國駐軍眼裡」。[17]有一項誇張的估計認為，反對政府的志願者人數高達六千人。[18]

為了實施關於奴隸制的最新法律命令，倫敦於一八三二年派傑雷米前往模里西斯，擔任總檢察長（procureur général），這是法國系統的首席法律官員、也是所有案件的檢察官。問題是傑雷米是一位熱切的英國廢奴主義者，他支持立即解放的消息在模里西斯傳開來。正如他對模里西斯的一些居民所言：「要是他自稱是專制主義者或無神論者，他也許可能得到他們的赦免，但他卻是他們所謂的『黑人的朋友』……」[19]傑雷米抵達模里西斯一事，使菁英反改革叛亂分子的注意力聚焦，他們威脅說，除非傑雷米被送回英國，否則就要在島上推動「革命性改變」。[20]傑雷米搭乘「恆河號」（*Ganges*）抵達模里西斯時被接待的方式，呼應了圍繞法國代表巴科和波內爾抵達後發生的事件。巴科和波內爾在一七九六年被派來解放奴隸，最終為保命落荒而逃。[21]借用叛軍的法語報紙《塞爾尼恩》（*Le Cernéen*）的話，傑雷米的到來是：

> 公眾情緒爆發的最後信號。一切工作暫停；所有商店立即關閉。民兵組織開始武裝，公民們壯大了民兵行列。[22]

傑雷米面對刺殺威脅，並在即將就職的法院門口遭到襲擊。根據他的描述，在法庭內，「大批聚集在那裡的民眾大喊大叫，行為舉止如此可恥，我指示警務總長清理法庭。」在無法就任悻悻然離開時，他寫說，他的「帽子被打掉了」。[23]在出版品中，他聲稱他「被人攔住毆打」。[24]《塞爾尼恩》有不同的看法。它指控傑雷米試圖暗殺一名公民，傑雷米則聲稱他是自我防衛。迎接他到來的全面關閉行動持續了四十五天。[25]傑雷米寫道，這是在法國大革命期間，在模里西斯所發生的「分毫不差的對應」事件，他形容自己所見是「最為徹底的無政府狀態」。[26]當科爾維爾總督召集立法理事會決定後續處置時，判決結果是傑雷米應該被送回倫敦。

當時的評論家特別提到一些「秉持惡劣原則、品格低下的革命法國人」的存在，他們枉顧法律繼續奴隸制，並主導了對傑雷米的訴訟。[27]用另一位評論員的話來說：「這些冒險家們總是把自由和平等掛在嘴邊，卻反對每個為他人自由著想的行為。」[28]被遣送回家後，傑雷米又掉頭，在一八三三年二度抵達模里西斯，這回帶著軍隊前來。最終，他因為對模里西斯法律官員的指控，被模里西斯新任總督威廉・尼可萊（William Nicolay）打入冷宮，被迫辭職。

英國廢奴主義的言論及模里西斯對這種言論的看法，是可以用來解釋一八三二年惡性僵局的一個背景。廢奴主義宣傳將模里西斯視為對待奴隸特別不人道的虐奴案例，譬如對被奴役者的懲罰據說包括嚴厲鞭打、拔牙或割鼻。[29]即使英國對模里西斯的報導篇幅從未超越加勒比地區，廢奴主義評論的性質和模里西斯菁英抵制廢奴的程度，形成了勢均力敵的對抗。為反擊廢奴主義在印刷品上的攻擊，模里西斯甫獲自由的媒體，對倫敦的一系列立法改革嗤之以鼻，並散布奴隸叛亂的謠言。

反抗陣營的喉舌《塞爾尼恩》描述殖民者「用盡他們虛弱的肺活量，吹響報紙的偉大號角」。[30]稅收官連恩先生（Mr. Laing）不支持反叛者，他的房子因此被砸，他認為報紙「藉由阻止他們自己以外的任何聲音被聽到，甚至是政府的聲音」，對反叛事業轉變為「民眾運動」做出了巨大貢獻。[31]換句話說，就在模里西斯出現「公眾思想」（借用連恩的另一個說法）的那一刻，報紙成了一個反抗和對抗政府的渠道。

另一種對起義的解釋是指出，英國總督被一群法國－模里西斯菁英團團包圍了。他們之間有緊密的姻親關係；據說他們的司法和民政機構是大英帝國中最昂貴的。[32]他們憤恨組成地方議會的請求被拒，因為地方議會能讓他們對島上事務有更大的影響。他們對總督以立法顧問理事會代替不滿，這個理事會取代了他們想要的地方議會；他們對奴隸制改革的敵意和其他牢騷並存。

此外，倫敦在一八三〇年左右出現了糖供應過剩的情況，導致市場蕭條。根據連恩的說法，這個「殖民團體」抵制權力從法國轉移到英國可能造成的影響：「每次試圖把財產、教育、語言、宗教或司法行政相關的殖民地機構變得比原先更貼近英國體系……都會極度（遭抵制）。」[33]他繼續說，他們的任務是重建法國大革命期間島上存在的殖民地議會，好讓自己對民政和司法事務有更多的控制。因此，對自治的關懷和支持奴隸制的情緒是並存的。不難理解倫敦的殖民地大臣為什麼會對事件做出以下驚人解釋：

> 不得不承認，在奴隸制和奴隸貿易問題上，模里西斯人民對英國人民而言太強大了。無論是國會法令、理事會命令，還是地方慣例，都無法取得那個小島上少數白人居民的服從，甚至無法誘使他們以一般的端莊和恭敬有禮來掩飾自己的不服從。[34]

這樣看來，對奴隸制改革的爭執，不僅是對勞動相關意識形態或資本模式的爭執；在帝國治理干預性增強的結構底下，這些爭執在當時也被當作爭取模里西斯獨立和主權的競賽。傑雷米的詮釋絕對是如此，考慮到他希望保護人道廢奴主義者的立場，這點不足為奇。他寫道：「這不是黑人自由的問題，而是帝國的問題！這一擊不是針對英國的慈善事業，而是針對英國的霸權。」[35]據說殖民者懷有「珍藏已久的獨立夢想」。[36]《塞爾尼恩》採取的立場沒有太不一樣，不過他們主張殖民者在追求他們在帝國中的特權時應該尊重帝國。該報引述埃德蒙．伯克（Edmund Burke）的話：「人民組織和群眾永遠不該被當作犯了罪。」報導繼續說道：

他們白費口舌地想要說服我們相信，跋扈對待他們同胞的慾望，是對他們國家的愛；而且對仰賴帝國之人的特權寬大為懷、節制和溫柔，展現和睦懷柔之美德，是對君主的不尊重，是對國家的背叛。[37]

南方的波瀾強化了反抗

然而，我們在和所謂「傑雷米事件」有關的文件中，看到證據指向另一個方向。模里西斯支持奴隸制的叛亂，不單單是法國與英國之間的角力，或者至少可以說成法蘭西帝國和莊園主及官僚統治的聯合遺產，和英國改革推動力之間的角力。

全球南方各水域存在許多相互聯繫，這些聯繫是由本地人民和殖民者、反叛者和保守派所建立。在層層的指控和唇槍舌劍之下，是一個帶有抵抗性和好鬥的印度洋，這樣的特質支撐並供養著這些反抗者。西南印度洋的水域——包括上面的島嶼——仍然在英國的控制範圍之外，因此即使英國想在模里西斯島上主張其人道主義、政治和商業控制權，它必須和整個西南印度洋區域抗衡。

傑雷米的指控信描述了在「大港口審判」針對叛亂分子波德雷上校（Colonel Brodelet，過去任職法國軍隊）和其他四人的法律訴訟，提供了參與起義者的姓名、日期和證明。另外值得一提的，還有為洗清傑雷米汙名而出版的一本宣傳冊子。[38]傑雷米辯稱，殖民地委員會從一八三二年四月上旬開始，「公開治理國家」，管理民兵，並密謀摧毀和對抗總督的軍隊。在對模里西斯居民發表談話時，他已經指出這些是「違憲機構，篡奪政府職能和權力」。舉例來說，在大港區，有三百五十名男子準備「扮演森林游擊隊」，而且在傑雷米抵達之前，其他地區也做好了類似的準備工作。[39]軍備已經分發出去，還製作長矛武裝更多的自由人和同意加入叛軍的「少許奴隸人口」。[40]號召是爭取獨立，以便「自己制訂法律，不再繳稅」。[41]對於在反抗行動中陣亡或受傷者的獎勵，是家人將得到五英畝的土地和一名奴隸。[42]

傑雷米通報了有人將新火槍帶進模里西斯提供叛軍武裝的證據。這和叛軍的說法相斥，叛軍說他們使用的火槍是「從守衛那裡取回的老舊奴隸種植園火槍」。[43]傑雷米描述了這些武器的販售點。他也詳細交代了船隻的情況，包括被搜查過的船隻：

從一八三二年三月至一八三三年一月，武器由來自波旁島和其他地方的不同船隻祕密引入殖民地。「歐爾號」（*Aure*）於一八三二年六月被扣押，一八三三年一月查獲「魯莽傑克號」（Saucy Jack）；在本島、波旁島和馬達加斯加之間從事貿易的「安潔莉克號」（Angelique）、「康斯坦絲號」（Constance）號和「老虎號」（Tiger）也被證明有參與其中。[44]

至少有一艘參與這項祕密交易的船隻掛著美國國旗；也有法國船隻參與其中。[45]這些叛軍試圖從一艘來訪的捕鯨船取得火槍。[46]波德雷是這交易的關鍵代理人。他將武器藏在裝滿壁紙的箱子裡，並安排武器分配給民兵。

更間接的證據是在大港舉辦的一場舞會。有色人種尚・路易・簡諾（Jean Louis Jeannot）在庭院無意聽到，波德雷、瓦倫丁・基廷（Valentine Keating）和謝農先生（Monsieur Chenaux）之間的談話，提到他們控制著法屬波旁島上的一個軍營。謝農以前是警察，但現在年紀大了，「過著簡樸的生活」。[47]三名出席舞會的人在舞廳和晚餐室之間移動。一份有色人種閱讀的報紙《平衡報》（*La Balance*），陳述了簡諾的證詞。出席舞會者討論了爭取獨立的兵力：

> 謝農先生對兩位紳士說：「做好準備；這件事兩週後就會完成。我將帶五百名（受法國統治的）波旁島人來這裡。」[48]

傑雷米指出，直到英國占領前，模里西斯和波旁島之間的交流一直「不間斷」。在回應謝農的提議時，據稱基廷回答說，所有印度囚犯都支持他們的事業。馬達加斯加也被當作支持力量來討論，而且以黑人組成一個戰士兵團被認為是可能的。

儘管這個對話充其量只是陰謀詭計——因為沒有任何人前來——但它突顯了模里西斯反廢奴叛亂分子的政治想像力和政治戰略。他們的追求是由區域內鄰居所推動的。同時，謝農的情報起初是由一名來自賽席爾的有色人種傳達給政府，進一步證明了叛亂者內部和敵對陣營都擁有國際性的網絡。[49]同時，對話中談及印度人一事，顯示反叛者向穿越印度洋來到模里西斯的人伸手求助。印度囚犯納迪爾・汗（Nadir Khan）指控基廷試圖「賄賂」來自印度的囚犯，他分發火槍、劍和禮物給他們，並邀請他們加入志願民兵組織。[50]

印度拉斯卡也在現場。《平衡報》提供了七名出庭拉斯卡的陳述。一位穆斯林人員說了簡短的禱文，然後要求他們以《古蘭經》發誓證詞句句屬實，毫無虛言。來自孟買的拉斯卡易卜拉欣（Ibrahim）於是開始講述他在雷格諾船長（Captain Régnaud）指揮的康斯坦絲號上所做的工作。一八三二年，長條木板箱從波旁島運到模里西斯，「重得好像裡面有鐵一樣」，水手們沒有被告知箱子裡的內容物。接著出庭作證的是在老虎號工作的另一位印度水手「蘇納拉」（Sounalla），他提供了連接模里西斯和馬達加斯加富爾潘特（Foulpointe，今天的馬哈偉盧納〔Mahavelona〕）的航海證據，在馬達加斯加，火槍被用來交換牛，交換比例是三支火槍換兩頭牛。火槍通常放在船艙裡，用粗布包裹。[51]有一次，四百支火槍被帶到馬達加斯加，但只賣出了一百二十支。這名拉斯卡聲稱，其餘的以非法貿易的方式被帶回模里西斯。

在文獻中名為米亞詹（Miajan）的另一名拉斯卡提供了更多在老虎號上的證據，他指出從模里西斯運送到馬達加斯加的武器，正被運回模里西斯。有一次，這些武器被放進模里西斯北海岸庫萬德米爾島（isle of Coin de Mire，現在也稱為岡納斯科因島〔Gunner's Quoin〕）附近的一艘船。據說船上有法國人和英國人；根據傑雷米的說法，「有兩個白人和四個黑人。」這艘船上的英國人是印度西帕依（sepoy，按：指西方軍隊中的印度士兵）囚犯的監督者。米亞詹的父親就是此人負責押送的罪犯。在法庭上，為了支持他的證詞，米亞詹被要求指認坐這名監督者，而他就坐在旁觀觀眾之中。「在擁擠得教人喘不過氣的法庭上」，傑瑞米寫道，「米亞詹在過了約五分鐘後，視線定在（監督者）卡佛（Carver）身上，成功指認出他，」儘管卡佛坐在離他相對較遠的地方。

支撐反抗事業的水上聯繫，意味著英國全面改造整片大洋其中一座島嶼的嘗試，只能創造出相當有限的成果。改革奴隸制需要控制貿易，但在這樣的海域，這是一項艱鉅的任務。在描述於模里西斯滅絕的渡渡鳥（dodo），並為該區域的有機整體性辯護時，有人曾說這組島嶼是：「與馬達加斯加相連的……群島中的一小塊碎片。」[52]當大英帝國這樣的帝國試圖改革、規範和集中權力機制時，這支離破碎的海洋地理帶來了很大的挑戰。

模里西斯、波旁島和馬達加斯加之間

模里西斯、馬達加斯加和波旁島之間的關係，為確定英國主權的界限產生了壓力。在複雜的政治地理環境中，英國人不得不考慮鄰近的法國利益的地位，以及處理貿易和廢除奴隸制的方式。

馬達加斯加和模里西斯之間的勞動力、牲口和稻米航道由來已久。法奎爾是英屬模里西斯的第一任總督，他想要在馬達加斯加建立非正式的勢力影響範圍，儘管倫敦方面興趣缺缺。這個興趣自一八一〇年英國征服後就開始了，試圖尋找在馬達加斯加海岸的法國殖民地。[53]為了支持這個野心，法奎爾主張，在模里西斯被英國占領之前，馬達加斯加「直接依賴」設在模里西斯的法國政府。[54]因此，英國占領模里西斯的事實，合理化了對馬達加斯加的控制。在總結馬達加斯加的歷史時，法奎爾勾勒出西印度洋上的法蘭西帝國樣貌。他還附上一張地圖，畫出他想從法國手裡奪走的區：

> 征服（法蘭西島）之前，法國總督府在這個半球的邊界，在北邊以赤道線為界。南靠開普敦緯線，東靠錫蘭（斯里蘭卡）加勒角（Point de Galle）子午線，西靠東經四十七度，南向莫三比克海峽（Mozambique Channel）中心直到碰到開普敦的緯度。[55]

藉由把觸角延伸到馬達加斯加，法奎爾還試圖將注意力從模里西斯的奴隸貿易轉移開。他爭辯說，打擊奴隸貿易其實是需要抑制馬達加斯加的供應源頭。[56]他培養和梅里納帝國（Merina empire）

菁英的私交，協助酋長拉達瑪（Radama）擊敗對手，成為「國王」。一八一七年，在與拉達瑪的一項協議中，法奎爾試圖停止從馬達加斯加運送奴隸到模里西斯的貿易，以換取英國提供的軍事和商業合作。法奎爾還與馬斯喀特的統治者簽了一份協議，遏止來自桑給巴爾的奴隸貿易。[57]法奎爾的個人野心優先於對反奴隸制的一貫承諾，於是他得益於各種可能的海上關係，這使他能操作橫跨印度洋各地的政治。

而拉達瑪這邊，他起初宣稱英國人可以自由來去他的港口，並且鼓勵英國人在馬達加斯加居住，以「加強（他的）人民的開化，並引進各種藝術和科學」。[58]與英國人的友誼促進了拉達瑪對馬達加斯加桑樹種植和蠶養殖的興趣。這計畫首先有賴模里西斯兩名印度囚犯的幫助，「一七二號古魯克・哈瑞（Goluck Harree）和六一〇號特塞・希爾達（Turce Sirdar）。」這段友誼促成馬拉加西（Malagasy）青年到英國接受航海技術和其他技能的培訓。[59]和英國的關係有助於拉達瑪王國在馬達加斯加中部的擴張。拉達瑪和英國的通訊證明，隨著和英國交流的條件確立，其國家主權也更為鞏固。據稱拉達瑪以英國國旗為榮，並反對英國承認任何其他酋長的旗幟。他還設計了自己的旗幟。[60]

這種跨島交流的其中一個結果是，拉達瑪的囚犯拉齊塔塔尼納（Ratsitatanina）抵達模里西斯。拉齊塔塔尼納在模里西斯時從囚禁處逃跑，並試圖在一八二二年掀起一場奴隸反抗。他被法奎爾斬首。在接下來的十年，拉達瑪的繼任者拉納瓦洛娜女王（Queen Ranavalona）為了追求自足，於一八三六年宣布終止英國和馬達加斯加之間的官方關係。[61]此時，女王的官員提醒模里西斯，馬達加斯加有和外部勢力制訂規則和協議的權利。女王首席大臣寫給模里西斯的信，語氣令人震驚：

我明白告訴你，關於你想要的人（作為在模里西斯種植園工作的勞動者），如果不是拿錢出來僱請他們，馬拉加西人一個也不會飄洋過海——即使你要用一萬或十萬買一個人……我明白告訴你，關於我們的友誼，英國人不會統治馬達加斯加，馬拉加西人也不會統治英國人，因為雙方都擁有神賜與他們的土地，雙方都在自己的國家做他們想做的事……因為雙方各有各的法律……[62]

然而，英國斥責馬達加斯加，說它不能在一個帝國強權角力的世界中獨立生存，因此應該續簽友好條約：「因為隨著兩國之間不再有任何條約約束，要是馬達加斯加遭到任何外國勢力入侵，女王別指望英國會提供任何幫助。」[63]在這個時期，梅里納帝國和英屬模里西斯之間的牲口、蠟、樹膠和木材貿易正處於壟斷狀態，[64]但模里西斯的種植園主為因應不斷擴張的糖業，還是不斷嘗試想從馬達加斯加取得更廉價的勞動力，因為這些勞工可以代替印度契約工人。以馬達加斯加為源頭的奴隸制——針對東非海岸，跨越印度洋，有時甚至跨越大西洋——以各種形式繼續存在，直到法國在十九世紀相當晚期的一八九六年接管該島，才廢止奴隸制。

兩位史學家描述儘管英國從倫敦廢奴，但該區域奴隸制仍持續發展的地理因素，「模里西斯和波旁島靠近主要供應源（如馬達加斯加），以及該區域存在數不清的小島，大大加強了對殖民者的考驗。」[65]如果說馬達加斯加是認識一八三〇年代初期模里西斯反廢奴主義叛亂分子一個的參考點，鄰近的波旁島、或稱留尼旺島，則是另一個參考點。

一八一五年，英國將波旁島歸還給法國人，儘管他們在五年前同時占領了該島和模里西斯。這為英國廢奴法產生了一個複雜的前景。英國人將盡「全力且一絲不苟地」在模里西斯執行廢奴法，甚至是該島「最偏遠和最微不足道」的屬地，包括賽席爾和羅德里格斯島，但廢奴法任何「和波旁島有關的部分」都被宣告無效了。[66]

兩島相距僅一百二十多英里，在這時期，從模里西斯到波旁島的航程約需要二十四小時，但回程則需要五至六天。[67]波旁島的奴隸制直到一八四八年才被廢除，據估計，從一八一七至四八年間，約有四萬五千名奴隸非法抵達該島，不過在一八三〇年左右之後，數字大幅下降到只剩一些。[68]橫越印度洋送到波旁島的奴隸們：「毫無憐憫地在海濱被展示，他們只等待死亡來結束這殘忍的痛苦。」[69]一八四〇年代，咖啡從波旁島走私到模里西斯，[70]還有一波又一波的契約勞工從印度和中國來到波旁島。[71]一八四八年底，島上有三千四百四十名印第安人，隔壁法國殖民地的存在，不可避免地影響了模里西斯的政治和貿易。

譬如法奎爾就公開表示，和馬達加斯加的外交關係要把波旁島納入考量。他寫道自己手裡的「沉重責任」，因為倘若他：

在任何程度上，有那麼一刻（默許）被授權繼續從事奴隸貿易的波旁島居民，能在過去開放奴隸貿易的地方建立任何商業關係，那麼（他）就有充分理由認為政府對（他）的照顧，也擴及對他的奴隸貿易。[72]

在一八一五年的波拿巴主義者密謀中，這兩個島的關係再次成為政治情報交流和陰謀推翻政府的關鍵，不僅是對模里西斯，波旁島也是。[73]

這一切意味著，儘管在英國廢奴法律和條約的推動下，在西南印度洋島嶼網絡中遏止奴隸貿易的效果有限。資本的紐帶、種植園的擴張、契約工人和非法奴隸的新勞動者輸入，以及不同的廢奴年表（例如模里西斯和波旁島之間），這一切都消除了廢奴作為歷史事件或道德勝利的非凡重要性。此外，奴隸貿易的鬥爭，導致有人倡議要界定主權，並定義大英帝國領土內外間的政治關係，包括模里西斯、波旁島和馬達加斯加。這點在領土從法國傳給英國（有時又回到法國手裡）的過程中被強調。對勞動者的討論也激起了公共領域的興起——例如反對傑雷米的模里西斯殖民地居民所發動的宣傳戰。

即使堪稱現代性標誌的報紙在這場關於奴隸制的鬥爭中傳播開來，改革和反改革計畫也與印度洋和太平洋臨海港市的擴張有關。由於新勞動力的到來，海洋城市不斷擴大。他們是記者和南方新興公共領域的家園。因此圍繞勞動者的辯論和不斷變化的種族、禮儀和性別概念，以及這些港口的治理和組織有關。隨著奴隸解放後新移民的到來，不同階級的居民必須解決彼此之間的關係，這就產生了對新政府機制的需求。從討論城市的實際布局到如何建造和管理，迪皮納和傑雷米等人圍繞改革和英國化的爭吵，讓人感受到了他們的存在。

兩個相鄰的港口城市和現代世界

這個區域的現代城市受到對奴隸制辯論的影響，相關辯論擴大到對新移民、都市生活、治理及公民社團和公民代表的關注。在這個區域，有兩座城市最具代表性。

「風景特色可以說是中等地介於加拉巴哥群島和大溪地之間。」查爾斯・達爾文（Charles Darwin）在一八三六年抵達模里西斯的路易士港時寫道。[74]許多旅行者和商人都和達爾文一樣停靠路易士港，這在一八三〇年代島上報紙的船隻抵達公告中顯而易見。[75]海洋通道從太平洋島嶼和澳洲一直延伸到模里西斯，再從印尼、印度和非洲海岸、阿拉伯半島一直延伸到拉丁美洲、美國和歐洲。成排的船隻擠滿港口，許多人提到港口的喧囂令人驚嘆。[76]一八二三年，政府批准建造船塢修理船舶。[77]

根據一八四二年一位「官方居民」的說法，經路易士港的貿易商品包括來自印度的稻米、小麥和鷹嘴豆；來自開普敦的馬、騾、小麥、燕麥、大麥、麵粉、牛肉、乾魚和家禽；來自美洲的魚和麵粉；來自法國的葡萄酒；以及來自馬達加斯加的牛和穀物。這位作者特別指出來自雪梨和范迪門斯地的船隻，在路易士港糖貿易中扮演的角色。[78]這一切突顯一個事實，眼前的路易士港和在一八一〇年，被英國以軍事策略吞併時已是截然不同的歷史時空。現在，路易士港的繁榮和忙碌，和糖市與自由貿易的循環息息相關。

頻繁航行的人經常提起到路易士港從遠處地平線出現的壯觀，譬如破曉時分，島上的低窪地區被薄霧籠罩，只露出上方峻峭的山峰輪廓。隨著時間流逝，「太陽對大地呼氣，賞心悅目的景象消失。」[79]路易士港位在群山構成的「圓形劇場」中；山脈以形狀像人類拇指的一座山為中心，這座山因而得名Pouce（法文拇指之意）。達爾文曾爬過這座山。港口座落在呈正方形的一片平地上，這塊正方形的地前方面海，背面則是一片平原，名叫「戰神平原」。東西面「像雙翼」延伸，涵蓋許多郊區。[80]參與鮑丹遠征隊的藝術家米爾伯特（J. G. Milbert）畫了一幅圖，展示該島的多山景觀，還有一張從遠處看拿破崙港（Port Napoleon，即路易士港）的圖。[81]（圖8.1）

路易士港的人口在一八三五年估計為兩萬七千六百四十五人，一八一七年為兩萬四千八百三十九人。[82]然後，隨著印度契約工人的加速移入，人口總數迅速增長；到了一八四〇年，這一數字已來到四萬一千零三十一人，從達爾文訪問之時到十九世紀中葉，大約成長了一倍。[83]要不是因為天花和霍亂等一系列流行病的肆虐，達爾文提到路易士港時，人口可能有更大的擴張。一八一九年，隨著霍亂的出現，殖民當局針對奴隸人口和有色人種採取了預防措施，敦促他們應該穿保暖的衣服，而不要讓自己暴露在天氣的影響下。[84]除了疾病之外，一八一六年路易士港還發生了一場大火。起火原因是一名年輕奴隸女子的燭火太靠近床邊窗簾。根據法國旅行者奧古斯特．比里雅德（Auguste Billiard）的描述，這些窗簾其實是蚊帳。女子並未求救。大火在強風助長下迅速蔓延：

圖8.1〈從拇指山眺望的拿破崙港市景色〉（Vue de la ville du Port Napoleon prise de la Montagne du Pouce），出自J·G·米爾伯特，《法蘭西島風景如畫的航旅圖》（*Illustrations de Voyage pittoresque à l'Île de France*），一八一二年

僅有的三臺防火車的水管不斷爆裂。送往現場的水桶裝不住水，鄰近房舍的洗澡桶是現場唯一能裝水的容器。[85]

法奎爾總督報告說：「一名黑人被燒死，兩名士兵失蹤，四十人嚴重燒傷或受傷。」[86]毗鄰交錯的木造房子很容易燃燒。缺乏便利水源是火勢蔓延的另一個因素，還有著火的商店內滿滿的「蘭姆酒、糖、葡萄酒、棉花、小麥、稻米、玉米、繩索、焦油、瀝青和其他易燃物」。[87]路易士港大部分商業區，還有主要街道和財產被摧毀，估計價值一百二十萬英鎊。[88]比里雅德指出，城市被大火燒毀的部分是最初的法國殖民聚落：「火災在一瞬間摧毀了一個世紀的勞動和財富。」[89]檔案中的文件顯示，火災後，政府將城市被燒毀的部分進行了街道拓寬，並支付賠償金將許多半毀的建築直接拆除。[90]到了一八二三年，路易士港成立了一支消防隊，但底下沒有正規的消防員：「一旦發生火災，徵用大型奴隸機構是目前取得人力操作防火車的唯一方式。」[91]警力也進行了重組。[92]

除了疾病和火災之外，由於位於印度洋中部，路易士港也受到極端天氣事件的影響。一八一八和一八一九年各發生過一次旋風，一八二四年又有一次。一八一八年的旋風特別嚴重，幾乎將所有港口的船隻都吹上岸，損傷慘重。[93]石板、銅和錫製成的屋頂從房子上方被吹走，但由「樹脂水泥接合的磚塊」則度過了這場考驗。[94]

如果說人口數字變化緩慢，然後在十九世紀下半葉突然加速，我們還有其他方式可以標示現代城市在克服自然災害之際的崛起。有一項（和火災有關的）變化，涉及建築物承受風水雨打的建造方式：路易士港的建築工從使用木頭，改成使用石頭。[95]路易士港的街道是「碎石」路（macadamised），也就是用壓實的碎石鋪成的路。一八二八年，有人提議為集市蓋石造圍牆，不僅能確保安全，也能方便收稅。[96]為解決火災突顯的取水困難，政府進一步開發運河。街道照明逐漸普及。[97]

新鋪設的街道也在一八一八年更名，不再紀念法國總督或「革命戰爭」，就好像城市的名字已經從拿破崙港改成路易士港一樣。[98]法奎爾還在一八一七年成立了一個市鎮委員會（Commune Council），在火災後負責管理城鎮；這是後來市議會的前身。[99]從一八一八至二〇年，它接手處理的事務包括管控麵包和小麥的價格、處理垃圾、埋葬死者和照顧殖民地人民的健康。[100]一八二〇年代初期，委員會還討論了該如何為街道維護提供資金，包括水、照明和城鎮劇院。[101]

不同於轉變的論點，達爾文覺得路易士港仍然相當法國，他寫說「加萊（Calais）或布洛涅（Boulogne）還比較有英國味」。一八三〇年代模里西斯的「通用」語言是法語，人們吃的是「法式風格」的食物。[102]有位評論家在反廢奴起義期間寫道，英國居民的家庭和法國人幾乎沒有往來，「除了為慶祝國王陛下生日，每年一度在總督府舉辦的舞會」。[103]這和一八一〇年英國接管時，保皇主義與共濟會將英法菁英綁在一起是類似的。[104]

一八二六至二八年倫敦派來改革和廢除奴隸制的委員會，懷有將島嶼英國化的盤算。例如，勃良第酒摻水是當地居民晚餐的「常見飲料」，他們在意民眾這個法國酒消費習慣，試圖在當地打開開普敦葡萄酒的市場。[105]雖然英國化永遠不可能徹底成功，施行英國化的渴望從改變語言政策看得最清楚。成立於一七九九年的皇家學院（Royal College）在一八四七年引進了英語教育系統，英語取代法語成為法院上使用的語言，同時政府和英國國教會之間的關係日益密切。[106]可是，法語在今天的模里西斯仍然比英語更普遍。

與此相關，新教徒擔心「天主教義」（Popery）的傳播，甚至從契約工人在穆哈蘭姆月（Muharram）舉辦的伊斯蘭慶典（Yamsey）也看到了這點，慶典吸引不同宗教的亞洲人前來共襄盛舉。貴格傳教士詹姆斯．拜克豪斯（James Backhouse）在訪問模里西斯之前，想要把基督教帶到包括塔斯馬尼亞在內的澳洲流放地，他描述在慶典遊行上，寶塔被抬到街上，紀念先知穆聖的孫子殉難。拜克豪斯寫到「拉斯卡和印度來的山地苦力」用竹架扛著「頂端像氣球」由「彩色和鍍金的紙」製作成的結構。在這些結構上可以看到太陽、月亮和一些星星。「最琳瑯滿目者」在水面上被打碎。他不以為然地指出羅馬天主教基督徒也參與該慶典遊行，因為他們在生病時曾發誓要在這個慶典為神父奉獻。「天主教義的殘骸，就這樣和異教信仰混在一起了。」[107]另一個威脅來自中國移民，路易士港的許多商店都是由他們經營。根據一八四三年的許多請願人表示，「除了許多較大的商店外，出售食品的小店有一半是由中國出身的人經營。」這些請願人表示有鑑於中國人的集體利益和低價銷售手法，這不僅不公平，而且沒有公開競爭的空間。[108]

儘管法國大革命的痕跡從路易士港的街道名稱中移除了，英－法的斷層線，或者說是新教－天主教的斷層線，仍持續存在。和其他身分認同問題放在一起時，路易港究竟是英式城市，還是法式城市，就變得不太重要了。就像在馬德拉斯一樣，種族和階級的差別在本世紀中葉開始發揮更大的作用，而這是另一個追蹤新城市興起的方式。當時的訪客時常提到到這座城市的多樣性，法國作家比里雅德以當時典型的種族色彩散文描述路易士港，他說人們可以「看到所有的膚色，從淡粉色到古銅色，再到更深的黑色」。[109]據說集市可以「一目了然地看到世界四大地區的物產和人種樣貌」，[110]拜克豪斯本人寫道，這座島是「南半球的客棧之一」，是「由不同國家、血統、語言、民族構成的五花八門群體」。[111]毫無疑問，路易士港吸引了南半球各水域的人前來。

在路易士港這樣的殖民地，克里奧化是社會生活一個存在已久的特徵，然而種族和階級的劃分則變得益發明顯。在英國統治初期，人口統計表簡單得相當赤裸。拿下面這個表為例，該表還附有一八三一年出版的風景畫清單：

2,387	白人
7,511	自由黑人
15,717	奴隸
25,615	

隨著奴隸解放後大批勞動者和移民的到來，白與黑的分類已不敷使用。[112]早在一八三〇年代和四〇年代，各個族群就已經在路易士港街道各據一方天地。一八三〇年代初期，據說路易士港有個「主鎮」，基本上住著經商的法國菁英，另外兩個郊區則分別住著「馬拉巴爾人」或印度人，以及自由黑人。[113]與此同時，新工人的到來使這座城市向西南和西北延伸，「就像新月的兩個角」。[114]路易士港在奴隸制結束後的多樣化，對這座城市產生了實際影響；在郊區擴張的同時，族裔類別也不斷增加，同時人們開始討論不同類型工人的相對地位。

城市的規模、城市日益增加的多樣性，以及現代生活的問題，從防火到公共衛生，都需要治理形式的改進。都市官僚秩序是十九世紀中葉城市特色的另一個象徵。當迪皮納以模里西斯奴隸主的代表身分被派往倫敦時，他要求成立一個市政委員會；有色人種記者雷米・奧利耶（Rémy Ollier）再次提出了這個想法。[115]年輕的奧利耶對大港叛亂分子的訴訟念念不忘，甚至到監獄探望他們，並出席聆聽審判，這突顯了他爭取成立市議會和一八三〇年代初圍繞傑雷米的歷史時刻之間的關聯。

奧利耶曾在路易士港的文學俱樂部「超越知識分子學會」（La Société d'Émulation Intellectuelle）接觸過拉梅內（Lamennais）、孟德斯鳩（Montesquieu）、狄德羅（Diderot）、盧梭（Rousseau）、伏爾泰（Voltaire）、亞當斯密（Adam Smith）、赫拉斯・薩伊（Horace Say）和李嘉圖（Ricardo）的政治作品。一八四三年，他創辦了一份法語報紙《哨兵》（*La Sentielle*），取代了此時已停刊的《平衡報》，《平衡報》主要服務有色人種的讀者群。不同於反對傑雷米的人，奧利耶不是希望英國人的退出，而是希望改革英國機構，以便給予有色人種更多的權利。這再次突顯了英法爭鬥如今被另一種代議政治取代。像奧利耶這樣的人為了推進權利，打算接受英國作風的徽章，因此他寫道：

今天我們是英國人，我們不是被征服的人民，我們是英國人民……我們屬於英國。為什麼我們沒有英國的制度？如果英國想讓我們熱愛我們的國籍，想將祖國榮耀賦予我們的島嶼，卻使我們對於那一切讓它珍惜與和尊敬其子民的事物感到陌生，我們將沒有可能認識或欣賞這份榮耀。[116]

他的文章促成了一八五〇年的市政選舉，以及十二名委員的任命。[117]市政委員會成立之初有八百二十位選民。這八百二十人登記擁有價值三百英鎊的必要財產，因而有資格成為選民，其中包括登記在冊的商人、倡導者、醫生，以及一名「韁繩製作師傅」和「藥劑師」。[118]市議會的成立和城市的公民與商業生活擴大同時發生，包括農會和商會，這些也是源自奧利耶付出的心血。第一任市長是商人路易．萊謝爾（Louis Léchelle），議會的印章刻有「團結」二字，委員們被要求佩戴「一枚用銀鍊繫在（他們）鈕扣孔上的小銀製勳章」，徽章其中一面寫著「市政委員」。[119]

市政當局備受讚譽的第一批成果有增加新路燈、修復運河、擴建城鎮集市，和安排鋪設新街道，鋪路的石頭由犯人負責切割。[120]預防火災是市政當局最早接獲的關切之一，於是防火車就交由市政當局管理。[121]承接先前對裝飾的關注，發生火災時，委員們被要求穿戴「一條半白半紅的圍巾，以便在人群中能被認出來」。[122]另一項關切的事務是關於流行病防治。[123]《塞爾尼恩》在歌曲中嘲弄市政當局，批評它在發布決定和決議方面有所延誤。他們認為市政當局和他們的競爭對手、英文報紙《商業公報》（*Commercial Gazette*）同屬一個陣營，致力於發揚自由主義。[124]當然，有時它處理的事情只是芝麻綠豆大的事，譬如倫德爾先生（Mr Rendle）的手推車因駕駛不當而撞上吊橋。[125]

達爾文訪問路易士港後，繼續航向開普敦。在這裡，就像在路易士港，他再次看到了一座歐洲味勝過英國味的城市。[126]然而，他試圖根據路易士港和開普敦各自展現出的英國作風來區分兩者，他這樣描述開普敦：

> 它有西班牙城市的精確矩形布局：街道秩序井然，都是碎石路，其中一些街道兩旁各有一排樹木；房子都經過粉刷，看起來很乾淨。在一些瑣碎的細節上，這個小鎮有種異國情調，但它每天都變得更加英國化。除了最底層外，幾乎沒有一個不會說英語的居民。在變得英國化的能力方面，這個殖民地和模里西斯的殖民地之間似乎存在很大差異。

儘管現在開普敦比路易士港更出名，今天人口超過三百五十萬，而路易士港的人口約十五萬，但在達爾文航行的時候，兩個城市的人口不相上下。達爾文提到開普敦的族裔異質性，以及桌山就像這座城市的背景，上半部山頭「形成一道牆，經常伸進雲層」。這個景色經藝術作品的重現而變得經

圖 8.2　托馬斯・鮑勒（一八一二至一八六九）〈從桌灣遠望開普敦和桌山〉（Cape Town and Table Mountain from Table Bay）

典：譬如比達爾文早兩年抵達開普敦的托馬斯・鮑勒（Thomas Bowler），反覆創作開普敦海岸線景色的水彩畫。

這些年，開普敦和路易士港一樣，持續關注橫渡南方大洋船隻的抵達和離開，及其海濱上的失事船隻。疾病打斷了生活，給窮人帶來了極大磨難——例如一八三九至四〇年的天花和麻疹流行。[127] 對開普敦亞洲人的評論，不是將這個族群過分浪漫化，就是展現出對他們的恐懼，就像拜克豪斯筆下對路易士港契約工人的穆斯林慶典（ghoon）的描述。亞洲人被歸類為「開普敦馬來人」（Cape Malays），儘管他們來自很多不同的地方，而且他們的宗教節慶和習俗各有各的鮮明地方色彩。

達爾文認為開普敦比路易士港更英國化

的觀點，和他的一段階級評論相鄰：開普敦有個說英語的貧窮白人勞工階級。然而，社會底層的主要群體是「有色」居民、前奴隸學徒、科伊桑人和其他人。[128]

開普敦還有大量的英國軍事人員，模里西斯和馬達加斯加都在以開普敦為基地的英國海軍勢力範圍內。新的英國移民——拿破崙戰爭的難民——遷居到這裡。一八二〇年，一大群移民因為國家的援助計畫而來到開普殖民地，這些情況和路易港不同。同時，在模里西斯的傑雷米事件之前，我們看到許多將開普敦公眾形象英語化的努力。有趣的是，考慮到律師在路易士港的作用，開普敦英語化計畫有一部分是在法庭和公務員之間推行說英語。英語在一八三〇年代成為當地主要的行政語言。[129]此時還有一個「盎格魯人」（Anglomen）分類，這個詞用來指開普敦的荷蘭人居民，他們積極擁抱英國人的方式，有時還和英國人通婚。[130]

開普敦都市史的專家學者的言論，讓我們想起石材使用在路易士港的興起：「大玻璃窗框取代了小百葉窗，灰泥天花板取代了開放式橫梁，瓷磚取代了茅草屋頂。」[131]建築風格也從洛可可式和巴洛克式，轉向為對古典主義的新熱情。[132]這個關於更常使用玻璃、石膏和瓷磚以及新風格的故事，應該把柵欄另一邊的情況也納入劇本。解放後，房屋越來越擁擠，而有色人種在開普敦有最糟糕的住宿條件，有時好幾個人得擠在一張床上。[133]這個事實顯示了英國凝視和英國化企圖的局限性。英國菁英偏好在房屋設計通往房間的大廳和走廊以保有隱私，此舉是試圖和拉開他們和荷蘭住家空間安排的距離。[134]同時，就像在路易士港一樣，奴隸解放給城市的殖民布局帶來新的壓力：開普敦過去有許多建造於一八三〇年代後期的樓房。[135]

英語學校標誌著十九世紀中葉英國在開普敦的擴張。蘇格蘭喀爾文主義者受訓在荷蘭歸正教會（Dutch Reformed Church）內從事神職，這又是另一個令人費解的英國化矛盾。[136]英國中產階級價值觀的興起帶有深刻的性別特徵，首先必須建立一個穩定的家庭，在家庭中，男性扮演公共角色，女性在家，她不用工作就是這個家庭中產階級地位的象徵。這些家庭和過去開普殖民地蓄奴的荷蘭人形成對比，後者被賦予一種邪惡的形象。[137]除了性別，種族也限制了前奴隸的社會流動性，同時奴隸解放在城市居民之間造成了新的種族緊張。

新聞媒體的擴張也加劇了種族意識形態，奴隸解放時代後，我們看到：「人道主義幻滅、更普遍的刻板印象，以及種族主義科學在一八四〇年代和五〇年代的興起。」[138]開普敦居民對邊境土地的興趣，隨著一八三〇年代羊毛工業的擴張而鞏固，譬如透過農場和莊園的抵押貸款，又一次強化了基於種族而對原住民族進行的剝奪。在此之前，種族和科學一直是相關的——但它們現在住進了這些城市的中心。[139]

法、荷殖民要塞轉變成十九世紀英國商業城市過程中的有趣異同，也延伸到機構的歷史。一連串的機構創立——第一家非官方報紙和私人銀行、新的文化機構和商業協會、文學與科學學會，還有圖書館——構成了路易士港和開普敦的共同歷史。一八二〇年代，開普敦中產階級自由主義在約翰·費爾貝恩（John Fairbairn）主辦的報紙《南非工商廣告》（*South African Commercial Advertiser*）領導下崛起，同時我們也看到地方性商人社群力量的凝聚，這個階級仰賴勤勉、自助和自由貿易的新教徒思潮；他們的身分地位語言接納新移民，但拒絕社會上的窮人，因此有人主張他們代表一種英國的民族主義（南非白人和非洲民族主義後來對此作出了回應）。[140]

開普敦的自由主義影響，以及它和新聞報刊與商人的束縛，意味著很難找到和一八三〇年代初期模里西斯傑雷米事件相似的情況，值得一提的是，費爾貝恩和他的妻子伊麗莎（Eliza）一八三六年在街頭遭反對奴隸解放的荷蘭農民克洛特（A. P. Cloete）攻擊。在一八三〇年代，開普敦有一股反廢奴和反英國的潮流，不過力道肯定沒有模里西斯那麼強。荷蘭報紙《南非人》（*De Zuid-Afrikaan*）是這股勢潮的其中一個表達工具；這是一份主要在農村流通的報紙，為了反對費爾貝恩的機關報而成立，不過他們在尋求政治代表權方面有一致的立場。一八三一年，兩家報紙就奴隸制展開了一場媒體戰。[141]借用一位史學家的話，「《南非人》的發行形同有組織性挑戰支持一八二〇年代開普敦資產階級自由改革的人道主義－商業團結工會。」[142]另一個差別之處無疑在於，開普敦以農業經濟為主，而且是一個轉口港，對殖民地偏僻腹地的麻煩採取反動，路易士港則是一個依賴甘蔗種植園的島嶼港市。這代表兩個城市在全球經濟、邊境戰爭或內外部移民方面，面臨或有不同的壓力。

無論種種不同的政治、地理、社會和經濟基調如何，這些城市在轉變成代議制政府之前，呈現了類似的事件發展模式。如果說，從革命議會到殖民地委員會再到自治市在路易士港是一系列的連續發展，在開普敦，有個荷蘭傳統一直存活在有英國特色的都市擴張過程中。開普敦在一八四〇年獲准成立自治市政府，和路易士港一樣，這個自治市源自其他議會：開普敦曾經有過的伯格參議院（它負責建築和防火法規，以及城市的「道德健康」，於一八二七年被解散）。[143]開普敦自治市被視為自由主義的一大勝利，儘管民眾對市政選舉沒有展現出太多熱情。[144]舉凡提供防火車到規定度量標準，都在開普敦新市政職責範圍之內，所有族裔都能參加議會委員的選舉，但部分階級和女性都被排除在外。

儘管英國人追求英國化，但在其最初的十年或更長時間裡，開普敦市政府的委員中以開普敦荷蘭公民占多數。這些委員不是舊時代菁英，而是新興的商業階級，他們利用這個議會的結構來促進他們的地方財產利益。[145]因此，很奇妙的，開普敦荷蘭後裔的英國化，使開普敦出現了一個新興集體，並將這群人插入了英國政府的結構裡。事實上，開普敦荷蘭人若要為自己建立政治空間，必須以英國臣民的身分爭取他們的權利。[146]

作為一個機構，市政當局和商業交易所（Commercial Exchange）並行運作，它同時和商業交易所有些緊張對立，後者由舊「紳士」商業菁英主導，這些人擁有較多的海外聯繫。市政府對開普敦街道維護的資金投入，反映了費爾貝恩在《南非工商廣告》上的關注。[147]和市政府密不可分的向上流動殖民階級在成立好望角商會（Cape of Good Hope Chamber of Commerce）時，也試圖發起一個能和商業交易所競爭的論壇。

透過這些方式，在開普敦或路易士港等城市顯而易見的階級、種族和性別政治，在奴隸解放後的時代，以及各式各樣的機構中得到了鞏固。這些機構在這幾十年裡不斷擴張，將特定群體包含在內，也將特定群體排除在外，而且和彼此保有錯綜複雜的關係。開化蓄奴社會的願望，對支撐這些機構的英國化計畫是不可或缺的。此外，主權一直是圍繞模里西斯傑雷米廢奴法爭論的核心，與之相似的，對於成立代議政府的訴求，使主權問題再次脫穎而出，而民眾的高聲疾呼，首先收到了准許路易士港和開普敦行使自治權的回應。這變成了殖民地當局一定要採取的步驟，因為住在這些城市的人都已經接受了勞動改革和自由貿易。

當時間進入一八四〇年代和五〇年代，殖民地在走向自治過程中向後倒退的危險，對後續開普敦和路易士港的事件發展有重大影響。此外，城市菁英和中產階級根據自己和歐洲的關係，以及和全球南方其他殖民地的關係，評估他們的困境。這些海洋領土的內在聯繫，可以從他們彼此眉來眼去地塑造彼此的政治中看得非常明顯。城市的概念，不論是存在於遊記中，或是被藝術家所捕捉到，又或許是在新聞報刊上的城市公共辯論之中，都象徵著遙遠的他方，以及作為改革計畫中的一個比較與評論的基準，這個基準包含了海洋與全球。[148]這個南方對比南方的風格，和傑雷米事件中呈現的群島地理學是前後一致的。

在解放時代，開普敦殖民地定居者寄望加勒比地區，以維護他們奴隸制的相對溫和，並轉移和蓄奴相關的焦慮。[149]模里西斯——誠如前文所述——在此種競爭式的比較中表現不佳，被廢奴主義者包裝為對勞工特別殘暴的研究案例。到一八四〇年代後期，在開普敦和路易士港，在出版品中的比較為改革時代的進步和隨之而來的回報辯護，[150]但越來越多臣屬英國的說詞，在路易士港激發出最致命的反叛。

一八四八至四九年

「眾所周知，時代的革命神靈甚至已來到開普敦：我們現在和政府正處於戰爭狀態。」[151]沃特邁爾（F. S. Watermeyer）在《好望角觀察報》（*Cape of Good Hope Observer*）如此寫道，當時是一八四九年，他二十出頭。

對奴隸制的爭論沒有在開普敦引起規模像一八三〇年代模里西斯傑雷米事件的城市騷亂，促使沃特邁爾寫出這篇社論的背景是一次使政府陷入癱瘓，並允許另一種統治結構出現的抗議活動。一八四八至四九年在開普敦發生的事件不涉及武器，也和特定奴隸主或官僚階級無關，史學家將這次抗議描述為一種「公民不服從」和「多少具有普遍性，而且發自內心」的「焦慮不安」。[152]在費爾貝恩的報紙上，他們不被視為武裝叛亂，而是在「意見分歧」之下產生的「**心靈的叛亂**」。[153]當騷亂開始分裂出派系時，該報試圖阻止暴動發生，[154]在這種情緒的感染下，沃特邁爾的社論標題為〈一場安靜的革命〉（A QUIET REVOLUTION）。[155]

混亂源自開普敦被宣布為流放地。該命令是為了回應開普敦總督哈里・史密斯（Harry Smith）給倫敦的誤導信函，他對引進罪犯的建議表示歡迎，並請殖民地大臣格雷伯爵（Earl Grey）開始採取措施，將罪犯的「好處」賦予開普敦，「盡速執行，不要拖延」。[156]倫敦照字面意思理解這份熱情，安排「海王星號」（*Neptune*）載二百八十八名愛爾蘭假釋犯——這些犯人已服完刑期，現在可以在一定的監督下自由工作——前往開普敦。費爾貝恩一八四九年四月的報紙說，殖民地「將被改造成一個大監獄，收容每種重罪犯，每個區都是獨立的牢房」！[157]這是「『流放者』的入侵」。[158]一八四九年五月，開普敦發生了兩場反對該措施的公共集會，每次都有五、六千人聚集。《開普敦郵報》（*Cape Town Mail*）描述說：

> 一八四九年五月十九日，是這個殖民地在歷史上最難忘的一天，因為開普敦的居民團結一心，起身反抗當權者在瘋狂心境下所嘗試過最窮凶惡極且專制的行為……從他們在這個場合上所遵守的禮節，這個殖民地的人民證明了他們在教育和文明方面的進步，也證明他們有能力處理最重要的問題，並針對問題做出決定。[159]

在美國獨立戰爭的重要日子七月四日也舉辦了一次集會，並將抵制擴大到所有協助政府政策的人。[160]

儘管和奴隸制無關，但關鍵的問題是如何為殖民地取得勞動力；自由或「健康」的移民，如今受到過去的計畫威脅。[161]事實上，和奴隸制辯論密不可分的解放計畫，現在被殖民地定居者所高舉，他們以之為自己的自由和解放辯護。他們說自己生來「心上就刻著自由」，但誠如《南非工商廣告》的哀嘆，由於英國本土暴政統治他們的事務，因而給他們「套上了奴隸的項圈」。[162]對《開普敦郵報》而言，強加罪犯給殖民地，也是朝奴隸時代倒退的象徵：

老一輩的殖民者被剝奪了他們過去當作合法財產持有的奴隸（就像在每個新國家一樣，我們在僱傭勞工的機會上相當有利）而且我們已經付出許多心力，透過移民增加工人階級的數量。似乎有人認為，任何形式的強制勞動都會受到熱切接受，而且我們對一切人性的感受麻木不仁，因此，相較於被送來和我們一起生活的可悲墮落之人能被榨取出的勞動利潤，將罪犯送到流放地的道德和社會罪惡，根本不算什麼。[163]

另一個受到高度關注的問題是，如何讓殖民地進行中的英國化和中產階級化的道德羅盤，接受既和前兩者抵觸、也和地方意見相違背的干預主義措施。考慮到這點，這次危機的出現，部分源自本土政治家希望安撫英國的中產階級，可以說相當令人費解。[164]

史密斯總督收到如雪片般的抗議請願書，有個反罪犯協會幾乎每天都會發一封請願書。許多機構、團體和個人不得不妥協：治安官辭職；道路委員會、監獄委員會、學校委員會、海港委員會的非官方成員，甚至是立法會的非官方成員都下臺了。沃特邁爾的社論指出：「政府目前已經癱瘓了。」[165]然後在不久後出刊的報紙上，他說：「立法會已死。」[166]這部分就很類似近二十年前的模里西斯傑雷米事件了。

自從一八四九年九月抵達後，海王星號的囚犯在接下來五個月都無法登陸。他們住在停泊在開普敦郊外西蒙灣（Simon's Bay）的船上。提供物資給這艘船的人，生意因而遭抵制。[167]許多囚犯嘗試逃跑失敗，[168]它就像一艘「染疫船」，被視為正在傳播致命疾病。[169]最終，這艘船航向范迪門斯地。費爾貝恩接著寫道：「好望角的人民向世界展示了構成一個國家的要素。」[170]

開普敦市政當局在反罪犯抗議活動中發揮了重要作用：提供市政廳給反罪犯委員會開會。一名旁觀者給市政當局「反政府」的封號，從此時已散布在整個殖民地的大量志願社團的角度來看，市政府扮演的角色很有道理。一八四八年底，有一份地方年鑑登記了滿滿三、四十頁的志願社團，對於《南非工商廣告》而言，這些圖書館、農業社團、銀行和其他這類社團是「地方的行政部門」，這使人民為「治理」做好了準備，並證明「民主要素」的力量。[171]市政委員向總督發出以下通知：「人民已經決定，罪犯不得、不能也不應該在這個殖民地的任何港口上岸或關押。」[172]在騷動並取得勝利之後，市政當局爭取制定新憲法，殖民地也確實在一八五三年獲准成立代議政府。獲得選舉權的資格是擁有價值二十五英鎊的財產，或是每年薪資五十英鎊，或是有二十五英鎊薪資並包食宿。[173]

其中一次反罪犯公共集會於七月四日舉行，這點符合記者與觀察家提及法國和美國革命，以及一八四八年席捲歐洲革命事件的態度。《南非工商廣告》指出，班傑明·富蘭克林（Benjamin Franklin）也反對將罪犯強加於美國，詰問難道美國人會反過來送響尾蛇給英國嗎？因此，「忠實的人民被無可挽回地疏遠了，大英帝國被一分為二。」[174]沃特邁耶在他的社論裡提到一八四八年的法國革命，以及席捲義大利導致教皇必須離開羅馬的自由政治。他如此描述和政府的戰爭狀態：

> 絲毫不亞於在法國將路易・菲利普（Louis Philippe）變成納伊伯爵（Comte de Neuilly），或是迫使真福教宗庇護（Pope Pius）從加埃塔（Gaeta）、而不是從他的永恆之城尊位批示教皇詔書的熱切。

他指出，殖民者當中有人要求一部「自由開明的憲法」，這份熱情一旦被激起，立刻取代了他們對殖民地政府無精打采的信心。「於是，斧頭即將剷除禍害的根源，」他繼續說，「他們堅持政府長年承諾要給他們的代議立法機關不應再被扣留。」即便遠方事件的消息和語言促成了這場騷亂，我們不應假設兩者間有非常直接的連結，因為從歐洲事件發生到開普敦因罪犯問題陷入騷亂，中間相隔了好幾個月。[175]最近有人論稱，早期消息透過新聞報刊在歐洲和開普敦之間傳播，往往在傳達後失去了它的光彩。由於時間上的延遲，這些新聞不應被看作最新或完全準確的消息。[176]

我們或許可以補充說，這在向蒸汽引擎過渡的時期是個特別嚴重的問題。對新聞和市場全球流通性的期望正在上升，但這些期望很難實現。一八四八年的歐洲革命歲月不是扮演了某種決定性的作用，反而應該被視為一種便宜手段、一個可以恣意利用的故事，讓地方利益可以在全球南方取得勝利。這個故事很可能被剪貼在當時每份對反罪犯騷動發揮重要作用的報紙上，這種報導使歐洲和開普敦在權利和治理方式之間的比較能出現。這比起認為一八四八年歐洲的動盪直接或間接引起了反罪犯騷動，這才是分析這些事件比較有意義的方式。

圍繞騷動運作的消息流動和比較風格，也帶有一種殖民地對殖民地，或南方對南方的面向，這再度使我們必須拒絕歐洲主導一八四〇年代末抗議故事發展的觀點。在推動代議政府的過程中，費爾貝恩的機關報複製了一八四〇年的加拿大憲法（所謂的《聯合法案》〔Act of Union〕，將上、下加拿大合併為一個立法實體），《開普敦郵報》也對此發表了看法。[177]《南非工商廣告》斷言，開普殖民地比新南威爾斯、牙買加或模里西斯更幸福，因為這些地方的人比較容易因為投機或勞工問題而導致破產。該報認為，開普敦的幸福，讓人們有理由反對將罪犯送到殖民地的計畫。[178]

該報以道德說教的口吻，駁斥將開普敦和「大英帝國的所多瑪與蛾摩拉」、或稱「道德糞堆」的范迪門斯地和諾福克島歸為一類。[179]然而，在其他時候，開普敦的新聞工作者希望和澳洲殖民者聯合起來，擔心倘若持續運送罪犯，澳洲「與世隔絕的大陸」將成為一個「塵世亂源」，「令所有國家討厭和恐懼」。[180]同時，在南方大洋的彼岸，雪梨報刊報導了開普敦的事件。一八四九年，澳洲也發生了反罪犯的騷亂。雪梨的報紙傳達出不可讓開普敦愛國者專美於前的聲音。[181]

比澳洲更靠近開普敦的是模里西斯，模里西斯在這些年的開普敦報刊中，也可以被塑造成種族、性別和道德價值觀方面的「他者」。一八四八年，藝術家喬治・達夫（George Duff）在《山姆・史萊的非洲日記》（*Sam Sly's African Journal*）中，把開普敦和路易士港做了道德上的相互對照，並使用種族和階級的語言來區分兩者。兩個城市的有色人種被拿來比較，他說「開普敦最窮的霍屯督人（科伊科伊人）」，都比「醉酒的馬拉巴爾（印度）婦女」好看。他說路易士港的法國殖民者看起來很不紳士，「他們太胡鬧了」。[182]同年，費爾貝恩的《南非工商廣告》也緊盯模里西斯的發展，預測來自法國的革命消息，將危及「那些自稱為法國人和自稱為英國人的階級」的關係，導致一方談論起「獨立或和法蘭西共和國重新統一」，另一方則希望朝「比以往更親近英國君主制基礎」的方向移動。模里西斯面臨的這個選擇，被認為不同於開普敦可能面對的未來：據說殖民地的荷蘭和英國移民都有「不容易煽動和不容易冷卻的性格」，這說明了他們為什麼以團結和堅決非暴力的抗議方式面對罪犯問題。在好望角，他們每個人似乎「同舟共濟」、「同生共死」。[183]

在反罪犯騷動爆發之前，該報寫說模里西斯也害怕罪犯到他們的島上。它引用《模里西斯時報》（*Mauritius Times*）證明將罪犯引進「政治和社會處於過渡狀態」的殖民地是危險的。[184]在接下來的幾個月，該報氣憤填膺地聽聞，軍事罪犯、或因犯罪受到懲罰的士兵，將從模里西斯被送往開普敦從事修路工作，然後還有其他罪犯預計也會從大英帝國其他地方抵達開普敦，不過這些計畫後來都消失了。[185]

在路易士港，來自歐洲的消息可以拿來服務當地的需要，即使沒有任何罪犯即將抵達模里西斯。一八四八年十月，有個社團成立，它公開宣稱的目的是建立一個和總督的溝通渠道。在經濟上，當時對甘蔗種植者是很可怕的時期。該社團也是在所謂「七月宣言」（July Manifesto）的背景下出現，七月宣言由《哨兵》、《模里西斯人》（*Le Mauricien*）和《塞爾尼恩》的編輯撰寫，支持法國人，而不是英國人。[186]

《塞爾尼恩》認為有鑑於歐洲的事件在「全球各地」造成迴響，模里西斯報刊不能「繼續當個陌生人」，而且這樣做形同「讓自己尊嚴」掃地。[187]它非常驚人且勇敢地指出：

> 我們應該隱瞞真相，然後去延續一個眾所皆知的謊言，我們難道不是總是堅稱模里西斯並沒有在起源、語言、法律、習慣和情感上被驅向法國。政府很清楚，如果自由遍及全世界，如果模里西斯的居民被允許選擇一個保護國，他們會選擇建立這個殖民地的國家，他們被強行和那個國家切開，但前提是，他們從她那裡得到了自由，若不是這份自由，他們不會接受她的旗幟。[188]

然而，《塞爾尼恩》轉載了該社團十月五日會議上的一段談話，其組織者堅持對英國人的忠誠，並且堅稱對英國商業政策的審訊，符合這份忠誠義務。[189]親英國也親政府的《模里西斯時報》指出，儘管在成立過程沒坦露任何政治野心，但什麼都無法阻止該社團插手超越它成立時預設宗旨外的事務。[190]

十月十二日上午十一點到十二點之間，該社團試圖在路易士港的歐洲酒店（Hôtel d'Europe）舉辦一場集會，接受島上居民的投票。所有投票的人都必須付兩塊給社團，雖然社團曾辯論要取消「兩塊的資格門檻」，讓前學徒也能參與，但這個修正案沒有通過。對民主附加的限制和持續排除勞動階級顯而易見。[191]該社團制訂目標如下：

它們是：

第一，關於農業和蔗糖種植的那些方面。

第二，向女王陛下的大臣爭取選舉行政委員會的機構。

第三，減少我們的巨額徵稅，以及改革殖民地行政管理的必然措施。[192]

警察局副局長在歐洲酒店解散了集會。模里西斯總督威廉・戈姆（William Gomm）宣布該社團的計畫不合法，而且帶有叛亂意圖。雖然他明顯很擔心圍繞社團成立所發生的事件，他將這個社團描述為對殖民地部門（Colonial Office）的「革命運動」，堅稱它在一般民眾間並沒有廣大的追隨者。它只不過是引起了旁觀者的「日常好奇心」。這個評論似乎是準確的，也就是說，該社團造成的騷動，不該被拿來和罪犯抵達開普敦的後續事件相提並論。[193]然而，戈姆指出，他警告了一些立法會的非官方成員，參與該運動可能對他們不利。他害怕替代統治結構一旦形成，傑雷米事件或類似反罪犯騷動的事件可能再度上演。[194]

被警察打斷後，社團組織者高聲譴責其「公然羞辱和侮辱」。[195]《模里西斯人》堅稱

這些反抗者和違法者是誰？……他們是一些想公然反抗英國政府的共和派嗎？……不；他們是誠實、獨立、忠誠又有才智的殖民地居民。[196]

該社團否認它希望組成一個替代的統治結構。[197]最終，它為符合法律修整了原始計畫，任命了一個十五人的中央委員會，而不是一個由六十四名經選舉產生的代表組成的機構。普羅斯珀・迪皮納（Prosper d'Épinay）的建議促成了這個改變，他是一八三一年抗議事件核心成員阿德里安・迪皮納的兄弟。普羅斯珀提醒該社團，繼承自法國的法律只允許十五個人在未經政府明確許可的情況下集會，進行「宗教或政治主題」的討論。[198]同年十一月，穆斯林遊行（ghoon）受到警方的嚴格管制和監視；慶典只對「徹頭徹尾的回教徒（穆斯林）」開放，而且不允許攜帶槍支或「棍棒」，這可不是一般會見到的具體限制。[199]十五人中央委員會如今已起草了給戈姆總督和女王的請願書。第一份比第二份的態度更為強硬，包含以下經過強調的請求：「**立即減稅**」。[200]社團訴求和奴隸制辯論的關聯，從給女王的請願書的第一點就能清楚看出：

自從一八三三年奴隸制在女王陛下的領土被廢除以來，您的請願者們持續竭力用自由的勞工生產糖。糖是模里西斯的主要作品，而且幾乎是島上唯一的產品。如此他們才能透過糖獲得報酬，並為英國消費者提供廉價的糖。[201]

女王的請願者接著強調勞動力和機器的成本、重稅，以及昂貴的地方政府體系造成的負擔。他們已經陷入破產，他們主張，根據一八四六年的糖法案，「外國的奴隸種植糖被允許進口，供英國消費，而且只要繳納非常少的差別關稅，使它和本島的產品產生直接競爭」。第十五點是關於代議政府的問題：

您的請願者，被剝奪了透過選舉代表大會或任何類型的市政機構，參與殖民地治理的權利，因而無法控制公共開支，以符合殖民地資源和有效治理絕對需求的嚴格經濟基礎，縮減公共開支。

他們還指出馬達加斯加女王的政治，給他們的行業帶來的問題。請願者被剝奪了牲口供應和勞動力來源：

肉價因此漲了四倍，同時我們無法採購種植園主賴以維持其莊園廉價工作的役用牛，來更換那些被疫病摧毀的大量牛隻。

他們要求恢復和馬達加斯加的自由貿易，組成一個「民選議會」，並根據路易士港皇家特許成立一間市政公司。他們堅持主張，任何未經民選議會同意的稅都不能徵收。這一切都符合一八四八年的全球氛圍。中央委員會遊行穿越路易士港街道，後方跟著大約三百位民眾，在隆重的儀式中將兩份請願書遞交給戈姆。[202]

最後，十五人中央委員因為島上報紙之間爆發一場筆戰而不得不解散。爭吵發生在一八四九年七月四日，就是開普敦街頭爆發反罪犯抗議活動的那天。由於有色人種被禁止進入舞會——這次抗議明顯的種族限制——委員會的五名有色人種成員遞交了他們的辭呈。[203]《模里西斯時報》宣稱族裔分歧正在撕裂法國人口的身分認同，因此有必要轉向英國認同。該報的觀點，讓人想起開普敦反罪犯騷動引發的一些關於忠誠，以及當個英國子民的主張：

> 一般大眾毫無疑問覺得自己是英國人，他們渴望看到英語確立在島上的地位；但直到幾年前，新聞報刊還完全掌握在（傑雷米時代）的法國或舊殖民團體手中，英國人和有色人種沒有為他們的觀點辯護的管道。[204]

十九世紀中葉全球化的特徵

如果說這段時間的報刊代表了交戰的不同派系和意見的分歧，這些爭吵就是完善現代世界帝國誕生的過程。報紙的文體還沒有穩定；新聞寫作的本質，不該被當作和這個時代的其他寫作截然不同。路易士港和開普敦等城市和更大的世界之間的交流，由於蒸汽船的普及，開始發生變化。然而，全球化的影響在各地仍參差不齊，不同地方可能發展出相關但各自獨立的變化年表。

來自歐洲的新聞有所影響，但南方海洋各地的流動資訊和政治也有它們自己的影響力。這一切使我們有必要從更多的歷史現場來描述一八四八年，特別是如果我們想了解西南印度洋的內部組成的話。

這些年在路易士港有一位狂熱的通信者，他和在英國的母親關係極親。詹姆斯・埃格伯特・西蒙斯（James Egbert Simmons，一八一〇至五七年）所寫的信，為殖民者體現了十九世紀中葉的新興特徵：他們覺得歐洲很遙遠，然而消息無論遠近都可以被轉作本地用途，因為它們沒有按照應有的順序抵達。他對母親無話不談，其中一封信（屬於一八四七至五五年間所寫的總共約一百封的批次）是和卡洛琳・卡薩布爾（Caroline Casaubour）一起寫的。他愛上了卡薩布爾，而卡薩布爾以法文寫作，他擔心母親不會原諒她「既不是英國人，也不是新教徒」的「雙重缺陷」。[205]講法語的「克里奧爾」女性在模里西斯成為英國男性的伴侶，這種男女關係很符合英國化的性別政治。卡薩布爾是普羅斯珀・迪皮納的侄女，這點證明社會風氣已和傑雷米事件時大不相同了，她的家人曾是一八三一年反英抗議活動的核心，也是指導如何對付一八四八年親法政治社團的核心。這代表它在短短幾年內，既反對英國政府，又支持英國政府。

西蒙斯和他所屬兵團一起抵達路易士港，在印度叛亂期間被派往加爾各答，後來在印度被一槍射進嘴裡陣亡。西蒙斯的信著迷於談論郵件的傳遞，以及路易港和世界其他地方之間的通訊航線，他不斷針對聯繫他的最佳方式提供建議，比較郵件走不同路線的寄送時間。一八四八年八月二十一日，他在寫給「最親愛的母親」時提到：

> 不幸的，我在收信方面落後了，我收到的最後一封日期是三月二十三日（你的第十三封），我們有直到六月二十四日的陸路消息，但海路消息最晚只到五月十四日，英國船隻此刻正駛在最長的航道上……我希望很快就會有定期發送的信件來到錫蘭，我們將在不到兩個月的拖延後，定期收到信件，直到重新恢復定期寄送之前，如果您的信確實是經可倫坡發送，您透過陸路發送的信都是白搭。[206]

他定期寫信，其中有些是為了趕上船隻離港時間匆忙寫下的。「埃比」（Ebby）（他在信中的暱稱）和他的母親給他們的每封信都加上編號（誠如摘錄內容清楚顯示的那樣），他等著信件按照號碼順序送達，每當順序亂掉就抱怨，而且這使他因為在婚禮前沒有收到母親的消息而心生焦慮。這一切意味著，這些信可以和開普敦和模里西斯的早期報紙擺在一起，進行有用的比較和對照。雖然信件當然是更個人化的寫作形式，這些年來自該區域的信件和報紙，都在嘗試有規律地標記時間，並且照著對他們所在地的自我意識，在全球化世界裡運作。

事實上，期刊隨著信件被寄送：西蒙斯寄模里西斯的報紙給他的母親。他還承諾要寄模里西斯的版畫，也寄過種子，然後在一八四九年寄給母親「畫在精美紙張上的中國畫小書」當作聖誕禮物。[207]他也計畫寄送婚禮蛋糕。在另一個方向，他母親隨家書一起寄送的東西有一本「聖經和遺囑」。它們是給這對新婚夫婦和卡薩布爾的母親的。「四分之一塊奶酪和四分之一個婚禮蛋糕」也經過了這條航線；後者來自英國一位家族成員的婚禮。[208]儘管這些信件前後只跨越了幾年，但從中也可以明顯看出蒸汽引擎的快速發展。到了一八五二年的時候，西蒙斯因為沒有收到任何信件而擔心他的母親是否身體不適。他希望是因為她錯過了開普敦蒸汽船的啟航日期：「在這段定期通訊的日子裡，沒收到親愛的母親規律的定期來信，著實令人感到驚慌。」[209]

如果說政治新聞在過渡到蒸汽時代之前的一八三〇年代和四〇年代，因遭遇延遲而失去即時性和力量，這也使得這些新聞可以被地方情勢所利用。這點從西蒙斯對一八四八年模里西斯事件的評論，還有事件如何製造出謠言，可以看得很清楚：

> 至於這個小地方的政治，我相信克里奧爾人非常不滿，而且傾向遵循法國前例，但他們無法自拔。他們在這裡散播各種相對於軍隊不滿的驚人報導，娛樂自己……

他為他的母親介紹一八四八年在路易士港成立的「非常荒謬」的社團，他說該社團由甘蔗種植園的「一些破產的英國商人」領導。他拒絕承認這個集會的尊嚴或政治力量，因此疏遠它和歐洲的關聯。這也是他為自己乏味的當地新聞評論道歉的原因，在他眼中，模里西斯之於歐洲發生的事件，是「完全和世界脫離的」。[210]儘管模里西斯島可以擺在歐洲新聞旁邊，它們的地位卻不是對等的。對他而言，一八四八年的政治社團：

以模里西斯協會的名稱舉辦的某種代表大會，最終將得到六十四名代表，獲得投票資格的門檻是捐款兩塊……

即便在他的敘述中被開玩笑和輕視，他還是用革命這個詞來形容這個機構：「儘管部分媒體渴望革命，但這是我們所擁有的最接近革命的提議。」緊接在這句話之後，西蒙斯並沒有開始談論歐洲政治，而是談起對模里西斯更迫切的政治背景：「我們昨天收到來自開普敦的報紙，據傳（總督）史密斯爵士（Sir H. Smith）和（南非白人領袖）（安德列斯）普利托里奧斯（Pretorius）爆發了爭執……」[211]西蒙斯堅稱來自歐洲的消息很糟糕，但除非英法之間爆發戰爭，否則歐洲的新聞不太可能影響模里西斯，但英法交戰的可能性越來越小。

實際上，模里西斯的挑戰是在和歐洲相距甚遠，而且被法屬波旁島和開普敦等其他殖民地包圍的情況下，整合一個有凝聚力的社會。他提到他計畫和卡薩布爾一起訪問波旁島，並指出她有很多親戚住在波旁島：

> 那裡有一座山，大約一萬英尺高，山頂附近有人人稱道的泉水，他們說那裡的水會對她很好，而且天氣也許也更好。她在那裡有很多親戚，都是很好的人，我們可以借住在他們的家……[212]

模里西斯的法國人可以被納入這個英國化的計畫裡；西蒙斯的私人生活證明了這點。借用他的話來說，他們是「可憐的傢伙」，「他們全都是最徹底的反共和分子。」[213]英國化在當時是進一步改造反共和分子的一種工具。

延續這個掃視南方海洋進行比較的風格，一八五〇年，模里西斯創辦了一份名為《商業公報》（*Commercial Gazette*）的新日報。它不僅要監督政府承擔責任，還要密切關注一八四八年騷亂後成立的路易士港市議會。

一八五〇年，《商業公報》試圖延伸自由主義原則，一再主張在模里西斯和開普敦之間建立一條蒸汽船航線。[214]它和費爾貝恩在開普敦的報紙類似。在某個早期刊號中，有關地方之間的比較如何推動了政治，可以說是一目了然：

我們認為有個市政機構就足夠了，而我們的鄰居開普敦則擁有一個完整的代議制度。這兩個殖民地之間有什麼差別？模里西斯是被征服的殖民地——開普敦也是。模里西斯的部分人口有不同的歐洲血統——在開普敦也是如此。關於開普敦的偏好，我們能找到的唯一原因就是，當地居民自一八四一年起一直訴求成立代議制政府……[215]

幾個月後，它再次提出了這個問題，並點出其中一個反對意見：模里西斯有「彼此敵視的種族」。《商業公報》在回應中堅稱，路易士港的階級敵意已經終止，教育消除了偏見和對社會地位的依戀。[216]儘管開普敦和路易士港有市政府獲准成立的比較修辭和共同歷史，很重要的一點是，模里西斯直到十九世紀晚期才得到選舉代表的權利；第一次選舉於一八八六年舉行。[217]

該報不僅借用開普敦的例子支持成立代議制政府。它也強調波旁島在法國國民議會占有席次所代表的政治地位意義。該報轉載了一名波旁島居民格雷斯蘭（P. de Greslan）的信，據說格雷斯蘭在議會做了高尚的奮鬥，而他就算沒有得到波旁島新聞自由的獎勵，至少在修復兩次旋風造成的損害時都有人出手相助，還獲得為該島取得勞工的計畫。報紙總結道：「波旁島因為在議會中有兩名代表，他們每分每秒都在宣傳殖民地的需要，都在捍衛島的利益，都在防止議會制定出對當地情況一無所知的法律，比我們擁有更多的優勢……」[218]該報認為根本不知道這座島的地理位置，或是沒看過這座島的人所做的決定，讓模里西斯吃盡苦頭。[219]

與此同時，《開普敦郵報》使用模里西斯報刊的內容，提醒讀者注意波旁島的事件，波旁島在不同政治派系的撕裂下，最近成立了一個不受政府控制的獨立議會。[220]在模里西斯，波旁島組成議會的消息登上了報紙，就在該島的一八四八年社團成立之前。波旁島的這些情勢發展，是模里西斯致請願書給女王和戈姆總督的歷史背景之一。[221]

總而言之，報刊媒體並不只是單純地報導新聞。模里西斯等地的人也不僅是接受和遵循歐洲的意識形態。印刷作品和私人書信依著殖民地相互之間的關係，對開普敦、模里西斯和波旁島下指導棋。報紙辯論關於這些地方之間的解放、權利和政府治理，而這些辯論又引起了更俱全球性的比較。

南方各地遠距概覽

這種比較風格，和大英帝國內部在自由貿易擴展、從英國運送囚犯的需要，以及節省與擴大海外稅收同時減輕國內稅收負擔的刺激下，於一八四八年爆發的種種抗議和公民不服從是一致的。[222]

一八三〇年代的奴隸制辯論和一八四〇年代和五〇年代的自治辯論之間，存在一條共同的血脈；兩者都被視為與「解放」有關。如果說被奴役的勞動者已經得到解放，那麼現在中產階級、新興的公共菁英和商業菁英，試圖用解放的思想來談論他們請願和集會的權利。這些階層的人為了自己的目的而使用時代語言，而且將不屬於他們的人排除在外。這些地方都和歐洲一樣，呼籲進行憲法改革。在開普敦和路易士港，市政自治都被拿來當作爭取代議政府的基礎，但兩地得到的結果不同。

改革行動被保守主義取代，創造了一種模式，就像革命和帝國反叛亂的模式那樣。的確，這個故事的迂迴曲折，直接映射到法國大革命後的歷史事件上。對於能在社會上取得流動性或屬於菁英階級的人而言，現在的挑戰是拿出他們以英國作風行事和效忠英國的證據，以便獲得權利和地位晉升。

正當模里西斯政治社團成立之際，模里西斯媒體除了報導歐洲動盪的消息，還出現了持續研究印度洋另一端反抗活動的專欄。一八四八年，英屬錫蘭（斯里蘭卡）爆發叛亂，舊王國內陸腹地的政府建築遭到攻擊，都市騷亂也在港市可倫坡上演。可倫坡舉辦了一個簽署請願書的集會，向總督表達對新稅制的反對，結果集會失控演變成一次暴力衝突。

托靈頓總督（Governor Torrington）無情鎮壓叛亂，但斯里蘭卡和模里西斯的情況有許多驚人的相似之處，儘管後者在一八四八年沒有發生暴力事件。爭議點又是稅收問題，錫蘭引進的一系列新稅目包括印花稅到馬車執照費。對勞動條件的關注引發了這次反抗：一項道路法令規定男子每年必須貢獻六天的道路工作，這很類似當初英國本土政府派來的改革委員會所廢除的強制勞役（*rajakariya*）。該委員會在訪問開普敦和模里西斯後抵達斯里蘭卡，並提出了改革奴隸制的建議措施。換句話說，一八四八年，人們認為在三〇年代被正式廢止（儘管實際上還是存在）的奴隸制，再度被引進。借用刊登在錫蘭《觀察家》（*Observer*）的一份投書的話：「我想（斯里蘭卡的）僧伽羅人會證明他們不是一支奴隸民族。」[223]

連同來自歐洲的消息，在這場騷動之前，斯里蘭卡新聞報刊正在討論建立村級自治區，和賦予立法會「選舉權」的可能性。各方人馬都簽署了請願書和備忘錄。報紙是叛亂的核心：愛爾蘭醫生兼《觀察家》編輯查爾斯・艾略特醫生（Dr Charles Elliot）被指控是叛亂的始作俑者。在《錫蘭時代》（*Times of Ceylon*）中，艾略特被稱為「大叛徒」，「播下培育出這場巨大叛亂的種子的人」。上述反對在僧伽羅人身上加諸新奴隸制的投書，在一八四八年七月三日以筆名「一個英國人」發表在《觀察家》上。它被翻譯成僧伽羅語，然後做成宣傳冊子四處發送。從路易士港的角度來看，斯里蘭卡和模里西斯之間的相似之處相當有趣，這兩個島嶼在一八四八年被認為具有相似的經濟和社會，而且面對著極為類似的挑戰。[224]譬如對《塞爾尼恩》來說：「錫蘭人並不比我們更幸福；農村負債累累，而且賣給（咖啡種植者）時總是被低價出售。」[225]《模里西斯人》不斷更新錫蘭的事態發展，包括以下關於艾略特的描述：

> 在可倫坡，大批科塔（Cotta）當地人已經集結（從五個人增加到七千人），駐軍全副武裝駐守在城門口。鎮上有一處的警察出手干預，打破六到八名窮人的頭。艾略特醫生（《觀察家》的主要編輯）扮演積極的角色，用盡他的影響力平息民眾的怒火，同時呼籲人在現場的總督命令軍隊和警察撤離，他說民眾集會只是為了簽署請願書，簽完就會解散……[226]

然而，錫蘭和模里西斯之間的相似性，不僅是由於全球經濟或關於權利的討論。模里西斯當地的報紙利用這個相似性，把他們自己的政治描繪成受到斯里蘭卡事件影響而來的辯論，而這又是一組跨越南方水域的比較概覽。《模里西斯時報》取笑《塞爾尼恩》和《模里西斯人》希望把斯里蘭卡報紙《觀察家》和《審視報》（*Examiner*）變成「頭號寵兒」，然後把親政府報《錫蘭時報》（*Ceylon Times*）呈現為《模里西斯時報》的翻版。然而，《模里西斯時報》在辛辣的評論中回應說：「不幸的是，艾略特醫生（《觀察家》的編輯）不打算和他在模里西斯的崇拜者稱兄道弟。」《模里西斯時報》報導說，艾略特的觀點是，在斯里蘭卡，和《塞爾尼恩》和《模里西斯人》立場類似的報紙，不是他編輯的報紙，而是《錫蘭時報》。

換句話說，當消息在模里西斯和斯里蘭卡之間移轉的時候，全球南方各地和不同的政治立場都試圖建立聯盟。報紙的報導大同小異，彼此結盟，爭論著一八四八年對被許多視為鄰居的領土的影響。然而，儘管有人嘗試把模里西斯舊菁英的保守政治，和斯里蘭卡愛爾蘭報紙編輯的開明政治擺在一起，在這些記者之間，還有他們所助長的政治事件（即一八四八年錫蘭叛亂，和模里西斯政治社團的組成）之間，預設共同的理由，當然是很不精確的比較政治。《模里西斯時報》援引艾略特醫生的話，他批評和《塞爾尼恩》與《模里西斯人》屬於同一陣營的模里西斯種植園菁英所倡導的種族至上主義。艾略特不相信「荷蘭人和法國克里奧爾人的自由訴求」。《模里西斯時報》聲稱模里西斯菁英想要自由，是為了「消滅」黑人，或「以奴隸制削弱他們」。[227]

然而，在開普殖民地，儘管有自由主義的勢力，而且南非和斯里蘭卡都有荷蘭殖民傳統，關於斯里蘭卡叛亂的報導卻沒太多聲量。開普敦作家觀察斯里蘭卡事件時，將種族視為一項分化因子。《南非工商廣告》說：

從印度報紙的報導看來，錫蘭最暴戾的叛亂已被總督托靈頓大人迅速鎮壓，並從嚴懲治。有些黨派作家（艾略特醫生）被指控猛烈抨擊英國政府，導致僧伽羅人群情激憤地發動這場不幸的運動。而忠誠的居民對這個事件控訴，對他們來說是非常光彩的，下面提供的演講之類的報導，此刻在這裡讀來將別有感觸。[228]

在其他地方，錫蘭的反叛者是遙遠的他者：「野蠻惡毒」的叛亂分子。[229]他們過分的暴力行為，從他們「折磨一個不幸落入他們手中的種植園主」就可以看到。這個評論緊跟在一段沒被多加評論的事實之後，報導提到有許多反抗者在島嶼內陸的馬塔萊（Matale）被英國政府殺害。[230]《開普敦郵報》（*Cape Town Mail*）還想要恢復艾略特醫生的自由主義者聲譽，指出有人試圖把責任推諉於他。「對他不利的影射在說法上完全站不住腳，就好像威廉．彼特（William Pitt）時代的國家編年史在描述當時的改革集會……」它還使用非開普敦的報紙摘錄內容，證明錫蘭總督托靈頓在處理叛亂方面超越了他的職權。就好像錫蘭叛亂被詮釋來適應模里西斯的當地情勢，在開普敦，詮釋也受到對英國作風、忠誠、自由主義和反獨裁政府的關注的影響，這些都是這些年在開普敦持續發揮影響力的承諾。

結論

在將民族之春描述為一八四八年席捲歐陸的政治浪潮的歐洲敘事之中，一八四八年的斯里蘭卡叛亂經常被忽略。這個事件非常適合用來做章節回顧，回顧本章對一八三〇年代和四〇年代越發英國化與現代化的印度洋各地的論點。廢奴不是一個一八三〇年代就停止的計畫，它為自治的訴求提供養分，而且「解放」的語言被大規模地應用在殖民地身上。廢奴被接受的事實，現在被用來反對殖民國的干預主義，譬如殖民國對殖民地引進罪犯，或殖民國透過印度洋沿岸種植園政策對殖民地造成經濟影響。

如果在一八三〇年代，廢奴主義在西南印度洋遭遇重重困難，那麼一八四〇年代新興公共領域的出現和蒸汽航運的希望，再次引發了一種比較的政治操作，透過這種政治操作，全球南方的鄰近殖民現場被用來推進地方事務的發展。遙遠的歐洲肯定被掛在心頭，不過有類似歷史發展、社會結構和經濟條件的鄰近殖民地也是考察對象，而且或許更常被拿來參考。然而，消息會隨當地因素而被略作改變——譬如斯里蘭卡叛亂或法國波旁島政治角力的消息，傳到開普敦和模里西斯之後就出現了些微變化。新聞在傳播的途中變得遲鈍，失去了即時性，我們不該把西南印度洋周邊發生的事件，單純地理解為一八四八年歐洲起義的結果。

在這個故事中，我們也看到一種源自城市和制度並以種族、性別和英國作風為議題的新興政治。為了維護自治的權利和可能性，人們越來越有必要採納英國子民的概念，這無疑需要將他人排除在外。有些反常的時刻是例外——譬如一八四八年模里西斯記者在出版刊物上表示渴望法國統治。模里西斯的有色人種記者奧利耶可以公開發表他的英國作風宣言，那些在開普敦發動反罪犯運動的人亦然。這種英國作風逐漸和自由的中產階級價值觀相通，並且和帶有特定種族與性別想法的道德觀念產生連結，然後和英國想要取代的法國和荷蘭蓄奴文化站在對立面。即使它想要取代先前殖民者留下的東西，這個英國作風也使開普敦和路易士港得以吸收荷蘭和法國的遺產，西蒙斯和他的法國「克里奧爾」妻子之間的關係就是例證，這名女子來自模里西斯一八三〇年代初期反傑雷米的其中一個家族。英國作風的崛起並沒有抹去荷蘭和法國的遺產，而是吸收了這些遺產，然後將它們視為在迅速發展的路易士港和開普敦萌生的階級、種族與地位的一種新政治，再從旁繞過。

這個故事是關於我們眼中等同於現代都市世界的許多事物的誕生——私營報紙和公民文化，然而，不幸的事實是，這些元素出現的時間，和大英帝國從眾多競爭對手中脫穎而出的時間重疊。革命歲月的遺產還在這裡，因此我們看到革命的記憶和象徵意義在一八四八年及其公共集會和社團上被挪用，但革命的記憶在路易士港的街道被徹底抹去，而英國作風作為一種文化和社會實踐，則是一種反共和主義的工具。這最終是十九世紀中葉的悲劇，和大英帝國密不可分的現代性反叛亂，壓制了革命時代的許多潛力。

然而，英國的反叛亂並不是全然成功的事件，也沒有以線性的方式進展。印度洋人民仍然為了他們自己的目的，有創意地操弄著帝國留下的空間和隙縫。不同殖民地朝代議統治的邁進，依循著類似的模式。以開普敦為例，在選舉權以有限的方式引進之前，殖民地進行了立法會的改革，並且成立自治的市政當局。然而，這個順序在不同地點有不同的進展節奏。儘管路易士港成立了一個自治當局，但它比開普敦晚了十年，雖然路易士港試圖借用鄰居的例子推動代議政府，但這個做法沒有奏效，模里西斯的代議政府被耽擱了好一段時間。建立替代政府是對傑雷米事件的其中一種詮釋，大概直到開普敦在一八四〇年代後期出現反罪犯騷亂之前，在那裡沒有可以對應的事件。在平行但分離的路徑之外，上述這些差異是在印度洋各地創造政治壓力，然後引發抗議的機會。因為新聞需要時間傳播，而使得甲地影響乙地這樣直截了當的故事變得不可能，此外，「不同的地方會走上不一樣的路」的事實，也給那些在競賽中失敗的人造成了困難。在開普敦，斯里蘭卡可能是一個帶有種族標籤的他者，模里西斯則是試圖透過斯里蘭卡的叛亂來繪製地方政治。地理和時間的模式如同南方各地的浪潮，複雜難懂，但現代性就在這些波瀾中進到大英帝國中間。

結語

十九世紀中，談論大英帝國的歷史寫作蔚然成風。[1] 革命時代和英法及英荷在全球的角力成為追憶；憲章運動（Chartism）失敗，一八四八年革命在歐陸沒有獲得廣大成功。在這個關頭，也是本書要劃下句點的時刻，人們不免會假設大英帝國將千秋萬世。

回顧英國據稱沒發生過革命、務實又有秩序的過去，也確實使大英帝國應當會千秋萬世的觀點顯得可信，帝國的長壽被描繪為朝著進步、改革和自由永無盡頭的前進，在這之前幾十年的不確定性、曲折、革命與反革命的對峙，大多被遺忘了，如果說它們在這些歷史裡得到一席之地，那也是扮演英國必然崛起過程中的插曲。專注於以倫敦為中心的殖民關係網的敘事者，忘卻了印度洋和太平洋諸多小片海域各有特色的多重歷史。這些書都像是作者坐在雲端往下鳥瞰地球寫出的概述；它們不是從海洋或陸地往上爬梳的作品。

十九世紀中葉談論大英帝國作品的出版熱潮，涵括許多彼此重疊但各不相同的文體題材，諸如全球擴張、經驗主義、統計、虛構、傳記、製圖、東方學、百科全書和道德說教等等。在這波出版潮之中，有一些過去不曾出版的英文作品，談論那些後來在世界這部分誕生的國家。這些作品的作者不外乎是殖民旅行者，或住在印度洋和太平洋的官員和居民，他們提供的資訊兼容並蓄：舉凡個人軼事到自然歷史觀察都在他們感興趣的範圍內。有時候，他們會提出「改善」正在談論的殖民地的計畫方案。《南方浪潮》講述了這股出版浪潮之前和背後的故事。它挑戰這些十九世紀中葉作品裡的遺忘，使人們得以看到帝國在印度洋和太平洋的革命時代的崛起。這段故事的核心裡藏著一個出人意料的聰明策略：本地能動性的激增，被緊隨其後的一個帝國把這些本地人的目標和能動性，向內收折到它不斷擴大的結構中，然後在從結構內超越它們：反革命緊跟革命。倘若事實如此，同樣的策略從歷史寫作本身也看得到。

十九世紀中葉的殖民史學家可以使用本地人的口述資料和家譜記載，或是和君主和酋長世系相關的宇宙論。然而，本地人對過去的記載卻成為英文歷史出版品的增補資訊，它們被放到歷史之外的各種學科裡，像是人種學、東方研究或語文學；有時候，殖民與歐洲中心的歷史書寫會和本地遺跡（包括人體遺骸）的搜集與研究有連結。這些十九世紀中葉的歷史作品引進了一套有性別和種族意識的秩序。寫作本書所涉及的大量論文，和資訊與科學知識在革命時代一樣迅速擴張。

阿爾斯特新教徒*羅伯特・蒙哥馬利・馬丁（Robert Montgomery Martin，一八〇一？至六八

＊譯註：Ulster Protestants，指愛爾蘭的一個宗教民族群體，主要是十七世紀早期從蘇格蘭低地和北英格蘭地區來到阿爾斯特的新教徒後裔。

年）是十九世紀中葉大英帝國相關作品出版潮的典型人物之一。他具名的出版作品可能有兩百六十七本，這是個令人瞠目結舌的數字，《南方浪潮》書中介紹的許多地方都有他的足跡。在錫蘭和開普敦從事醫生工作後，他在一八二〇至二四年以博物學家和外科醫生的身分參加了一趟考察遠征，從非洲沿岸往北，來到蒙巴薩（Mombasa），然後經由模里西斯回到開普敦。[2]他在一八二六年繼續前進新南威爾斯，然後又到加爾各答做編輯和外科醫生，接觸到了印度的開明改革者，像是德瓦卡納特·泰戈爾（Dwarkanath Tagore，按：詩人泰戈爾的祖父）和羅摩摩罕·洛伊（Rammohan Roy）。他航行到英國，開啟了他的寫作生涯，撰寫關於大英帝國的文章，他也曾在一八四〇年代中期，擔任剛被納入帝國的香港殖民地司庫，不過任期短暫，宛如一場災難。

一八三四至三五年，馬丁出版《英國殖民地史》（*History of the British Colonies*）；一八三九年，《大英帝國殖民地統計資料》出版。他有權限查閱存放在唐寧街某間辦公室裡的「藍皮書」，「藍皮書」是各個殖民地寄回母國的統計數據和資訊彙編，這些書是一八三〇年代和四〇年代倫敦與遙遠前哨站之間關係密切的顯著跡象。[3]馬丁還能查閱東印度公司的商業報告。他的書得到了正面評價，儘管它們的內容草率而且有錯誤的地方。書賣得很好，而且還再版了。[4]《大英帝國殖民地統計資料》（*Statistics of the Colonies of the British Empire*）據說收錄了「**三百萬**筆數據」，人們認為數據列表能為自己說話。[5]

《大英帝國殖民地統計資料》第一張大摺頁的標題道盡了一切，它根據「獲得日期」列出帝國領地，並且說明這些領地是屬於「割讓、征服還是占領殖民」。緊跟在後的是地理分類：這些領地屬於「島嶼、半島還是大陸」？接下來是「緯度」和「經度」，然後是以英里為單位的長度和寬度，以及「海岸延伸幾英里」。人口分為「白人」或「有色人種」，然後是宗教差異、軍事實力、財政、金錢，以及「海洋貿易」和「航運（噸）」。列表還收錄「一八一四年至三七年在殖民地建造的船隻」，和「主要城市或城鎮」的資訊，包括其地點和是否位於沿海。

透過這張表，《南方浪潮》描繪的許多歷史都被簡化為數據和一張紙。關於海洋的興趣在對海洋貿易的關注中仍然很明顯，然而，「大陸」的擔憂也開始進到帝國的腦海。馬丁將《英國殖民地史》獻給國王，稱之為帝國的「第一部殖民史」，源自「我們跨海領地」各處的活躍，他寫下在大英帝國通俗記憶中歷久不衰的描述：「最後，陛下，在這個奇妙的帝國上，太陽永不落下。」他在其他文章中，對大英帝國的全球擴張及其永恆命運提出了更進一步的結論：

> 在我們的帝國，黑夜的帷幕從來不完整，因為儘管上蒼的明燈照亮阿爾比恩（Albion）*的天空只有片刻，它其實是繼續照亮和流連在我國社會令人嘆為觀止的其他角落；願此天文現象成為我國歷史一貫的現象——願不列顛榮耀之光永遠不會在地球殞落之前落下……[6]

* 譯註：指不列顛或英格蘭的文學術語，常用於提到古代或歷史時期時。

他在第一卷的亞洲領地中，收錄了建立經開普敦往返英格蘭和印度之間的蒸汽船運包裹計畫。換句話說，該項目旨在「殲滅空間」和「聯繫與鞏固我們的海洋帝國」。[7]事實上，人在模里西斯時的西蒙斯，肯定會希望能透過這條運輸線和母親通信。這篇得意洋洋的散文將大英帝國描述成單一實體，幾乎像顆星體般地前進。

馬丁忠於追求將帝國統一在一個聯邦政府之下，和先前遇到的開普敦抗議者的追求一致。馬丁的目標是在自由貿易體系下，促進對所有英國領土的開發和改善，傳播英國教育、基督教和自由的目標。他這想法並非獨一無二，這也是他大抵被史學家遺忘的原因之一。真正引人注目的是，他在說明和傳達這個意圖時的熱情和風格。

馬丁有一部十卷本的作品，也包括了本書已經談論的一些地區的歷史。這些作品就像他的《英國殖民地史》的流行伴奏：

澳大拉西亞史：包括新南威爾斯、范迪門斯地、天鵝河、南澳等。（一八三六）。

印度洋和大西洋英國領地史：包括錫蘭、檳城、麻六甲、新加坡、福克蘭群島、聖赫勒拿島、阿森松島（Ascension）、獅子山（Sierra Leone）、甘比亞、海岸角城堡（Cape Coast Castle）等。（一八三七）。

非洲南部史：包括好望角、模里西斯、賽席爾等。（一八三六）。

這些書創造了一個扁平的寰宇帝國歷史敘事世界，以及用天朝君主姿態紙上空談的可能性，譬如建議改革和分析利弊，以及根據手頭上的資訊對某個遠方國度大發議論。誠如一名史學家所說的，現在可以相信世上有個大英帝國；[8]也可以再追加一句，現在可以相信世上有個殖民地叫模里西斯。馬丁的概述使印度顯得像是這個帝國的中心，他的個人旅行和隨之而來的相應重點，也將印度洋和太平洋帶進全球帝國視野的核心。馬丁是在世界地圖上以粉紅色標示英國領土的第一批人，可以為這點作證，他的地圖由詹姆斯．威爾德（James Wyld）繪製，收錄在馬丁的《大英帝國殖民地統計數據》。地圖的中央是印度洋和太平洋，北美出現在右上角遠端。

馬丁不僅讓他的讀者能夠想像大英帝國。他的歷史寫作將本地人排擠到敘事之外，並仰賴種族主義的人體遺骸收藏。這可是一位活躍於原住民保護學會的人道主義者。原住民保護學會在一八三七年成立，部分源於承繼英國的反奴傳統。馬丁對原住民族和本地人感興趣，背後動機是想要獲得為這些人做事情的滿足感，在這方面，馬丁的《澳大拉西亞史：包括新南威爾斯、范迪門斯地、天鵝河、南澳等》值得注意。本書借鑑了他在新南威爾斯擔任外科醫生的親身經驗，費力讀完〈新荷蘭（澳洲）的發現〉的讀者，會認識了一長串的偉大白人探險家、新南威爾斯流放地的建立，以及一整頁依年代順序羅列還帶有點旋律感的種種「第一」，呈現殖民計畫的進展和「欣欣向榮」：

一七八九年，殖民地建立一年後，第一次收成（在帕拉馬塔）；一七九〇年，第一位移民（一名罪犯）收下分配給他的土地；一七九一年，第一座磚砌建築竣工；一七九三年，政府第一次收購殖民地穀糧（一千二百蒲式耳）；一七九四年，第一座教堂落成；一七九六年，第一次戲劇公演；一八〇〇年，第一枚銅幣流通；一八〇三年，第一份報紙印刷發行；一八〇四年，威廉堡竣工；一八〇五年，第一艘船完工；一八一〇年，第一次人口普查、免費學校、收費城門、警察、街道命名、雪梨市場、賽馬和球賽；一八一三年，第一次展銷會；一八一五年，第一臺蒸汽機（諸如此類等等）[9]

接下來是對各個鎮、郡、山脈、河流、礦產的描述，以及對地質和自然歷史的討論，然後才有一章是講「人口」，分成「白人」和「有色人種」，以及他們的「人數和狀況」。馬丁還提到他為「骨學測量」取得了澳洲原住民男性和女性的遺體各一具。[10]

其中一具遺體是「黑人湯米」，一八二七年因謀殺罪名成立在雪梨被絞死。馬丁參加了審判，認為這位澳洲原住民是無辜的，因為檢方的證據都是不具說服力的間接證據。這名男子在見到騎警出現時，從一名牧羊人被謀殺的犯罪現場逃跑，他先前也「跟一群當地人」去過被害牧羊人的小屋，「和歐洲人換物交易」。光是這樣，就足以讓澳洲原住民被處死。馬丁將被告人性化，形容被告在被告席上純真地微笑，但他心安理得地申請取用遺體：「我向治安官提出申請，得到了他的遺體，解剖它，從中取出骨架，然後帶著去印度。」馬丁獲得的女性澳洲原住民遺體是像可拉這樣的本地婦女；她「對雪梨瞭若指掌」。馬丁毫無顧忌地開挖她的墳墓：「我用敞篷車把老婦人帶回家了，現在她的骨架也在印度。」[11]

馬丁對澳洲原住民人體解剖、武器和疑似食人習俗的描述，充斥著滿滿的種族主義。性別也扮演重要角色。馬丁對澳洲原住民女性的觀察，提到了她的頭骨（被他擺在加爾各答的亞洲協會〔Asiatic Society of Calcutta〕）被棍棒重擊的故事。他解釋說，這是澳洲原住民的性習俗所造成的。[12]「文明人」和他們相反的人之間的區別，也被認為和這些原住民族據說普遍行「一夫多妻制」有關：「婦女受到最不人道的待遇，妻子是以偷竊的方式從鄰近部落獲得的……」[13]

馬丁認為，如果倡導「高貴野蠻人」未受文明腐化的盧梭親自拜訪新南威爾斯的原住民族，他對於「應該選擇野蠻生活還是文明生活」不會有一點遲疑。[14]這是馬丁「澳大拉西亞」（Austral-Asia）歷史中的一個短暫插曲，該書在關於殖民地和可開發自然資源的大量細節之中，介紹澳洲原住民；它的預設前提是這些原住民正瀕臨滅絕，而且需要被拯救：

> 儘管有這些不利的跡象，我認為我們應該堅持不懈地努力拯救未開化和未受教育的野蠻人免於滅亡；個人利益、人性、基督教都呼籲我們這樣做；我們占據了他們的獵場和漁場；袋鼠和鴯鶓因為犁和鐮刀而消失了。[15]

馬丁在對新南威爾斯的描述最後，預測它日後將在帝國「最重要的末梢」成為重要殖民前哨。[16]當原住民族放棄他們的土地，他們被諸如史學家馬丁之類的人，變成了研究和收藏的對象。他們也同時被排除在馬丁這樣的人所寫的歷史作品的結構和組織之外。

馬丁《澳大拉西亞史》的下個章節是范迪門斯地。再一次，塔斯馬尼亞原住民直到他介紹了這座島的發現故事、島嶼的實際地理景觀，及其諸多據點和警區，島嶼的地質、土壤和氣候、植被和動物，還有鳥類和魚類，才進入這段歷史。即便如此，塔斯馬尼亞原住民也只分配到短短兩頁多的篇幅：

> 原住民總數大概不超過三百人；幾年後，這些人也將完全消失（部分原因是男性人口比女性少很多）。[17]

上述評論出現的這章，其餘內容都在介紹罪犯和自由人口。在《英國殖民地史》中，馬丁在對范迪門斯地的序言提到：「不能指望這個殖民地呈現許多會令史學家感興趣的特徵……」[18]馬丁對殖民的無限樂觀，以及他對帝國的擁護，吸收了他對澳洲原住民和塔斯馬尼亞原住民的興趣。他自信地在充斥統計數據且包山包海的歷史中忽略他們。

他的「澳大拉西亞」歷史的書寫結構，和這系列其他書籍的結構相似。他對模里西斯一開頭也是介紹模里西斯的發現和殖民、共和騷動及其英國占領。其次是它的「實際外觀方面」還有地質和氣候。這裡特別有趣的是，在提到有醫院檢查員報導模里西斯「社會氛圍的暴戾騷動」後，馬丁突然岔題描述月相盈虧及其對天氣的影響。[19]

馬丁介紹模里西斯人口時，提到島上帶有法國血統的人口以及「克里奧爾人」，還花時間說明法國女人的「美」。然後他繼續描述「兩個種族」的「奴隸」：來自莫三比克和非洲東海岸，以及來自馬達加斯加。他呈現這些被奴役的人處於絕望境地，他們搶奪船隻，從模里西斯和其他地方試圖逃往馬達加斯加或非洲。他親眼見證被奴役者的處境，提起他的船曾經「救了一艘載浮載沉的獨木舟」，裡面有「五個逃跑的奴隸，一個垂死在獨木舟底部，另外四個幾乎氣力用盡」，這些人是從賽席爾逃出來的。[20]

下一頁談論他的另一個興趣，也就是解剖學、人口統計和原住民之死，我們將看到一名馬拉加西奴隸因縱火在模里西斯被處死的血腥描述。馬丁敘述這名奴隸抬著自己的棺材走了一英里的故事。臨終前，他吐出基督教祈禱文，在馬丁的描述中，這名馬拉加西奴隸是因為太過絕望才會犯下縱火罪。馬丁認為這名奴隸現在希望被斬首。[21]

馬丁的觀察評論和無所不包的統計彙整與敘事，顯示大英帝國歷史的第一要素是暴力。這是一種科學地繪製過去並預測帝國未來的努力。從馬丁的時代前進到我們自己所處的當下，儘管最近英國史及其在世上地位的歷史書寫有了新的路線，但仍有太多關於大英帝國的書籍將其故事普遍化，或是把大英帝國視為單一實體。[22]這萬馬奔騰的歷史書寫，部分源自革命時代結束後的十九世紀中葉出版潮。

《南方浪潮》故意不從倫敦的神經中樞講述大英帝國的歷史，也無意對大英帝國做無所不包的全面介紹。[23]本書的宗旨不是討論大英帝國透過策略崛起的歷史，也不是講述大英帝國的「興衰」，這些是考察帝國路徑常見的敘事弧線。實際上，本書是在實際的海洋環境中，檢視湧動但不曾結束的帝國史，與其說是一個歷史事件，不如說是一段從未徹底結束的回應和反應的過程。把帝國放在革命時代裡的目的，是證明大英帝國在印度洋和太平洋地區的崛起並非某個定局，儘管像馬丁這樣回顧帝國蓬勃發展的作家很多。

我們必須應付原住民族被以暴力從現代歷史寫作中撤離的問題。《南方浪潮》追蹤了本地能動性的湧動，這個介入模式包括政治、組織形式、宗教、戰爭、抗議、知識和物品。在上述這些領域和其他領域，從原住民族重新定位自己的傳統、信仰和承諾來看，他們也從入侵者那裡得到了東西。本書從頭到尾都把原住民族包含在內，尤其是考慮到全球化在這時期的急遽發展，許多人四處移動，勞工、移民、叛亂者和帝國的助手都過著輾轉遷徙的生活。海洋本身一直是本書的焦點。在海洋流動的媒介上，本地人和殖民者的經驗是機動多變的。

從南方海洋及其島民和沿海居民的觀點，重新填充革命時代這個關鍵的歷史分期標籤，目的是為騰出空間，容納一個截然不同的關於我們這個時代起源的觀點。根據這個觀點，帝國不是傳播權利、民主或政治組織形式的力量；這些概念也並非歐陸心臟地帶或大西洋世界的獨家產物。事實上，在十八世紀末和十九世紀初的時候，那些經常被邊緣化並放逐到歷史記憶邊緣的歷史現場，展現了經久不衰的創造力。

英國人摧毀了這個充滿革命的時代：一個看得到本地主張的時代，並且收編了自由、自由貿易、理性、進步的概念，還有出版言論表達乃至自我投射。帝國的反叛亂，緊跟著百姓的能動性和反抗，[24]英國在打擊反對勢力以及繞過被殖民者的能動性時，其權力、暴力和巧妙操縱一直是本書關切的重點。英國人在運用種族、性別和分類的概念之際，將南方的海洋和陸地放在一個新繪製的地球上。書中對戰爭、商業和政府的解說都是從水域出發，而且和文化有關，處理這些敘事時，我從被殖民者和敵對的歐洲殖民者的角度切入，並且注重聯繫、分歧和掃視全球南方各地。

本書不把大英帝國的故事和它競爭對手的故事分開，也不區隔它和帝國臣民或帝國擴張領土的觀點。相反的，其他民族、環境和物品的歷史抵抗、打斷乃至重塑帝國，闖進這個故事中。正因上述種種，這個論點把被馬丁描述成單一實體的大英帝國歷史擊碎，變成在南方波濤中上演的一連串故事，同時從未低估帝國的入侵力量。[25]在這幾十年的時間裡，這些相互糾纏的故事，緩慢而不確定地被分離、種族隔離、人口減少、協議和殖民技術進步取代。但還是必須強調一點，這樣的取代並非毫無懸念或徹底劃下句點。

即使在十九世紀中葉，原住民族還是有在海上各地通行的空間，事實上，隨著靠近海洋的城市和公共領域擴張，以及預期的政治目標轉變（例如在廢除奴隸制之後），帝國的反叛亂也得到來自被殖民者的回應。正當關於帝國的歷史寫作蓬勃發展時，殖民地的公共領域也變得生氣勃勃。

* * *

馬丁的著作讓我們看到構成歷史的資訊類型非常多樣化。這點和英語的歷史寫作因為十九世紀英國和英國殖民地交流越發頻繁而來自許多地方是彼此連貫的。

包括歷史在內的殖民時期寫作是以多重對象為目標讀者，譬如從兒童到潛在殖民地定居者，從住在英國的人到住在殖民地的人。在英國，民眾對世界的知識越來越寬闊，因為各式各樣的旅遊書籍、大都會展覽和傳教工作的擴張，使遠方領土躍然紙上，進入了英國人的家庭。然而，帝國本土對帝國興趣的廣度和深度，確實是值得激烈爭論的問題。[26]無論如何，「藍皮書」之類的出版品，正在重組中心和外圍的關係，諸如此類的作品以過去幾十年被視為私人網絡、奢侈、腐敗和假公濟私的種種，來突顯對效率和事實的強調。[27]

十九世紀中葉的帝國歷史寫作也因為英國重要性顯現，而開始和另一種文體重疊：以殖民主義為靈感的小說。到了十九世紀末的時候，坊間出現大量的大英帝國虛構作品，其中有些是專門為年輕讀者所寫的。然而，這個文體的早期原料在馬丁的時代就已經存在了。印度洋和太平洋，以及我們在這趟旅行曾經穿越的一些地點至關重要，當這些島嶼和海岸被馬丁這樣的作者轉換成數字、表格和事實，它們也成為故事、傳奇文學和政治宣傳的完美主題，這些是想像原住民族和本土居民的相關技巧。

舉馬里亞特（一七九二至一八四八年）為例吧，已經在第一次英緬戰爭描述中，還有關於拿破崙畫像的段落登場過的馬里亞特，寫了一系列將海軍生涯浪漫化和神聖化的小說。他把優秀的海軍描述成中世紀的遊俠騎士，這些人被認為是比腐敗貴族或議員更好的英國民族代表，很符合十九世紀第二和第三個十年的改革氛圍。他把人們口中殖民百姓墮落的道德，拿來襯托海軍的騎士精神。英法之間的衝突為這種騎士精神貫注活力。這部大眾小說的內容介於事實和虛構之間，像是馬里亞特就以自己為書中一個角色的原型。[28]

馬里亞特也為年輕讀者寫了《智多星雷迪》（*Masterman Ready; or the Wreck of the Pacific*，一八四一至四二年）。這本書是為了糾正瑞士人約翰．維斯（Jan Wyss）《海角一樂園》（*The Swiss Family Robinson*，一八一二年）在馬里亞特眼中的錯誤，該書講述遭遇船難的澳洲農民西葛雷夫（Seagrave）一家的故事。西葛雷夫家和他們的工人階級水手雷迪和重獲自由的女奴朱諾被困在一個島上。故事裡有許多關於自然歷史的知識，利用小說的形式讓讀者更容易理解這些知識，是引人注意的特色。作者在講故事的同時，也帶入大英帝國擴張的歷史，以及毫不動搖的帶有種族成見和性別區分的看法。馬丁的作品中慣用的一種說法，一度出現在西葛雷夫家長子（威廉）和父親（西葛雷夫先生）之間，在一段關於帝國和民族歷史的對話中：

……有人說，太陽永遠不會在英國領地上落下，這也的確是事實；因為，當世界繞著太陽轉時，陽光一定會照耀在這個被我們殖民的地球上。[29]

另有一次，威廉問：「這些海域的島民是怎樣的人？」西葛雷夫先生回答：

他們還分很多種。紐西蘭人的文明最先進，即便如此，據說他們還是會吃同類的食人族。范迪門斯地和澳洲的土著中有些是非常墮落的族類——事實上，他們比野外的禽獸好不了多少；我相信他們是所有人類中最低等的。[30]

原住民族被互相比較，放在文明天秤上秤斤論兩，而且還拿來和人類這個類別相比。對話在雷迪講述他與安達曼島民的遭遇時，又轉了一個彎。他是這樣說的：「我見過他們一次；我起初還以為他們是動物，不是人類。」[31]後來，雷迪說明他透過望遠鏡觀察安達曼島民，還說他曾在加爾各答和一名「抓到兩個島民」的士兵交談過。他討論安達曼島民是否有手臂，以及比起「新荷蘭人」，安達曼島民是否在「天秤上的位子更低」。威廉的下一個問題是：「爸爸，住在這些島嶼上的人是從打哪來的？」在這之後的一連串其他問題，完全符合大英帝國反革命的核心知識：「什麼是颱風，雷迪？」「什麼是季風，雷迪？」「什麼又是信風呢……？」還有「是太陽造成這些風的嗎？」[32]

島民只現身在這個故事的邊緣，他們是「野蠻人」，用喊叫而不是語言和彼此溝通。故事中最先出現的兩個島民是原住民女子，她們在馬里亞特的故事中登場時，筋疲力盡，沒有食物和水，需要這個受困島嶼的英國家庭的幫助。那些跟隨她們腳步的人，被說成為「像蜜蜂一樣蜂擁而至」。[33]馬里亞特想像了一大群攻擊者，只想大肆掠奪，但卻因為一艘歐洲船到來而鳥獸散，這家人於是被從他們發生船難的島嶼救走；盡忠職守的水手雷迪則英勇犧牲。曾是奴隸的朱諾敬畏上帝，因為失去雙親深感哀痛，但她在照顧西葛雷夫家的孩子時總是很勇敢。她對於重獲自由心懷感激。這個特色很符合英國人心目中的模範前奴隸形象。

馬里亞特的小說，可以和哈麗特・馬蒂諾（Harriet Martineau）更嚴謹講究的小說擺在一起看。同樣是書寫大英帝國的全球擴張，馬蒂諾的作品以我們拜訪過的一些印度洋和太平洋基地為故事背景，在系列故事《政治經濟學插圖》（*Illustration of Political Economy*，一八三二至三四年）裡頭，塔斯馬尼亞、斯里蘭卡和南非各有一部小說，這個系列給她帶來了公眾讚譽。但必須先說個重點，那就是，她沒有去過這些地方。她使用小說的形式，證明她的觀眾不期望女性直接談論政治或哲學，儘管她還是有這麼做。對「一位論者」（Unitarian，按：基督教中不信奉三位一體論者）馬蒂諾來說，大英帝國的崛起是一個歷史轉捩點、一個將持續下去的理性發展階段。她的寫作也有數據和事實的堆疊，靠的是「藍皮書」和有殖民地經驗的人提供的資訊。[34]

馬蒂諾的作品展現的是一種有意識的嘗試，試著處理亞當斯密、馬爾薩斯（Thomas Malthus）或李嘉圖（David Ricardo）的思想。寫作的野心有時顯而易見，因為馬蒂諾給非歐洲人的能動性勝過馬里亞特。她表現出願意接觸另類生活方式的傾向，尤其是那些她認為本地居民還比較「文明」的地方。最近有人指出：「馬蒂諾所想像的奴隸，比廢奴主義文學中所呈現的更完整有深度。」[35]但她的寫作仍表現出對於進步的無限信心，以及英國人有能力改善所有人的生活條件：無論是自由的或不自由的人、正在逐漸消逝的族群，又或是人口穩定的族群。就像馬里亞特一樣，馬蒂諾在她的故事中，利用角色對話來抒發她希望傳達的重點，和馬里亞特不同的是，她的故事比較不著重水手，而是著重殖民地的定居者。

這些虛構作品融入歷史的方式顯而易見，例如以斯里蘭卡為背景、屬於《政治經濟學插圖》系列的《肉桂與珍珠》（*Cinnamon and Pearls*）。這故事透過島上的養珠業和肉桂種植園，傳達對壟斷負面影響的警惕。小說仰賴回國法官亞歷山大・約翰斯頓（Alexander Johnston）和其他從斯里蘭卡返鄉的殖民者提供的資訊。在斯里蘭卡，馬蒂諾揭露的壟斷在其作品出版之際也正在被廢除。敘事者指出：

> 如果政府願意將他的珍珠堤，送給今天靠著在珍珠堤工作賺微薄收入糊口的那些人，政府在一年內靠錫蘭珍珠賺的錢很快會超過迄今為止五個漁場的獲利。[36]

這不僅僅是將近期的史實化為故事，更是一部斯里蘭卡殖民擴張神話歷史。敘事者的預測高估了珍珠產業的樂觀前景：一八三〇年代，採珠帶來的回報微乎其微。同時，斯里蘭卡採珠者、肉桂剝皮者和肉桂種植者的故事之上，還疊加了一段長時期的殖民歷史。在馬蒂諾的想像中，接下來幾個世紀裡，「文明」和「不文明」像父母和孩子一樣相互幫助：

審時度勢地修正這種關係，讓孩子長成適合自治的政府，母國隨孩子的適應度提高，相應授予自治的自由。[37]

這種哲學思考穿插出現在《肉桂與珍珠》講述採珠人馬拉納及其搭檔雷奧，還有他們對高等殖民者的依賴的故事中。斯里蘭卡人民被描述成需要幫助的人。因為島上充斥「白天和貧困搏鬥，晚上和死亡搏鬥」的人。[38]儘管故事沒有把斯里蘭卡人抹去，但他們仍被視為依賴的被撫養者，需要英國提供自由和理性的孩子。

在這個系列小說的其他故事中，被殖民者可能扮演更邊緣的角色。例如以南非為背景的《荒野生活》（*Life in the Wilds*），講述一群自我提升的殖民地定居者如何面對並克服重重考驗。這些考驗來自桑人，也就是馬蒂諾筆下的「布希曼人」，對殖民地移民發動的攻擊，破壞他們的聚落。原住民族沒有在故事中扮演積極角色，只是充當對主要角色的威脅。同時，歷史和大英帝國的高瞻遠矚仰賴對自然的改善。他們有效利用機器，實現人類的聰明機智，不在乎階級高低或財產，但也沒有與這片土地上的居民接觸。在《荒野生活》的故事中，原住民族的邊緣化，移民之間的共同紐帶及其勢不可當的前進，兩者是完全一致的。

馬丁、馬里亞特和馬蒂諾，當然不構成十九世紀中葉關於大英帝國寫作的整個光譜。然而，從他們的作品可以清楚看出，歷史寫作本身緊貼這個革命時代的策略。本地能動性被壓制，但不是徹底根除。原住民族被排除在描述及預測原住民人口減少的敘事及寫作之外，有時甚至只在遺骨搜集的記敘中被提及。壓抑原住民族聲音的不同敘事技巧多管齊下，一方面原住民被塑造成刻板的虛構角色，揭露的英國想像和意識形態勝過原住民世界；另一方面，他們從繪製聚落和殖民化進程的事實與數字背誦中被擠到一邊。

關注十九世紀中葉的出版熱很重要，因為一七八〇至一八五〇年這段時期的大英帝國，通常被認為不如後來十九世紀末的「新帝國主義」那麼明確。[39]所以從一八六〇年左右到二十世紀初的「新帝國主義」時代，我們看到大片領土被迅速吞併；更冷酷而且科學地構思種族和性別的概念；部分史學家聲稱大受歡迎的帝國文化，或在盛大儀式節慶中公諸於世的帝國文化；以及有時候被說成是史無前例的人口變化和移民。然而，回到十八世紀末和十九世紀初，我們可以看到，現代全球化和帝國主義的基礎和技術，還有帝國的歷史寫作，都是在革命時代及其後續那段較早的不確定時代裡建立的。

* * *

然而，在十九世紀中葉的種種修辭、小說和事實搜集中，還有其他聆聽本地觀點的方式。

再次回到斯里蘭卡，旅行者、行政人員和神職人員在十九世紀中葉出版了許多殖民時期的作品。最有影響力的其中一部作品是詹姆斯·愛默生·坦能（James Emerson Tennent）撰寫的兩卷本《錫蘭：島嶼的自然、歷史和地形記述》（*Ceylon: An Account of the Island, Physical, Historical and Topographical*，一八五九年）。坦能（一八〇四至六九年）在一八四五至五〇年間擔任錫蘭殖民政府的布政司，在此之前，他是代表貝爾法斯特（Belfast）的英國國會議員。《錫蘭》上下卷都超過了六百頁。這部作品呈現了相當廣泛的資料，並將這些資料都容納進這本根據殖民地親身經驗所寫的鉅著中。

第一卷包括「自然地理」、「動物學」、「僧伽羅編年史」、「科學與社會藝術」和「中世紀歷史」等部分，第二卷則涵蓋「現代歷史」，再進入所謂的「英國時期」，然後是島上各區的概述，包括關於「大象」和「廢墟城市」的詳細說明。在他的原文中，坦能把他的知識分子同胞說成本地編年史的發現者，透過讓本地書籍見到天日，他們創造了一個真實準確的島嶼歷史，使這些內容不至於被誇大。坦能本身向他的讀者展示了一張表格，試圖按照年代和王國說明「錫蘭的本土君主」。這種事實分析可以和《大史》（*Mahavamsa*）最早的殖民出版放在一起。《大史》前後橫跨二十五個世紀，彙編於公元六世紀，之後在十三世紀和十八世紀各有一次內容增補。[40]它按照時間順序繪製了一條國王世系，結束於一八一五年島上最後一個獨立王國「康提王國」的垮臺。英國東方學家將這些記載在棕櫚葉的內容，轉載到紙張上並印刷出版。它仍是今天斯里蘭卡僧伽羅佛教民族主義的重要史料。棕櫚葉書籍歷來都是出自島上佛教僧侶之手；貝葉棕或扇椰子的葉子被捲起來，煮沸，塗油，變成可以用來寫手稿的葉子，然後將葉子切成細長條狀，寫完後，用熱鐵棒給葉子打孔，再以繩子串起。

第一本據稱是英文版《大史》的書在一八三三年以愛德華．厄普漢姆（Edward Upham）的名義出版。厄普漢姆是一名退休書商和埃克塞特（Exeter）市長，這輩子從沒去過斯里蘭卡。提供馬蒂諾資訊的法官約翰斯頓也是厄普漢姆的消息來源之一，因為約翰斯頓在斯里蘭卡任職期間，曾收到許多佛教僧侶提供的相關材料。厄普漢姆翻譯的是一份對文本的評論，而不是文本本身，由此可見殖民的混淆。另一個版本很快跟著出現，由喬治・特努爾（George Turnour，一七七九至一八四三年）出版，他是一名學過巴利語的錫蘭公務員。一八三六年，特努爾的文本問世，內容以英文和用拉丁文字書寫的巴利文呈現，本書被譽為第一本巴利文出版品，由《大史》的前二十章和一份長篇介紹組成；隔年，更多章節緊接著出版。就這樣，本地編年史從棕櫚葉轉移到了紙張上，然而，這個轉移並沒有使棕櫚葉的歷史記憶消亡。

十九世紀中葉有關斯里蘭卡的殖民出版物，無法應付這些本地編年史的靈活性和語言複雜性：厄普漢姆對文本和評論的混淆就是一個指標。同時，在本世紀初至中葉的斯里蘭卡，殖民管理者被迫熟悉棕櫚葉文本的特徵，特別是因為這類手稿對治理有儀式上的功能。在棕櫚葉的新敘述中，英國總督有時候被呈現的像過去的國王一樣，因為史家會根據他們的行為是否值得讚許來給予評價。在被殖民者的眼中，英國出版印刷品的行為，類似於國王贊助棕櫚葉寫作。從棕櫚葉到印刷品的過度，並沒有看到本地觀點和回應被根除。被殖民者仍有回應殖民主義的侵略和暴力的創造能力。[41]

接下來，讓我們移動到《南方浪潮》的另一片海洋。太平洋的殖民和東方歷史寫作，和前面看到的沒有什麼不同。以下介紹紐西蘭總督喬治・格雷（George Grey）的《當地祭司和酋長提供的波里尼西亞神話和紐西蘭種族的古代傳統歷史》（*Polynesian Mythology and Ancient Traditional History of the New Zealand Race as Furnished by their Priests and Chiefs*，一八五五年）。[42] 格雷（一八一二至九八年）一連當了好多地方的殖民總督：他先出任南澳總督（一八四一至四五年），然後是紐西蘭（一八四五至五三年和一八六一至六八年），也曾到南非（一八五四至五六年）任職。在某個重要的西澳早期時刻，他被一名澳洲原住民傷害，從此困擾著他的餘生，最後，格雷開槍打死了那位攻擊他的澳洲原住民。

《波里尼西亞神話》第一部分的標題為〈天地之子〉，毛利語副標題為〈與人類起源有關的傳統〉。它說：

> 人類只有一對靈長類祖先；他們從我們頭頂上的蒼天和我們腳底下的大地誕生。根據我族傳統，天父朗伊與地母芭芭，是萬物起源的源頭。[43]

這又是一段從原住民宇宙觀開始的長時期歷史。格雷一八四五年抵達紐西蘭時，從不放過任何累積詩歌和傳說的機會，他參加許多次毛利人的聚會，可惜一場大火把他的許多收藏都燒毀了。但他再度「搜集了大量的材料」和「拼湊」起來的材料；他說「同一首詩歌或傳說的不同部分，往往是在山遙水遠的不同地方，從不同土著那裡採集到的」。格雷做研究的方式，是在不同時期搜集並比較多個版本的詩歌，從他完稿出版的歷史文本看得到。儘管格雷試圖強加殖民秩序和歐洲歷史規範，他的書仍然不過是原住民歷史知識的「剪貼簿」彙編。毛利人過去的家譜在這本書裡存活了下來，毛利人也向其他太平洋島民一樣，有遠渡重洋而來和代代相傳延續香火的故事，這些在奧特亞羅瓦／紐西蘭稱作「瓦卡帕帕」，它們是太平洋各地島嶼系譜歷史的共同文化的一部分。由此可見，儘管十九世紀中葉的帝國握有製造歷史的大權，原住民族的觀點仍未消失。

這些島嶼彼此都是不同的；當地的統治傳統、宇宙觀、宗教和商業以及水上活動，在整個英國崛起期間都持續存在，同時，一個以英國為中心的長遠帝國願景出現了，這個長遠願景在英國崛起為世界強權的過程中宛如神話般抹去其他歷史，甚至搜集原住民族的敘事和遺骸，以塑造它對自己的想像。

在革命、帝國和反叛之間的相遇之外，印度洋和太平洋的歷史相當遼闊，這些遼闊的領域包括貿易、宗教、移民和非傳統的文化理解。這些在海上各地的非英國人、原住民族、亞洲人、太平洋水域民族以及非洲人彼此相遇，不需要深入參與大英帝國的擴張。這代表《南方浪潮》不該被視為印度洋和太平洋的全面歷史，即便只針對這幾十年。然而，圍繞大英帝國及其競爭對手的革命、帝國和反叛亂行動的互動，是理解這些海洋歷史的關鍵，在十八世紀末和十九世紀初這個百花齊放的時期，理解錯失的和被排除的部分也很重要。

忘記這個故事就等於是壓抑了現代世界誕生的悲劇，以及現代世界與這些海域的帝國主義的關係。這樣的遺忘擦去了完整的帝國暴力，以及帝國重新制定各種文化交流、消費、開發利用和聯繫形式的方式。大英帝國的規模令人震驚，它在這些年間橫跨全球南方，回應許多不同的傳統，把它們重新放置到世界上，有能力穿越這麼多不同的環境和廣闊的地理範圍，使它顯得和過去的帝國相關但又截然不同。這意味著我們不能把大英帝國單純視為延續時間更長，且影響力觸及全球的帝國權力和霸權的延續。

在十九世紀中葉，印刷出版的影響非常明顯，但即使在印刷出版中也存在本地觀點，構成帝國歷史的體裁引人注目：從小說到超經驗主義，從當地資訊到全球概觀，我們還可以在這裡補充其他體裁，例如宗教和商業。這些體裁不是對立的，而是在記錄過去和為現在辯護時相輔相成的形式。作為回應，《南方浪潮》在述說歷史時，不是從天空俯視被海洋覆蓋的地球。如果說在過去幾十年，關於如何講述帝國歷史的爭論，聚焦在經濟、政治和文化的相對重要性，本書貢獻的是環境視角的論點。它堅信物質和自然地形的重要性。[44]帝國和殖民從海洋轉移到陸地，與貿易商路、科學研究形式、都市規劃，或是戰爭都息息相關。這個非傳統的焦點，使許多在現代世界起源描述中基本上被放錯位置的人，有機會踏上中央舞臺。

原住民能動性、政治和抗議的長期遺緒和當前現實，使《南方浪潮》這樣的書成為可能而且必要的。印度洋和太平洋的島民和航海者仍然經常被當作諷刺的對象，本書試圖為他們爭取空間，並挑戰帶有誇張成分的不實歷史。本地主張的湧動是革命時代的一部分，試圖超越並壓制不同聲音的帝國反革命則緊跟在後，然而，本地的原住民／居民將持續在海洋各地發聲。

跋　浪花吞噬的太陽

關於文字，文字的出版，以及用文字分析過去，就到此為止。海浪呢？在本書中，我試著不採取史學家從高處往下的特權觀點，而是從印度洋和太平洋的小片海域展開寫作。

寫下這些文字的時候，我在模里西斯的路易士港，剛從海裡游泳回來，用欣賞日落結束在檔案館看資料的一天。和蒙哥馬利．馬丁或馬里亞特不同，我沒有想像落日移動到世界的另一端，照亮另一個角落，讓白天和黑夜跟隨可預測且永不休止的帝國節奏。在二〇一八年模里西斯冬季結束的這天，路易港外海面的夕陽，在我看來就像煎蛋的蛋黃，顏色橘得不尋常。太陽膨脹，朝水面落下，被海上波浪一塊塊吞沒。模里西斯人告訴我，夏天越來越熱了。

對一個習慣大浪的斯里蘭卡人，在潟湖（圍繞模里西斯島嶼四周很大一部分的平靜水域，因礁石的保護而沒有大浪）游泳是出奇平靜無波的體驗。今天在路易士港的藍色便士博物館（Blue Penny Museum），有個十九世紀中葉的五顏六色魚類圖像展覽正在展出。我覺得這些精采的彩色魚圖比這片靜海還要有生命力，儘管美國藝術家尼可拉斯．派克（Nicholas Pike）筆下的魚都張大著嘴。[1]在礁石區，我看不到一隻魚。路易士港的居民說，土地的漂白劑流進了海裡，而且經過好幾世紀的過度開墾，肥料已經進到地下水層。海灘滿布死掉的珊瑚礁。一名聰明的年輕模里西斯海洋學家對我解釋說，對珊瑚礁或魚類而言，公共海水浴場，譬如我現在腳下的這片海灘，人類活動都太多了。公共海水浴場數量不多，代表模里西斯沿海被大型觀光度假村占據。

我剛游泳的公共海水浴場海灘上，與模里西斯附近海上，有幾十艘別具特色的皮洛格獨木舟（pirogue）。這些富有歷史的木船被模里西斯人當國寶，當地漁夫仍用它出海捕魚。我剛看到的一艘用全部大寫拼出船名：PIRATE（海盜號）。我看了會心一笑，貼切地呼應著我寫下的模里西斯歷史。模里西斯的景觀呈現殖民的來生。不可思議地，將近四分之一的模里西斯人仍在甘蔗園工作。路易士港的觀光路徑包括參觀位於市中心的公司花園（Jardins de la Compagnie）的奧利耶雕像。我在以奧利耶為名的街上買印度甜食，然後走進中國城。我入迷地凝視朱瑪清真寺（Jummah Mosque），該寺建於路易士港歷史在上一章落幕的年代。

《南方浪潮》的歷史已經進到我們的現在，而那段過往的跡象仍在我們的生活周遭。儘管戲劇性的政治、環境、社會和文化變化在本書介紹的那些歷史現場上演，全球化和帝國主義並沒有把島嶼和面海的地方，或各個海域，一概扁平化成寰宇皆然的樣子。模里西斯的多語言和精力充沛的人民就是指標。他們是南亞人，在家說克里奧爾語，同時能說流利的法語和南亞語言。他們最初以契約工人的身分來到這座島，會到聖水湖（Grand Bassin）朝聖，那裡有巨大的印度教雕像從模里西斯山脈拔地而起。他們是獨一無二的南亞人。即便本地人面臨奴隸制、強迫勞役、戰爭和屠殺的毀滅性悲慘境遇，他們也以自己的才智回應，乘風破浪。在路易士港建於一八二二年的市立戲劇院外，我在一面「世界人權宣言」的牌匾前暫停腳步：沒有人有權利待你如奴隸，你也不得將任何人變作奴隸。不過，模里西斯「真相與正義委員會」（Truth and Justice Commission）的建議，包括成立一間紀念模里西斯這段歷史的奴隸博物館，被擱置了很長一段時間。同時，在我寫作的當下，歷史建築正被當局恬不知恥地拆除，以便興建一條捷運線。

把現代的開端看作一場行動者與思想體系的競賽——人類和非人類、本地和殖民、革命和反革命——對我這樣的島民是有道理的。像這樣思考是和現代帝國主義的暴力競爭，不讓它填滿所有的畫面。它明白機會和止贖權的意思，還有權力的迂迴曲折。寫作本書時，我在印度洋和太平洋各地工作，從東加到奧特亞羅瓦／紐西蘭，從緬甸到印度和新加坡，從澳洲到塔斯馬尼亞，從阿拉伯聯合大公國到斯里蘭卡、模里西斯和南非。這是一份無與倫比的榮幸，同時也提醒我，歷史有許多不同的面貌，從陸地、街道、海灘、當地書店、檔案館和圖書館看到的面貌各不相同，還有和每個地方的傑出史學家對話之中看到的歷史。本書的每個章節都是在現場書寫，而且我在那些地方的寫作靈感比在我的劍橋辦公室更通暢。《南方浪潮》中的一些故事，也可以說是對陸地和海洋從事第一線探索的成果。它們也來自在類似路易士港檔案館的地方翻閱無數檔案。路易士港的檔案館位於工業區，電動鑽頭和錘子或卡車卸載木箱的聲音，讓應付過往遺跡的經驗變得斷斷續續。

但當我坐在沙裡，望著路易士港的夕陽，讓鑽孔和敲打的噪音離開我的腦袋，腳伸進退潮的海水裡，我又開始擔心起這片海的變化。某個晚上，我看到漆黑地平線上有一排等待進入路易士港港口的船隻發出亮光。本書的論點之一是波浪從不停止；革命、帝國和反叛亂是一連串政治角力的一部分。本地人持續乘風破浪，儘管現代帝國發動史無前例的攻擊，試圖撤離、掩埋他們，並消除他們的聲音。但有沒有可能，一系列波濤、交流和中斷、全球化和帝國主義，在二十一世紀已經觸及越來越多動作迅速的干涉主義串聯？

科學家推論全球暖化改變了波浪的高度。如果海洋生物和陸地生物一樣即將死去，如果人類行動如今產生了無可阻擋的衝擊，這對印度洋和太平洋的人意味著什麼？我們各有特色的海域會變得更相像嗎？我想起東加塔布島的平坦，還有新加坡的「海灘路」（Beach Road）今天已經遠離海灘，位於內陸區。海嘯會不會變得比我一路跟隨的南方浪濤更大？皮洛格獨木舟、雙體船、阿拉伯帆船和雙桅獨木舟，現在會不會得應付它們過去不曾遭遇的風浪與海流？沉沒在現代潮汐中的恐懼，在本書談論的時代已經相當明顯，但在未來幾年，這份恐懼會不會變得更大？在海上蓋基礎建設或填海造地的規模，會不會大幅加速這一切？

身為史學家，我只能說，當下是最適合思索海洋和遠洋船在現代世界發端的歷史的時刻。事實上，我們可能來到了面海民族的故事對人類歷史有特殊作用的時刻。在扭轉全球化和帝國主義對環境影響的時間滴答流逝之際，我們應該思考現代性如何影響許多小型社會和面海之地，機會錯過就不再。我們可以從這些社會汲取靈感，參考他們如何面對十八和十九世紀之交並利用革命時代，儘管帝國主義劇烈搖晃他們的生活。

有鑑於百分之七十的地球被水覆蓋，人人都可說是島民。如果海平面上升，我們每個人也很快都會變成島民。因此，在海陸連接之處，反思我們這個時代誕生時發生的事，就是以鏡像的方式思考我們所有人如今面臨的挑戰。這也是以更仁慈的方式處理歷史，反映人類歷史的密度和多樣性。這樣的反思更仁慈，因為它不是把世界歷史當作世界性的普遍故事的觀點。它也不是一個適用於全球的方程式，譬如前文中第一批為這些地方和時代撰寫歷史的史學家的作品。而且在這些描繪中，人類沒有被和他們的環境分離。

這本書寫的是許多地方在它們周遭世界與海洋的脈絡下的歷史。我們需要繼續保護這種本地觀點的多樣性，這個多樣性和波浪與陸地互動方式是一致的，這個多樣性和我們的地球是一致的，也和人們對居住地結構性變化及物質變化的回應是一致的。對這段歷史的責任感，和保護世界各大洋生態棲位和可能在二十一世紀遭到危害的一切的迫切需要是一致的。唯有如此，我們才可能在帝國、全球化及其影響之外，單純地欣賞夕陽墜進浪花。

誌謝

我非常感激有這個榮幸和機會，慢慢消化書寫全球南方諸多現場的歷史所代表的意義。在我完成這個多年的研究計畫時，許多曾幫助我理清思路並提供必要鼓勵的對話者、朋友、同事和導師一一浮上心頭。只要曾和東加哲學家談論過去；只要曾在與模里西斯學者的對話中，處理奴役和師徒契約的記憶；只要曾在暴雨如注的新加坡和該國獨立五十週年盛大慶祝之際，撰寫關於季風的歷史；只要曾在塔斯馬尼亞海濱漫步，思考為什麼罪犯和原住民族的歷史那麼難以調和，你將成為完全不同的史學家。寫作本書對我是一次寶貴的學習經驗，我希望《南方浪潮》的讀者也有這樣的感受。

事實上，要不是利華休姆信託基金會（Leverhulme Trust）提供的研究補助，本書永遠不會出現。二〇一二年，該基金會頒發菲利普．利華休姆獎（Philip Leverhulme Prize）給我。這個獎給了我雄心壯志，致力於把微不足道、經常被遺忘的地點，變成思考世界歷史變革時刻的絕佳範例。它也使我拓寬我的方法論，在遭遇帝國時，要關注地方、細節和本地。這個獎項讓我思考如何從印度洋和太平洋的角度，講述十八世紀末和十九世紀初的歷史，並且以一般大眾為讀者。

國家海事博物館（National Maritime Museum）頒給我薩克勒凱爾德研究基金（Sackler Caird Fellowship），這再次給我寶貴的時間暫離教學崗位，使用博物館的藏品，並旅行到海外進行檔案工作。劍橋大學歷史學院批准研究假支持我，劍橋人文研究計畫慷慨資助我完成這本書。在英國以外的地方，我從雪梨大學科學基礎中心和新加坡國立大學亞洲研究所獲益良多。本書的研究也受益於我應 Ines Županov 之邀到巴黎擔任客座教授，Ines 是社會科學高等學院（EHESS）的傑出主持人，我感謝 Ines 令人難忘的巴黎式款待。

如果沒有劍橋同事在午餐和晚餐時和我討論這本書，這本書也不會出現。我感謝世界歷史學科組的所有成員。本書某些部分的早期草稿得到已故 Christopher Bayly 的大力指導，我們在康河旁邊喝飲料邊討論。當我聽到他去世的悲傷消息時，我正在劍橋大學圖書館寫爪哇的章節。在那之後，本書受益於與 Alison Bashford 和 Saul Dubow 的對話；它也受益於 Megan Vaughan 的研究。此外，我要感謝 Andrew Arsan 花時間閱讀波斯灣的章節並給予意見；John Slight 也對這章提供了有用的評論。這些年下來，世界歷史學科組還有其他成員以其他方式對本書的出版做出了貢獻，我應該特別點名：Bronwen Everill、Tim Harper、Shruti Kapila、Gabriela Ramos、Gareth Austin、Samita Sen、Ruth Watson、Rachel Leow、Hank Gonzalez、Christina Skott、Jeppe Mulich、Joya Chatterji、David Maxwell、Helen Pfeifer、Arthur Asseraf、Simon Layton 和 Leigh Denault。

在我的學院岡維爾與凱斯（Gonville and Caius），我很幸運有優秀的歷史同事，他們創造了一個有學生、研究員和教師的活潑社區。Peter Mandler 是書稿出色的讀者，我非常感謝他花時間閱讀本書的早期版本。與 Melissa Calaresu 共進午餐，在很多方面都豐富了我的視野。Vic Gatrell 在關鍵時刻支持我，給了我需要聽到的忠告。Annabel Brett 和 Richard Staley 對我拋出很好的問題。這項研究還曾受益於名為「凱斯在海上」的一日海洋計畫作品集，包括 Naor Ben-Yehoyada、Cyprian Broodbank 和 David Abulafia 的作品。學院歷代的歷史研究員都不吝給我建議。

但比起我的同事，我必須承認，我學生的研究對我影響更大，他們從頭到尾陪伴我走過這段旅程。參加我印度洋和太平洋畢業論文課的劍橋大學生非常出色，我很享受他們的論文和課堂討論。看到我的博士生完成他們的研究，是我過去十年學術生活中最大的快樂。我感謝我所有的博士生，感謝他們的親密友誼、他們的知識能量，也感謝他們將我留在正軌上。我要特別感謝 James Wilson，他在完成博士學位後，幫我做了幾週的研究助理工作；我特別仰賴他的數位專長。我還要感謝 Jake Richards，他在開始攻讀博士學位之前，為這個研究項目工作了一段時間。James de Montille 是一切和模里西斯有關的事務的顧問。他的大學論文和碩士論文，激起了我對模里西斯的研究興趣。Alix Chartrand 對一批史料投入了幾個小時的工作。此外，我還要感謝 Scott Connors、Tamara Fernando、Lachlan Fleetwood、Taushif Kara、Jagjeet Lally、Steph Mawson、Tom Simpson、Hatice Yildiz，以及在我的凱斯研究室裡聚會的研究生閱讀小組的其他成員。過去兩年，我擔任南亞研究中心的主任，艾莉森·理查大樓（Alison Richard Building）三樓的大家庭和南亞研究中心的三大支柱：Barbara Roe、

Rachel Rowe 和 Kevin Greenbank，使我的生活變得無比明亮。Barbara Roe、Rachel Rowe 和 Kevin Greenbank 對學者和學生，以及對公平，做出了非凡的貢獻。

印度洋和太平洋各地學者的熱情好客和知識淵博，對這個成果不可或缺。在澳洲，Bronwen Douglas 給了我美妙的友誼，他在野火肆虐時讀了我的最新草稿，並提供了非常詳細的評註。我在澳洲國家圖書館工作時，她在坎培拉陪我度過了愉快的時光。在雪梨，Kristen McKenzie、Warwick Anderson、Mike McDonnell、Kate Fullagar、Robert Aldrich 和 Hans Pols 是有趣的同行遊客。在奧特亞羅瓦／紐西蘭，Tony Ballantyne 是很棒的東道主，我很享受與 John Stenhouse、Michael Stevens、Angela Wanhalla 和 Lachy Paterson 的對話。Francis Steele 最近的作品幫助了這個研究項目。在奧克蘭，Tony Smith 帶我去吃晚飯，打破檔案工作單調的節奏。在布里斯本，我很高興在大衛・尼科爾・史密斯研討會（David Nichol Smith Seminar），為本書正在進行的研究做了一個演講，Peter Denney 和 Lisa O’Connell 是出色的主持人和對話者。東加是對本書寫作非常重要的一個地方。在我寫作和研究期間造訪的不同地點所遇到的東加人之中，和’Okusitino Mahina [Hufanga] 的一些對話令我特別難忘。

在南非，Isobel Hofmeyr 百忙之中抽出時間陪我度過一天，Dilip Menon 和 Keith Breckenridge 在他們家和 WISER 接待了我。在我做檔案工作時，Vivian Bickford-Smith 讓我在開普敦過得一點也不無聊。最近幾週，Nigel Worden 非常慷慨熱心地閱讀書稿。在模里西斯，我感到非常幸運能與 Vijaya Teelock 交談，而且能聽著 Marie-Hélène Oliver 的歷史評論在島上四處遊覽。在新加坡，我在新加坡國立大學亞洲研究所當訪問研究員的時候，有幸和 Prasenjit Duara、Arun Bala、Gregory Clancey 以及短暫訪問的其他學者進行學術交流。在印度，我在檔案工作之餘參加研討會，包括在德里令人難忘的一次會議上，有幸與總是給人啟發的 Simon Schaffer 做共同主持人。Rohan Deb-Roy、Charu Singh 和 Devyani Gupta 也是這次會議的主持人。我在另一個非常難忘的場合介紹了這個計畫初步說明，那是 Shruti Kapila 和 Faisal Devji 在瓦拉納西（Varanasi）召開的會議，紀念 Chris Bayly。在那次活動期間，我從和 Ruth Harris、Susan Bayly、Robert Travers、Richard Drayton 和 Seema Alavi 等人的對話中獲益匪淺。Ruth 的丈夫 Iain Pears 非常慷慨地閱讀了本書緒論的早期草稿。我的長年知交、史學家 Sadiah Qureshi 也讀了我的緒論，並提供了鞭辟入裡的評論。

在我前往緬甸之前，Mike Charney 慷慨地提供有關該國研究和聯繫人的詳細建議方面。我特別感謝仰光大學前圖書館館長 U Thaw Kaung 教授的建議和介紹，我也很榮幸在曼德勒和許多知識分子見面。在波斯灣地區，我感謝 Lauren Minsky 的熱情款待。在歐洲，我很高興能與研究日本的傑出學者 Martin Dusinberre 共事。Roland Wenzelhuemer 盛情邀請我，讓我跟上德國全球史寫作的最新發展。Joan-Pau Rubiés 是我的老朋友和學者，她邀請我到巴塞隆納龐培法布拉大學（Universitat Pompeu Fabra）分享本書的部分內容。Ricardo Roque 在里斯本的社會科學研究所（Instituto de Ciências Sociais）做了同樣的事情。在我訪問里斯本後，Isabel Corrêa da Silva 和 Annarita Gori 仍繼續參與這個研究計畫。愛沙尼亞塔林大學的 Marek Tamm 邀請我在一場全球文化史會議上，就本書的各個方面發表主題演講；他是非常有魅力的主持人。我還受益於造訪佛羅倫斯的歐洲大學學院（ＥＵＩ），以及歐洲全球史學家網絡（ＥＮＵＩＧＨ）的會議。

從埃克塞特大學（University of Exeter）到聖安德魯斯大學（St Andrews University），本書尚在進行時的成果曾在英國許多大學發表。我特別感謝有機會用本書內容做年度愛丁堡大學芬內爾講座（Fennell Lecture）的基礎素材，並且要特別感謝 Emma Hunter持續和我進行學術對話。在 Margot Finn 擔任學會主席期間，擔任皇家歷史學會（Royal Historical Society）的普羅泰羅講座（Prothero Lecture）演講者，我感到非常榮幸。Margot 還讀過並評論本書其中一章。

這本書誕生在我的博士指導教授退休的這一年。Jim Secord 為我立下的學術研究和寫作的典範，無人能敵，同樣無與倫比的還有他深刻的人文素養和創意。我絕對不能不提起斯里蘭卡史學家的大家庭，他們和我一起走過我的研究生涯。Nira Wickramasinghe、Alicia Schrikker、Zoltán Biedermann、Mark Frost、John Rogers、Farzana Haniffa、Sandagomi Coperahewa 和其他人的友誼，對這個研究非常重要。我也非常感謝 Sunil Amrith、Clare Anderson、David Armitage、Lauren Benton、Chris Clark、Lizzie Collingham、Douglas Hamilton、Maurizio Isabella、Renaud Morieux、John McAleer、Anne Secord 和 Jonathan Saha 對本書某些內容的參與。在美國，我特別感謝能在我的斯里蘭卡研究有了特別進展時，應 Ravi Gunewardena 和洛杉磯郡立美術館（ＬＡＣＭＡ）的邀請，到洛杉磯發表演講。

Andrew Gordon 是完美的作品經濟人：總是專注且投入最重要的事。Arabella Pike 從聽到我談起這本書的第一刻就支持著這本書。威廉柯林斯出版社（William Collins）的團隊認真投入地處理本書的各個面向。我特別感謝他們聽取我的看法，並且充分執行。Jo Thompson、Katy Archer、Eve Hutchings、Anthony Hippisley 和 Luke Brown 為本書盡心盡力。在其他地方，從霍巴特到路易港，從新加坡到巴黎，各地圖書館員和檔案管理員幫我從館藏取得閱讀資料、回答我的問題，對我展現無比的耐心。我希望他們對他們的館藏寶藏在《南方浪潮》裡呈現的樣貌感到滿意。

本書要獻給無時無刻不支持著我的雙親 Ramola 和 Siva。他們總是毫不厭煩地聽我說學術界陌生世界的故事，而且給我從不動搖的愛和信心。Samarasinhe 和 Rendle 家族的大家庭是我的避風港。Toby Tarun、Anjali Alice 和 Maya Mae 跟著這本書環遊世界，我很高興看到他們長大成為負責任的人。Caroline是我不變的精神支柱，用她的愛與照顧讓我總是走在對的道路，並且確保我不會在十八世紀末和十九世紀初的世界裡迷失。若不是有她，我不可能寫出這本書，也不可能如此勇敢。

蘇吉特．希瓦桑達蘭 Sujit Sivasundaram

岡維爾與凱斯學院，劍橋 Gonville and Caius College, Cambridge

二〇二〇年三月一日

1840	《懷唐伊條約》在奧特亞羅瓦／紐西蘭簽署
	開普敦准予成立自治市政府
1842	法國併吞馬克薩斯群島
	英國和清廷簽署《南京條約》
1843	法國併吞大溪地
	普娜和湯米・雀斯蘭的婚姻正式確定
1845-6	第一次英國錫克戰爭
1848	波旁島／留尼旺島奴隸制廢除
	一八四八歐洲革命爆發
	模里西斯成立一個政治社團
	斯里蘭卡爆發叛亂
1848-9	開普敦的公民不服從時期，起因是不滿英國計畫遣送罪犯到開普敦
	第二次英國錫克戰爭
1850	模里西斯市政選舉的開始
	自由主義立場的新報紙《商業公報》在模里西斯發行
1850s	「國王運動」開始
1851	新加坡霍爾斯堡燈塔正式啟用
	澳洲第一次淘金熱
1852	可拉・醋栗在雪梨阿姆斯飯店外過世
1853	開普敦殖民地獲准成立代議政府

約翰・哥丁罕前往蘇門答臘外海小島的遠征啟航

1822-3　英軍撤出格什姆島

1824　英國與柔佛蘇丹簽署協議後，新加坡徹底成為英國屬地

英國和荷蘭簽訂《倫敦條約》，限制了荷蘭帝國在東南亞的管轄範圍

1824-6　英國與阿瓦王國之間的第一次英緬戰爭；一八二六年以《楊達坡條約》結束戰爭

1825　范迪門斯地公司成立

彼得・迪龍從智利的瓦爾帕萊索啟航，他的航程終將解開消失的拉彼魯茲遠征隊謎團

1826　新加坡和麻六甲被歸到東印度公司的檳城官轄區

1827　模里西斯召開殖民地委員會

開普敦的市政伯格參議院解散

1828　利用戒嚴監管塔斯馬尼亞原住民，然後在一八三〇年以「黑線」將他們重遷到受約束的狹窄土地上

1830　蒂拉烏帕拉哈旅行到雪梨

法國七月革命推翻查理十世

1831　陶法阿豪受洗，以喬治一世之名統一東加，開啟一個延至至今的君王世系

開普殖民地的《南非工商廣告》和《南非人》為奴隸制打起新聞戰

巴西皇帝佩德羅一世退位

1832　廢奴主義者約翰・傑雷米抵達模里西斯，準備就任總檢察長；他的到來引發模里西斯殖民者的抵抗

1833　詹姆斯・巴斯比被任命為駐紐西蘭參政

英國東印度公司茶貿易壟斷的終止

大英帝國內正式廢除奴隸制

1834　第一批契約勞動者抵達模里西斯

羅伯特・蒙哥馬利・馬丁出版《英國殖民地歷史》

1835　巴斯比和毛利酋長一起宣布「紐西蘭獨立的大憲章」

模里西斯廢除奴隸制

1836　仁岡希接受喬治・奧古斯都・羅賓遜的「保護」

馬達加斯加拉納瓦洛娜女王宣布停止英國和梅里納帝國的官方往來

1837　清朝官員開始阻擋廣州的鴉片買賣

1838　傑罕吉爾・拿洛吉和赫吉博伊・梅赫萬吉抵達倫敦

紐西蘭殖民公司成立

1839　模里西斯終止學徒制

威廉・韋克菲爾德抵達奧特亞羅瓦／紐西蘭

1839-42　第一次中英鴉片戰爭

第一次英國阿富汗戰爭

1807	英國議會禁止英國臣民從事奴隸貿易
	約翰・沃倫從馬德拉斯天文臺觀察天空中的一顆彗星，然後他的助手斯里尼瓦沙里（Srinivasachari）負責後續追蹤
	拿破崙發動葡萄牙入侵行動；葡萄牙王室逃往巴西
1808	路易・范模里西斯領導開普殖民地的奴隸叛亂
	法國占領馬德里導致半島戰爭；韋爾斯利（Wellesley，後來的威靈頓公爵）率領的英國軍隊在里斯本附近擊敗法國
1809	英國第一次入侵波斯灣，在拉斯海瑪
1810	威廉・馬林納從東加離開
	英國入侵模里西斯
	西班牙議會在加的斯（Cadiz）成立
1811	英國入侵爪哇
1812	爪哇日惹蘇丹國被英國征服
	拿破崙攻打俄羅斯並進入莫斯科
1812-18	穆罕默德・阿里和瓦哈比派對抗
	普魯士對法國宣戰
1814	基督教傳教士首次和奧特亞羅瓦／紐西蘭接觸
	維也納會議開始
1815	拿破崙在滑鐵盧戰敗
	英國入侵今日斯里蘭卡的康提王國
	模里西斯波拿巴主義者密謀終止英國對該島的統治
1816	模里西斯路易士港大火
	英國歸還爪哇給荷蘭
	旁迪切里回歸法國
1817	邦格瑞和菲利普・帕克・金恩一起航行到澳洲西北部
	模里西斯總督威廉・法奎爾和馬達加斯加梅里納帝國的拉達瑪一世就反奴隸貿易條約進行談判
1819	模里西斯爆發霍亂流行
1819-20	哈桑・本・拉瑪談判休戰不成，英國二度入侵波斯灣拉斯海瑪
	英國在托馬斯・史坦福・萊佛士領導下占領新加坡
1820	宏吉希卡抵達倫敦
	英國與阿拉伯城邦簽署反海盜《總約》
	開普殖民地迎來一八二〇年的移民
1821	拿破崙在聖赫勒拿過世
	孟買商賈號船員在孟買和波斯灣之間叛變
	阿瓦王國侵略阿薩姆
1822	拉齊塔塔尼納在馬達加斯加嘗試發動奴隸反抗

1795 南非斯韋倫丹的拓荒布爾人起義
英國入侵開普殖民地
卡扎爾王朝統一波斯
麥克・賽姆斯第一次出使阿瓦
巴達維亞共和國在荷蘭建立
1796 英國入侵荷蘭錫蘭（斯里蘭卡）
荷蘭東印度公司國有化
約翰・哥丁罕被任命為馬德拉斯政府的天文學家
勒內－加斯通・巴科・德拉夏佩和艾蒂安・波內爾被法國政府派往模里西斯強制廢除奴隸制，但被迫逃離
法國士兵從法國啟航，入侵愛爾蘭
1798 開普敦建立第一座正式清真寺
蒂普蘇丹的使團抵達模里西斯
阿曼的蘇丹・本・艾哈邁德和英國東印度公司簽合作條約
拿破崙入侵埃及，隨後納爾遜在尼羅河戰役摧毀了拿破崙的艦隊
1799 阿布・塔里布・伊斯法哈尼從加爾各答前往倫敦，途經開普敦
蒂普蘇丹過世和邁索爾被英國人擊敗
邦格瑞與馬修・弗林德斯一起航行到赫維灣
1800-3 尼可拉斯・鮑丹的太平洋航行
1801-10 馬修・弗林德斯環繞澳洲一圈，並在模里西斯被捕
1802 麥克・賽姆斯第二次出使阿瓦
在塔斯馬尼亞插英國國旗
英法簽亞眠條約
1803 塔斯馬尼亞英國殖民地成立
開普殖民地歸還荷蘭人
沙烏地入侵阿曼
英國入侵康提王國失敗
由於亞眠合約失敗，英國再次對法國宣戰
1803-4 瓦哈比派沙烏地國家入侵麥加和麥地那
1804 阿曼的蘇丹・本・艾哈邁德過世，隨後波斯灣地區出現一段劇烈的不穩定時期
英國人首次送囚犯到塔斯馬尼亞
雪梨城堡山起義
海地從法國獨立
1806-10 威廉・馬林納搭乘太子港號抵達東加；菲納烏・烏魯卡拉拉二世襲擊東加塔布
英國第二次入侵開普殖民地

大事年表

1722	現代伊朗境內的薩菲帝國崩潰
1739	波斯的納迪爾沙洗劫德里
1751	法國殖民模里西斯
1757	普拉西之戰（Battle of Plassey）
1768-71	詹姆斯・庫克船長首航
1775	美國獨立戰爭爆發
1779	詹姆斯・庫克在夏威夷去世
	愛國者鼓動開始在開普敦醞釀
	波斯統治者卡里姆汗・贊德去世
1780s	位於馬斯喀特的阿曼國家出現
1784	荷蘭征服廖內蘇丹國
1785	阿瓦王國吞併若開
1785-7	荷蘭愛國者起義
1785-8	拉彼魯茲伯爵航行至太平洋
1786	英國在檳城建立據點
	建立馬德拉斯天文臺
1788	英國在澳洲新南威爾斯建立殖民地
1789	法國大革命爆發
	盧圖夫・阿里汗登上波斯王位
	威廉・布萊的邦蒂號發生叛變
1790	模里西斯召開全白人國民議會
	千禧年主義領袖揚・佩爾在南非被捕
1791	海地革命開始
1791-4	安東涅・德・布魯尼・昂特勒卡斯托航行至太平洋
1792	法國革命戰爭開始
1793	圖基塔華製作了奧特亞羅瓦／紐西蘭的地圖
	英國從法國手中奪走旁迪切里
	英國對法國宣戰；路易十六被送上斷頭臺
1794	雅各賓俱樂部在模里西斯成立
	革命法國廢除奴隸制
	昂特勒卡斯托遠征隊的船隻在巴達維亞出售

31 同上註，vol.2, 161。

32 同上註，vol. 2, 163。

33 同上註，vol. 3, 175。

34 這段馬蒂諾的敘述沿用自 Deborah Logan, General Introduction in Logan, ed., *Harriet Martineau's Writing on the British Empire*, 5 vols(London: Pickering & Chatto, 2004), vol. 1, xv-xliii, xvi.

35 Catherine Hall, 'Epilogue: Imperial Careering at Home', in David Lambert and Alan Lester, eds, *Colonial Lives Across the British Empire: Imperial Careering in the Long Nineteenth Century* (Cambridge, Cambridge University Press, 2006), 353.

36 Logan, ed., *Harriet Martineau*, vol. 1, 156.

37 同上註，190。

38 同上註，195。

39 最後一個從大範圍處理這個時期的作品是 C. A. Bayly, *Imperial Meridian*。

40 更多關於《大史》的翻譯和它在英國贊助下出版的細節，參見 Sivasundaram, *Islanded*, chapter 3。

41 這裡沿用 Sivasundaram, 'Materialities in the Making of World Histories', in Ivan Gaskell and Sarah Carter, eds, *Oxford Handbook of History and Material Culture: World Perspectives* (forthcoming)。

42 關於格雷採集故事的細節，參見 Donald Jackson Kerr, *Amassing Treasure for All Times: Sir George Grey, Colonial Bookman and Collector* (Otago: Otago University Press, 2006). 關於格雷出版毛利素材，參見 88-9。

43 George Grey, *Polynesian Mythology and Ancient Traditional History of the New Zealand Race* (London: J Murray, 1855), 1。

44 學界圍繞「新帝國歷史」展開辯論，實例說明參見 Kathleen Wilson, ed., *A New Imperial History: Identity and Modernity in Britain and the Empire, 1660-1840* (Cambridge: Cambridge University Press, 2003). 關於這些辯論，參見Dane Kennedy, *The Imperial History Wars: Debating the British Empire* (London: Bloomsbury, 2018). 另見 A. L. Stoler and Frederick Cooper, eds, *Tensions of Empire: Colonial Cultures in a Bourgeois World* (Berkeley: University of California Press, 1997); Catherine Hall, *Civilising Subjects: Metropole and Colony in the English Imagination, 1830-1867* (Cambridge: Polity, 2002); and Antoinette Burton, *After the Imperial Turn? Thinking with and Through the Nation* (Durham, N.C.: Duke University Press, 2003). 關於資本和帝國，參見 P. J. Cain and A. G. Hopkins, *British Imperialism: Innovation and Expansion, 1688-1914* (London: Longman, 1993). 關於本書所代表的環境轉變，參見 David Armitage, Alison Bashford and Sujit Sivasundaram, eds, *Oceanic Histories* (Cambridge: Cambridge University Press, 2018)。

跋

1 'Nicholas Pike: Naturalist, Author, Soldier and Consul'，二〇一八年九月十八日開展，當時我正在模里西斯。

8 Laidlaw, *Colonial Connections*, 188.

9 Robert Montgomery Martin, *History of Austral-Asia* (London: John Mortimer, 1836), 35.

10 同上註，120。

11 同上註，123。

12 同上註。

13 同上註，127。

14 同上註，133。

15 同上註。

16 同上註，205。

17 同上註，295。

18 Martin, *History of the British Colonies*, vol. 4, 377.

19 Robert Montgomery Martin, History of Southern Africa (London, 1836), 286.

20 同上註，305。

21 同上註，306。

22 有關如何在全球時刻書寫英國歷史的當前辯論，參見圓桌討論 'Britain and the World: A New Field?', *Journal of British Studies*, 57, no. 4 (October 2018), 677-708。

23 在大量文獻中，兩部近期的重要大英帝國歷史分別是 John Darwin, *The Rise and Fall of the British World System, 1830-1970* (Cambridge: Cambridge University Press, 2009); and Philippa Levine, T*he British Empire: Sunrise to Sunset* (Harlow: Pearson, 2007). 傳記式的作品，參見 Miles Ogborn, *Global Lives: Britain and the World, 1550-1800* (Cambridge: Cambridge University Press, 2008). 關於英國的海洋帝國，參見 Jeremy Black, *The British Seaborne Empire* (London: Yale University Press, 2004)。

24 這裡沿用我提出的「回收」觀點，參見：*Islanded*。

25 關於承認帝國暴力的重要性，細節參見圓桌討論 'Imperial History by the Book', *Journal of British Studies* 54, no. 4 (October 2015), 971-97 and also Richard Drayton, 'Where Does the World Historian Write From?: Objectivity, Moral Conscience and the Past and Present of Imperialism', *Journal of Contemporary History* 46, no. 3 (July 2011) 671-85。

26 參見 Bernard Porter, *The Absent-Minded Imperialists: Empire, Society and Culture in Britain* (Oxford: Oxford University Press, 2006)。

27 Zoe Laidlaw, *Colonial Connections, 1815-1845: Patronage, the Information Revolution and Colonial Government* (Manchester: Manchester University Press, 2005).

28 這段馬里亞特的敘述取自 Tim Fulford, 'Romanticizing the Empire: The Naval Heroes of Southey, Coleridge, Austen, and Marryat', *Modern Language Quarterly* 60, no. 2 (June 1999), 161-96。

29 Frederick Marryat, *Masterman Ready: or, The Wreck of the Pacific*, 3 vols (London: Longman, 1841-2), vol. 1, 269.

30 同上註，vol. 2, 49。

obligés par devoir de réfuter les fausses allégations et les lourds sophismes entassés si souvent contre nous et contre les colonies en général; si nous avions, au sein même du Gouvernement métropolitain, des avocats désintéressés, il y a long-temps que les abus dout nous nous plaignons encore auraient cessé, et que des institutions conformes à notre esprit et à nos voeux, dont la Municipalité est la première pierre, nous auraient été accordées.'

220 *Cape Town Mail*, 2 December 1848.

221 *Le Cernéen*, 25 and 28 September 1848; or for instance 11 November 1848. Also, *Le Mauricien*, 23 August 1848.

222 Taylor, 'The 1848 Revolutions.'

223 Sujit Sivasundaram, *Islanded*, 313.

224 譬如在一八四八年起義後，《塞爾尼恩》在一八四八年十一月二十七日，提到兩個殖民地之間的類似之處：「那個殖民地在很多方面都和模里西斯很像。」

225 *Le Cernéen*, 21 October 1848. 'Les Ceylonais ne sont pas plus heureux que nous; les biens ruraux sont surchargés de dettes et se vendent a vil prix, lorsqu'on trouve à les vendre.' 模里西斯和錫蘭的另一個比較分析，參見 *Le Mauricien*, 9 November 1849。

226 *Le Mauricien*, 28 August 1848.

227 *Mauritius Times*, 18 November 1848. 'Inutile de dire que nous ne croyons pas aux professions libérales de foi des Hollandais et des Créoles francais: ils veulent de la liberté–comme le Ceylon Times et son partie,–pour les Blancs afin d'exterminer les Noirs ou des les reduire en esclavage.'

228 *South African Commercial Advertiser*, 28 October 1848.

229 *Cape Town Mail*, 18 November 1848.

230 *Cape Town Mail*, 25 November 1848.

結語

1 關於英國帝國史的近期史學佳作，參見 Joanna de Groot, *Empire and History Writing in Britain, 1750-2012* (Manchester: Manchester University Press, 2013)。

2 生平細節取自 Anthony A. D. Seymour, 'Robert Montgomery Martin: An Introduction', in Seymour, ed., *History of the British Colonies: Possessions in Europe, Gibraltar* (Grendon: Gibraltar Books, 1998), i-xiv, and also from F. H. H. King, 'Robert Montgomery Martin', in *Oxford Dictionary of National Biography*。

3 Laidlaw, *Colonial Connections*, 172-3.

4 Seymour, 'Robert Montgomery Martin', x-xii.

5 Robert Montgomery Martin, 'Report', in *Statistics of the Colonies of the British Empire* (London: W. H. Allen & Co., 1839), v.

6 Robert Montgomery Martin, *History of the British Colonies*, 5 vols (London: James Cochrane, 1835), vol. 1, 492.

7 同上註，405, 410。

199 *Mauritius Times*, 7 November 1848.

200 *Mauritius Times*, 10 November 1848.

201 *Mauritius Times*, 7 November 1848.

202 *Mauritius Times*, 9 December 1848.

203 *Mauritius Times*, 24 July 1849.

204 *Mauritius Times*, 24 July 1849.

205 Letter from James Egbert Simmons to Mrs. Simmons, dated Port Louis, 8 December 1849, CUL: Add 9549/39. There is also one letter written by Caroline Simmons to Mrs. Simmons, CUL: Add 9549/79.

206 Letter to Mrs. Simmons from James Simmons, dated Port Louis, 21 August 1848, CUL: Add 9549/16.

207 Letter to Mrs. Simmons from James Simmons, dated Port Louis, 16 December 1849, CUL: Add 9549/40.

208 Letter from James Simmons to Mrs Simmons, dated Port Louis, 17 December 1851, CUL: Add 9549/70.

209 Letter from James Simmons to Mrs Simmons, dated Port Louis, 18 June 1852, CUL: Add 9549/77.

210 Letter from James Simmons to Mrs. Simmons, dated Port Louis, 21 August 1849, CUL: Add 9549/34.

211 Letter from James Simmons to Mrs. Simmons, dated Port Louis, 14 October 1848, CUL: Add 9549/18.

212 Letter from James Simmons to Mrs. Simmons, dated Port Louis, 6 October 1852, CUL: Add 9549/83.

213 Letter from James Simmons to Mrs. Simmons, dated Port Louis, 24 June 1848, CUL: Add 9549/14.

214 有一系列早期的文章是關於蒸汽船，實際內容參見 'Steam Communication', *Commercial Gazette*, 20 July 1850. 關於一八五二年模里西斯和葉門亞丁（Aden）之間的蒸汽船郵件運輸合約，參見 NAM: HA 74/10。

215 'Representative Governments for the Colonies–Mauritius', *Commercial Gazette*, 3 June 1850. 關於把模里西斯拿來作比較，以便使開普敦的地方議題有所進展，參見報刊對模里西斯得到議會經費的評論，*Cape Town Mail*, 31 March 1849。

216 'The new Constitution of the Cape–Mauritius', *Commercial Gazette*, 9 October 1850.

217 Barnwell and Toussaint, *A Short History*, 192.

218 Letter dated Port Louis, 30 October 1850, Commercial Gazette, 31 October 1850. 兩年前，《塞爾尼恩》已經指出波旁島享有更大的政治自由。

219 *Commercial Gazette*, 31 October 1850. 'si, à chaque fois que les questions qui nous touchent de près et qui sont résolues par d'honorables gentlemen qui n'ont jamais rien vu de Maurice, qui ne savent peut-être pas où elle est située, et qui, à coup sûr, ne se doutent pas des moeurs, des coutumes et de l'esprit de la population, si ces questions étaient discutées par des hommes capables par leur expérience et, en quelque sorte,

of African History 5, no. 1 (1964): 37-54.

174 *South African Commercial Advertiser*, 16 May 1849.

175 Taylor, 'The 1848 Revolutions.'

176 Christopher Holdridge, 'Circulating the African Journal: The Colonial Press and Trans-Imperial Britishness in the Mid Nineteenth-Century Cape', *South African Historical Journal* 62, no. 3 (2010), 487-513, 508-9.

177 *South African Commercial Advertiser*, 28 October 1848; *Cape Town Mail*, 4 November 1848.

178 *South African Commercial Advertiser*, 2 December 1848.

179 參見 McKenzie, *Scandal*, 177;「道德糞堆」: *South African Commercial Advertiser*, 18 September 1849. 另一個和新南威爾斯、諾福克島和范迪門斯地的比較，參見 *Cape Town Mail*, 23 June 1849。

180 *Cape Town Mail*, 8 September 1849.

181 參考 McKenzie, *Scandal in the Colonies*, 176。

182 這段內容出自 Holdridge, 'Circulating the African Journal', 506。

183 *Cape Town Mail*, 8 December 1849; 29 December 1849.

184 *South African Commercial Advertiser*, 21 March 1849.

185 *South African Commercial Advertiser*, 21 July 1849; 22 August 1849; and 15 September 1849.

186 關於這點，參見創刊號社論 *Mauritius Times*, 15 July 1848。

187 *Le Cernéen*, 23 June 1848; and, Le Cernéen, 11 July 1848.

188 *Le Cernéen*, 4 July 1848. 更多這類感受參見：*Le Cernéen*, 6 July 1848。

189 *Le Cernéen*, 6 October 1848. 'Il est intutile de dire qu' à l'égard du gouvernement métropolitain, nos efforts seront toujours ceux de sujets dévoués et fidèles, et qu'un des premiers devoirs que nous impose cette qualité est de l'éclairer sur les conséquences de sa politique commerciale à l'égard de cette belle Dépendance de la Couroune britannique, afin d'en appeler de l'Angleterre abusée à l'Angleterre mieux informée.'

190 *Mauritius Times*, 10 October 1848 and 12 October 1848.

191 Report from Central Police Office, dated 6 October 1848 written by A. D'Courcy Potterton, Police Officer, TNA: CO 167/302.

192 *Mauritius Times*, 18 October 1848.

193 Letter dated Port Louis, from James Egbert Simmons to Mrs Simmons, 25 February 1848, CUL: Add 9549/9; 另見 *Le Cernéen*, 11 October 1848, and the despatch from William Gomm to Earl Grey, dated 9 October 1848, TNA: CO 167/302; also despatch from William Gomm to Earl Grey, dated 14 October 1848, TNA: CO 167/302。

194 Despatch from William Gomm to Earl Grey, dated 14 Oct 1848, TNA: CO 167/302.

195 *Mauritius Times*, 13 October 1848.

196 *Le Mauricien*, 13 October 1848.

197 *Le Cernéen*, 14 October 1848.

198 Letter from d'Épinay to William Gomm, dated 6 October 1848, TNA: CO 167/302.

143 Worden, Van Heyningen and Bickford-Smith, *Cape Town*, 88.

144 D. Warren, 'Merchants, Commissioners and Wardmasters: Municipal Politics in Cape Town, 1840-54' (Master's thesis, University of Cape Town, 1986).

145 同上註，94。

146 詳細內容參見 Ross, *Status and Respectability*, chapter 3。

147 K. McKenzie, 'Dogs and the Public Sphere: The Ordering of Social Space in Early Nineteenth-century Cape Town', *South African Historical Journal* 48, no. 1 (2003), 235-51, at 224.

148 論點呼應 McKenzie, *Scandal in the Colonies*。

149 McKenzie, 'The South African Commercial Advertiser', 146.

150 有關開普敦殖民者借鏡加勒比地區，參見 McKenzie, *Scandal in the Colonies*, 140。

151 *Cape of Good Hope Observer*, 17 July 1849.

152 McKenzie, *Scandal in the Colonies*, 174; Ross, *Status and Respectability*, 161; Eric A. Walker, ed., *The Cambridge History of the British Empire*, 8 vols (Cambridge, 1929-63), vol. 8, 2nd edn, 379.

153 *South African Commercial Advertiser*, 6 June 1849; and 11 August 1849; italics in original.

154 *South African Commercial Advertiser*, 10 November 1849.

155 *Cape of Good Hope Observer*, 17 July 1849.

156 轉引自 Walker, ed., *The Cambridge History of the British Empire*, vol. 8, 377。

157 *South African Commercial Advertiser*, 14 April 1849.

158 *South African Commercial Advertiser*, 5 May 1849.

159 *Cape Town Mail*, 20 May 1849.

160 Keegan, *Colonial South Africa*, 227.

161 *South African Commercial Advertiser*, 8 August 1849.

162 *South African Commercial Advertiser*, 20 June 1849.

163 *Cape Town Mail*, 14 July 1849.

164 Miles Taylor, 'The 1848 Revolutions and the British Empire', in *Past and Present* 166, no. 1 (February 2000), 146-80.

165 *Cape of Good Hope Observer,* 17 July 1849.

166 *Cape of Good Hope Observer*, 24 July 1849.

167 *Cape of Good Hope Observer*, 9 October 1849.

168 *Cape of Good Hope Observer*, 9 October 1849.

169 *South African Commercial Advertiser*, 4 August 1849;「染疫船」一詞也出現在 *Cape Town Mail*, 12 May 1849。

170 轉引自 Walker, ed., *The Cambridge History of the British Empire,* vol. 8, 379。

171 *South African Commercial Advertiser*, 30 December 1848.

172 轉引自 Warren, *Merchants*, 208。

173 Stanley Trapido, 'The Origins of the Cape Franchise Qualification of 1835', *Journal*

Regulations for the Town of Port Louis in Conformity with the Ordinance in Council no.16 of 1849', NAM: RA 1082。

123 Letters from L. Lechelle to the Governor, dated Port Louis, 9 April 1850, and dated Port Louis 21 April 1850, NAM: RA 1082.

124 *Le Cernéen*, 4 and 22 June 1850, 10 October 1850. 感謝詹姆斯・德・蒙蒂爾（James de Montille）提供這兩篇參考文獻。

125 Letter from L. Lechelle, Mayor to James Macaulay Higginson, Governor, dated Port Louis, 8 September 1851, NAM: RA 1130.

126 為下文開普敦討論奠定基礎的入門文獻：Nigel Worden, Elizabeth Van Heyningen and Vivian Bickford-Smith, *Cape Town: The Making of a City: An Illustrated Social History* (Cape Town: David Philip, 1998)。

127 Shirley Judges, 'Poverty, Living Conditions and Social Relations: Aspects of Life in Cape Town in the 1830s' (Master's thesis, University of Cape Town, 1977).

128 同上註。

129 James Sturgis, 'Anglicisation at the Cape of Good Hope in the early nineteenth century', *Journal of Imperial and Commonwealth History* 11, no. 1 (1982), 5-32, at 10; 另見 Hermann Giliomee, *The Afrikaners* (Tafelberg: Cape Town, 2003), 197ff。

130 Giliomee, *The Afrikaners*, 198.

131 Worden, van Heyningen and Bickford-Smith, *Cape Town*, 117.

132 Kirsten McKenzie, *Scandal in the Colonies: Sydney and Cape Town, 1820-1850* (Carlton, Vic.: Melbourne University Press, 2004), 56.

133 Judges, 'Poverty', 83.

134 Robert Ross, *Status and Respectability in the Cape Colony, 1750-1870* (Cambridge: Cambridge University Press, 1999), 81.

135 Timothy Keegan, *Colonial South Africa and the Origins of the Racial Order* (Cape Town and Johannesburg: David Philip, 1996), 166.

136 Sturgis, 'Anglicisation at the Cape.'

137 Kirsten McKenzie, "'My Own Mind Dying with Me': Eliza Fairbairn and the Reinvention of Colonial Middle-Class Domesticity in Cape Town', *South African Historical Journal* 36, no. 1 (1997), 3-23.

138 A. Bank, 'Liberals and Their Enemies: Racial Ideology at the Cape of Good Hope 1820 to 1850' (PhD thesis, University of Cambridge, 1995), 17.

139 這裡沿用我在另一篇文章的論點 Sujit Sivasundaram, 'Race, Empire and Biology before Darwinism', in Denis Alexander and Ron Numbers, eds, *Biology and Ideology* (Chicago: University of Chicago Press, 2010), 114-28。

140 Ross, *Status and Respectability*, 43.

141 K. McKenzie, 'The South African Commercial Advertiser and the Making of Middle-Class Identity in Early Nineteenth-Century Cape Town' (Master's thesis, University of Cape Town, 1993), 222.

142 Keegan, *Colonial South Africa*, 110.

101 'Papers relative to the disturbance which took place in the Theatre of Port Louis on the night of 16 August 1823', NAM: HA 19/5.
102 Backhouse, *A Narrative of a Visit*, 4.
103 Bradshaw, *Views in the Mauritius*, 5.
104 同上註，Chapter 3, XX。
105 J. Barnwell and A. Toussaint, *A Short History of Mauritius* (London: Government of Mauritius, 1949), 61; 關於勃艮第酒的消費，參見 Pridham, *England's Colonial Empire*, 264。
106 Barnwell and Toussaint, *Short History*, 173.
107 Backhouse, *A Narrative of a Visit*, 27-8. 另一個哀嘆模里西斯不檢點的新教記載，參見 *A Modern Missionary: Being the Brief Memoir of the Rev. John Sarjant, late of Mauritius* (London: John Mason, 1834)。
108 Petition to Governor Gomm from shopkeepers in Port Louis, dated Port Louis, Mauritius 27 October 1843, NAM: RA 747.
109 Billiard, Voyage aux Colonies, 39. 'La parcourent toutes les nuances de couleur, depuis le rose pâle jusqu'au rouge cuivré, et jusqu'au noir le plus foncé.'
110 Billiard, Voyage aux Colonies, 40. 'les productions et les physionomies des quatre parties du monde.'
111 Backhouse, *A Narrative of a Visit*, 12.
112 A. J. Christopher, 'Ethnicity, Community and the Cènsus.'
113 Bradshaw, *Views in the Mauritius*, 4.
114 Pridham, *England's Colonial Empire*, 262.
115 奧利耶的傳記，參見 de Montille, 'The Coloured Elite'，下個段落的細節也出自本書，主要集中在 72-3。
116 Charles Wesley, 'Remy Ollier, Mauritian Journalist and Patriot', in *Journal of Negro History* 6, no. 1 (January 1921), 54-65, at 64.
117 Toussaint, *Port Louis*, 88-9.
118 Letter from Committee of Election to the Municipal Corporation to the Colonial Secretary and attached 'List of Voters', dated 22 January 1850, Port Louis, NAM: RA 1082.
119 Letter from L. Lechelle, Mayor to the Governor, dated Port Louis, 30 March 1850 and letter from L. Lechelle, Mayor to the Governor, dated Port Louis, 30 March 1850, NAM: RA 1082.
120 'The Municipal Council', Commercial Gazette, 12 June 1850; 另見 letter from L. Lechelle to the Colonial Secretary, dated Port Louis, 7 January 1851, NAM: RA 1130 and other documents in RA1130 for the cutting of stones。
121 Letter from L. Lechelle, Mayor to the Governor, dated Port Louis, 27 April 1850, NAM: RA 1130.
122 Letter from the Procureur Advocate Général, dated 9 March 1850, NAM: RA 1082, and letter dated 30 March 1850, above. 和火災有關的更詳細規定，參見 'Municipal

Colonial Empire, 251。

79 這裡借用畫家布萊德蕭（Bradshaw）眼中的〈路易港，從遠處眺望〉(Port Louis, from the Offing）, in T. Bradshaw, *Views in the Mauritius, or Isle de France* (London: James Carpenter, 1832)。

80 Bradshaw, *Views in the Mauritius*, 4-5.

81 Plate 3 in M. J. Milbert, *Voyage Pittoresque à l'Ile de France* (Paris: A. Nepveu, 1812). 關於後來帶有自治市範圍的路易港勘測地圖，參見 J. L. F. Target, *Plan of Port Louis and its Environs* (1858), TNA。

82 關於人口數，參見 James Backhouse, *A Narrative of a Visit to the Mauritius and South Africa* (London: Hamilton, Adams, 1844), 4; Pridham, *England's Colonial Empire*, 393; and Auguste Toussaint, *Port Louis: A Tropical City* (London: George Allen, 1973), trans. W. E. F. Ward, 67; 另見 *Mauritius Blue Book*, 1835, Cambridge University Library (hereafter CUL) RCS.L.BB.483.1835。

83 A. J. Christopher, 'Ethnicity, Community and the Census in Mauritius, 1830-1990', *Geographical Journal* 158, no. 1 (March 1992), 57-64.

84 'Reports of a Medical Commission Assembled Under the Presidency of W. A. Burke', NAM: HA 68/2.

85 'Mauritius', Oriental Herald and Colonial Intelligencer 3 (London: Madden & Co., 1839), 648-50, at 649.

86 Letter from R. Farquhar to Earl Bathurst, Port Louis, 11 October 1816, TNA: CO 167/960.

87 Letter from Farquhar to Bathurst, 11 October 1816.

88 Pridham, *England's Colonial Empire*, 263.

89 Billiard, Voyage aux Colonies, 39: 'le féu détruisit en un instant les travaux et les fortunes d'un siècle.'

90 參見 'Papers relative to the fire of 1816', and also 'Organisation of a Fire Brigade, 1823' in NAM: HA 16/8-9。

91 Letter from Police Office to G. A. Barry Esq. Chief Secretary, dated 4 July 1823, NAM: HA 16/9.

92 'Scheme proposed for a better organization of the Police Force in Mauritius', NAM: HA 19/2.

93 Pridham, *England's Colonial Empire*, 353; Toussaint, *Port Louis*, 68.

94 Pridham, *England's Colonial Empire*, 354.

95 Bradshaw, *Views in the Mauritius*, 5.

96 'Correspondence Relative to the Enclosing of the New Bazaar in Stone Walls, 1828', NAM: HA 7/4.

97 Toussaint, *Port Louis*, 76-7.

98 Pridham, *England's Colonial Empire*, 263.

99 Toussaint, *Port Louis*, 70.

100 'Papers relative to the Conseil de Commune Générale, 1818-1820', NAM: HA 14/6.

from Commodore Nourse to Mr. Hastie, dated Bambatooka Bay, 8 December 1823, NAM: HB/5.

61 Gwyn Campbell, 'Madagascar and the Slave Trade, 1810-1895', *Journal of African History* 22, no. 2 (April 1981) 203-27.

62 Letter from Rainimaharo, Chief Secretary of Madagascar to the Governor of Mauritius, dated Antananarivo, 21 July 1840, NAM: HB 2/2.

63 Letter from Mr. Campbell to the Hon Colonial Secretary, dated Port Louis, 19 October 1840, NAM: HB 2/2.

64 Campbell, 'Madagascar and the Slave Trade', 212.

65 Marina Carter and Hubert Gerbeau, 'Covert Slaves and Coveted Coolies in the Early 19th Century Mascareignes', *Slavery and Abolition* 9, no. 3 (1988), 194-208, at 194.

66 'Proclamation in the Name of His Majesty George 3rd', signed at Port Louis, 27 April 1815 by R. T. Farquhar, TNA: CO 167/960.

67 Auguste Billiard, *Voyage aux Colonies Orientales, ou Lettres Écrites des Îles de France et de Bourbon* (Paris: Ladvocat, 1822), 64.

68 Richard B. Allen, 'The Mascarene Slave-Trade and Labour Migration in the Indian Ocean during the Eighteenth and Nineteenth Centuries', *Slavery and Abolition* 24, no. 2 (2003), 33-50.

69 轉引自 Carter and Gerbeau, 'Covert Slaves', 203. 'exposés sans pitié sur le rivage de la mer, n'attendant plus que la mort pour terme de leurs cruelles soufrances'。

70 Pridham, *England's Colonial Empire*, 251.

71 Hubert Gerbeau, 'Engagees and coolies on Réunion Island: Slavery's Masks and Freedom's Constraints', in C. Emmer, ed., *Colonialism and Migration: Indentured Labour Before and After Slavery* (Dodrecht: Kluwer, 1986), 209-36.

72 Letter from R. Farquhar to Earl Bathurst, dated Port Louis, 20 April 1815, TNA: CO 167/960.

73 Letter from R. Farquhar to Earl Bathurst, dated Port Louis, 18th September 1815, TNA: CO 167/960.

74 這裡的引文參見 Charles Darwin, *Journal of Researches into the Natural History and Geology of the Countries Visited During the Voyage of H.M.S. Beagle Round the World* (London: John Murray, 1845), 2nd edn, 484。

75 法奎爾總督寫道：「模里西斯一直被認為是這個半球的馬爾他——它幸運的地理位置，既可當作城堡要塞或軍事哨站，也可以作為商業度假勝地的中心，在兩個半球之間，擁有無與倫比的海港優勢，使它成為重要、富裕又繁榮的島嶼，」出自 R. Farquhar to Earl Bathurst dated Port Louis, 1 June 1816, TNA: CO 167/190。

76 參見 Pridham, *England's Colonial Empire*, 256; 抵港船隻的統計另見，382-3。

77 'Documents concerning the establishment of a dockyard', NAM: HA 74/7.

78 Late Official Resident, *An Account of the Island of the Mauritius and its Dependencies* (London, 1842), 28-9. 關於路易港貿易的另一段記載，參見 Pridham, *England's*

36 Letter from John Jeremie to E. G. Stanley dated 30 April 1834.

37 *Le Cernéen*, 24 July 1832.

38 Jeremie, *Recent Events*.

39 Report from John Jeremie to E. G. Stanley, dated Port Louis, 21 June 1834, TNA: CO 167/178; and 'Address by Mr. Jeremie to some of the Inhabitants', NAM.

40 Report from John Jeremie to E. G. Stanley dated Port Louis, 21 June 1834, TNA: CO 167/178.

41 同上註。

42 同上註。

43 同上註。

44 同上註。

45 同上註。

46 Jeremie, *Recent Events,* 37.

47 Report from John Jeremie to E. G. Stanley dated Port Louis, 21 June 1834, TNA: CO 167/178.

48 *La Balance*, 7 April 1834.

49 De Montille, 'The Coloured Elite', 71.

50 Report from John Jeremie to E. G. Stanley dated Port Louis, 21 June 1834, TNA: CO 167/178.

51 *La Balance*, 21 April 1834.

52 Hugh Strickland and A. G. Melville, *The Dodo and its Kindred* (London: Reeve and Benham, 1848), iv.

53 實例參見 letter from Charles Telfair, Civil Assistant, to Captain Barry, Chief Secretary to Government, dated 8 August 1810; and also, letter from A. Barry, Chief Secretary to Charles Telfair, dated St. Denis, 8 August 1810; NAM: HA 23。

54 R. Farquhar, 'Notes on the first Establishment of Madagascar, and explanatory of its relations with & dependency on the Isle of France, taken from the Records in the Isle of France', TNA: CO 167/960.

55 同上註。

56 Selvon, *A New Comprehensive History*, vol. 1, 266.

57 模里西斯政府和東非沿岸政體之間的關係也延續了更久的時間，模里西斯和約翰那島（Johanna，按：今昂儒昂島）、桑給巴爾和馬斯喀特之間的大量通信可以為證。參見：NAM: HB 2。

58 Paper titled 'By Radama, King of Madagascar', NAM: HB/4. 關於拉達瑪在一八二七年對貿易徵收關稅和附加限制，參見 HB/4 更多信件。

59 參見 letters in NAM: HB/4. 從模里西斯獲釋協助拉達瑪種植開墾的印度囚犯名字，參見 letter from G. Barry to Mr. Hastie, Government Agent at Madagascar, dated Port Louis, 30 June 1825, NAM: HB/4, 這個檔案夾的其他文件顯示還有更多印度囚犯被送到馬達加斯加。

60 Letter from J. Hastie, dated Tamatave, 25 February 1826, NAM: HB/4, and also letter

of Mr. Jeremie', dated 9 July 1832, TNA: CO 167/162. 另見 letter from Edward Blackburn to Governor Charles Colville, dated 14 August 1832, Port Louis, NAM: HA 20/2。

15 John Jeremie, *Recent Events at Mauritius* (London: S. Bagster, 1835), 6.

16 Barker, 'Distorting the Record', 6.

17 Burroughs, 'The Mauritius Rebellion', 253.

18 Jeremie, *Recent Events at Mauritius*, 28, and also *The Mauritius, an Exemplification of Colonial Policy* (Birmingham: B. Hudson, 1837), 8.

19 'Address by Mr. Jeremie to some of the Inhabitants of Mauritius convened by the Governor on the 7th July 1832', NAM: HA 20/2.

20 本段參考 Burroughs, 'The Mauritius Rebellion', 256。

21 關於恒河號抵達時發生的事情，參見 letters from W. Staveley to Charles Colville, Governor, dated 14 August 1832, NAM: HA 20/2; 更早期的事件參見 Chapter 3。

22 *Le Cernéen*, 7 July 1832. 'Cet évènement fut le dernier signal pour l'explosion du sentiment public. Toutes les affaires furent dèslors suspendues. Toutes les boutiques, tous les magasins furent spontanément fermés. La milice s'arma, et s'augmenta de tous les citoyens.'

23 Letter from John Jeremie to Governor Colville, dated 25 June 1832, NAM: H/20.

24 Jeremie, *Recent Events*, 43.

25 Sydney Selvon, *A New Comprehensive History of Mauritius*, 2 vols (Mauritius: Bahemia, 2012), vol. 1, 289.

26 John Jeremie, Report dated 18 March 1835, TNA: CO 167/187.

27 Letter from James Simpson to John Finniss, Police Office, dated Mahebourg, 29 March 1833, TNA: CO 167/178. 另一段把法國大革命事件當作「此事真正對應」的敘述，參見 letter from John Jeremie to Governor Colville, dated Port Louis, 22 July 1832, TNA: CO 167/162。

28 Charles Pridham, *England's Colonial Empire: An Historical, Political and Statistical Account of Mauritius* (London: T. & W. Boone, 1849), 138.

29 Anthony Barker, *Slavery and Antislavery in Mauritius, 1810-33* (Basingstoke: Macmillan, 1996), chapter 2.

30 *Le Cernéen*, 13 July 1832. 'nous avons fait retentir de toute la force de nos faibles poumons la grande voix de la presse.'

31 'Observations relative to the actual state of the colony by a member of the meeting assembled at Govt House on Saturday 7th inst.', dated 12 July 1832, signed J. Laing, TNA: CO 167/162.

32 Burroughs, 'The Mauritius Rebellion', 246.

33 'Observations relative to the actual state.'

34 轉引自 Burroughs, 'The Mauritius Rebellion', 261。

35 Letter dated 30 April 1834 from John Jeremie to E. G. Stanley, Secretary of State for the Colonies, TNA: CO 167/178, 625.

145 引述出自 Frost and Balasingamchow, *Singapore: A Biography*, 105。
146 這裡和下文的引述出自 Raimy Ché-Ross, 'A Malay Poem on New Year's Day', 67-73。
147 Harper, 'Afterword.'

第八章

1 Peter Burroughs, 'The Mauritius rebellion of 1832 and the abolition of British colonial slavery', *Journal of Imperial and Commonwealth History* 4, no. 3 (1976), 243-65, at 249, and Richard Allen, *Slaves, Freedmen and Indentured Laborers in Colonial Mauritius* (Cambridge: Cambridge University Press, 1999), 15.
2 Allen, *Slaves, Freedmen and Indentured Laborers*, 17.
3 Antony Barker, 'Distorting the record of slavery and abolition: The British anti-slavery movement and Mauritius, 1826-37', *Slavery and Abolition* 14, no. 3 (1993), 185-207, 141.
4 參見如今已經過時的 Hugh Tinker, *A New System of Slavery: The Export of Indian Labour Overseas, 1830-1920* (London: Oxford University Press, 1974); 以及這個辯論今天導致對不同類型勞動者關係的更複雜描述，相關討論參見 Sujit Sivasundaram, 'The Indian Ocean', in David Armitage, Alison Bashford and Sujit Sivasundaram, eds, *Oceanic Histories* (Cambridge: Cambridge University Press, 2017), 31-60。
5 Satyendra Peerthum, '"Fit for Freedom": Manumission and Freedom in Early British Mauritius, 1811-1839', in A. Sheriff et al., eds, *Transition from Slavery in Zanzibar and Mauritius: A Comparative History* (Dakar, Senegal: Codesria, 2016), 69-88.
6 Peerthum, 'Fit for Freedom', 89.
7 參見Burroughs, 'The Mauritius Rebellion', and also Daniel North-Coombes, 'Slavery, Emancipation and the Labour "Crisis" in the Sugar Industry of Mauritius, 1790-1842', *Tanzania Zamani* 3, no. 1 (January 1997), 16-49, at 27。
8 這個論點出自 Megan Vaughan, *Creating the Creole Island: Slavery in Eighteenth-Century Mauritius* (Durham, N. C. and London: Duke University Press, 2005), chapter 10。
9 Burroughs, 'The Mauritius Rebellion', 247-8.
10 Sateyndra Peerthum, '"Making a Life of their Own": Ex-Apprentices in Early Post-Emancipation Period, 1839-1872', in A. Sheriff et al., eds, *Transition from Slavery*, 109-40.
11 Allen, *Slaves, Freedmen and Indentured Laborers*, chapter 2.
12 轉引自 James de Montille, 'The Coloured Elite of the District of Grand Port, Mauritius' (MPhil Dissertation: University of Cambridge, 2016), 63。
13 Burroughs, 'The Mauritius Rebellion', 243.
14 Edward Blackburn, 'Memorandum of some of the observations made by the Chief Justice in Council on the present state of the Colony with reference to the departure

132 這個評論來自以下展覽，〈地理平面圖：慶祝地圖及其故事〉（Geo-Graphics: Celebrating Maps and their Sories），二〇一五年初開展。

133 參見 C. M. Turnbull, *The Straits Settlements: Indian Presidency to Crown Colony* (London: University of London Press, 1972)。

134 'Number of Square Rigged Vessels and Native Craft touching at Singapore in the year 1836/7', NAS: Military Department, Marine Branch Papers, copied from the National Archives of India, NAB 1672 (microfilm).

135 參見 J. T. Thomson, *Plan of Singapore Town and Adjoining Districts* (1846), 上面有種植園和土地劃分。

136 J. T. Thomson and S. Congalton, *The Survey of the Straits of Singapore* (1846), and J. T. Thomson and S. Congalton, *The Survey of the Straits of Singapore* (1855). 另見 Charles Morgan Elliot, *Chart of the Magnetic Survey of the Indian Archipelago* (1851)。

137 Letter from J. T. Thomson to Lieut. H. L. Thuillier, Dept. Surveyor General, Bengal, dated Singapore 27 December 1847 NAS: 'Letters: J. T. Thomson', 526.9092 THO, vol. 2, 240.

138 Letter from J. T. Thomson to T. Church, Resident Councillor, dated Singapore 6 April 1848, NAS: 'Letters: J. T. Thomson', 526.9092 THO, vol. 1, 48-55, 引文出自 53. 有關他們正遷徙到柔佛的觀點，參見 letter from J. T. Thomson to Lieut. H. L. Thuillier, n.d., 1849, NAS: 'Letters: J. T. Thomson', 526.9092 THO, vol. 2, 250-1。

139 Trocki, *Prince of the Pirates*, 19.

140 Letter from J. T. Thomson to T. Church, Resident Councillor, dated Singapore 27 May 1851, NAS: 'Letters: J. T. Thomson', 526.9092 THO, vol. 2, 159-64, 引文出自 161. 有關市政府興起，以及它與新加坡早期衛生問題的關係，討論參見 Brenda S. A. Yeoh, *Contesting Space: Power Relations and the Urban Built Environment in Colonial Singapore* (Kuala Lumpur: Oxford University Press, 1996), 31-2。

141 Turnbull, *The Straits Settlements*, 3.

142 同上註，242 ff. 關於嘗試用蒸汽動力打擊海盜的兩個例子，參見 letter from the Governor of Prince of Wales Island, Singapore and Malacca to the H. Torrens, Secretary to Government, Fort William, dated 27 September 1840, NAS: NAB 1673, 以及二十年後的 letter from Colonel Cavenagh to the Secretary of the Government of India, dated Singapore, 1st October 1860, NAS: NAB 1671。

143 有關和新加坡港口軍艦相關的港口規則，參見：despatch from the Governor of Prince of Wales Island, Singapore and Malacca to the Secretary to the Government of India, Fort William, dated 15 December 1857, NAS: NAB 1671。

144 Letter from Colonel Butterworth, Governor, 'Remarks upon the proposal of erecting a lighthouse at Singapore to the Memory of James Horsburgh', dated 31 January 1830, NAS: NAP 1672; 另見 letter from J. T. Thomson to J. Church, Resident Councillor, dated Singapore, 2 November 1830, NAS: NAP 1672, and letter from J. T. Thomson to T. Church, Resident Councillor, dated Singapore, 20 November 1850, NAS: 'Letters: J. T. Thomson', 526.9092 THO, vol. 1, 129-38。

116 有關在岩石上工作的勞工來自不同背景，以及他們總共說十一種不同的語言，參見 letter from J. T. Thomson to Allan Stevenson, Engineer to the Northern Lighthouse Board, dated Singapore 28 September 1851, NAS: 'Letters: J. T. Thomson', vol. 2, 177-82。

117 Thomson, 'Account of the Horsburgh Lighthouse', 378.

118 有關湯姆森提到華人的數量為八十人，參見 letter from J. T. Thomson to T. Church, Resident Councillor, dated Singapore, 10 August 1850, NAS: 'Letters: J. T. Thomson', vol. 1, 122-3. 其他資訊出自 Hall Jones and Hooi, *An Early Surveyor in Singapore*。

119 兩張素描，請看圖38和圖39, Hall Jones and Hooi, *An Early Surveyor in Singapore.* 湯姆森為這些圖投入的心血，以及想從倫敦獲得版畫，參見 letter from T. Church, Resident Councillor to the Governor of Prince of Wales Island, Singapore and Malacca dated Singapore, 17 January 1852, NAS: NAB 1671. Also, 'Horsburgh Lighthouse Engravings Account', dated Singapore August 1852, NAS: 'Letters: J. T. Thomson', 526.9092 THO, vol. 2, 216。

120 Thomson, 'Account of the Horsburgh Lighthouse', 396.

121 同上註，397。

122 同上註，395。

123 同上註，437。

124 Wilbert Wong Wei Wen, 'John Thomson and the Malay Peninsula: The Far East in the Development of His Thoughts' (Undergraduate thesis, University of Otago, 2014).

125 圖 31, Hall Jones and Hooi, *An Early Surveyor in Singapore.* 有關該圖相關事件的細節，參見 Thomson, 'Account of the Horsburgh Lighthouse', 422。

126 Thomson, 'Account of the Horsburgh Lighthouse', 424. 湯姆森對這段期間這些事件的描述，參見 letter from J. T. Thomson to T. Church, Resident Councillor, dated Singapore 29 May 1850, NAS: 'Letters: J. T. Thomson', 526.9092 THO, vol. 1, 114-16。

127 有關他必須離開回英國，參見 letter from J. T. Thomson to T. Church, Resident Councillor, dated Singapore 3 August 1853, NAS: 'Letters: J. T. Thomson', 526.9092 THO, vol. 2, 223-4. 關於他最後撤離，參見 letter from J. T. Thomson to T. Church, Resident Councillor, dated 28 December 1854, NAS: 'Letters: J. T. Thomson', 526.9092 THO, vol. 2, 228-9. 另見 Thomson, 'Account', 424, 431。

128 Thomson, 'Account of the Horsburgh Lighthouse', p. 416.

129 同上註，459-64。

130 Letter from T. Church, Resident Councillor to the Governor of Prince of Wales Island, Singapore and Malacca, dated Singapore, 17 January 1852, NAS: NAB 1671. 有關旋轉燈光，參見 letter from Colonel Butterworth, Governor, to the Undersecretary of Government, Fort William, dated 12 June 1848, NAS: NAB 1672。

131 這類爭端其中一例，參見 letter from J. T. Thomson to T. Church, Resident Councillor, dated Singapore 20 October 1847, NAS: 'Letters: J. T. Thomson', 526.9092 THO, vol. 1, 27。

World 41, no. 120 (2013), 273-90, 還有這份特別刊號的其他論文。

104 轉引自 J. J. Sheehan, 'A Translation of the Hikayat Abdullah', *Journal of the Malaysian Branch of the Royal Asiatic Society* 14 (1936), 227-8. This follows the view of Mark Frost and Yu-Meil Balasingamchow, *Singapore: A Biography* (Singapore: Éditions Didier Millet, 2009), 76: 'Strictly speaking he was Jawi Peranakan–a local-born Muslim of mixed Arab, Indian and Malay ancestry.'

105 參見 Frost and Balasingamchow, *Singapore: A Biography*, 76。

106 此人可能是孟加拉工程師的指揮官羅伯特・史密斯（Robert Smith），他之前曾在檳城擔任主管工程師和執行官。參見 Robert Smith, *Views of Prince of Wales' Island Engraved and Coloured by William Daniell From the Original Paintings of Robert Smith* (London: s.n., 1821)。

107 關於阿卜杜拉和史密斯，參見 *The Hikayat Abdullah*, 237-8。

108 湯姆森的傳記生平，參見 John Hall-Jones, *The Thomson Paintings: Mid-Nineteenth Century Paintings of the Straits Settlements and Malaya* (Singapore: Oxford University Press, 1983), ix-xi, and John Hall-Jones and Christopher Hooi, *An Early Surveyor in Singapore: John Turnbull Thomson in Singapore, 1841-1853* (Singapore: National Museum, 1979)。

109 Thomson, *Some Glimpses*, chapter 58.

110 《牛津國家人物傳記大辭典》（*Oxford Dictionary of National Biography*）的霍爾斯堡傳記見：http://www.oxforddnb.com/view/article/13810。

111 Letter from J. T. Thomson to Colonel Butterworth, Governor of Singapore, Malaccca and P.W. Island, dated 25 August 1846, Singapore, NAS: Files of the Military Department, Marine Branch, copied from the National Archives of India, NAB 1672 (microfilm). 關於它聳立於海面之上的想法，參見它的建設報告 Governor of P.W. Island, Singapore and Malacca to Fort William, dated 9 March 1850, NAS: NAB 1672. 另見 J. A. L. Pavitt, *First Pharos of the Eastern Seas: Horsburgh Lighthouse* (Singapore Light Dues Board: Donald Moore Press, 1966)。

112 J. T. Thomson, 'Account of the Horsburgh Lighthouse', *Journal of the Indian Archipelago and Eastern Asia* 6, no. 1 (1852), 376-498, 377. 有關霍爾斯堡燈塔建造的更多詳細內容，另見 NAS: Files of the Home Department, Marine Branch, copied from the National Archives of India, NAB 1671 (microfilm) and files in NAB 1672。

113 Minutes of the Marine Department of India, dated 5 September 1849, NAS: NAB 1671. 另見 letter dated 5 September 1849, BL: Marine Department, IOR, E/4/801, consulted on microfilm at National Archives of Singapore。

114 Thomson, 'Account', 430.

115 Letter from J. T. Thomson to T. Church, Resident Councillor, dated January 1852, NAS: NAB 1671. 有關岩石上情況的另一段記載，參見 letter from J. T. Thomson to T. Church, Resident Councillor of Singapore, dated Singapore 8 March 1848, NAS: 'Letters: J. T. Thomson', 526.9092 THO, vol. 1, 42-4。

Branch of the Royal Asiatic Society, Kuala Lumpur: Academe Art, 2009), 102, for this reference. 關於阿卜杜拉回顧性地構建他與萊佛士的關係，以及把本文視為事實和目擊者證詞的危險，參見 Sweeney, 'Abdullah Bin Abdul Kadir Munsyi'。

86 有關卡迪爾朝覲的內容，參見 Raimy Ché-Ross, 'Munshi Abdullah's Voyage to Mecca'。

87 這段的引述出自 *The Hikayat Abdullah*, 234 and 297。

88 有關蒸汽船前進馬來半島周邊水域，參見 C. A. Gibson-Hill, 'The Steamers in Asian Waters, 1819-1839', *Journal of the Malayan Branch of the Royal Asiatic Society* 27, no. 1 (May 1954), 120-62。

89 'Teks Ceretera Kapal Asap', in Amin Sweeney, ed., *Karya Lengkap Abdullah bin Abdul Kadir* (Jakarta: KPG, 2006), jilid 2, 271-304, 引用和資訊出自請見 275 and 278。

90 眼見為憑重要性的另一個討論，參見 J. T. Thomson, *Some Glimpses into Life in the Far East* (London: Richardson & Company, 1865), 330-1。

91 *The Hikayat Abdullah*, 290. 關於卡迪爾參與傳教士媒體，參見 Jan Van der Putten, 'Abdullah Munsyi and the missionaries', *Bijdragen tot de Taal-, Land-en Volkenkunde* 162, no. 4 (2006), 407-40. 關於印刷著作的暢銷，尤其是傳教士對科學和技術的關注，參見 Ian Proudfoot, *Early Malay Printed Books* (Academy of Malay Studies: University of Malaya, 1993), introduction, 11-19。

92 *The Hikayat Abdullah*, 290. 關於這些是新加坡最快的船，參見 C. Skinner, 'Abdullah's Voyage to the East Coast, Seen Through Contemporary Eyes', *Journal of the Malaysian Branch of the Royal Asiatic Society* 39, no. 2 (1966), 23-33, 25。

93 *The Hikayat Abdullah*, 291。

94 關於卡迪爾在訪問馬六甲時對「班頓」展現的興致，參見 Sweeney, 'Abdullah Bin Abdul Kadir Munsyi', 224。

95 Amin Sweeney, ed., *Karya Lengkap Abdullah bin Abdul Kadir Munsyi* (Jakarta: KPG, 2005), jilid 1, 162, verse 42. 感謝希堤・努來因（Siti Nur'Ain）和我一起工作，幫我翻譯和解答馬來語的問題。另見 *The Story of the Voyage of Abdullah Bin Abdul Kadir Munshi*, trans. A. E. Cooper (Singapore: Malaya Pub. House, 1949), 64,「時機已到！錨起船開！／閃電槳！烈焰槍！我們必須離開。／子彈在後膛深處；／愛在我心中更深處。」

96 Raimy Ché-Ross, 'Munshi Abdullah's Voyage to Mecca', translation, 'The story of Abdullah bin Abdul Kadir Munshi's Voyage from Singapore to Mecca', 186.

97 *The Hikayat Abdullah*, 40.

98 Sujit Sivasundaram, *Islanded*, 271ff.

99 關於他和醫生的交流，參見 *The Hikayat Abdullah*, 199-203, 引述出自 200。

100 *The Hikayat Abdullah*, 203.

101 同上註，204。

102 Diana Carroll, 'The 'Hikayat Abdullah', 92-3.

103 參見以下極具說服力的例子 See the persuasive case mounted by Tim Harper, 'Afterword: The Malay World: Besides Empire and Nation', *Indonesia and the Malay*

NAS: 'Letters: J. T. Thomson', 526.9092 THO, 2 vols, vol. 1, 1-9。

73 Trocki, *Prince of Pirates*, 61 and 67.

74 Letter from Lord Aberdeen, dated the Foreign Office, 10th December 1845, NAS: NAB 1673.

75 James Horsburgh, *Bay of Bengal* (London: J. Horsburgh, 1825). 關於這個時期的航行資訊密度，參見 John Lindsay, *Directions to Accompany J. Lindsay's Charts of the Straits of Malacca* (London, 1795). 另見 Robert Laurie and James Whittle, *The Oriental Navigator: or New Directions for Sailing to and from the East Indies* (Edinburgh: Printed by R. Morison, 1794)。

76 George Romaine, 'A Sketch of the Bay of Bengal shewing the tracks of three Cruizers', BL: Add Mss 13910.

77 Langdon, *Penang*, 59-62.

78 Peter Borschberg, Makeswary Periasamy and Mok Ly Yng, *Visualising Space: Maps of Singapore and the Region, Collections from the National Library and National Archives of Singapore* (Singapore: National Library Board, 2015), 88, and Daniel Ross, *Plan of Singapore Harbour, 1819* (London: J. Horsburgh, 1820). 對新加坡早期地圖的評論得力於 'Geo-Graphics', exhibition, 2015。

79 關於新加坡海峽在十九世紀前的歷史，參見 Peter Borscheberg, *The Singapore and Melaka Straits: Violence, Security and Diplomacy in the 17th Century* (Singapore: National University of Singapore Press, 2010)。

80 Sketch of the land round Singapore Harbour, 7 February 1819, TNA: ADM 344/1307, item 1.

81 Anon., 'Plan of the Island of Singapore' (1822), BL: IOR, X/3347.

82 Letter from John Crawfurd, Resident, Singapore to the Secretary to the Government of Fort William, dated 3 August 1824, NAS: NAB 1673.

83 Ian Proudfoot, 'Abdullah vs Siami: Early Malay Verdicts on British Justice', *Journal of the Malaysian Branch of the Royal Asiatic Society* 80, no. 1 (June 2007), 1-16, from 'Retrenchments', a poem by Siami, translated by Proudfoot, at 13. 以下關於阿卜杜拉和暹米的部分參考：John Bastin, 'Abdulla and Siami' in *Journal of the Malaysian Branch of the Royal Asiatic Society* 81, no. 1 (June 2008), 1-6; Diana Carroll, 'The "Hikayat Abdullah": Discourse of Dissent', *Journal of the Malaysian Branch of the Royal Asiatic Society 72*, no. 2 (1999), 91-129; Amin Sweeney, 'Abdullah Bin Abdul Kadir Munsyi: A Man of Bananas and Thorns', *Indonesia and the Malay World* 34 (2006), 223-45; Raimy Ché-Ross, 'A Malay Poem on New Year's Day (1848): Munshi Abdullah's Lyric Carnival', *Journal of the Malaysian Branch of the Royal Asiatic Society 81*, no. 1 (June 2008), 49-82 and Raimy Ché-Ross, 'Munshi Abdullah's Voyage to Mecca: A Preliminary Introduction and Annotated Translation', *Indonesia and the Malay World* 28 (2000), 173-213。

84 Bastin, 'Abdulla and Siami', 4.

85 Abdullah Bin Abdul Kadir, *The Hikayat Abdullah*, ed. and trans. A. H. Hill (Malaysian

between the British Diaspora in Madras and the Host Community, 1650-1790', in Haneda Masashi, ed., *Asian Port Cities, 1600-1800: Local and Foreign Cultural Interactions* (Singapore: National University of Singapore Press, 2009), 162-74。

52 James Capper, *Observations on the Winds and Monsoons* (London: C. Whittingham, 1801), 171.

53 更多關於寫天氣日記的內容，參見 Jan Golinski, B*ritish Weather and the Climate of Enlightenment* (Chicago: University of Chicago Press, 2007)。

54 Capper, *Meteorological and Miscellaneous Tracts* (Cardiff: J. D. Bird), 130.

55 同上註，128。

56 同上註，128-9。

57 同上註，198-9

58 Capper, *Observations*, xxii.

59 同上註，124。

60 同上註，125。

61 同上註，116. 更多卡珀對「電流」影響的研究，參見 Peter Rogers, 'The Weather Theories and Records of Colonel Capper', *Weather* 11 (October 1956) 326-9。

62 Capper, *Observations*, xxvi-xxvii.

63 Thomas Forrest, *Treatise on the Monsoons in East-India* (London: J. Robson, 1783), 7. 佛瑞斯特的傳記，參見 D. K. Bassett, 'Thomas Forrest: An Eighteenth Century Mariner', *Journal of the Malaysian Branch of the Royal Asiatic Society* 34, no. 2 (1961), 106-22。

64 Thomas Forrest, *Voyage from Calcutta to the Mergui Archipelago* (London: J. Robson, 1792), i.

65 Forrest, 'Idea of Making a Map of the World', in *Voyage*, 139ff.

66 參見佛瑞斯特在瑪京達瑙（Maguindanao）地圖上馬來爪夷文旁邊做的音譯註釋 'Map of the southern portion of 'Magindano', c.1775, BL: Add Mss 4924. 另見 Thomas Suarez, *Early Mapping of Southeast Asia* (Singapore: Periplus Editions, 1999), 251。

67 引文出自 Marcus Langdon, *Penang: The Fourth Presidency of India, 1805-1930* (Penang: Areca Books, 2013), 6-7, dated 25 January 1786 and 27 July 1787。

68 同上註，18, letter dated 29 April 1780。

69 同上註，20-1。

70 參見 D. K. Bassett, 'Thomas Forrest'。

71 Langdon, *Penang*, 11.

72 Letter from John Crawfurd, Resident, Singapore, to the Secretary to the Government of Fort William, dated 3 August 1824, National Archives of Singapore (hereafter NAS), Foreign Secret Department Files, copied from the National Archives of India, NAB 1673 (microfilm). 此處把海洋延伸也視為新加坡範圍的觀點，也是湯姆森作為新加坡勘測員對這一帶的看法，參見 letter from J. T. Thomson to Lieut. H. L. Thuillier, Deputy Surveyor General of Bengal, dated Singapore, 22 June 1847, in

Madras Observatory, BL: IOR, F/4/760.

28 Goldingham, 'Report', 113.

29 感謝瑞秋・利歐（Rachel Leow）提供破解「Gaunsah Lout」這個地名的建議。

30 Goldingham, 'Report', 114.

31 Elizabeth Graves, *The Minangkabau Response to Dutch Colonial Rule in the Nineteenth Century* (Singapore: Equinox, 2010), 49ff.; 另見 Azyumardi Azra, *The Origins of Islamic Reformism in Southeast Asia* (Honolulu: University of Hawaii Press, 2004)。

32 University of Cambridge, Institute of Astronomy.

33 University of Cambridge, Institute of Astronomy.

34 Azra, *The Origins of Islamic Reformism*, 145.

35 Goldingham, 'Report', 114-15.

36 參見 Ivory, 'Short Abstract', 353。

37 這部分我參考 Sen, *Astronomy in India*, 89, 但不同意他的說法，至於下文中沃倫的協助，參見 90。

38 Warren, 'Paper on the Length of the Simple Pendulum at the Madras Observatory'.

39 Warren, 'An Account of the Comet'.

40 譬如這份被去除個性的報導 'Transit Observations, 1840-51', RAS: MSS Madras/9, 3 vols。

41 John Warren, *Kala Sankalita: A Collection of Memoirs* (Madras: College Press, 1825), p. v.

42 Letter from John Warren to the Senior Member and Members of the Board of Superintendence for the College, dated 28 December 1826, Madras, BL: IOR, P/245/76.

43 Fort St. George, 25 January 1828, BL: Madras Public Consultations, India Office Records, E/4/935.

44 Letter from John Warren to the Senior Member and Members of the Board, dated 28 December 1826, BL: IOR, P/245/76.

45 Fort St. George, 25 January 1828, BL: Madras Public Consultations, IOR, E/4/935.

46 Warren, *Kala Sankalita*, xiii.

47 Fort St. George, 25 January 1828, BL: Madras Public Diaries and Consultations, India Office Records, E/4/935.

48 參見E. Danson, *Weighing the World: The Quest to Measure the Earth* (Oxford: Oxford University Press, 2006), 204。

49 關於沃倫的內容，主要取自 R. K. Kochhar, 'French Astronomers in India', *Journal of the British Astronomical Association* 101, no. 2 (April 1991), 95-100. 里程碑的故事，參見 97。

50 參見 Dunn and Higgitt, eds, *Navigational Enterprises*。

51 這部分參考A. C. Sanderson, 'The British Community in Madras, 1780-1830' (MPhil thesis, University of Cambridge, 2010). 另見 Søren Mentz, 'Cultural Interaction

usually called the Seven Pagodas', *Asiatic Researches* 5 (1799): 69-80; 另見 Markham, *A Memoir*, 239。

10 關於符合此處對數據搜集詮釋的絕佳說明，參見 Jan Golinski, *British Weather and the Climate of the Enlightenment* (Chicago: University of Chicago Press, 2011)。

11 Fort St. George, 27 January 1809, BL: Madras Public Consultations, IOR, E/4/930.

12 J. Warren, 'An Account of the Comet which Appeared in the Months of September, October and November, 1807', dated Madras Observatory, 1 January 1808, RAS: MSS Madras/6, and R. C. Kapoor, 'Madras Observatory and the Discovery of C/1831 A1 (The Great Comet of 1831)', *Journal of Astronomical History and Heritage* 14 (2011), 93-102, at 97, 100.

13 Fort St. George, 27 January 1809, BL: Madras Public Consultations, IOR, E/4/930.

14 有關船作為「硬體設備」，參見 D. Miller, 'Longitude Networks on Land and Sea: The East India Company and Longitude Measurement "in the Wild", 1770-1840', in Richard Dunn and Rebekah Higgitt, eds, *Navigational Enterprises in Europe and its Seas, 1730-1850* (Basingstoke: Palgrave Macmillan, 2016), 223-47, at 227。

15 'Description of an Astronomical Observatory.'

16 University of Cambridge, Institute of Astronomy.

17 參見 'Copy of Report of Company's Astronomer on the Length of the Pendulum at the Equator, Transmitted and Presented to the Netherlands Government', 1824-30, BL: IOR, Z/E/4/42/E475。

18 'Scientific Expedition to the Equator, Instructions.'

19 J. Warren, 'Paper on the Length of the Simple Pendulum at the Madras Observatory', RAS, MSS Madras/8.

20 更多詳細內容，參見 Sophie Waring, 'Thomas Young, the Board of Longitude and the Age of Reform' (PhD thesis, University of Cambridge, 2014), 96-7. 有關凱特的研究，另見 'Henry Kater, 'An account of experiments for determining the variation in the length of the pendulum vibrating seconds, at the principal stations of the Trigonometrical Survey of Great Britain', *Philosophical Transactions of the Royal Society of London* 109 (1819), 337-508。

21 Clements Robert Markham, *A Memoir on the Indian Surveys* (London: W. H. Allen & Co., 1871), 48.

22 J. Ivory, 'Short Abstract of M. de Freycinet's Experiments for Determining the Length of the Pendulum', *Philosophical Magazine* 68 (1826), 350-3, 引文出自 352。

23 Waring, 'Thomas Young', 146-7.

24 F. Mountford, Assistant Surveyor General, to the Chief Secretary of Government, dated 2 January 1822, BL: IOR, F/4/760.

25 John Goldingham, 'Report on the Length of the Pendulum at the Equator', in Goldingham, ed., *Madras Observatory Papers* (Madras, 1826), 105-6.

26 同上註，'Report', 109. 下文更多資訊取自這篇報告報告。

27 Letter from John Goldingham to the Secretary of Government, dated 22 January 1824,

190 John L. Rawlinson, *China's Struggle for Naval Development, 1839-1895* (Cambridge, Mass.: Harvard University Press, 1967), 11.

191 同上註，13。

192 同上註，16。

193 Andrade, *The Gunpowder Age*, 262.

194 同上註，258。

195 同上註，263。

196 同上註，264。

197 Benjamin Elman, *On Their Own Terms: Science in China, 1550-1900* (Cambridge, Mass.: Harvard University Press, 2005), 360. 本段借用艾爾曼（Elman）對中國造船業的概述。

第七章

1 這句引述和下一段開頭的那句，出自 'Scientific Expedition to the Equator, Instructions', dated 2 July 1822, Fort St. George, BL: IOR, P/245/33。

2 有關天文臺的起源，參見 'Description of an Astronomical Observatory Erected at Madras', dated Madras, 24 December 1792, Royal Astronomical Society, London (hereafter RAS): MSS Madras/2。

3 哥丁罕寫給麥肯齊的信，引用自 S. M. Razaullah Ansari, 'Early Modern Observatories in India, 1792-1900', in Uma Das Gupta, ed., *Science and Modern India: An Institutional History, c.1784-1947* (Delhi: Pearson, 2011), 349-80, at 353. 有關馬德拉斯天文臺歷史的更多內容，參見拉傑什・科查爾（Rajesh Kochar）可線上取用的作品，http://rajeshkochhar.com/tag/madras-observatory, accessed 12 January 2018. 本章在研究後期，受到和正在賓州大學取得博士學位的普拉尚・庫馬爾（Prashant Kumar）的討論啟發，包括對馬德拉斯天文臺社會史的說明。

4 參見 Matthew Edney, *Mapping an Empire: The Geographical Construction of British India, 1765-1843* (Chicago: University of Chicago Press, 2009), 172-3。

5 參見 W. H. Sykes, 'On the Atmospheric Tides and Meteorology of Dukkun (Deccan), East Indies', *Philosophical Transactions of the Royal Society of London* 125 (1835), 161-220, at 175。

6 Joydeep Sen, *Astronomy in India, 1784-1876* (London: Pickering and Chatto, 2014), 43-4. 參見 John Goldingham, 'Corresponding Observations of Eclipses of Satellites of Jupiter, 1796', RAS: MSS Madras/5。

7 John Goldingham, 'Of the Geographical Situation of the Three Presidencies, Calcutta, Madras, and Bombay, in the East Indies', *Philosophical Transactions of the Royal Society of London* 112 (1822), 408-30, at 408.

8 John Goldingham, 'Experiments for ascertaining the Velocity of Sound, at Madras in the East Indies', *Philosophical Transactions of the Royal Society of London* 113 (1823): 96-139, 186.

9 詳細內容參見 John Goldingham, 'Some Account of the Sculptures at Mahabalipooram:

172 引文出自 Carey, *The Power of Prophecy*, 261。

173 和馬打蘭蘇丹簽訂的條約 BL: Raffles-Minto Collection, Mss Eur F148/23. 關於明托宣布新英國政府的自由和開明原則，參見Carey, *The Power of Prophecy*, 283-4。

174 Carey, *The Power of Prophecy*, 348-65.

175 Carey, *The British in Java: 1811-1816: A Javanese Account* (Oxford: Oxford University Press, 1992), 118.

176 同上註，87。

177 同上註，103, 107. 關於日惹認為西帕依具有攻擊性的觀點，參見 Carey, *The Power of Prophecy*, 303。

178 Seda Kouznetsova, 'Colin Mackenzie as a Collector of Javanese Manuscripts', in Indonesia and the Malay World 36 (2008): 375-94. 關於他對梭羅河的調查，參見 Mackenzie, *Colonel*, 135-9.「作為爪哇委員會主席，麥肯齊中校幾乎訪問了該島的每個地方，委員會搜集的大量重要資料，加上他個人辛勤取得和研究獲得的有趣文件，將構成最有用和最有趣的資訊體……」，出處 Mackenzie, *Colonel*, 161, from 'General orders on the farewell of Mackenzie', 麥肯齊於一八一三年七月十八日離開。

179 Jurrien van Goor, *Prelude to Colonialism: The Dutch in Asia* (Hilversum: Uitgeverij Verloren, 2004), 93.

180 以斯里蘭卡為例，參見 Alicia Schrikker, *Dutch and British Colonial Intervention in Sri Lanka, 1780-1815: Expansion and Reform* (Leiden: Brill, 2007)。

181 巴達維亞空氣不健康的看法在這個時候廣泛流通，參見 J. J. Stockdale, *Sketches, Civil and Military, of the Island of Java and its Immediate Dependencies* (London: J. J. Stockdale, 1812), 2nd edn, 128-9, 他在這裡寫道，巴達維亞是「地球表面最不健康的地方之一」，「沿著這片海岸，大海吐出各式各樣的汙穢物、黏液、軟體動物、死魚、泥土和雜草，它們因極端高溫以極快的速度腐爛，並以令人反感的瘴氣充斥和感染空氣。本書是山繆・奧赫穆蒂（Samuel Auchmuty）搜集的荷蘭和法國作家早期作品的翻譯；這段引述來自 C・F・通比（C. F. Tombé）的法文記載。

182 麥肯齊談論日惹王宮，參見 Mackenzie, *Colonel*, 153。

183 關於他在爪哇軍事事件中的作用，參見 Mackenzie, Colonel, chapter 15。

184 下面對鴉片戰爭的討論參考了：Julia Lovell, *The Opium War: Drugs, Dreams and the Making of China* (London: Picador, 2011), and Robert Bickers, *The Scramble for China: Foreign Devils in the Qing Empire, 1832-1914* (Penguin: Allen Lane, 2011)。

185 轉引自 Tonio Andrade, *The Gunpowder Age: China, Military Innovation, and the Rise of the West in World History* (Princeton: Princeton University Press, 2016), 249。

186 構成本段的軍事分歧討論，轉引自同上註，256 and chapter 16。

187 參見 Glenn Melancon, 'Honour in Opium? The British Declaration of War on China, 1839-1840', *The International History Review* 21, no. 4 (1999), 855-74, at 863。

188 更多相關內容，參見 Melancon, 'Honour in Opium?'。

189 *The Chinese Repository 5* (1836), 172-3.

F148/7, point 25。

149 'Mr. Raffles' Reports on Java and the Eastern Isles', addressed to Lord Minto, dated Batavia, 20 September 1811, BL: Raffles-Minto Collection, Mss Eur F148/7, point 25.

150 Thorn, *Memoir*, 12-13.

151 同上註，27. 有關麥肯齊登陸爪哇的前後故事，參見 W. C. Mackenzie, *Colonel Colin Mackenzie, First-Surveyor-General of India* (Edinburgh: W. & R. Chambers, 1952), 110-14。

152 關於士兵數量，參見 Boulger, *Life*, 70。

153 Thorn, *Memoir*, 18.

154 Minute, dated Fort William, 29th November 1811, BL: Lord Minto's Minutes, Raffles-Minto Collection, Mss Eur F/148/15.

155 Thorn, *Memoir*, 21, 24.

156 Colonel Gillespie's report, dated Weltevreden, 11 August 1811, BL: Raffles-Minto Collection, Mss Eur F 148/10.

157 'Plan of the Route of the British Army, Under the Command of Lieut. General Sir Samuel Auchmuty, from the day of their landing at Chillingching in Java on the 4th August 1811 to the assault on the enemy's lines at Cornellis on the 26th August 1811', BL: Raffles-Minto Collection, Mss Eur F148/10; 'Plans, Charts, Memorandum and details connected with the expedition against the Dutch Islands', BL: Raffles-Minto Collection, F148/10.

158 Crawfurd, *History*, vol. 1, 4.

159 Thorn, *Memoir*, 45; 引文出自 Minute, dated Fort William, 6 December 1811, BL: Lord Minto's Minutes, Minto-Raffles Collection, Mss Eur F148/15。

160 同上註，26。

161 同上註，33。

162 有關荷蘭人認為氣候會在科尼利斯堡戰役的準備期造成士兵「不節制」和「疲勞」，參見 Minute dated Fort William, 6 December 1811, BL: Minto-Raffles Collection, Lord Minto's Minutes, Mss Eur F148/15。

163 Boulger, *Life*, 74-5.

164 Thorn, *Memoir*, 95.

165 同上註，107。

166 同上註，'Native Powers'。

167 同上註，156。

168 同上註，134 and 138。

169 Crawfurd, *History*, vol. 1, 14.

170 'Mr. Raffles' Reports on Java and the Eastern Isles', addressed to Lord Minto, dated Batavia, 20 September 1811, BL: Raffles-Minto Collection, Mss Eur F148/7, point 33.

171 Carey, *The Power of Prophecy*, 205-6. 凱里（Carey）指出，日惹國庫在一八〇八年估計有一百萬元的西班牙金銀幣，不包括鑽石。整個國庫在一八〇八至一二年間徹底消失。

130 Letter from Minto, dated Batavia, 2 September 1811, in Thorn, *Memoir*, 89.

131 'Mr. Raffles' Reports on Java and the Eastern Isles', addressed to Lord Minto, dated Batavia, 20 September 1811, BL: Raffles-Minto Collection, F148/7, point 64.

132 參見 Peter Carey, 'The Destruction of Java's Old Order', 171。

133 Gommans, 'Conclusion', 276. 關於這時期巴達維亞的社會史，參見 Ulbe Bosma and Remco Raben, *Being 'Dutch' in the Indies: A History of Creolisation and Empire, 1500-1920* (Singapore: National University of Singapore Press, 2008), and also Jean Gelman Taylor, *The Social World of Batavia: European and Eurasian in Dutch Asia* (Madison, Wisc.: University of Wisconsin Press, 1983)。

134 Letter from Minto to Major General Abercromby, dated Fort William, 3 September 1810, BL: Raffles-Minto Collection, Mss Eur F148/1.

135 H. Vetch, 'Thorn, William (1780-1843)', rev. Francis Herbert, *Oxford Dictionary of National Biography,* Oxford University Press, 2004; online edn, Oct 2005 [http://www.oxforddnb.com/view/article/27338, accessed 21 July 2015].

136 有些船隻也從孟加拉加入爪哇遠征。

137 John Crawfurd, *History of the Indian Archipelago,* 3 vols (Edinburgh: Constable & Co, 1820), vol. 1, 308.

138 同上註，13。

139 同上註，193, 240。

140 'Mr. Raffles' Reports on Java and the Eastern Isles', addressed to Lord Minto, dated Batavia, 20 September 1811, BL: Raffles Minto Collection, Mss Eur F148/7, point 39.

141 同上註，point 74。

142 'The Maritime Code of the Malays translated from the Malayu Language', in Mr. Raffles' Memoir on the Malayu Nation and a Translation, BL: Raffles-Minto Collection, Mss Eur F 148/9.

143 Letter from J. Hewett to Governor Robert Farquhar, dated Fort William, 20 May 1811, NAM: HA 5.

144 Thorn, *Memoir*, 5.

145 同上註，7。

146 同上註，11。

147 後來，這條路線引起了一些爭議，考慮到每年這個時候的海況和風況，這條路線被認為是一個冒險的選擇。實例參見 Commodore Hay, 'Draft of a letter with a Report of the Malabar's Passage': 'the route taken was utterly unwarranted by Reason or Experience', BL: Raffles-Minto Collection, Mss Eur F 148/10。

148 D. C. Boulger, *Life of Sir Stamford Raffles* (London: Horace, Marshall &Son, 1897), 57. 關於萊佛士把催促明托勳爵（Lord Minto）進行遠征的功勞攬上身，參見 Sophia Raffles, *Memoir of the Life and Public Services of Sir Thomas Stamford Raffles* (London: J. Murray, 1830), 116. 關於萊佛士組織調查以確定爪哇遠征路線，參見 'Mr. Raffles' Reports on Java and the Eastern Isles', addressed to Lord Minto, dated Batavia, 20 September 1811, BL: Raffles–Minto Collection, Mss Eur

110 Sivasundaram, *Islanded*, 71-2, 91.

111 同上註，chapter 2。

112 Obeyesekere, *The Doomed King*, 138.

113 *Ingrisi Hatana*.

114 烏達雅．梅達伽瑪翻譯的 *Vadiga Hatana*, from Kusuma Jayasuriya, *Waduga Hatana* (Colombo: Department of Cultural Affairs, 1966)。

115 Extracts of Letters from Major Hardy to His Excellency the Governor, National Archives, Kew (hereafter TNA): CO 54/56.

116 烏達雅．梅達伽瑪翻譯的 *Ahalepola Hatana*, from K. F. Perera, *Ehalepola Hatanaya* (Colombo: Subhadraloka Press: Colombo, 1911)。

117 'Narrative of Eknellegode Nilame', dated Ratnapura 20 July 1816, TNA: CO 54/61.

118 這個和下一個引用出處同上註；Kumari Jayawardena, *Perpetual Ferment: Popular Revolts in Sri Lanka in the 18th and 19th Centuries* (Colombo: Social Scientists' Association, 2010), 75。

119 Sivasundaram, *Islanded*, chapter 1.

120 'Narrative of Eknellegode Nilame.'

121 Jayawardena, *Perpetual Ferment*, 73-4.

122 Despatch from Brownrigg to Bathurst, dated Colombo 5 November 1816, TNA: CO 54/61.

123 P. E. Pieris, *Sinhale and the Patriots, 1815-1818* (reprinted Delhi: Navrang, 1995), 134, 136-7.

124 Captain L. De Bussche, *Letters on Ceylon, Particularly Relative to the Kingdom of Kandy* (London: J. J. Stockdale, 1817), 130-1.

125 Despatch from Brownrigg to Bathurst, dated Colombo 5 November 1816, TNA: CO 54/61.

126 Pieris, *Sinhale and the Patriots*, 328.

127 Jayawardena, *Perpetual Ferment*, 73.

128 William Thorn, *Memoir of the Conquest of Java* (London: T. Egerton, 1815), x-xi. 關於此處使用的敘詞「法國的」，參見索恩（Thorn）對巴達維亞陷落的評論 Thorn, 31-33. 另見對「荷蘭的」一詞在帝國語境中的可塑性的評論 Jos Gommans, 'Conclusion', in Catia Antunes and Jos Gommans, eds, *Exploring the Dutch Empire: Agents, Networks and Institutions, 1600-2000* (London: Bloomsbury Academic, 2015), 267-78。

129 參見 letter to the Secret Committee of the Hon'ble Court of Directors, dated 26 October 1810, BL: Raffles-Minto Collection, Mss Eur F148/1. 有關法國旗取代荷蘭旗，參見 'Mr. Raffles' Reports on Java and the Eastern Isles', addressed to Lord Minto, dated Batavia, 20 September 1811, BL: Raffles-Minto Collection, Mss Eur F148/7, point 17. 有關日惹宮廷一八一〇年收到法國併吞荷蘭的消息，參見 Peter Carey, *The Power of Prophecy: Prince Dipanagara and the End of an Old Order in Java, 1788-1855* (Leiden: KITLV Press, 2007), 275-6。

87 Trant, *Two Years in Ava*, 15.

88 和拿破崙在埃及的比較，參見 Havelock, *Memoir of Three Campaigns*, 43。

89 Gouger, *Personal Narrative*, 7.

90 同上註，33。

91 這部分內容參考 Michael Charney, *Southeast Asian Warfare, 1300-1900* (Brill: Leiden, 2004), 由於人口、地理和氣候的相似性，他認為有必要思考東南亞戰爭的區域輪廓。

92 我用斯里蘭卡指稱現在的國家，蘭卡則是指來自島上的人。錫蘭是該島的殖民名稱。

93 Tun, ed., *Royal Orders*, vol. 5, order passed on 18 March 1806, 212-3.

94 同上註，order passed on 1 May 1806, 229-230。

95 同上註，order passed on 29 May 1806, 240。

96 同上註，vol. 6, orders passed on 4, 6 and 8 July 1807, 56-7。

97 同上註，order passed on 21 January 1810, 166-7 and order passed on 26 December 1810, 306。

98 同上註，vol.6, order passed on 31 January 1810, 172。

99 Kitsiri Malalgoda, *Buddhism in Sinhalese Society: A Study of Religious Revival and Change* (Berkeley: University of California Press, 1976), 87ff.

100 Malalgoda, *Buddhism*, 97-9.

101 這段提出的論點，參見 Sujit Sivasundaram, *Islanded: Britain, Sri Lanka, and the Bounds of an Indian Ocean Colony*, chapters 1 and 3。

102 參見 Sujit Sivasundaram, 'Appropriation to Supremacy: Ideas of the "native" in the rise of British imperial heritage', in Astrid Swenson and Peter Mandler, eds., *From Plunder to Preservation: Britain and the Heritage of Empire. c.1800-1940* (Oxford: Oxford University Press, 2013), 149-70. 也有更多的細節和一個引人入勝的例子，關於文人和僧侶在這個時期對緬甸宗教和王權重組所扮演的角色，更多細節和一個引人入勝的例子，參見 Charney, *Powerful Learning*。

103 Sivasundaram, *Islanded, for an extended account of the war*, 212-14, 255-7.

104 《英國戰役》的引文來自和斯里蘭卡佩拉德尼亞（University of Peradeniya）大學的烏達雅・梅達伽瑪教授（Prof. Udaya Meddegama）合作的僧伽羅語到英語全文翻譯。翻譯全文藏於可倫坡國家博物館的圖書館，Colombo National Museum (CNM), see, for instance, K11。

105 同上註。

106 同上註。

107 這部分請參考本章初稿完成後出版的加納納斯・奧貝耶斯齊耳（Gananath Obeyeskere）的重要修正主義作品：Doomed King: *A Requiem for Sri Vickrama Rajasinha* (Colombo: Perera-Hussein, 2017)。

108 Channa Wickremesekera, *Kandy at War: Indigenous Military Resistance to European Expansion in Sri Lanka, 1594-1818* (Colombo: Vijitha Yapa, 2004), 60-3.

109 同上註，chapter 3。

63 *The Rath* 裡頭有對馬車、大金寺、皇家戰船的相同對照。

64 'The Rath, Or Burmese Imperial State Carriage', *The Times*, 19 November 1825, 2。

65 關於阿瓦進行的種族同質化，以及試圖將勃固和其他地方的孟族人納入這樣一個拼湊的十八世政體的嘗試，參見 Charney, *Powerful Learning*, chapter 6。

66 Lieberman, *Strange Parallels*, 183.

67 Aung, *The Stricken Peacock*, 14-16 另 見 Harvey, *History of Burma*, 353, 155-6, and Michael Symes, *Journal of his Second Embassy to the Court of Ava,* ed. with an introduction by G. E. Hall (London: Allen and Unwin, 1955), xxi。

68 Symes, *Journal*, xxx.

69 Aung, *The Stricken Peacock*, 22; 另見 'Symes Instructions, dated 30 March 1802', 轉載 Symes, Journal, 106-8. 關於其生平，同上註，lxii。

70 Michael Symes, *An Account of an Embassy to the Kingdom of Ava, in the Year 1795*, 2 vols (Ediburgh: Constable & Co., 1827, first edn 1800), vol. 2, 147.

71 'Symes Journal', dated 3 October 1804, in Symes, *Journal*, 146.

72 Symes Journal', dated 15 November 1804, in 同上註，181。

73 'Appendix 1, Letter from the Rev. Padre Don Luigi De Grondona To Lieut. Canning' dated Amarapura, 2nd October 1802, in 同上註，237。

74 Symes to Lumsden, dated Rangoon 9 August 1802, 轉載同上註，134。

75 Tun, ed., *Royal Orders*, vol. 6, orders dated 24 March 1807 and 1 November 1807.

76 Symes, *Journal*, lxxxix.

77 參見 *A Description of the Burmese Empire, compiled chiefly from Native Documents by the Rev. Father Sangermano*, trans. William Tandy (Rome: Oriental Translation Fund, 1833), 177。

78 Aung, *The Stricken Peacock*, 21.

79 Letter from the Commissioner of Pegu to the Secretary of the Government of India, dated 27 September 1859, 'Protection of French Subjects at Ava', National Archives of Myanmar, Yangon: AG 1/1 Acc No.7975.

80 Aung, *A History of Burma*, 257-9.

81 'Scrap album of official documents, press cuttings etc. relating to Capt. Marryat', NMM: MRY/11-12.

82 參見 Isaacs, 'Captain Marryat's', 48。

83 'Frederick Marryat's Signal book' (n.d.), NMM: MRY/5.

84 Isaacs, 'Captain Marryat's', 48.

85 https://www.rmg.co.uk/stories/blog/library-archive/capt-marryats-framed-original-sketch-napoleon-bonaparte-after-his.

86 比較 'Captain Marryat's Framed and Original Sketch of Napoleon Bonaparte', NMM: MRY/8 和 'Sketch of Bonaparte, as laid out on his Austerlitz campbed', NMM: PAF5963。第一幅 (MRY/8) 是筆和墨水；第二幅 (PAF5963) 是鉛筆。另見另一幅畫 NMM: MRY/7，名為 'Original sketch taken by Capt. Marryat at St Helena, a few hours after the Emperor's death'。

38 Crawfurd, *Journal of an Embassy*, 2nd edn, vol. 1, 295, 有戴安娜號被展示給國王看的記載。一八二三年，戴安娜號在一位蘇格蘭工程師的監督下，在印度的基德波爾（Kidderpore）組裝，然後出售給政府用於英緬戰爭。戰爭結束後，她一直停留在丹那沙林海岸，直到一八三五年被解散，參見 C. A. Gibson-Hill, 'The Steamers in Asian Waters, 1819-1839', *Journal of the Malayan Branch of the Royal Asiatic Society* 27, no. 1 (May 1954), 120-62。

39 編註：此圖參見 https://www.britishmuseum.org/collection/object/P_1872-0608-217。

40 'The Conflagration of Dalla, on the Rangoon River', drawn by Moore in *Birman Empire*, vol. 1, no. 17, BL: X 728.

41 Havelock, *Memoir of Three Campaigns*, 210 and 212.

42 Gouger, *Personal Narrative*, 293.

43 同上註，294。

44 Trant, *Two Years in Ava*, 178. 有關蒸汽船和戰船的相對優勢的討論，參見 Charney, 'Shallow-draft Boats'。

45 Crawfurd, *Journal of an Embassy*, 1st edn, 40, 45, 98.

46 同上註，445。

47 Havelock, *Memoir of Three Campaigns*, 241.

48 Crawfurd, *Journal of an Embassy*, 1st edn, 89.

49 同上註，321, 328。

50 Charney, 'Shallow-draft Boats', 60; Charney, 157.

51 Havelock, Memoir of Three Campaigns, 34.

52 Trant, *Two Years in Ava*, 33-4.

53 同上註，34. 有關尋找鐘的最新故事，參見：http://www.bbc.co.uk/news/world-asia-28832296, accessed 20 July 2015。

54 「翻箱倒櫃」的更多內容，參見 John Butler, *A Sketch of the Services of the Madras Regiment* (London: Smith & Elder, 1839), 23。

55 同上註，22, 17。

56 參見 F. B. Doveton, *Reminiscences of the Burmese War* (London: Allen, 1852), 196-7。

57 Ralph Isaacs, 'Captain Marryat's Burmese Collection and the Rath, or Burmese Imperial State Carriage', *Journal of the History of Collections* 17, no. 1 (January 2005) 45-71, at 51。

58 同上註，46。

59 Catalogue description of 'Seated, dry lacquer Buddha', donated by Frederick Marryat, *British Museum*: 1826, 0211.1.

60 同上註，52。

61 同上註，51-56。

62 有關可移動的座椅，參見 *The Rath; Or, Burmese Imperial State Carriage, and Throne, Studded with 20,000 Precious Stones Captured in the Present Indian War which is now Exhibiting as Drawn by Elephants at the Egyptian Hall, Piccadilly* (London: Printed for the Proprietors, 1826), 8。

20 Trant, *Two Years in Ava*, 51-3, 引文出自 53。

21 參見 Gouger, Personal Narrative, 19. 有關槍炮，參見 Than Tun, ed., *Royal Orders of Burma 1598-1885*, 10 vols (Kyoto: Centre for Southeast Asian Studies, 1983-90), vol. 5. 本書反覆出現與槍支經過有關的命令；例如 order dated 20 June 1806, 251 and orders 251ff。

22 Michael Charney, 'Shallow-draft Boats, Guns, and the Aye-ra-wa-ti: Continuity and Change in Ship Structure and River Warfare in Precolonial Myanma', *Oriens Extremus* 40, no. 1 (1997), 16-63.

23 參見 Moore, *Birman Empire*, for this sequence。

24 參見 'The Combined Forces under Brigadier Cotton, C.B. and Capt. Alexander C.B. & Chads R.N. passing the Fortress of Donabue to effect a junction with Sir Archibald Campbell on the 27th March 1825', drawn by T. Stothard, R.A. from a sketch by Capt. Thornton, RN in Moore, *Birman Empire*, vol. 2, no. 6。

25 Anna Allott, *The End of the First Anglo-Burmese War: The Burmese Chronicle Account of how the 1826 Treaty of Yandabo was Negotiated* (Chulalongkorn University Press: Bangkok, 1994), 一八二六年《琉璃宮大王統史》部分內容的翻譯，出自 32。

26 有關石油，參見 Trant, *Two Years in Ava*, 40, 以及 John Crawfurd, *Journal of an Embassy from the Governor General of India to the Court of Ava,* 2 vols (London: Published for Henry Colburn and R. Bentley, 1834), 2nd edn, vol. 1, 97. 更多相關討論，參見 Sujit Sivasundaram, 'The oils of empire', in Helen Anne Curry, Nicholas Jardine, James Secord, and Emma C. Spary, eds, *Worlds of Natural History* (Cambridge: Cambridge University Press, 2018), 379-400。

27 Havelock, *Memoir of Three Campaigns*, 169.

28 'Marryat's private logbook and record of services, 23 September 1806 to 21 April 1815', NMM: MRY/6. 緬甸人對「火筏」的使用和英國人的反應，另見 Havelock, *Memoir of Three Campaigns*, 130, 168。

29 Introduction, in Tun, ed., *Royal Orders*, vol. 5, xiii-xiv.

30 John Crawfurd, *Journal of an Embassy from the Governor General of India to the Court of Ava* (London: Henry Colburn, 1829), 1st edn, 112.

31 關倫敦貝葉書的起點，參見 *Catalogue of the Burney Parabaiks in the India Office Library* (London: British Library, 1985)。

32 Allott, *The End of the First Anglo-Burmese War*, 73.

33 同上註，12。

34 有關賠償，參見 Aung, *The Stricken Peacock*, 31。

35 Allott, *The End of the First Anglo-Burmese War*, 26.

36 Crawfurd, *Journal of an Embassy*, 1st edn, 116.

37 'Journal of a visit to Windsor, London, Richmond etc with a description and sketches of Indian idols etc. brought by Capt. Marryat from Burmah by Rev. John Skinner', transcribed by Russell Skinner, BL: Add MS 33697, 163.

1948 (The Hague: Martinus Nijhoff, 1965), vii. 關於認為緬甸人肯定會勝利的早期觀點，參見 G. E. Harvey, *History of Burma: From the Earliest Times to 10 March 1824* (London: Frank Cass, 1967, reprint Yangon, n.d.), 303-4。

5 'Epistle from an anxious Father to his Son', in *Epistles*, 45.

6 Thant Myint-U, *The Making of Modern Burma* (Cambridge: Cambridge University Press, 2001), 18.

7 參見，T. Abercromby Trant, *Two Years in Ava* (London: J. Murray, 1827), 9-10。

8 有關戰爭的詳細內容，參見 Maung Htin Aung, *A History of Burma* (Columbia University Press: New York and London, 1967, reprint Yangon, n.d.), 210-32 and Thant Myint-U, *The Making of Modern Burma*, 17-20。

9 參見 Henry Gouger, *Personal Narrative of Two Years' Imprisonment in Burmah* (London: John Murray, 1860), 103-4，有關奪取加爾各答的企圖。

10 對於這時期緬甸人對地理變化的理解，參見Michael Charney, *Powerful Learning: Buddhist Literati and the Throne in Burma's Last Dynasty* (Ann Arbor, Mich.: Centres for South and Southeast Asian Studies, University of Michigan, 2006), 169-80. 關於理想王國，參見 Michael Aung Thwin, 'Jambudīpa: Classical Burma's Camelot', *Contributions to Asian Studies* 16 (1981), 38-61。

11 Victor B. Lieberman, *Strange Parallels: Southeast Asia in Global Context, c.800-1830*, 2 vols (Cambridge: Cambridge University Press, 2003), vol. 1, 198.

12 這些船可能是史諾伯和特納先生（Messrs Snowball and Turner）製造，參見 'French and Shipbuilding', in Harvey, *History of Burma*, 353; also Trant, *Two Years in Burma,* 29 and Henry Havelock, *Memoir of Three Campaigns of Major-General Sir Archibald Campbell's Army in Ava* (Serampore, 1828), 49。

13 他被稱呼為「Sarkies」，有可能是馬努克・沙奇士，參見 Allott, *The End of the First Anglo-Burmese War*, 4, 82。

14 參見Bayly, *Empire and Information: Intelligence Gathering and Social Communication in India, 1780-1870* (Cambridge: Cambridge University Press, 1996), 122。

15 Trant, *Two Years*, 218-220.

16 Henry Bell, *Narrative of the Late Military and Political Operations in the Birmese Empire* (Edinburgh: Constable and Co., 1827), 64.

17 'One of the Birman Gilt War Boats Captured by Capt. Chads, R.N. in his successful expedition against Tanthabeen Stockade', painted by T. Stothard, R.A. from an original Sketch by Captn. Marryat, R.N. in Joseph Moore, *Rangoon Views and Combined Operations in the Birman Empire,* 2 vols (London: Thomas Clay, 1825-6), vol. 2, no. 4, BL: X 728; and *Notes to Accompany the Rangoon Views*, 2 vols (London: Thomas Clay, 1825-6), vol. 2, no. 4, BL: X 728.

18 編註：此圖參見 https://www.britishmuseum.org/collection/object/P_1917-1208-4093。

19 此圖的各種版本參見 National Maritime Museum, 'One of the Birman Gilt War Boats Captured by Capt. Chads, R.N. in his successful expedition against Tanthabeen Stockade', NMM: PAG9121。

157 更多凱利的資訊，參見Susan Lawrence, *Whalers and Free Men: Life on Tasmania's Colonial Whaling Stations* (North Melbourne, Vic.: Australian Scholarly Publishing, 2006)。

158 雪梨「白人化」參見 Karskens, *The Colony*, 533ff。

159 'Colonel William Wakefield Diary', 457.

160 Lisa Ford and David Andrew Roberts, 'Expansion, 1820-50', in Bashford and McIntyre, *The Cambridge History of Australia*, 2 vols (Cambridge University Press, 2013), vol. 1, 121-48. 關於資產階級文化出現造成的緊張局勢，參見 Penny Russell, *Savage or Civilised?: Manners in Colonial Australia* (Sydney: New South Wales Press, 2010). 關於慈善事業地位和不同性別秩序裡的緊張局勢，參見 Alan Lester and Fae Dussart, 'Masculinity, "Race", and Family in the Colonies: Protecting Aborigines in the Early Nineteenth Century', *Gender, Place & Culture: A Journal of Feminist Geography* 16, no. 1 (2009), 63-75。

161 Letter from Robert Campbell, dated Sydney, 18 July 1821, in 'Letter book, 1821', MLS: Robert Campbell Papers, ML 1348.

162 Letter from Robert Campbell, dated George Street, 26 October 1821, in 'Letter book, 1821', MLS: Robert Campbell Papers, ML 1348.

163 Lawrence, *Whalers*, 21-2.

164 同上註，22。

165 同上註，19。

166 有關澳洲和紐西蘭歷史的海洋搖擺，參見 Frances Steele, 'Uncharted Waters? Cultures of Sea Transport and Mobility in New Zealand Colonial History', *Journal of New Zealand Studies* 12 (2011), 137-54 and also, Cindy McCreery and Kirsten McKenzie, 'The Australian Colonies in a Maritime World', in Alison Bashford and Stuart Macintyre, eds *The Cambridge History of Australia*, vol. 1, 560-84. 同樣重要的還有 Tracey Banivanua Mar, 'Shadowing Imperial Networks: Indigenous Mobility and Australia's Pacific Past', *Australian Historical Studies* 46, no. 3 (2015) 340-55; 把澳洲和紐西蘭擺在一起看是參考：Tony Ballantyne, *Entanglements of Empire*, 不過在這時期是罕見的 . Frances Steele, ed., *New Zealand and The Sea*, 在本書的最後編輯階段出版，是對研究塔斯曼世界的學術作品的絕佳增補。

167 參見 Rachel Stanfield, *Race and Identity in the Tasman World, 1769-1840* (London: Pickering & Chatto, 2012).

168 毛利人將他們島嶼周遭的水域都加以命名；塔斯曼海叫作 Te Tai-o-Rēua。

第六章

1 我在文中使用當時的用語 Burma，指稱今天名為 Myanmar 的緬甸。

2 *Epistles Written on the Eve of the Anglo-Burmese War*, trans. and ed. Maung Htin Aung (The Hague: Martinus Nijhoff, 1968)。

3 'Epistle from the courtier Son' in *Epistles*, 31-3, 引文出自 32。

4 實例參見，Maung Htin Aung, *The Stricken Peacock: Anglo-Burmese Relations, 1752-*

his Contemporaries, 1788-1821 (Melbourne: Cassell Australia, 1972), chapter 1。

133 有關紐西蘭海豹的過剩，參見 Richard, 'Jorgen Jorgenson in New Zealand', 56. 另見 Hainsworth, *The Sydney Traders*, chapter 5。

134 Jorgen Jorgenson, *History of the Origin, Rise and Progress of the Van Diemen's Land Company* (reprinted, Hobart: Melanie Publications, 1979; original, 1829), 3.

135 'Van Diemen's Land Company Annual Reports, 1826-1831', NLA: MS 3273.

136 對原住民族和公司之間暴力衝突的分析，參見 Ryan, *Tasmanian Aborigines*, 166ff。

137 Colonel William Wakefield Diary, 1839-1842', Alexander Turnbull Library, Wellington (hereafter TLW): qMS 2103, 26.

138 Raymond Bunker, 'Systematic colonization and town planning in Australia and New Zealand', *Planning Perspectives* 3, no. 1 (1988), 59-80, at 68.

139 傑寧漢對捕鯨者的評論，參見 Prickett, 'Trans-Tasman stories'。

140 Colonel William Wakefield Diary', 24. 有關理查・巴雷特（Richard Barrett) 的更多生平傳記資訊，參見 Julie Bremner, 'Richard Barrett', http://www.teara.govt.nz/en/biographies/1b10/barrett-richard, accessed 14 May 2015。

141 'Colonel William Wakefield Diary', 49.

142 同上註。

143 同上註，155。

144 同上註，156。

145 可以把巴雷特和巴斯海峽海豹獵人蒙羅的地位做個比較，後者於一八二五年被任命為政府代理人，後來定居在朗塞斯頓。參見 Plomley and Henley, *The Sealers of Bass Strait*, 20 and 38。

146 有關紐西蘭捕鯨者崛起和地位變化的進一步討論，參見強尼・瓊斯（Johnny Jones）的討論 Ballantyne, *Webs of Empire*, 135-6。

147 參見 West, *History of Tasmania*, 90-3 and 108. 關於約根森的生平，以及他從事獵捕海豹與鯨魚的詳細內容，參見 James Dally, 'Jorgen Jorgenson(1780-1841)' at http://adb.anu.edu.au/biography/jorgenson-jorgen-2282, accessed 14 May 2017。

148 Richards, 'Jorgen Jorgenson in New Zealand', 82-3.

149 同上註，84。

150 Hainsworth, *The Sydney Traders*, 88.

151 Margaret Steven, *Merchant Campbell, 1769-1846* (Melbourne: Oxford University Press, 1965), 60-1.

152 Bateson, *Dire Strait*, 17.

153 Steven, *Merchant Campbell*, cited 293.

154 同上註，299。

155 'Articles of indenture', TAHO: CRO29/1/15.

156 Agreement, dated 31 March 1834, made by James Kelly, MLS: James Kelly Papers, A2588. 另見霍巴特的文件，像是 'Whaling articles of agreement for the Brig Amity', TAHO: CRO29/1/5。

塔斯馬尼亞原住民倖存至今。

111 Ryan, *Tasmanian Aborigines*, 63; Plomley and Henley, *The Sealers of Bass Strait*, 56.

112 Russell, *Roving Mariners*, 14, 100.

113 同上註，15。

114 同上註，還有 Nigel Prickett, 'Trans-Tasman stories: Australian Aborigines in New Zealand sealing and shore whaling', in G. R. Clarke, F. Leach and S. O'Connor, eds, *Islands of Inquiry: Colonization, Seafaring and the Archaeology of Maritime Landscapes,* (Canberra: Australian National University Press, 2008), 351-66。

115 達頓的故事很大程度上參考 Russell, *Roving Mariners*, 111ff. 達頓作為先鋒，參見 J. G. Wiltshire, *Captain William Pelham Dutton: First Settler at Portland Bay, Victoria: A History of the Whaling and Sealing Industries in Bass Strait, 1828-1868* (Portland, Vic.: Wiltshire Publications, 1994)。

116 'Log Book of the Barque Africaine, commanded by William Dutton from Launceston, Van Dieman's Land on a Whaling Voyage', NLA: MS 6824.

117 Lynette Peel, ed., *The Henty Journals: A Record of Farming, Whaling and Shipping at Portland Bay* (Carlton South, Melbourne: Melbourne University Press: 1996), 46.

118 這個故事出自：Nigel Prickett, 'Trans-Tasman stories: Australian Aborigines in New Zealand sealing and shore whaling', in Clarke, Leach and O'Connor, eds, *Islands of Inquiry*, 351-66 and also Russell, *Roving Mariners*, chapter 3。

119 有關他的毛利名字，參見 Russell, *Roving Mariners*, 48。

120 Russell, *Roving Mariners*, 58.

121 Prickett, 'Trans-Tasman stories', 353.

122 同上註。

123 引述出自 Russell, *Roving Mariners*, 56-7。

124 Smith, *Mari Nawi*, 179.

125 Lynette Russell, '"The Singular Transcultural Space": Networks of Ships, Mariners, Voyagers and "Native" Men at Sea, 1790-1870', in Jane Carey and Jane Lydon, eds, *Indigenous Networks: Mobility, Connections and Exchange* (New York and London: Routledge, 2014), 97-113, 101.

126 Smith, *Mari Nawi*, 177.

127 同上註，169。

128 Russell, *Roving Mariners*, 55; Smith, *Mari Nawi*, 169.

129 Tony Ballantyne, *Webs of Empire: Locating New Zealand's Colonial Past* (Vancouver: University of British Columbia Press, 2012), 126. 有關北島和捕鯨的故事，參見 Rhys Richards, 'Jorgen Jorgenson in New Zealand in 1804 and 1805', in Jorgen Jorgenson's 'Observations', edited and introduced by Rhys Richards。

130 Angela Wanhalla, *In/visible Sight: The Mixed-Descent Families of Southern New Zealand* (Wellington: Bridget Williams Books, 2009).

131 Richards, 'Jorgen Jorgenson in New Zealand', 73-4.

132 軍官和他們的貿易，參見 D. R. Hainsworth, *The Sydney Traders: Simeon Lord and*

to 1837 and son-in law to Robinson, TAHO: NG 1419。

89 'An Act for the better preservation of the Ports, Harbours, Havens, Roadsteads, Channels, navigable Creeks and Rivers in Van Diemen's Land, and the better regulation of the Shipping in the same', TAHO: CRO29/1/14.

90 參見 Charles Bateson, *Dire Strait: A History of Bass Strait* (Sydney: Reed, 1973), 68-87。

91 'Register of Names and Descriptions of Native Women forcibly taken away by the sealers and retained by them on the Straits', MLS: DLADD219, Item 9.

92 出自 'Register of Names and Descriptions of Native Women'; 這起謀殺案不是這些文件裡記錄的唯一一起。

93 Bateson, *Dire Strait*, 63.

94 Henry Reynolds, 'George Augustus Robinson in Van Diemen's Land', in Johnston and Rolls, eds., *Reading Robinson*, 161-70, 167.

95 'Register of Names and Descriptions of Native Women.'

96 Cameron, *Grease and Ochre*, 18-19, 42-3.

97 James Kelly, 'Discovery of Port Davey and Macquarie Harbour, 12 December 1815–30 January 1816', TAHO: MM 134, 49. 另見對凱利航行的描述 Bateson, *Dire Strait,* 41; 有關布里格斯的其他一些討論，參見 Plomley and Henley, *The Sealers of Bass Strait*, 18 and Cameron, *Grease and Ochre*, 74-5。

98 跳舞作為「互惠交流」的高潮，參見 Cameron, *Grease and Ochre*, 96。

99 Kelly, 'Discovery', 72.

100 'Papers of George Augustus Robinson', vol. 8, part 2, Van Diemen's Land, 30 September–30 October 1830, MLS: A7029, part 2.

101 Cameron, *Grease and Ochre*, 137.

102 George Augustus Robinson's journal, Van Diemen's Land, 25 January–24 July 1830, A7027, MLS: A7027, 240（速寫出自此處）。

103 Cameron, *Grease and Ochre*, 95.

104 George Augustus Robinson's journal, Van Diemen's Land, 25 January–24 July 1830, MLS: A7027, 251-2.

105 同上註，254。

106 Cameron, *Grease and Ochre*, 32.

107 George Augustus Robinson's journal, Van Diemen's Land, 25 January–24 July 1830, MLS: A7027, 245, 有關其生平，參見 Russell, *Roving Mariners*, 104。

108 George Augustus Robinson's journal, Van Diemen's Land, 25 January–24 July 1830, MLS: A7027, 250-1。

109 有關是否將這些事件描述為種族滅絕的討論，參見 Ann Curthoys, 'Genocide in Tasmania: The History of an Idea', in A. Dirk Moses, ed., *Empire, Colony, Genocide: Conquest, Occupation, and Subaltern Resistance in World History* (New York: Berghahn Books, 2008), 229-52。

110 參見 Cameron, *Grease and Ochre*, 83-6, 並且卡麥隆（Cameron）主張這個社區的

71 同上註，23。

72 同上註，23。

73 同上註，24。

74 同上註，25。

75 同上註，20。

76 有關改進自然的想法作為這時期不可或缺的元素，參見 Richard Drayton, *Nature's Government: Science, Imperial Britain and the 'Improvement' of the World* (New Haven and London: Yale University Press, 2000). 關於革命時代的科學和經驗主義，參見 Patrick Manning and Daniel Rood, eds *Global Scientific Practice in the Age of Revolutions* (Pittsburgh, PA.: University of Pittsburgh Press, 2016)。

77 Flinders, *Narrative of a Voyage*, 21.

78 例證參見 Tench, *1788*, ed. Flannery, 65. 有關庇隆的人類學，參見 Shino Konishi, 'François Péron's Meditation on Death, Humanity and Savage Society', in Cook, Curthoys and Konishi, eds *Representing Humanity*, 109-22。

79 有關塔斯馬尼亞和新南威爾斯之間的環境對比，參見 James Boyce, Van Diemen's Land (Melbourne Vic.: Black Inc., 2008), 1-11。

80 關於革命時代的「海盜行為」，參見 Simon Layton, 'Discourses of Piracy in an Age of Revolutions', *Itinerario* 35, no. 2 (August 2011), 81-97。

81 關於第一批殖民海豹獵人的到來，參見 Patsy Cameron, *Grease and Ochre: The Blending of Two Cultures at the Colonial Sea Frontier* (Launceston, Tasmania: Fullers Bookshop, 2011), 51, 61-2; 70 有關「海狼」，另見：Brian Plomley and Kirsten Anne Henley, *The Sealers of Bass Strait and the Cape Barren Island Community* (Hobart: Blubber Head Press, 1990)。

82 Rev. J. McGarvie, 'Manuscript on convict escapees', NLA: MS 400482; 關於蒙羅對逃犯的幫助，參見 Plomley and Henley, *The Sealers of Bass Strait*, 6; 東部海峽人的名單，參見 Cameron, *Grease and Ochre*, appendix 2。

83 Ryan, *Tasmanian Aborigines*, 74; 這段也參考了 132-3。

84 關於范迪門斯地作為當時世上監管最嚴的國家之一，參見以下討論 Boyce, *Van Diemen's Land*, 174。

85 最近對羅賓遜的跨國解讀，參見 Anna Johnston and Mitchell Rolls, eds, *Reading Robinson: Companion Essays to Augustus Robinson's 'Friendly Mission'* (Clayton, Vic.: Monash University Press, 2012)。

86 Papers of George Augustus Robinson, vol. 8, part 3, Van Diemen's Land, 31 Oct. 1830–28 February 1831, MLS: A 7029. 有關巴斯海峽廢奴主義論述地位的更多資訊，參見 Penny Edmonds, 'Collecting Looerryminer's "Testimony": Aboriginal Women, Sealers, and Quaker Humanitarian Anti-Slavery Thought and Action in the Bass Strait Islands', *Australian Historical Studies* 45, no. 1 (2014), 13-33。

87 Letter from W. Balfour, Naval Officer, to Lieutenant Governor Arthur, dated 30 May 1826: Tasmania Archives and Heritage Office, Hobart, (hereafter TAHO) CSO 1/36.

88 參見 the tissue map of James Allen, the Medical Officer on Flinders Island from 1834

50 Governor King to Sir Joseph Banks, dated Sydney 9 May 1803, in *HRNSW*, vol. 5, 132-8, 引述出自 134。

51 Commodore Baudin to Governor King, dated Port Jackson, 16 November 1802, in *HRNSW*, vol. 4, 1006.

52 Péron, *French Designs*, ed. Fornasiero and West-Sooby, Introduction, 28.

53 關於使用侵略這個觀念，見同上註，102。

54 François Péron, 'Memoir on the English Settlements in New Holland, Van Diemen's Land and the Archipelagos of the Great Pacific Ocean', in Péron, *French Designs*, ed. Fornasiero and West-Sooby, 248.

55 Peron, 'Memoir on the English Settlements', 248-9.

56 Péron, *French Designs*, ed. Fornasiero and West-Sooby, Introduction, 108, 119.

57 參見 'François Péron, Report to General Decaen, 1803', 同上註，appendix A, 312。

58 Peron, 'Memoir on the English Settlements in New Holland, Van Diemen's Land and the Archipelagos of the Great Pacific Ocean', 261.

59 同上註，264。

60 同上註，260。

61 同上註，280。

62 Tench, *1788*, ed. Flannery, 208. 關於愛爾蘭人逃跑的海洋想像，參見 Grace Karskens, '"This spirit of emigration": The nature and meanings of escape in early New South Wales', *Journal of Australian Colonial History* 7 (2005), 1-34。

63 Tench, *1788*, ed. Flannery, 211.

64 'Report on Port Jackson', journal entry dated 28-29 Floréal, Year 10 [18-19 May 1802] by Jacques-Félix-Emmanuel Hamelin in Péron, *French Designs*, ed. Fornasiero and West-Sooby, 337-8.

65 Grace Karskens, 'The early colonial presence', in Bashford and McIntyre, *The Cambridge History of Australia*, vol. 1, 91-120, 113.

66 Péron, 'Memoir on the English Settlements in New Holland, Van Diemen's Land and the Archipelagos of the Great Pacific Ocean', 193.

67 同上註，191。

68 Matthew Flinders, *Narrative of a Voyage in the Schooner Francis 1798: Preceded and Followed by Notes on Flinders, Bass, the Wreck of the Sidney Cove, etc.*, ed. Geoffrey Rawson (London: Golden Cockerel Press, 1946), 12.

69 François Péron, *King Island and the Sealing Trade: A Translation of Chapters XXII and XXIII of the Narrative by François Péron published in the Official Account of the Voyage of Discovery to the Southern Lands undertaken in the Corvettes Le Géographe, Le Naturaliste and the Schooner Casuarina, During the Years 1800 to 1804, under the Command of Captain Nicolas Baudin, ed. and trans. Helen Mary Micco* (Canberra: Roebuck Society, 1971), 38.

70 有關庇隆對弗林德斯動向的興趣，還有他錯誤的跡象，參見 Péron, *King Island and the Sealing Trade*, ed. Micco, 17。

Oceania, 1511-1850 (Basingstoke: Palgrave Macmillan, 2014), chapter 3。

34 有關此引文和對漁網和矛的評論，參見 Collins, *An Account*, vol. 2, 254。

35 *Sydney Gazette and New South Wales Advertiser*, 23 December 1804.

36 Elisabeth Finlay, 'Peddling Prejudice: A Series of Twelve Profile Portraits of Aborigines of New South Wales', *Postcolonial Studies* 16, no. 1 (2013), 2-27.

37 例如，參見瑪托拉版畫的黑白和彩色版本：W. H. Fernyhough, 'A Series of Twelve Profile Portraits of Aborigines of New South Wales' (Sydney, 1836), NLA: 8Ref 994.40049915 F366 Ncopy and PIC U2181-U2193 NK590 LOC。

38 有關禁苑和原住民，參見 Karskens, *The Colony*, 216-17。

39 Karskens, *The Colony*, 12.

40 *Sydney Morning Herald*, 16 July 1877, 文章可能由安葛斯撰寫，署名 G.F.A.。W・A・邁爾斯（W. A. Miles）也做了同樣的報導，參見 Smith, *King Bungaree*, 146 and W. A. Miles, 'How did the natives of Australia become acquainted with the Demigods...', *Journal of the Ethnological Society of London (1848-1856)* 3 (1854), 4-50。

41 Karskens, *The Colony*, 410-11.

42 'Matthew Flinders' biographical tribute to his cat Trim, 1809, NMM: FLI 11, http://flinders.rmg.co.uk/DisplayDocument2410.html?ID=92, accessed 13 May 2015.

43 為了清楚起見，我將在接下來的內容中使用塔斯馬尼亞而不是當時的名稱范迪門斯地。值得注意的是，原住民對這個島的稱呼是特魯文納（Trouwunna）和魯楚維塔（Lutruwit）。

44 Letter from Governor King to Lord Hobart, dated Sydney, New South Wales, 9 May 1803, in *Historical Records of New South Wales* (hereafter *HRNSW*), ed. F.M. Bladen, 7 vols (Mona Vale, N.S.W.: Lansdown Slattery, 1978-9), vol. 5, 132.

45 Proclamation by Philip Gidley King, Captain-General and Governor, dated 26 May 1804 in *HRNSW*, vol. 5, 379.

46 參見 Letter to the Minister of Marine, dated 11 November 1802 in François Péron, *French Designs on Colonial New South Wales: François Péron's Memoir on the English Settlements in New Holland: Van Diemen's Land and the Archipelagos of the Great Pacific Ocean,* ed. and trans. Jean Fornasiero and John West-Sooby (Adelaide, South Australia: The Friends of the State Library of South Australia, 2014), appendix B, 326-29。

47 Letter from Governor King to Lord Hobart, dated Sydney New South Wales, 14 August 1804, in *HRNSW*, vol. 5, 423. 法國和美國在南半球漁業利益之間的合作，Jorgen Jorgenson, 'Observations', in Jorgen Jorgenson's 'Observations', ed. Rhys Richards (Wellington: Paremata Press, 1996), 20-1。

48 Governor King to Sir Joseph Banks, dated Sydney 9 May 1803, in *HRNSW*, vol. 5, 132-8, 引述出自 134。

49 Lyndall Ryan, *Tasmanian Aborigines: A History Since 1803* (Crow's Nest, N.S.W.: Allen and Unwin, 2012), 43.

18 Smith, *King Bungaree*, 139.

19 *Views in New South Wales and Van Diemen's Land* (London: J. Cross, 1830), Description in National Library of Australia copy, PIC S48/A-JLOC 171.

20 參見 Jakelin Troy, *King Plates: A History of Aboriginal Gorgets* (Canberra: Aboriginal Studies Press, 1993), 5-6。

21 'DEATH OF KING BONGAREE', broadside dated 27 November 1830, 轉載 Geoffrey C. Ingleton, *True Patriots All, or News from Early Australia as told in a Collection of Broadsides* (Sydney: Angus and Robertson, 1988), 122。

22 R. H. W. Reece, 'Feasts and Blankets: The History of Some Early Attempts to Establish Relations with the Aborigines of New South Wales, 1814-1846', *Archaeology and Physical Anthropology in Oceania* 2, no. 3 (October 1967), 190-206, at 197.

23 Smith, *King Bungaree*, 145-6. Also Smith, 'Gooseberry, Cora' (1777-1852)'.

24 Bell's *Life in Sydney*, 31 July 1852.

25 Augustus Earle, 'The annual meeting of the native tribes of Paramatta', watercolour, NLA: PIC Solander A35 T95 NK12/57.

26 *Sydney Gazette and New South Wales Advertiser*, 19 January 1826.

27 Watkin Tench, 1788: *Comprising a Narrative of the Expedition to Botany Bay and a Complete Account of the Settlement at Port Jackson*, ed. Tim F. Flannery (Melbourne: Text Publishing Co., 1996), 258. 評論見 Alan Atkinson, *The Europeans in Australia*, 2 vols (Melbourne: Oxford University Press, 1997), vol. 1, 153. 有關澳洲原住民與法國農民的比較，參見：Nicole Starbuck, 'Neither Civilized nor Savage: The Aborigines of Colonial Port Jackson through French eyes', in Alexander Cook, Ned Curthoys and Shino Konishi, eds, *Representing Humanity in the Age of Enlightenment* (London: Pickering & Chatto, 2013), 109-22。

28 Despatch No. 15 of 1814, dated 8 October 1814 from Macquarie to Earl Bathurst, in *Historical Records of Australia* (hereafter HRA), 37 vols (Canberra, 1914-23, 1997-2006), series 3, vol. 8, 368.

29 Mr. William Shelley to Governor Macquarie, dated Paramatta, 8th April 1814, in *HRA*, series 3, vol. 8, 370-1.

30 David Collins, *An Account of the English Colony of New South Wales*, 2 vols (London: Printed for T. Cadell and W. Davies, 1798-1802), vol. 2, 225.

31 Grace Karskens, 'Red Coat, Blue Jacket, Black Skin: Aboriginal Men and Clothing in Early New South Wales', *Aboriginal History* 35 (2011), 1-36. 關於服裝，參見 Worgan, *Sydney Cove Journal*, 25-29, and also Tench, 1788, ed. Flannery, 42。

32 今天名為浮石通道（Pumicestone Passage）。

33 Smith, *Mari Nawi*, 106-7, and 113-16. 誠如布朗文．道格拉斯（Bronwen Douglas）指出的，邦格瑞是弗林德斯澳洲沿海原住民族比較民族學研究中的一個比較點。Bronwen Douglas, 'The Lure of Texts and the Discipline of Praxis: Cross-Cultural History in a Post-Empirical World', *Humanities Research Journal* 14, no. 1 (2007): 11-30, and Bronwen Douglas, *Science, Voyages and Encounters in*

5 *Morning Chronicle* (Sydney), 19 June 1844, 2 有可拉和波馬雷的比較。有關大溪地的波馬雷四世和性別，參見 Patricia O'Brien, '"Think of me as a Woman": Queen Pomare of Tahiti and Anglo-French Imperial Contest in the 1840s Pacific', *Gender & History* 18, no. 1 (April 2006), 108-29。

6 有關可拉名字中的「羊魚」的意思，參見 Vincent Smith, 'Moorooboora's Daughter', in *National Library of Australia News* 16, no. 9 (June 2006), 19-21。

7 這段參考 Grace Karskens, *The Colony: A History of Early Sydney* (Crow's Nest, N.S.W.: Allen & Unwin, 2010), 401ff. 有關原住民水上活動的更廣泛觀點，參見 Heather Goodhall and Allison Cadzow, *Rivers and Resilience: Aboriginal People on Sydney's Georges River* (Sydney: University of New South Wales Press, 2009)。

8 例證參見 George B. Worgan, *Sydney Cove Journal, 20 January-11 July 1788,* ed. John Currey (Malvern, Vic.: Banks Society, 2010), 53 or Tench, 1788, ed. Flannery, 258。

9 這些評論是針對 'Natives of New South Wales pre-1806' (unsigned, undated), MLS: DGB 10. 另見另一本相關圖集 , 'Natives of New South Wales drawn from life in Botany Bay, ca. 1805', MLS: PXB 513 and R. Browne, 'Natives Returned from Fishing, 1820', MLS: SV/150。

10 參見 Inga Clendinnen, *Dancing with Strangers: The True History of the Meeting of the British First Fleet and Aboriginal Australians* (Edinburgh: Canongate, 2003), 223-4。

11 參見 Karskens, *The Colony*, 408。

12 Worgan, *Sydney Cove Journal*, 107.

13 Augustus Earle, 'Portrait of Bungaree, a native of New South Wales, with Fort Macquarie, Sydney Harbour, in background', NLA: Rex Nan Kivell Collection, NK118. 詮釋說明，參見 David Hansen, 'Death Dance', *Australian Book Review* 290 (April 2007), 27-32. 另見 Vincent Smith, *King Bungaree: A Sydney Aborigine Meets the great South Pacific Explorers, 1799-1830* (Kenthurst, New South Wales [N.S.W.]: Kangaroo Press, 1992), and Vincent Smith, *Mari Nawi: Aboriginal Odysseys* (Dural, N.S.W.: Rosenberg, 2010), chapter 10。

14 Entry for 11 February 1822, Diary of Lachland Macquarie, MLS: A774. See Smith, King Bungaree, 77ff.

15 轉引 Smith, *King Bungaree*, 134-5, from Richard Sadlier, *The Aborigines of Australia* (Sydney: T. Richards, Government Printer, 1883), 56, 對他作為海軍中尉第一次訪問雪梨的回顧評論，and from Peter Miller Cunningham, *Two Years in New South Wales* (London: Henry Colburn, 1827)。

16 有關服裝在路易・范模里西斯領導的開普敦叛亂中的作用，參見 Nigel Worden, 'Armed with Swords and Ostrich Feathers: Militarism and Cultural Revolution in the Cape Slave Uprising, 1808', in Richard Bessel, Nicholas Guyatt and Jane Rendall, eds, *War, Empire and Slavery, 1770-1830* (Basingstoke: Palgrave Macmillan, 2010), 121-38。

17 Jocelyn Hackforth-Jones, *Augustus Earle, Travel Artist* (Canberra: National Library of Australia, 1980), 74.

Seafaring, 1780-1860: Shipboard Life, Unrest and Mutiny (Martlesham: Boydell and Brewer, 2015)。

140 有關拉斯卡勞動和航海法等範圍更廣的結構，參見 Michael H. Fisher, 'Working across the Seas: Indian Maritime Labourers in India, Britain, and in Between, 1600-1857', *International Review of Social History* 58, no. S21 (December 2013), 21-45。

141 Bayly, *Recovering Liberties*, 28ff.

142 Broeze, 'Underdevelopment and Dependency.'

143 Michael H. Fisher, 'Finding Lascar "Wilful Incendiarism": British Ship-Burning Panic and Indian Maritime Labour in the Indian Ocean', *South Asia: Journal of South Asian Studies* 35, no. 3 (2012), 596-623.

144 George Annesley Earl of Mountnorris [George Viscount Valentia], *Voyages and Travels to India, Ceylon, the Red Sea, Abyssinia and Egypt* (London: W. Bulmer and Co., 1809), 380. 'Correspondence', The Naval Chronicle 15 (1806), 476.

145 Letter of the Superintendent of the Marine, Robert Anderson, dated Bombay 2 February 1805, BL: IOR, Bombay Public Proceedings, P/343/20. The term 'pirate' was also applied to the lascar rebels in the letter dated Bombay 7 February 1805, from Forbes &c, BL: IOR, Bombay Public Proceedings, P/343/20.

146 Jaffer, "Lord of the Forecastle", 166; 引文出自 'Asiatic Intelligence-Bombay', *Asiatic Journal and Monthly Miscellany* 14 (1822), 98。

147 'The Memorial of Henry William Hyland late Master of the Grab Brig Bombay Merchant' dated 26 September 1821, BL: IOR, Bombay Public Proceedings, P/345/65.

148 Bulley, *The Bombay Country Ships*, 80.

149 F. Warden, 'Extracts from brief notes relative to the rise and progress of the Arab tribes of the Persian Gulf', in Tuson, ed., *Records of the Emirates*, vol. 1, 24-5.

150 關於這點，參見 Potter, ed., *The Persian Gulf in History*, 14-16。

151 參見 'Statement shewing the Expence incurred in the Dockyards for the Honble Company's, Her Majesty's, French Government and Merchant Vessels from 1838 to 1842', NMM: Papers of Captain Sir Robert Oliver (1783-1848), MS94/006。

第五章

1 可拉・醋栗的生平，參見 Vincent Smith, 'Gooseberry, Cora (1777-1852)', Australian Dictionary of Biography, http://adb.anu.edu.au/biography/gooseberry-cora-12942, accessed 17 August 2017. Cora's Aboriginal names were: Kaaroo, Carra, Caroo, Carroo or Barangan。

2 現存的可拉・醋栗護胸鎧甲有兩件。一件藏於雪梨米契爾圖書館分類號為 R 251B，另一件藏於雪梨澳洲博物館，分類號 B008454。

3 在本章中，雪梨指的是雪梨灣周圍一帶，不過早期該港口被稱為傑克遜港，南邊有植物學灣，北邊是布羅肯灣。

4 F. Wymark, 'David Scott Mitchell', MLS: Am 121/1/1-3, 21.

建造船舶的更廣泛背景，另見 Frank Broeze, 'Underdevelopment and Dependency: Maritime India during the Raj', *Modern Asian Studies* 18, no. 3 (July 1984), 429-57。

118 參見 T. M. Luhrmann, *The Good Parsi: The Fate of a Colonial Elite in a Postcolonial Society* (Cambridge, Mass.: Harvard University Press, 1996), 17:「因為他們試圖同化，而沒有轉向革命，他們比多數其他殖民菁英更清楚地揭示了他們同化的後殖民後果。」

119 Christine Dobbin, 'The Parsi Panchayat in Bombay City in the Nineteenth Century', *Modern Asian Studies* 4, no. 2 (March 1970), 149-64.

120 這段參考 C. A. Bayly, *Recovering Liberties: Indian Thought in the Age of Liberalism and Empire* (Cambridge: Cambridge University Press, 2012), 118ff。

121 有關該日記的描述，參見 Marwa Elshakry and Sujit Sivasundaram, eds., *Science, Race and Imperialism, in Victorian Science and Literature*, eds, Gowan Dawson and Bernard Lightman, 8 vols (London: Chatto and Pickering, 2011-12), vol. 6, 1-6, 引述出自 4。

122 出自 'Houses of Parliament' in Jehangir Naoroji and Hirjibhoy Meherwanji, *Journal of a Residence of Two Years and a Half in Great Britain* (London: William Allen & Co., 1841), 164ff。

123 本段大量借鑑 N. Benjamin, 'Arab Merchants of Bombay and Surat (c.1800-1840)', *Indian Economic and Social History Review* 13, no. 1 (1976): 85-95. 另見 Bulley, *The Bombay Country Ships*, 32-3。

124 Benjamin, 'Arab Merchants', 85.

125 Buckingham, *Travels in Assyria*, vol. 2, 430.

126 同上註。

127 William Heude, *A Voyage up the Persian Gulf* (London: Strahan and Spottiswoode, 1819), 19.

128 Bulley, *The Bombay Country Ships*, 230-1.

129 Heude, *A Voyage*, 24.

130 Heude, *A Voyage*, 同上註。

131 'Heude's Voyages and Travels', *Edinburgh Review* 32 (July-October 1819), 111-18, at 113-14.

132 Heude, *A Voyage*, 34-5.

133 同上註，36。

134 Heude, 同上註，36。

135 See Maurizi, *History of Seyd Said*, x。

136 同上註，164。

137 同上註，167。

138 Bulley, *The Bombay Country Ships*, 231。

139 Aaron Jaffer, '"Lord of the Forecastle": Serangs, Tindals and Lascar Mutiny, c.1780-1860', *International Review of Social History* 58, no. S21 (December 2013), 153-75, at 170. 這個研究的全文現已出版：Aaron Jaffer, *Lascars and Indian Ocean*

97 Amalendu Guha, 'The Comprador Role of Parsi Seths, 1750-1850', *Economic and Political Weekly* 5, no. 48 (November 1970), 1933-6.

98 有關瓦迪亞家族的細節，參見 Dosabhai Framji Karaka, 'Distinguished Parsis of Bombay', in J. B. Sharma and S. Sharma, eds, *Parsis in India* (Jaipur: Sublime Publications, 1999), 86-146, 93ff。

99 細節來自 Bulley, *The Bombay Country Ships*, 12ff.; also Wadia, *The Bombay Dockyard*, 172。

100 規章，參見 Wadia, *The Bombay Dockyard*, facing 202。

101 出自 Wadia, *The Bombay Dockyard*, 208, 引自 *Bombay Courier*, 23 June 1810。

102 引述出自 Wadia, *The Bombay Dockyard*, 208。

103 圖片參見 Bulley, *The Bombay Country Ships*, facing 14。

104 Money, 'Observations on the Expediency of Shipbuilding at Bombay', 60-1.

105 Jamsetjee Bomanjee's representation, dated 21 January 1805, BL: IOR, Bombay Public Proceedings, P/343/20.

106 John R. Hinnells and Alan Williams, Introduction in Hinnells and Williams, eds., *Parsis in India and the Diaspora* (Routledge: London, 2007), 1.

107 Guha, 'Parsi Seths as Entrepreneurs', also Hinnells and Williams, Introduction, 2.

108 F. A. Bishara and Risso, 'The Gulf, the Indian Ocean and the Arab World', in Peterson, ed., *The Emergence of the Gulf States*, 160-6, 162.

109 參見 Bulley, *The Bombay Country Ships*, 33 and appendix B in Wadia, *The Bombay Dockyard*. 有關這時期從印度到阿曼的木材貿易，參見 Risso, *Oman and Muscat*, 4, 81。

110 參見 Money, 'Observations', 65。

111 Kelly, *Britain and the Persian Gulf*, 116, 124, 129. 有關禁令，參見 F. Warden, 'Historical sketch of the Joasmee tribe of Arabs from the year 1714 to the year 1819' in Tuson, ed,. *Records of the Emirates*, 247。

112 Kelly, *Britain and the Persian Gulf*, 157-8.

113 Mann, 'Timber Trade'. 還有人擔心阿拉伯人對印度造船業的控制會限制貿易，參見 Bully, *The Bombay Country Ships*, 32-3。

114 Letter from the Madras Government dated 23 January 1805, expressing their agreement 'regarding the appointment of our Agent for the purpose of ascertaining the extent to which the forests of that province [Malabar] and Canara may be available towards the objects of ship-building', BL: IOR, Bombay Public Proceedings, P/343/20. 另見本卷和森林與木材調查有關的信件。

115 Vincenzo Maurizi, *History of Seyd Said, Sultan of Muscat, with a new introduction by Robin Bidwell* (Cambridge: Oleander Press, 1984), 95.

116 Francis Warden, 'Historical Sketch of the Joasmee tribe of Arabs from the year 1714...', in Tuson, ed., *Records of the Emirates*, 251.

117 孟買造船廠的衰落，參見 David Arnold, *Science, Technology and Medicine in Colonial India* (Cambridge: Cambridge University Press, 2000), 102ff.; 有關在印度

historical and other information connected with the Province of Oman, Muskat and the Adjoining Country... prepared in the year 1818', in Schofield, ed., *Islands and Maritime Boundaries*, vol. 1, 247-76, esp. 274-76。

81 參見 Potter, 'Patterns', 106。

82 'Report of Henry Willock, British Charge d'Affaires at Tehran on efforts made to enlist the cooperation and assistance of the Persian and Muscati Governments in Captain Sadlier's forthcoming expedition to suppress the piratical activities of the Qawasim in the southern Gulf, 26 December 1819, in Schofield, ed., *Islands and Maritime Boundaries*, vol. 1, 305-6.

83 'Report of Henry Willock', 312.

84 'Minutes of a Conference between their Excellencies the Persian Ministers and His Britannick Majesty's Charge D'Affaires on the 22nd December 1819' in Schofield, ed., *Islands and Maritime Boundaries*, vol. 1, 329-36, citation 331.

85 參 見 Report dated 14 August 1821 by Dr. Jukes, Political Agent at Kishm, in Saldanha, ed., *The Persian Gulf Précis*, vol. 3, 127. 特別是：「整個波斯灣沿岸都被不同的阿拉伯部落占據，雖然他們之間可能幾乎沒有差別和爭吵，他們會熱情友好地團結起來，擊退波斯人試圖收服他們的任何攻擊。」

86 'Imam's letter to the Governor of Bombay, 1821', in Saldanha, ed., *The Persian Gulf Précis*, vol. 3, 122.

87 Letter from Tehran dated 10 March 1820, from Willock to Keir, in Schofield, ed., *Islands and Maritime Boundaries*, vol. 1, 435-8, citation 447.

88 Letter from Tehran dated 10 March 1820 from Willock to Keir, in Schofield, ed., *Islands and Maritime Boundaries*, vol. 1, 446-7.

89 Translation of a note addressed by His Excellency Mirza Abdul Wahab [Persian Minister of Foreign Affairs] to His Britannick Majesty's Charge d'Affaires' in Schofield, ed., *Islands and Maritime Boundaries*, vol. 1, 639-42, citation 641.

90 參見 Saldanha, ed., *The Persian Gulf Précis*, vol. 3, 139-42。

91 這個關於沙阿朗姆號啟用的描述來自 *Asiatic Journal and Monthly Miscellany* 8 (1819), 394, and Ruttonjee Ardeshir Wadia, *The Bombay Dockyard and the Wadia Master Builders* (Bombay: Godrej, 1957), 237。

92 參見 Wadia, *Bombay Dockyard*, chapter 6; also W. T. Money, *Observations on the Expediency of Shipbuilding at Bombay* (London: Longman, 1811). 請注意馬尼家族自己也參與了國家貿易，而起草本文的威廉則在孟買海軍工作。

93 Amalendu Guha, 'Parsi Seths as Entrepreneurs, 1750-1850', *Economic and Political Weekly* 5, no. 35 (August 1970), M107-M115, and also Michael Mann, 'Timber Trade on the Malabar Coast, c.1780-1840', *Environment and History* 7, no. 4 (November 2001), 403-25, 404.

94 Money, 'Observations', 50, 56.

95 參見 Bulley, *The Bombay Country Ships*, 2-3。

96 參見 Wadia, *The Bombay Dockyard*, appendix B, 355。

66 薩菲帝國滅亡的細節來自 John Foran, 'The Long Fall of the Safavid Dynasty: Moving Beyond the Standard Views', *International Journal of Middle East Studies* 24, no. 2 (May 1992), 281-304 and also William Floor and Edmund Herzig, eds., *Iran and the World in the Safavid Age* (London: I.B. Tauris, 2012). 有關歐亞帝國的比較歷史，參見 Stephen Dale, *The Muslim Empires of the Ottomans, Safavids and Mughals* (Cambridge: Cambridge University Press, 2010)。

67 Foran, 'The Long Fall', 284.

68 有關波斯贊德王朝，參見 John R. Perry, *Karim Khan Zand: A History of Iran, 1747-1779* (Chicago: University of Chicago Press, 1979)。

69 Perry, *Karim Khan Zand*, 159-61.

70 Translation of a Letter from the Imam Ahmad Been Sayeed, received without date the 6 November 1774, BL: IOR, Bombay Public Proceedings, P/341/40.

71 有關卡扎爾波斯的革命時代背景，參見 Joanna de Groot, 'War, Empire and the "Other": Iranian-European Contacts in the Napoleonic Era', in Richard Bessel, Nicholas Guyatt and Jane Rendall, eds, *War, Empire and Slavery, 1770-1830* (Basingstoke: Palgrave Macmillan, 2010), 235-55。

72 這個論點來自 C. A. Bayly, *Imperial Meridian: The British Empire and the World, 1780-1830* (Cambridge: Cambridge University Press, 1989), chapter 2. 對「部落突圍」論點有說服力的近期評論，參見 Jagjeet Lally, 'Beyond "Tribal Breakout": Afghans in the History of Empire' *Journal of World History*, 29, 2018, 369-97。

73 'Correspondence of Henry Willock, British Legation at Tehran to the Marquis of Hastings concerning the alleged endeavours of the Imam of Muscat to induce the Persian Shah to attempt the capture of the island of Bahrain, April 1819', in Richard Schofield, ed., *Islands and Maritime Boundaries of the Gulf*, 20 vols (Oxford: Redwood Press, 1990), vol. 1, 291-4, quote 294. 這封通信還有這時期阿曼為了對抗埃及，和波斯與英國的聯繫。

74 關於「恐懼」的概念，參見Frederick F. Anscombe, *The Ottoman Gulf: The Creation of Kuwait, Saudi Arabia and Qatar* (New York: Columbia University Press, 1997), 16。

75 關於波斯灣的奴隸制，參見 Ricks, 'Slaves and Slave Traders'. 但奴隸不是東非和阿曼之間唯一的貿易：參見 Reda Bhacker, *Trade and Empire in Muscat and Zanzibar*, 75。

76 參見 Robert Carter, 'The History and Prehistory of Pearling in the Persian Gulf', *Journal of the Economic and Social History of the Orient* 48, no. 2 (2005) 139-209, at 151。

77 參見 Patricia Risso, 'Muslim Identity in Maritime Trade: General Observations and Some Evidence from the 18th Century Persian Gulf/Indian Ocean Region', *International Journal of Middle East Studies* 21, no. 3 (August 1989), 381-92, at 387。

78 Risso, *Oman and Muscat*, 142; 有關馬斯喀特英法競爭的大背景，參見chapter 8。

79 Political Dept. Diary No. 339 of 1809, instructions issued to the Commanders of the expedition, in Saldanha, ed., *The Persian Gulf Précis*, vol. 3, 45.

80 對於當代英國的解釋，參見 Robert Taylor, 'Extract from Brief Notes containing

101 有來自非洲的歷史性奴隸貿易內容。

47 有關卡西米是否是一個國家在史料中的辯論，參見 Political Dept. Diary No. 339 of 1809, instructions issued to the Commanders of the expedition, in Saldanha, ed., *The Persian Gulf Précis*, vol. 3, 47。

48 例證參見 'The Coast from Bushire to Basadore in the Persian Gulf', surveyed by Lieuts. G. B. Bucks and S. B. Haines, 1828', NMM: G354:4/19。

49 兩次休戰之間還有其他停戰協議：一八三五年海事休戰和一八四三年海事休戰。實例參見 M. Reda Bhacker, *Trade and Empire in Muscat and Zanzibar: Roots of British Domination* (London and New York: Routledge, 1992)。

50 這些評論和引用來自 'Government of Bombay's instructions to Major-General Sir William Grant Keir on the expedition to the "Pirate ports", 27 October and 27 November 1819', in Tuson, ed., *Records of the Emirates*, 35-43。

51 有關下面的阿曼歷史時期介紹參考 J. Jones and N. Ridout, *A History of Modern Oman* (Cambridge: Cambridge University Press, 2015), Risso, *Oman & Muscat*, and Reda Bhacker, *Trade and Empire*。

52 參見 Jones and Ridout, *A History of Modern*, 12。

53 參見 Reda Bhaker, *Trade and Empire*, 20; Risso, *Oman & Muscat*, 171。

54 參見 Calvin H. Allen, 'The State of Masqa in the Gulf and East Africa, 1785-1829', *International Journal of Middle East Studies* 14, no. 2 (May 1982): 117-27。

55 Reda Bhaker, *Trade and Empire*, 27, 34.

56 此處和以下段落中有關阿曼歷史的材料取自 Risso, *Oman & Muscat*; 引文出自 appendix II. 有關條約原文，參見 C. U. Aitchison, *A Collection of Treaties, Engagements and Sanads relating to India and Neighbouring Countries*, 14 vols (Calcutta: Superintendent Govt. Printing, India, 1929-33), 5th edn, vol. 11, 287-8。

57 這種語言可以和賽義德・本・蘇丹給英國人的信做比較：「我的朋友是英國人；英國人的敵人就是我的敵人；他們的盟友是我的盟友；我們的國家、財產、城市和領土被承認，不存在單獨的利益。」Translation of a letter from Political Department Diary No. 411 of 1814, His Highness Syyud Saeed the Imam of Muscat to Mahomed Aleekhan in Saldanha, ed., *The Persian Gulf Précis*, vol. 3, 53。

58 Simon Layton, 'Commerce, Authority and Piracy in the Indian ocean world, c.1780-1850' (PhD thesis, University of Cambridge, 2013), 87. 雷頓（Layton）特別關注巴林在英國波斯灣政策中的作用，以及造成阿曼與英國關係有曲折發展的話題。

59 Kelly, *Britain and the Persian Gulf*, 11.

60 Jones and Ridout, *A History of Modern Oman*, 44.

61 參見 Kelly, *Britain and the Persian Gulf*, 101ff.; Risso, *Oman and Muscat*, 175ff。

62 Risso, *Oman and Muscat*, 179-80.

63 同上註，99。

64 參見 Lawrence Potter, 'Arabia and Iran', in Peterson, ed., *The Emergence of the Gulf States*, 100-25, at 104。

65 有關英國對馬斯喀特的觀察，參見 Davies, *The Blood-red Arab Flag*, 47。

31 有關這些遠征及其動機的詳細剖析，參見Davies, *Blood-red Arab Flag*, 'Afterword', 277-95，和更近期的作品 Potts, 'Trends and Patterns in the Archaeology and Pre-Modern History of the Gulf Region', esp. 31ff。

32 Davies, *Blood-red Arab Flag*, 190.

33 Extract from Bombay Political Consultations, 26 December 1809, quoting a letter from the Imaum [Imam] of Muscat to the Hon J Duncan, Governor of Bombay, received 25 December in Burdett, ed., The Expansion, 260-3, this quotation 261.

34 R. Temple, I. Clark and W. William Haines, 'Sixteen views of places in the Persian Gulph', NMM: PAF4793ff.

35 Report of Captain J Wainwright, commanding HMS *La Chiffonne*, off Ras ul Khyma to Rear Admiral Drury, 14 November 1809, in Burdett, ed., *The Expansion*, 255-9.

36 Political Dept. Diary No. 339 of 1809, instructions issued to the Commanders of the expedition in Saldanha, ed., *The Persian Gulf Précis*, vol. 3, 46.

37 有關拉斯海瑪和相關港口為「群龍無首」的想法，參見 Davies, Blood-red Arab Flag, 190。

38 Letter from Jonathan Duncan, Governor of Bombay, Fort St. George to the Rt. Hon. Lord Minto, Governor General, 6 April 1810, in Burdett, ed., *The Expansion*, 267-8, 這句引文出自 268。

39 參見 Davies, *Blood-red Arab Flag*, 197。

40 參見，同上註，208; 拉斯海瑪和東印度公司之間較早的停火協議，有「他們（卡西米）將尊重尊敬的東印度公司的旗幟和財產」的條款，參見 'Agreement between Shaikh Sultan b. Saqr and the East India Company, 6 February 1806' in Penelope Tuson, ed., *Records of the Emirates: Primary Documents: 1820-1960*, 12 vols (Cambridge: Cambridge University Press, 1990), vol. 1, 3ff。

41 指揮官裴隆內・湯普遜（T. Perronet Thompson）之妻湯普遜太太的話，轉引自 H. Moyse-Bartlett, *The Pirates of Trucial Oman* (London: Macdonald & Co.), 130。

42 關於這點，參見 Nelida Fuccaro, 'Rethinking the History of Port Cities in the Gulf, in Potter, ed., *The Persian Gulf in Modern Times*, 23-46。

43 所有引文和討論都是參考 'General Treaty with the Arab Tribes of the Persian Gulf, 1820', in Tuson, ed., *Records of the Emirates*, 13-15。

44 'Sir William Grant Keir's reports on the conclusion of the treaties and operations in the Arabian Gulf, January–February 1820', in Tuson, ed., *Records of the Emirates*, 47-117, information on 49-50.

45 然而，證據顯示即使在凱爾協議剛簽署後，使用旗幟和信號的指示也沒有被完全遵守。參見 'Letter dated 26 November 1821 from Mr. Meriton', in Saldanha, ed., *The Persian Gulf Précis*, vol. 3, 129。

46 有關波斯灣奴隸制的歷史，參見 Thomas M. Ricks, 'Slaves and Slavers in the Persian Gulf, 18th and 19th Centuries: An Assessment', *Slavery & Abolition: A Journal of Slave and Post-Slave Studies* 9, no. 3 (1988), 60-70. 另見 Patricia Risso, *Oman & Muscat: An Early Modern History* (London & Sydney: Croom Helm, 1986),

關警報號的命運，以及英國人密切關注追蹤被掠奪貨物的更多詳細內容，參見 J. A. Saldanha, ed., *The Persian Gulf Précis: Selections from State Papers, Bombay, Regarding the East India Company's Connections with the Persian Gulf, with a Summary of Events, 1600-1800*, 8 vols (Simla, 1906; and Gerrards Cross, Bucks: Archive Edition, 1986), vol. 3, 65-8。

19 關於這點，參見 D. T. Potts, 'Trends and Patterns in the Archaeology and Pre-modern History of the Gulf Region', in J. E. Peterson, ed., *The Emergence of the Gulf States* (Bloomsbury: London, 2016), 19-42, 33。

20 Loane, *Authentic Narrative*, 109-111.

21 Secret and Political Dept. No. 159 of 1804 in Saldanha, ed., *The Persian Gulf Précis*, vol. 3, 67.

22 有關阿拉伯半島和波斯灣瓦哈比運動興起的更多內容，參見 Michael Crawford, 'Religion and Religious Movements in the Gulf, 1700-1971', in Peterson, ed., *The Emergence of the Gulf States*, 43-84; J. B. Kelly, *Britain and the Persian Gulf, 1795-1880* (Clarendon Press, 1968); Davies, *Blood-Red Arab Flag and Madawi Al-Rasheed, A History of Saudi Arabia* (Cambridge: Cambridge University Press, 2010). 另見弗朗西斯・羅賓遜（Francis Robinson）的作品，大概了解殖民者和伊斯蘭教的互動。例如 Francis Robinson, *Islam, South Asia, and the West* (New Delhi: Oxford University Press, 2007)。

23 參見 Davies, *The Blood-Red Arab Flag*, 248. 據李索表示，卡西米拿了拉斯海瑪海上暴力產生的戰利品約五分之一。參見：Patricia Risso, 'Cross-Cultural Perceptions of Piracy: Maritime Violence in the Western Indian Ocean and Persian Gulf Region During a Long Eighteenth Century', *Journal of World History* 12, no. 2 (Fall 2001), 293-319, at 312。

24 有關處決，參見 Tuson, *Records of the Emirates*, 35; also Kelly, *Britain and the Persian Gulf*, 45-7. 有關此軍事行動的更多資訊，更近期的作品 Virginia Aksan, *Ottoman Wars, 1700-1870: An Empire Besieged* (Harlow: Pearson, 2007), 308-10。

25 C. A. Bayly, 'The 'Revolutionary Age in the Wider World, c.1790-1830', in Richard Bessel, Nicholas Guyatt and Jane Rendall, eds, *War, Empire and Slavery, 1770-1830* (Basingstoke: Palgrave Macmillan, 2010), 21-43, at 31.

26 Crawford, 'Religion', 56.

27 關於這部分的更多內容，參見 Giovanni Bonacina, *The Wahhabis seen through European Eyes (1772-1830)* (Leiden: Brill, 2011), citation, 7。

28 Letter from Harford Jones, Baghdad to Jacob Bosanquet, Chairman of the Court of Directors of the East India Company, 1 December 1798, enclosing an essay on the Wahhabis, 轉載 A. L. Burdett, ed., *The Expansion of Wahhabi Power in Arabia: British Documentary Records*, 8 vols. (Cambridge: Cambridge University Press, 2013), vol. 1, 125-35, 此處的引述出自 125 and 130，粗體是我加的。

29 同上註，130。

30 參見 Risso, 'Cross-cultural perceptions of piracy', 299-300。

J. E. Peterson, ed., *The Emergence of the Gulf States* (Bloomsbury: London, 2016). 有關印度和波斯灣的聯繫，參見 J. Onley, *The Arabian Frontier of the British Raj: Merchants, Rulers, and the British in the Nineteenth-century Gulf* (Oxford: Oxford University Press, 2007)。

2 關於這條路線，參見Anne Bulley, *The Bombay Country Ships 1790-1833* (Richmond: Curzon, 2000), 135, and also J. B. Kelly, *Britain and the Persian Gulf, 1795-1880* (Oxford: Clarendon Press, 1968), 53。

3 Denis Piat, *Pirates & Privateers of Mauritius* (Singapore: Editions Didier Millet, 2014), 89-90. 下文拿郵件包的敘述取自 Charles Belgrave, *The Pirate Coast* (London: G. Bell and Sons, 1966), 29-31; Anne Bulley, *The Bombay Country Ships 1790-1833* (Richmond: Curzon, 2000), 132-3; Charles Davies, *The Blood-red Arab Flag: An Investigation into Qasimi Piracy* (Exeter: University of Exeter Press, 1997), 258-62, and 'Sufferings of Captain Youl, &c. of the Fly Cruiser', in *Mariner's Chronicle or Interesting Narratives of Shipwreck*s (London, 1826), 149-50 and R. W. Loane, *Authentic Narrative of the Late Fortunate Escape of Mr. R. W. Loane* (Bombay: Ferris & Co, 1805). 印度辦公室檔案的其他來源，引述如下。

4 'Report from Mr. Loane of his proceeding and suffering', dated Bombay 5 February 1805, BL: IOR, Bombay Public Proceedings, P/343/20.

5 Letter from the Resident of Bushire to the Secretary of Government, Bombay, dated 2 July 1805, BL: IOR, Bombay Public Proceedings, P/343/25.

6 除非另外說明，本段和下一段中的引文來自 Loane, *Authentic Narrative*, 3, 6-8 and 29, 33。

7 學者對於這些政治單位是否由歐洲人和帝國外交的需要變成國家存在爭議。參見 Shohei Sato, *Britain and the Formation of the Gulf States: Embers of Empire* (Manchester: Manchester University Press, 2016). 另見下面的註釋 47，看這些內容在一手史料裡的呈現。

8 James Silk Buckingham, *Travels in Assyria, Media and Persia*, 2 vols (London: Henry Colburn and Richard Bentley, 1830), 2nd edn, vol. 2, 218.

9 本段和下一段參考 Loane, *Authentic Narrative*, 16-17, 20, 22-7 and 33; 引文出自 17。

10 這段參考 Loane, *Authentic Narrative*, 50 and 56。

11 *Mariner's Chronicle*, 150.

12 這段參考 Loane, *Authentic Narrative*, 68, 71-2。

13 Loane, *Authentic Narrative*, 27 and 38.

14 參見 Loane, *Authentic Narrative*, 40. 另見 *Mariner's Chronicle*, 150。

15 Loane, *Authentic Narrative*, 98.

16 Buckingham, *Travels in Assyria*, vol. 2, 221-2 and 224.

17 'Report from Mr. Loane of his proceeding and suffering' dated Bombay 5 February 1805, BL: P/343/20.

18 拉瑪酋長掠奪赫克特號的這些細節來自 Davies, *The Blood-Red Arab Flag*, 75. 有

144 A. Barry, Chief Secretary of Government, 28 July 1810, St. Denis, NAM: Secret Proceedings of the Diary, HA23. For terms of proclamation and how it was drafted, 參見 letter from R. Farquhar to Lieut Keating, dated St. Denis, 30 July 1810, NAM: HA 23。

145 Letter from Charles Telfair to Captain A. Barry, dated Headquarters [Bourbon], 10 August 1801, NAM: HA 23.

146 Letter from Henry Keating to Robert Farquhar, dated Headquarters [Bourbon], 3 August 1810, NAM: HA 23.

147 參見 letter from R. Farquhar to Lieut Keating, dated St. Denis, 30 July 1810, NAM: HA 23. 法奎爾寫道，他提供一名英國軍官一幅「大港的粗略草圖，該草圖將淺灘直接畫在拉帕斯島旁通道的入口處」。另見 letter from Henry Keating to Robert Farquhar, dated St. Denis, 31 July 1810, NAM: HA 23。

148 Letter from Capt. Pym to Commander Rowley, dated 24 August 1810, Isle de la Passe, NAM: HA 23.

149 這些圖片都在收藏在 National Maritime Museum, Greenwich, London (hereafter NMM), see PAF4779-PAF4786。

150 'Isle of France, No.1: View from the Deck of the Upper Castle Transport, of the British Army Landing', April 1813, NMM: PAF4779.

151 編註：此圖參見 https://prints.rmg.co.uk/products/isle-of-france-no-5-the-town-harbour-and-country-eastward-of-port-louis-pw4783。

152 'Isle of France, No.5: The Town, Harbour, and Country, Eastward of Port Louis', April 1813, NMM: PAF4783.

153 Marc Serge Rivière, *'No Man is an Island': The Irish Presence in Isle de France/ Mauritius, (1715-2007)*, (Rose-Hill, Mauritius: Edition de l'Océan Indien, 2008), 59.

154 Carmichael, *Account*, 57-8.

155 'Return of Captured Musquets, Ammunition, Flints, Barrels of Power, on the Isle of France', dated 17 January 1811, NAM: HA 14.

156 這段參考 Selvon, *A New Comprehensive History*, 249-52。

157 [Les Anglais sont venus pour établir une ferme et perpétuelle amitié avec les habitans de l'Île de France, qui trouveront à vendre leurs denrées d'excellentes conditions, et qui jouiront de tous les avantages du Commerce comme tous les autres sujets de Sa Majesté Britannique]. From, Proclamations du Gouverneur Farquhar, December 1810, NAM: HA 51.

第四章

1 波斯灣的歷史研究並不多，參見 Lawrence G. Potter, ed., *The Persian Gulf in History* (Basingstoke: Palgrave Macmillan, 2009) and Lawrence G. Potter, ed., *The Persian Gulf in Modern Times* (Basingstoke: Palgrave Macmillan, 2014). Also William Floor, *Persian Gulf: A Political and Economic History of Five Port Cities, 1500-1730* (Washington, D.C.: Mage Publishers, 2006). 加入上述研究的近期作品

81-3, 引述出自 81。

134 這時期沒收的開普敦信件，參見 Danelle van Zyl-Hermann, '"Gij kent genoegt mijn gevoelig hart": Emotional life at the Occupied Cape of Good Hope, 1798-1803', *Itinerario* 35, no. 2 (August 2011), 63-80; cited letter: 70 fn. 47. 有關這時期的更多傳記歷史，參見 James Wilson, 'The Anglo-Dutch Imperial Meridian in the Indian Ocean World, 1795-1820', (PhD thesis, University of Cambridge, 2018)。

135 參見 letters of Andrew Barnard dated Castle of Good Hope, 11 July 1798 and 4 December 1798, WCA: Acc 1415 (74). 在後者中：「一位名叫普雷迪格（Prediger）的荷蘭紳士乘坐來自巴達維亞的美國船抵達這裡……自從他來到這裡，他的行為和談話一直完美無誤，他在這裡的朋友也不是那些信奉雅各賓原則的人。」Also, 'Applications to reside in the colony, October 1795-July 1798', WCA: BO 93; 'Reports on strangers, 1797', WCA: BO 195. 有關不願回歐洲的一個荷蘭人，參見 the petition of Jan Gerritt Myesart, 21 June 1798, WCA: BO 93:「到達他的祖國／阿姆斯特丹／他發現一切都如此混亂，以至於他不得不離開它，登上說面提到的那艘船……」有關需要注意「外國人，尤其是法國人和荷蘭人，不恰當地前往開普敦」，參見 Letter from War Office to the Earl Macartney, dated Parliament Street, 14 January 1797, in Theal, *Records of the Cape Colony*, vol. 2, 36-7. 有關護照，參見 Proclamation of Major General Francis Dundas, 22 September 1801, in Theal, *Records of the Cape Colony*, vol. 4, 74-5。

136 Letter from the Burgher Senate to Earl Macartney, dated 16 June 1797, WCA: BO 3.

137 Letter dated 25 January 1799, WCA: Acc 1415 (74). 有關一七九八年十一月二十三日「開普敦大火」的討論，參見 Worden, van Heyningen, and Bickford-Smith, eds, *Cape Town*, 112。

138 例證參見 Wilson, 'Anglo-Dutch Imperial Meridian', chapter 1 and also chapter 3 for material on registration of travellers。

139 Sen, *The French in India*, 442-4.

140 以下內容和引文來自 'Précis historique de ce qui s'est passé au siège de Pondicherry en 1793', Bibliothéque National de France: 'Correspondance de Fresne', NAF 9373, 418-34。

141 有關旁迪切里淪陷的其他描述，參見 Sen, *The French in India*, 445-9; 另見 A. Iramacami, *History of Pondicherry* (New Delhi: Sterling Publishers, 1987), 142; see long detailed memoir, 1 footnote 4, 1, Mss 2200。

142 'Précis historique.'

143 據估計，一七九三至一八〇三年間，「海盜活動」為模里西斯帶來了約 2,500,000 英鎊，參見 Teelock, *Mauritian History*, 95-6. 有關占領模里西斯的早期提議，因為島外的私掠而被合理化，參見 Barnard to Dundas, 19 October 1799, WCA: Acc 1415 (74). See Private and Confidential Letter from Sir George Yonge to the Right Honourable Henry Dundas, dated Cape Town, 29 March 1800, in Theal, *Records of the Cape Colony*, vol. 3, 94ff.:「目前唯一令開普敦乃至印度感到煩惱的是模里西斯……嘗試縮小這個海盜巢穴是否可取，超過我自認的判斷。」

114 Salmond, *A review*, appendix B, 'Letter dated 2nd April 1797, Tippoo Sultan the Victorious to the Representatives of the People residing in the Isles of France and La Réunion'. 關於蒂普的王權，參見 Brittlebank, *Tipu's Search for Legitimacy*。

115 參見 Partha Chatterjee, *The Black Hole of Empire: History of a Global Practice of Power* (Princeton: Princeton University Press, 2012), 85-93。

116 Adrian Carton, 'Shades of Fraternity: Creolization and the Making of Citizenship in French India, 1790-1792', *French Historical Studies* 31, no. 4 (2008), 582-607, 597.

117 M. Gobalakichenane, 'The French Revolution and the Tamils of Pondicherry (1790-1793)', East and West 50, no. 1/4, (December 2000), 295-308, 299.

118 Sen, *French in India*, 427-429.

119 Carton, 'Shades of Fraternity.'

120 Gobalakichenane, 'The French Revolution', 305.

121 Carton, 'Shades of Fraternity', 601.

122 Translated copy, order from the Prince of Orange to the Governor of Cape of Good Hope, Kew, February 27, 1795 in Theal, *Records of the Cape Colony*, vol. 1, 28.

123 和蘇弗朗有關的資訊，參見 Sen, *The French in India*, chapter IX。

124 攻擊相關內容：L. C. F. Turner, 'The Cape of Good Hope and Anglo-French rivalry, 1778-1796', *Historical Studies: Australia and New Zealand* 12, no. 46 (1966) 166-185, at 182ff。

125 例證參見 letter from Mr William Eliot, Secretary of the Embassy and Acting Minister Plenipotentiary at The Hague to Lord Grenville, dated The Hague, 16 April 1794 in Theal, *Records of the Cape Colony*, vol. 1, 16-17。

126 Letter from Admiral Elphinstone and General Craig to Commissioner Sluysken and the Council of Policy, 29 June 1795, in Theal, *Records of the Cape Colony*, vol. 1, 92-6, quotation 93.

127 這些引文同上註 95-6。

128 Turner, 'The Cape of Good Hope.'

129 例證參見 letter from G. M. Malet, Bombay, to Earl Macartney, 1 August 1797, WCA: BO 228; and letter from Roebuck Abbott &co, Fort St. George, to the Governor in Council, Fort St. George, 15 July 1798, WCA: BO 228. For gunpowder, 參見 letter from John Stratchey to Barnard Esq, Secretary of the Government at the Cape Colony, 9 October 1797, WCA: BO 228。

130 參見 Peter Marshall, 'British Assessments of the Dutch in Asia in the Age of Raffles', in *Itinerario* 12, no. 1 (March 1988), 1-16。

131 Letter from Francis Baring to Henry Dundas, 12 January 1795, in Theal, *Records of the Cape Colony*, vol. 1, 19-23, quotation from 22.

132 轉引自 Turner, 'The Cape of Good Hope', 181。

133 對於這時期開普敦日益增長的親法文化，參見 Nigel Worden, Elizabeth van Heyningen and Vivian Bickford-Smith, eds., *Cape Town: The Making of a City: An Illustrated Social History* (Claremont, South Africa: David Philip Publishers, 1998),

94 'Bazard fait le 1er Pluviôse an 6e pour les ambassadeurs de Typoo Sultan', 20 January 1798, *Documents concernant les relations avec Tippou Sultan*, 1787–1799, A101, NAM, Port Louis.

95 Hasan, *History of Tipu Sultan* (Calcutta: World Press, 1971), 287-8; 另見 letter written aboard the frigate La Penrose, dated 18 April 1798, NAM, A101。

96 參見 Salmond, *A review*, appendix B, no. 7, 'The Representatives of the Colony of the Isle of France to Tippoo Sultaun' and also appendix B, no. 10, 'Dated Isle of France, Port North West, the 18th Ventose, 6th year of the French Republic'; 一位港務局長和造船商確實一起回到了邁索爾，參見 Salmond, *A review*, appendix B, no. 18, Letter from the Captain of the ships of War of the French Republic to Tipu Sultan, 28 April 1798; 另見 Grant, *The History of Mauritius*, 543。

97 Grant, *A History of Mauritius*, 536.

98 Petition by Malartic, Done at Port North-West, 30 January 1798, 轉引自 Rao, *Mysore*, 179。

99 'Volontaires français au service du pacha Tipoo Sultan', 21 April 1798, A101, NAM.

100 Teelock, *Mauritian History*, 19.

101 例證見 Barnard to Lord Macartney, 25 February 1799, and Barnard to Henry Dundas, 6 April 1799, WCA: Acc 1415 (74)。

102 Aniruddha Ray, 'France and Mysore', in Irfan Habib, ed., *State and Diplomacy under Tipu Sultan: Documents and Essays* (New Deli: Tulika, 2001), 120-39, 134. 有關開普敦的聲明，參見 'Translation of a proclamation' in Theal, *Records of the Cape Colony*, vol. 2, 246-7。

103 Sen, *The French in India*, 553, citing Minute of Governor General Wellesley, 12 August 1798.

104 Kate Brittlebank, *Tipu Sultan's Search for Legitimacy: Islam and Kingship in a Hindu Domain* (Delhi: Oxford University Press, 1997), 28。

105 俱樂部的爭議文件出現在 *Official Documents*。

106 例證參見 Jean Boutier, 'Les lettres de créances du corsaire Ripaud', working paper available at: https://halshs.archives-ouvertes.fr/halshs-00007971/document, accessed 19 July 2018。

107 Kate Brittlebank, 'Curiosities, Conspicuous Piety and the Maker of Time: Some Aspects of Kingship in Eighteenth-Century South India', *South Asia: Journal of South Asian Studies* 16, no. 2 (1993): 41-56, 44.

108 Grant, *The History of Mauritius*, 192.

109 同上註，188。

110 參見 Sen, *The French in India*, 549。

111 *Official Documents,* 180.

112 軍隊改革，參見Nigel Chancellor, 'Tipu Sultan, Mysore State, and the Early Modern World' (Conference paper presented in Mysore, 2010)。

113 *Official Documents*, 183.

78 Selvon, *A New Comprehensive History*, 212.

79 Pridham, *An Historical*, 58-60, 關於宣布廢除奴隸制的護身符效果，以及對海地的恐懼。

80 Megan Vaughan, 'Slavery, Smallpox, and Revolution: 1792 in Île de France (Mauritius)', in *The Society for the Social History of Medicine* 13, no. 3 (December 2000): 411-428. 有關影響第三次殖民議會的飢荒，參見：d'Unienville, *Histoire Politique*, 10-11。

81 Bolton, *Bolton's Mauritius Almanac*, xx-xxi.

82 John Jeremie, *Recent Events in Mauritius* (London: Hatchard and Son, 1835), 3.

83 Selvon, *A New Comprehensive History,* 212-4.

84 同上註，217。

85 這段參考 Vaughan, *Creating the Creole Island*, 257; 另見 Nigel Worden, 'Diverging Histories: Slavery and its Aftermath in the Cape Colony and Mauritius', *South African Historical Journal* 27, no. (1992) 3-25, 8 and Teelock, *Mauritian History*, 88。

86 Selvon, *A New Comprehensive History*, 215.

87 Vaughan, *Creating the Creole Island*, 232.

88 代表團詳情：Pridham, *An Historical*, 64. 有關法蘭西島使團帶著革命時代消息抵達緬甸仰光的記載參見 Michael Symes, *An Account of an Embassy to the Kingdom of Ava* (London: W. Bulmer and Co., 1800), 397。

89 模里西斯與邁索爾之間連結的討論，結合了下面引用的檔案材料，以及批判地解讀 J. Salmond, *A review of the origin, progress and result of the late decisive war in Mysore; in a letter from an officer in India: with notes; and an appendix comprising the whole secret state papers found at Seringapatam* (London: Luke Hansard, 1800); Grant, *The History of Mauritius; Official Documents Relative to the Negotiations Carried on by Tippoo Sultaun with the French nation and other Foreign States for Purposes Hostile to the British Nation to which is added proceedings of a Jacobin Club Formed at Seringapatam by the French Soldiers in the Corps Commanded by M. Dompart* (Calcutta: Printed at the Honourable Company's Press, 1799); and M. Hasan, *History of Tipu Sultan* (Calcutta: The World Press, 1971), 287-91 and S. P. Sen, *The French in India 1763-1816* (New Delhi: Munshiram Mahoharal, 1971), 547-55. This 引述出自 *Official Documents*, 79。

90 參見 M. Shama Rao, *Modern Mysore: From the Beginning to 1868* (Bangalore: The Author, 1936), 178。

91 Kate Brittlebank, *Tipu Sultan's search for legitimacy: Islam and kingship in a Hindu domain* (Delhi: Oxford University Press, 1997).

92 Hasan, *History of Tipu Sultan*, 117. 分析蒂普外交及其目標的近期解釋，參見 Kaveh Yazdani, *India, Modernity and the Great Divergence, Mysore and Gujarat* (Leiden: Brill, 2017), 289-99。

93 與這段和接下來兩段相關的所有材料都來自 'Narrative of the Proceedings of Tippoo Sultaun's Ambassadors', in Grant, *A History of Mauritius*, 535ff。

camp de Tippo Sultan devant les lignes de Travancor', in A75, National Archives of Mauritius (hereafter NAM), Port Louis.

61 Pitot, *L'Île de France*, 144.

62 ['du désir d'une indépendance qu'ils savent bien ne pouvoir jamais avoir lieu dans un état monarchique' and 'des assemblées tumultueuses & composées de matelots (...) facile à égarer par la vaine espérance d'une égalité chimérique'], Ordinance dated 2 June 1790, Dossier concernant Macnémara 1790, A75, NAM, Port Louis.

63 Pitot, *L'Île de France*, 146-7.

64 Charles Pridham, *An Historical, Political and Statistical Account of Mauritius and its Dependencies* (London: T and W Boone, 1849), 57.

65 W. Draper Bolton, *Bolton's Mauritius Almanac and Official Directory* (Mauritius: A. J. Tennant, 1851), xxxi.

66 關斬首馬隆人的討論，參見 Megan Vaughan, *Creating the Creole Island: Slavery in Eighteenth-Century Mauritius* (London: Duke University Press, 2005), 186-8。

67 Grant, *History of Mauritius,* xv, 有法國大革命攻擊「我所屬的人民階級」的評論。

68 Selvon, *A New Comprehensive History*, 209.

69 參見 Mohibbul Hasan, *History of Tipu Sultan* (Calcutta: World Press, 1971), 183-4。

70 James Gunnee [de Montille], 'The Agency of (Free) Coloured Elites in Mauritius, 1790-1865' (BA dissertation, University of Cambridge, 2012), 11.

71 有關自由的有色人種族群及其政治的發展，參見 Vijaya Teelock, *Mauritian history: From its beginnings to modern times* (Port Louis, Mahatma Gandhi Institute, 2001), 154-6. 有關殖民地議會的成員資格政治角力，對自由有色人種和婦女的影響，參見 d'Unienville, *Histoire Politique*, 48, 57-8, 60-3。

72 Selvon, *A New Comprehensive History*, 209.

73 Auguste Toussaint, *History of Mauritius*, trans. W. E. F. Ward (Basingstoke: Macmillan, 1977), 49; 另見 Grant, *The History of Mauritius,* 531。

74 [[Le décret abolissant l'esclavage] servit le malheur des hommes libres et des esclaves, et allumeroit entr'eux une guerre civil, qui ne s'éteindroit que par la destruction entière des uns ou des autres, et peut-être même des deux partis]. From Samuel de Missy and Pierre-Michel Broutin to the deputies of the Colonial Assembly, 24 June 1793, NAM: 'Lettres reçues des députés de l'Île de France à Paris, 1793–1801', A 10B.

75 D'Unienville, *Histoire Politique*, 96-100.

76 同上註，132。

77 [Nous nous empressons de nous faire connaître à vous; et désirons, frères et amis, entretenir une correspondance fraternelle dont le but est et sera de déjouer les complots des ennemis de la République française... de reformer les abus; faire renaître la paix, l'unité et tranquillité publique]. From 'Popular society of Sans-culottes' of the canton of St. Benoît in Reunion Island to the Sans-culottes of Port Louis', June 1794, NAM: 'Assemblée Coloniale; Lettres émanant de la Société des Sans-culottes, 1793-1795', D 64.

51 'Examination of the Prisoner Michael Kelly', WCA: CJ 516; 有關羽毛及其獲得方式的更多內容，參見 'Third Examination of the Prisoner James Hooper', WCA: CJ 516。

52 Nicole Ulrich, 'International Radicalism, Local Solidarities: The 1797 British Naval Mutinies in Southern African Waters', *International Review of Social History* 58, no. S21 (December 2013), 61-85, at 84.

53 例證參見 documents in WCA: CO/9, especially, Letters from Charles Felck to the Governor of this Cape of Good Hope, 8 December 1807, 4 January 1808 and 11 February 1808. 這在法庭的訴訟中也很明顯，奴隸主往往被視為基督徒，奴隸則不是。確切表述參見 'Sentence in a Criminal Case, His Majesty's Fiscal, William Stephanus van Ryneveld Esq. Prosecutor for the Crown', WCA: CJ 802. 例如，叛亂領導人確保「奴隸和基督徒都無法（從被圍困的農場）逃脫」。

54 感謝奈吉爾·沃登（Nigel Worden）教授在對本章的其他意見之外，還提出了這一評論。有關奴隸抵抗中的伊斯蘭教相關材料，參見 Nigel Worden and Gerald Groenewald, eds, *Trials of Slavery: Selected Documents Concerning Slaves from the Criminal Records of the Council of Justice at the Cape of Good Hope, 1705-1794* (Cape Town: Van Riebeeck Society, 2005)。

55 'Examination of Louis', WCA: CJ 516.

56 這個段落有賴 Abdulkader Tayob, *Islam in South Africa: Mosques, Imams, and Sermons* (Gainesville: University of Florida Press, 1999), chapter 2。

57 本段和以下內容參考 Charles Grant, *The History of Mauritius or the Isle of France and Neighbouring Islands, composed primarily from the papers and memoirs of Baron Grant* (London: W. Bulmer and Co, 1801), 525-6; Albert Pitot, *L'Île de France: Esquisses Historiques* (1715-1810) (Port Louis, Mauritius: E. Pezzani, 1899), 137ff.; Sydney Selvon, *A New Comprehensive History of Mauritius*, 2 vols (Mauritius: Bahemia Printing, 2012), vol. 1, chapter 22; Raymond d'Unienville, *Histoire Politique de l'Île de France* (1791-1794) (Port Louis: L. Carl Achille, 1982), 12ff. 以下引用的檔案文件來自 National Archives of Mauritius。

58 Selvon, *A New Comprehensive History*, 203, 206.

59 [Citoyen Gouverneur, vous étiez le représentant d'un roi que l'amour du peuple avait conservé au faîte de la véritable grandeur mais que la souveraineté du peuple a renversé parce qu'il n'a pas su être le Roi des Français... La royauté est éteinte à jamais en France; mais l'autorité dont elle était dépositaire est maintenue. Le pouvoir exécutif subsiste dans toute sa force. Vous êtes toujours dans une colonie le représentant de ce pouvoir qui ne saurait exister en des mains plus sûres. Vous le prouvez bien par l'empressement avec lequel cédant au voeu de l'Assemblée vous venez prêter dans son sein le serment de fidélité à la République française. Jurez d'être fidèle à la République française et de la maintenir de tout votre pouvoir]. 出自 d'Unienville, *Histoire Politique*, 15-16.

60 *'État vers dépenses de Monsieur le Comte Mac-némara pendant son séjour au*

在寫給鄧達斯的信裡用了這個說法，7 December 1799, WCA: Acc 1715 (74)。

32 Barnard to Dundas, 7 December 1799, WCA: Acc 1415 (74); and Barnard to Dundas, 9 March 1800, WCA: Acc 1415 (74)。

33 該描述取自 Newton-King, *Masters and Servants*, 213-5. 然而，所有的引文皆出自 Andrew Barnard to Lord Macartney, dated 25 February 1799 and Barnard to Henry Dundas dated 21 September 1799, WCA: Acc 1415 (74)。

34 Barnard to Henry Dundas, 17 August 1799, WCA: Acc 1415 (74). 有關政府採取刪減邊境布爾人彈藥供應的策略，參見 Giliomee, *The Afrikaners*, 58-59。

35 更多相關內容，參見 Newton-King, *Masters and Servants*, chapter 9, 引述出自 229。

36 John Barrow, *An Account of Travels into the Interior of Southern Africa,* 2 vols. (London, 1801), vol. 1, 96.

37 Barnard to Henry Dundas, 17 August 1799, WCA: Acc 1415 (74). 有關需要「一些重大案例」來實現和平，參見 Barnard to the Earl Macartney, 14 October 1801。

38 Nigel Worden, *Slavery in Dutch South Africa* (Cambridge: Cambridge University Press, 1985), 132-3.

39 出自 Worden, *Slavery*, 135。

40 同上註，127。

41 本段的框架在很大程度上仰賴 Nigel Worden, 'Armed with Swords and Ostrich Feathers: Militarism and Cultural Revolution in the Cape Slave Uprising of 1808', in Richard Bessel, Nicholas Guyatt and Jane Rendall, eds, *War, Empire and Slavery 1770-1830* (Basingstoke: Palgrave Macmillan, 2010), figures taken from 133. 關於和另一個荷蘭奴隸起義背景的比較，參見 W. Klooster and Gert Oostindie, eds, *Curaçao in the Age of Revolutions*, 1795-1800 (Leiden: KITLV Press, 2011)。

42 'Examination of Louis', WCA: CJ 516. 有關路易作為酒坊管理員的描述，參見 'Examination of the Prisoner James Hooper', WCA: CJ 516. 有關英格蘭、蘇格蘭和美國的引用，參見 'Examination of the Prisoner Michael Kelly', WCA: CJ 516。

43 'Examination of the Prisoner Michael Kelly', WCA: CJ 516.

44 'Sentence in a Criminal Case, His Majesty's Fiscal, William Stephanus van Ryneveld Esq. Prosecutor for the Crown', WCA: CJ 802.

45 引文出自 'Deposition of Jacomina Hendrina Laubscher', WCA: CJ 515。

46 'Examination of Louis', WCA: CJ 516; 另見 'Examination of Abraham, Slave of John Wagenane', WCA: CJ 516。

47 'Sentence in a Criminal Case, His Majesty's Fiscal, William Stephanus van Ryneveld Esq. Prosecutor for the Crown', WCA: CJ 802.

48 'Examination of Louis', WCA: CJ 516.

49 'Sentence in a Criminal Case, His Majesty's Fiscal, William Stephanus van Ryneveld Esq. Prosecutor for the Crown', WCA: CJ 802.

50 Worden, 'Armed with Swords and Ostrich Feathers', 129. See 'Examination of Louis', WCA: CJ 516, 談到路易在「英國商店」訂製外套，並購買佩劍和肩章。

17 參見 Crais, *White Supremacy and Black Resistance*, 51。

18 更多內容，參見 Susan Newton-King, *Masters and Servants on the Cape Eastern Frontier, 1760-1803* (Cambridge: Cambridge University Press, 1999), chapter 4. 有關科伊科伊人和桑人之間的關係，以及他們是否可互換的爭議問題，參見 Penn, *The Forgotten Frontier*, 'Introduction'。

19 這個段落的基礎來自 Simon Schama, *Patriots and Liberators: Revolution in the Netherlands, 1780-1813* (London: Fontana Press, 1992) and also Pepijn Brandon and Karwan Fatah-Black, '"The Supreme Power of the People": Local Autonomy and Radical Democracy in the Batavian Revolution (1795-1798)', *Atlantic Studies* 13 (2016), 370-388。

20 愛國者史料的討論，參見 André Du Toit and Hermann Giliomee, *Afrikaner Political Thought: Analysis and Documents* (Berkeley, Calif.: University of California Press, 1983), chapter 2. 一七七九年的史料是 'The Burgher Petition to the Dutch Chamber of Seventeen, 9 Oct. 1779' on 39-41, citation 40。

21 更多開普敦愛國主義的內容，參見 Robert Ross, 'The Rise of the Cape Gentry', *Journal of Southern African Studies* 9, no. 2 (April 1983), 193-217, at 210. 另外值得一提的是在本書付印時出版的一本書：Teun Baartman, *Cape Conflict: Protest and Political Alliance in a Dutch Settlement* (Leiden: Leiden University Press, 2019)。

22 參見 Du Toit and Giliomee, *Afrikaner Political Thought*, 'Petition from some inhabitants to the governor and Political Council of the Cape, 17 Feb. 1784', 41-44, citation 43. 關於文件在荷蘭的起源，參見 29。

23 這段取自 H. Giliomee, 'Democracy and the Frontier: A comparative study of Bacon's Rebellion (1676) and the Graaff-Reinet Rebellion (1795-1796)', *South African Historical Journal* 6, no. 1 (1974): 30-51, esp. 35-7。

24 Giliomee, *The Afrikaners*, 73.

25 轉引自 Giliomee, 'Democracy and the Frontier', 40, Letter of Van Jaarsveld and A. P. Burger, 7 May 1795, WCA: VC 68。

26 所有引文來自 Andrew Barnard to Robert Brooke, dated Cape of Good Hope 23 August 1797, WCA: Acc 1415 (74)。

27 'Letter from the Earl Macartney to the Right Honourable Henry Dundas, dated Castle of Good Hope August 14 1797', in G. M. Theal, *Records of the Cape Colony*, 36 vols (London: William Clowes, 1897-1905), vol. 2, 148-9; quotation from 148.

28 'Declaration of Alexander Dixon, mate of the brig *Hope*, an English whaler, who arrived at False Bay on the 11th of August 1797', in Theal, *Records of the Cape Colony*, vol. 2, 149-151, quotation from 150.

29 'The Deposition of Frans Nicholas Petersen, third Mate of the Hare, Dutch Prize, which arrived in Simon's Bay on the Evening of the 10th August 1797', in Theal, *Records of the Cape Colony*, vol. 2, 153-4.

30 Barnard to Dundas, 19 October 1799, WCA: Acc 1715 (74).

31 「第二個直布羅陀」的說法是為了表示在阿果亞灣建造堡壘毫無意義，巴納德

第三章

1 翁克勞特與佩爾相遇的材料大量借鑑自 Russel Viljoen, *Jan Paerl, A Khoikhoi in Cape Colonial Society, 1761-1851* (Leiden: Brill, 2006)。

2 同上註，44-5。

3 同上註，47。

4 同上註，64, citing Onkruijdt to Van der Graaff, 26 October 1788, Western Cape Archives, Cape Town (hereafter WCA) CA C570, 51。

5 同上註，53, citing Onkruijdt to van der Graaff, 15 October 1788, WCA: CA C570, 19-20。

6 細節出處同上註，19。

7 同上註，28。

8 本段材料取自 Leonard Guelke, 'Freehold farmers and frontier settlers, 1657-1780', in Richard Elphick and Hermann Giliomee, *The Shaping of South African Society, 1652-1840* (Cape Town: Maskew Miller Longman, 1989), 2nd edn, 66-101 and P. J. van der Merwe, *The Migrant Farmer in the History of the Cape Colony, 1657-1842*, trans. Roger B. Beck (Athens, Ohio: Ohio University Press, 1995). 另見 O. F. Mentzel, *A Geographical and Topographical Description of the Cape of Good Hope*, trans. G. V. Marais and J. Hodge, 3 vols (Cape Town, 1944), vol. 3, 80:「〔斯韋倫丹〕也是一個教區，但迄今既沒有教堂也沒有牧師，也不太可能輕易找到，因為它的居民分散在相當廣闊的區域。」

9 Van der Merwe, *The Migrant Farmer*, 121, citing *landdrost, heemraden* and Military Officers from Swellendam to Governor, 17 March 1775, WCA: Petition, Reports etc., C1265.

10 William Patterson, *A Narrative of Four Journeys into the Country of the Hottentots and Cafaria in the Years 1777, 1778 and 1779* (London: Johnson, 1789), 84.

11 Anders Sparrman, *A Voyage to the Cape of Good Hope, Towards the Antarctic Polar Circle, and Round the World: But Chiefly into the Country of the Hottentots and the Caffres, from the year 1772 to 1776,* 2 vols. (London: Printed for G.G.J. and J. Robinson, 1785), vol. 1, 262-4.

12 Van der Merwe, *The Migrant Farmer*, 113, citing François Valentijn, *Oud en Nieuw Oost-Indiën: Vervattende een Naaukeurige en Uitvoerige Verhandelinge van Nederalnds Mogentheyd in die Gewesten*, 2 vols (Dordrecht: J. van Braam, 1724), vol. 2, 51.

13 參見 Hermann Giliomee, *The Afrikaners: Biography of a People* (Cape Town: Tafelberg, 2003), 61 有通行系統的介紹。

14 Mentzel, *Geographical and Topographical Description*, vol. 3, 263.

15 Gilomee, *The Afrikaners*, 64，然後引文出自 66。

16 這個段落參考 Clifton C. Crais, *White Supremacy and Black Resistance in Pre-Industrial South Africa* (Cambridge: Cambridge University Press, 1992), 關於「科薩人」的部分，參見 18。

of New Zealand, http://www.teara.govt.nz/en/biographies/1t93/thierry-charles-philippehippolyte-de. Also see correspondence in MLS: Governors' Despatches and Correspondence, A1267/19 (typescript copy), 2387ff. 有關法國和美國增長的利益，參見 Orange, *Treaty of Waitangi*, 9. 有關巴斯比談論提耶里的活動可能導致法國進一步投入紐西蘭，參見 James Busby to Alexander Busby, 13 June 1839, Bay of Islands, MLS: MLMMS 1349 (typescript copy), 209。

136 James Busby to Alexander Busby, 9 April 1839, Bay of Islands, MLS: MLMMS 1349 (typescript copy), 187.

137 James Busby to the Colonial Secretary of New South Wales, 24 September 1838, MLS: Governors' Despatches and Enclosures, A1267/17 (typescript copy) 2172-5, at 2174.

138 James Busby to Alexander Busby, 5 September 1839, Bay of Islands, MLS: MLMMS 1349 (typescript copy), 245.

139 James Busby to Alexander Busby, 9 August 1836, Bay of Islands, MLS: MLMMS 1349 (typescript copy), 107. 有關美國海員和紐西蘭移民之間爆發的另一次暴力衝突，參見 Statement of James Busby, British Resident at New Zealand and James R. Clendon, US Consul, 17 August 1839, Bay of Islands, MLS: Governors' Despatches and Enclosures, A1267/19, (typescript copy), 2362-5. 關於美國人在捕魚和土地方面的權利，參見 memorandum entitled 'How far American or other Foreign Interests may be affected by the occupation of New Zealand' and other correspondence, MLS: Governors' Despatches and Enclosures, A1267/19 (typescript copy), 2501ff。

140 'The Treaty of Waitangi' in Orange, T*reaty of Waitangi*, appendix 2, 258; 另見 Smith, *New Zealand*, 51。

141 Letter from R. Davis to James Busby, 29 June 1839, Waimate, MLS: MLMSS 1668 (typescript copy), 213.

142 Letter from James Busby to R. Davis, 11 July 1839, Waitangi, MLS: MLMSS 1668 (typescript copy), 213.

143 Letter from James Busby to Alexander Busby, 29 July 1839, Bay of Islands, MLS: MLMSS 1349 (typescript copy), 221.

144 'A Declaration of Independence of New Zealand', in Orange, *Treaty of Waitangi*, appendix 1, 256.

145 James Busby, British Resident at New Zealand to Secretary of State, 16 June 1837, Bay of Islands, MLS: MLMSS 1668 (typescript copy), 212:「他們祈禱國王陛下『能繼續當他們的父母，而且他能成為他們的保護者』——這是他們自己的觀點和語言。」

146 Lachy Paterson, 'Kiri Mā Kiri Mangu: The Terminology of Race and Civilisation in the Mid-Nineteenth-Century Māori-Language Newspapers', in Jenifer Curnow, Ngapare Hopa and Jane McRae, eds, *Rere Atu, Taku Manu!: Discovering History Language, and Politics in the Māori Language Newspapers* (Auckland: Auckland University Press, 2002), 78-97, at 91.

Pegasus Press, 1957), 27。

126 Richard Bourke to James Busby, Government House, 13th April 1833, MLS: Governor's Despatches and Enclosures, A1267/13 (typescript copy), 1200-10. 關於巴斯比抵達時對毛利酋長的演講，參見 James Busby, *Letter of the Right Honorable Lord Viscount Goderich and Address of James Busby Esq. British Resident to the Chiefs of New Zealand* (Sydney: Gazette Office, n.d.). 巴斯比對伊麗莎白號事件的描述，參見 'A Brief Memoir Relative to the Islands of New Zealand', in James Busby, *Authentic Information Relative to New South Wales* (London: Joseph Cross, 1832), 57-62, 64-6。

127 有關巴斯比作為國王的支持者，以及一八三五年宣言的簽署，參見 Orange, *Treaty of Waitangi*, 13, 21. 有關一八三五年的協議，參見 'A Declaration of Independence of New Zealand', in Orange, *Treaty of Waitangi*, appendix 1, 256. 挑選國旗的過程，參見 : 'Extract of a Letter from the British Resident of New Zealand to the Colonial Secretary, 22 March 1834, MLS: Governors' Despatches and Correspondence', A1267/13 (typescript copy), 1417-8. 對於國旗和可能制訂憲法的評論，參見 James Busby, British Resident at New Zealand, dated 16 June 1837, Bay of Islands to Secretary of State, MLS: MLMSS 1668 (typescript copy), p. 207. 有關紐西蘭的造船廠，參見 Earle, *Narrative of a Nine Months' Residence*, 25-6。

128 James Busby to Alexander Busby dated 10 December 1835, Waitangi, MLS: MLMSS 1349 (typescript copy), 97.

129 James Busby to Alexander Busby dated 22 June 1833, Bay of Islands, MLS: MLMSS 1349 (typescript copy), 29; 參見 Ballantyne, *Entanglements*, 233。

130 'A brief Memoir relative to the Islands of New Zealand, submitted to the Right Hon. the Secretary of State for the Colonies, July 1832', in James Busby, *Authentic Information Relative to New South Wales* (London: Joseph Cross, 1832), 57-62, 60.

131 James Busby, British Resident at New Zealand to the Secretary of State, dated 16 June 1837, Bay of Islands, MLS: MLMSS 1668 (typescript copy), 207-9.

132 參見 James Busby to Alexander Busby dated 5 May 1837, Bay of Islands, MLS: MLMSS 1349 (typescript copy), 131. 巴斯比在晚年提出了他對英國君主制、下議院和殖民地總督和議會之間關係的看法 James Busby, *The Constitutional Relations of British Colonies to the Mother Country* (London: National Association for the Promotion of Social Science, 1865)。

133 Richard Bourke to Rt. Honble Viscount Glenelg, dated 10 March 1836, MLS: Governors' Despatches and Enclosures, A1267/5 (typescript copy), 752.

134 *Correspondence with the Secretary of State Relative to New Zealand* (London: W. Clowes, 1840), 7, enclosure in letter from James Stephen to John Backhouse dated Downing Street, 12 December 1838.

135 這段提耶里提出請求的故事取自 Binney, *The Legacy of Guilt*, appendix 3, titled 'Conquering Kings their Titles Take'. 另見 J. D. Raeside, 'Thierry, Charles Philippe Hippolyte de', in *Dictionary of New Zealand Biography, Te Ara–the Encyclopedia*

of Islands, 16 June 1837, MLS: MLMSS 1668 (typescript copy), 206.

105 Ballara, *Taua*, 400ff.

106 參見 Earle, *A Narrative of a Nine Months' Residence*, 53-4. 厄爾的「喬治王」畫像，參見 'King George, N Zealand costume', watercolour, 1828, NLA: PIC Solander Box A37 T122 NK 12/84 and 'The residence of Shulitea, chief of Kororadika, Bay of Islands', watercolour, 1827, NLA: PIC Solander Box A36 T109 NK 12/71。

107 宏吉生平細節取自 Angela Ballara, 'Hongi Hika', in *Dictionary of New Zealand Biography, Te Era: The Encylopaedia of New Zealand*, http://www.teara.govt.nz/en/biographies/1h32/hongi-hika, accessed 10 September 2014。

108 關於馬斯登聽到的這個批評，參見 'Marsden's Second New Zealand Journal', in Elder, ed., *The Letters and Journals*, 143-221, 204. 更多相關資訊，另見 Ballantyne, *Entanglements*, 73-4。

109 轉引自 Ballara, *Taua*, 191, from White, *The Ancient History of the Māori: His Mythology and Traditions: Ko nga tatai korero whakapapa a te Mori me nga karakia o nehe, 6 vols, vol. X* (Wellington: George Didsbury, 1887-90), vol. 10。

110 談論這些種植園的新穎的評論，參見 Ballara, *Taua*, 56。

111 Ballara, *Taua*, 190.

112 J. B. Marsden, ed., *Memoirs of the Life and Labours of the Rev. Samuel Marsden* (Cambridge: Cambridge University Press, 2011), 142.

113 宏吉到劍橋訪問的內容，參見 Binney, *Legacy of Guilt*, 73; also Dorothy Ulrich Cloher, *Hongi Hika: Warrior Chief* (Auckland, New Zealand: Penguin, 2003), chapter 5。

114 Cloher, *Hongi Hika*, 137.

115 Binney, *The Legacy of Guilt*, 14, 74.

116 轉引自 Binney, *The Legacy of Guilt*, 74, from Creevey to Miss Ord, October 1820。

117 參考 Ballara, 'Hongi Hika'; also Smith, New Zealand, 33-4。

118 Ballara, 'Hongi Hika.'

119 對蒂拉烏帕拉哈標誌性地位的批評，參見 Ballara, *Taua*, 34。

120 Peter Butler, ed. *Life and Times of Te Rauparaha By His Son Tamihana Te Rauparaha* (Waiura: Martinborough: Alister Taylor, 1980), p. 41.

121 同上註，70。

122 同上註，74-5。

123 參見蒂拉烏帕拉哈的傳記 Steven Oliver, 'Te Rauparaha', in the *Dictionary of New Zealand Biography, Te Ara–the Encyclopedia of New Zealand*, http://www.teara.govt.nz/en/biographies/1t74/te-rauparaha, accessed 15 September 2014。

124 Claudia Orange, *The Treaty of Waitangi* (Wellington: Bridget Williams Books, 1987), 6-8; also Elder, ed., *Letters and Journals*, 81.

125 有關提到國王船和國王戰士的部分，參見 Earle, *Narrative of a Nine Months' Residence*, 164-5. 另一個提到國王船的部分，參見 Richard A. Cruise, *Journal of a Ten Months' Residence in New Zealand*, 1820, ed. A. G. Bagnall (Christchurch:

Zealand and the Sea: New Historical Perspectives (Wellington: Bridget Williams Book, 2018)。

88 參見 Ballara, *Taua*, 67-69。

89 有關傳教士提到的「戰爭委員會」，參見同上註，114-5; 關於「簡陋議會」，參見 Earle, *A Narrative of Nine Months' Residence*, 180。

90 Augustus Earle, *Sketches Illustrative of the Native Inhabitants and Islands of New Zealand* (London: New Zealand Assoc., 1838); 另見 NLA: PIC vol. 532, U 2650 NK 668/9。

91 關於後者，參見 Ballantyne, *Entanglements*。

92 有關馬斯登的生平、他的農耕，以及傳教的起源，參見 John Rawson Elder, ed., *The Letters and Journals of Samuel Marsden, 1765-1838* (Dunedin: Otago University Council, 1932), 18, 35 and 44. 有關第一次航行，參見 'Marsden's First New Zealand Journal.'。

93 參見 'Marsden's First New Zealand Journal', in Elder, ed., *The Letters and Journals*, 57-131, 85-6。

94 Samuel Marsden to Rev. J. Pratt of the Church Missionary Society, dated 22 September 1814, in Elder, ed., *The Letters and Journals*, 132-3, at 133.

95 參見 Earle, *Narrative of Nine Months' Residence*, 45。

96 有關馬斯登得到的解釋，參見 'Marsden's first New Zealand Journal, 1814', in Elder, ed., T*he Letters and Journals*, 87-8. 馬斯登發表在《雪梨公報》的敘述，參見 Patricia Bawden, *The Years Before Waitangi: A Story of Early Māori/European Contact in New Zealand* (Auckland: Institute Press, 1987), 46. 另見 Tony Simpson, *Art and Massacre: Documentary Racism in the Burning of the Boyd* (Wellington: New Zealand, Cultural Construction Company, 1993)。

97 有關這個看法和貝瑞與馬斯登在雪梨政界的位置，參見 Tony Simpson, *Art and Massacre*。

98 Earle, *Narrative of Nine Months' Residence*, 152.

99 J. S. Polack, *New Zealand: being a narrative of travels and adventures during a residence in that country between the years 1831 and 1837* (London: Richard Bentley, 1838), 165-66.

100 Christina Thompson, 'A Dangerous People whose Only Occupation is War: Māori and Pakeha in 19th-century New Zealand', *Journal of Pacific History* 32, no. 1 (June 1997), 109-19, 112; 另見 Judith Binney, *The Legacy of Guilt*, 36. 關於馬斯登對他朋友被射殺的描述，參見 'Marsden's First New Zealand Journal', in Elder, ed., *The Letters and Journals*, 61-2。

101 這個論點來自 Ballara, *Taua*。

102 Ballara, *Taua*, 454.

103 參見 James Belich, *The New Zealand Wars and the Victorian Interpretation of Racial Conflict* (Auckland, 1986)。

104 James Busby, British Resident at New Zealand to the Secretary of State, dated the Bay

感到遺憾——這有一部分是因為我的東加語變得生疏，但主要是因為信中的拼寫法和我使用的有很大不同。」這封信被貼在下面這本書的卷頭 Mariner, *An Account*, vol. 1; a copy is at the Mitchell Library, State Library of New South Wales, Sydney: (hereafter MLS) C 797, vol. 1。

74 Campbell, *Gone Native in Polynesia*, 59.

75 Suren, ed., *Essays*, vol. 3, 144.

76 Suren, ed., *Essays*, vol. 3, 85.

77 參見 '"Port-au-Prince" Pirate Ship Discovery in Tonga', in *New Zealand Herald*, 9 August 2012: http://www.nzherald.co.nz/world/news/video.cfm?c_id=1503076&gal_cid=2&gallery_id=127358, accessed 22 June 2017。

78 轉引自 Rod Edmond, *Representing the South Pacific from Cook to Gauguin* (Cambridge: Cambridge University Press, 1997), 73。

79 *The Poetical Works of Lord Byron: Complete in One Volume*, arranged by Thomas Moore et al. (New York: D. Appleton and Co., 1850), 174.

80 Suren, ed., *Essays*, vol. 3, 71. 另見 Nelson Eustis, *The King of Tonga* (Adelaide: Hyde Park Press, 1997), 20-1。

81 Thomas, *Islanders*, 24.

82 出自 Suren, ed., *Essays*, vol. 3, 84. 這裡指的是瓦爾德格雷夫船長（Captain Waldegrave）指揮的皇家軍艦「塞林加帕坦號」（HMS Seringapatam）的旅程。

83 關於「海灘遊騎兵」和逃跑囚犯，參見 Augustus Earle, *A Narrative of a Nine Months' Residence in New Zealand* (London: Longman, 1832), 52-3. 另見厄爾對群島灣的描述，the National Library of Australia (hereafter NLA), Canberra。

84 參見 'Bay of Islands, New Zealand', watercolour, 1827-8, NLA: PIC Solander Box A36 T113 NK 12/75; and 'Entrance to the Bay of Islands', watercolour, 1827, NLA: PIC Solander Box B5 T104 NK 12/66。

85 'Tepoanah Bay of Islands New Zealand a Church Missionary Establishment', watercolour, 1827, NLA: PIC Solander Box C18 T176 NK 12/139.

86 關於這部分，請看最近發表的優秀作品 Tony Ballantyne, *Entanglements of Empire: Missionaries, Māori, and the Question of the Body* (Durham, NC: Duke University Press, 2014)。

87 以下紐西蘭歷史的梗概是參考 Keith Sinclair, *Oxford Illustrated History of New Zealand* (Auckland: Oxford University Press, 1990) and also M. N. Smith, *New Zealand: A Concise History* (Cambridge, 2005). 這段內容也深受以下作品對這一時期和「火槍戰爭」的修正主義解讀影響，Angela Ballara, *Taua: 'Musket Wars', 'Land Wars' or Tikanga?: Warfare in Māori Society in the Early Nineteenth Century* (Auckland: New Zealand, Penguin Press, 2003)，以及朱笛絲·賓尼（Judith Binney）的作品，譬如 *The Legacy of Guilt: A Life of Thomas Kendall* (Wellington: Oxford University Press, 2005) and Judith Binney, *Stories Without End: Essays, 1795-2010* (Wellington: Bridget Williams Books, 2010), 還有其他更近期的、在本章初稿完成後出版的作品 Ballantyne, *Entanglements*, and Frances Steel, ed., *New*

Collecting in the South Sea, 85-87。

52 La Billardière, *An Account,* vol. 2, 129.

53 Patty O'Brien, *The Pacific Muse: Exotic Femininity and the Colonial Pacific* (Seattle: University of Washington Press, 2006), 198.

54 Gailey, *Kinship to Kingship*, 178ff. 關於東加這一時期的歷史，以及對本段及下一段材料的進一步討論，參見 I. C. Campbell, *Island Kingdom: Tonga, Ancient and Modern* (Christchurch: Canterbury University Press, 1992), 60。

55 參見 Suren, ed., *Essays*, vol. 3, 187ff。

56 Gailey, *Kinship to Kingship*, 179.

57 轉引自 Harry Liebersohn, *The Travelers' World: Europe to the Pacific* (Cambridge, Mass.: Harvard University Press, 2006), 168。

58 Nicholas Thomas, 22.

59 William Mariner, *An Account of the Natives of the Tongan Islands in the South Pacific Ocean*, 2 vols (London: J. Murray, 1817), vol. 1, xx, footnote. 關於水手在東加時光的細節，另見 I. C. Campbell, *Gone Native in Polynesia: Captivity Narratives and Experiences from the South Pacific* (Westport, Conn.: Greenwood Press, 1998), 52-9。

60 Mariner, *An Account*, vol. 1, 46 and 另見 Suren, ed. *Essays*, vol. 3, 67。

61 Mariner, *An Account*, vol. 1, 61.

62 Campbell, *Gone Native in Polynesia*, 54 and Suren, ed. *Essays*, vol. 3, 69-70.

63 參見 J. Orlebar, *A Midshipman's Journal on Board H.M.S. Seringapatam During the Year 1830*, ed. Melvin J. Voigt (California: Tofua Press, 1976), 72. 剛森（Gunson）估計，從一七九六到一八二六年，有來自歐洲和「較為遙遠的太平洋島嶼」的「八十個外國人」居住在東加：'The Coming of Foreigners', in N. Rutherford, ed., *Friendly Islands: A History of Tonga* (Melbourne: Oxford University Press, 1978), 90-113, at 90。

64 有關太子港其他倖存者的報導，參見 Suren, ed., *Essays*, vol. 3, 74. 不包括夏威夷人，共有二十六名倖存者。

65 Mariner, *An Account*, vol. 1, 101.

66 同上註，100。

67 同上註，420。

68 有關貨幣傳播的進一步討論，和東家對貨幣的批評，參見 Suren, ed., *Essays*, vol. 3, 192。

69 Jonathan Lamb, *Vanessa Smith and Nicholas Thomas eds, Exploration and exchange: A South Sea Anthology* (Chicago: Chicago University Press, 2000), 191-3.

70 相關討論，參見：Nigel Statham, 'Manuscript XIX: Mafihape's Letter to William Mariner (1832)', *Journal of Pacific History* 43, no. 3 (December 2008), 341-66。

71 出自 Statham, 'Mafihape's Letter', 353 的翻譯。

72 Dillon, *Narrative and Successful Result*, vol. 1, 285-6.

73 在一封致函給替他帶來家書的 J．H．庫克（J. H. Cook）、日期註明為一八三七年五月八日倫敦的信裡，他說：「我為我不能翻譯出太多母親家書的內容

27 Jocelyn Linnekin, 'Ignoble savages and other European visions: The La Pérouse affair in Samoan history', *The Journal of Pacific History* 26, no. 1 (1991), 3-26.

28 Dillon, *Narrative and Successful Result*, vol. 2, 159-69.

29 'Rapport sur le voyage', in Muséum d'Histoire Naturelle, 轉引自 Starbuck, *Baudin*, 2。

30 參見 Starbuck, Baudin, 21 and also Bernard Smith, Imagining the Pacific (Hong Kong, 1992), 48。

31 參見 Ralph Kingston, 'A not so Pacific voyage: The "floating laboratory" of Nicolas Baudin', Endeavour 31, no. 4 (December 2007), 145-51, at 146。

32 轉引自 Starbuck, *Baudin*, 137。

33 Anthony Brown, *Ill-starred Captains: Flinders and Baudin* (London: Chatham, 2001), 390 and 401.

34 Brown, *Ill-starred Captains*, 389 and 395.

35 有關兩位船長和模里西斯交流的紀念品，參見 *Encounter Mauritius 2003: Commemoration of the Bicentenary of the Presence of Nicolas Baudin and Matthew Flinders in Mauritius* (Port Louis: Mauritius Govt Press, 2003)。

36 例子請見 Carol E. Harrison, 'Projections of the Revolutionary Nation: French Expedition in the Pacific, 1791-1803', *Osiris* 24 (2009), 33-52。

37 Letter dated 4 November 1804 from Matthew Flinders to Ann, 轉引自 Brown, *Ill-starred Captains*, 394。

38 與紐西蘭觀察相關的細節和引述，來自 d'Entrecasteaux, *Voyage to Australia*, 159-60. 對這些植物的進一步觀察，另見 La Billardière, *An Account*, vol. 2, 76-7。

39 D'Entrecasteaux, *Voyage to Australia*, 181-2.

40 參見 Robert Langdon, 'The Maritime Explorers', in Noel Rutherford, ed., *The Friendly Islands: A History of Tonga* (Melbourne: Oxford University Press, 1977), 40-62, 54-5 and also Peter Suren, ed., *Essays on the History of Tonga*, 3 vols (Nuku'alofa, Tonga: Friendly Islands Bookshop, 2001-6), vol. 2, 41-3。

41 D'Entrecasteaux, *Voyage to Australia*, 173.

42 同上註，190。

43 D'Entrecasteaux, *Voyage to Australia,* 186.

44 同上註，187。

45 關於庫克對東加皇室的興趣，參見 Langdon, 'The Maritime Explorers', 50-1。

46 D'Entrecasteaux, *Voyage to Australia,* 184.

47 La Billardière, *An Account*, vol. 2, 116.

48 同上註，vol. 2, 128。

49 這段內容參考 Christine Ward Gailey, *Kinship to Kingship: Gender, Hierarchy and State Formation in the Tongan Islands* (Austin, Texas: University of Texas Press, 1987)。

50 Collection Nationaal Museum van Wereldculturen. Coll.no. RV-34-6.

51 圖片和洞見出自一本關於昂特勒卡斯托航行的新書：參見 Billie Lyt-berg and Melenaite Taumoefolau, 'Sisi Fale–Tongan Coconut Fibre Waist Garment', in

生平和任務的更多細節，另見 John Dunmore, *Pacific Explorer: The Life of Jean-François de La Pérouse, 1741-1788* (Palmerston North: Dunmore Press, 1985), esp. chapter 13。

11 然而，後來他寫說他不會停靠大溪地，因為它太廣為人知了：「如果可以在不造訪歐塔海地的情況下環遊世界，大概要算是遠征隊領導的功勞，而且無疑對船員們有益。」La Pérouse to Fleurieu, dated Avatska Bay, 10 September 1787, translated and republished in John Dunmore, ed., *The Journal of Jean-François de Galaup de La Pérouse* (London: Hakluyt Society, 1995), 512-520, at 517。

12 Dunmore, *Pacific Explorer*, 203.

13 La Pérouse to the Minister, dated Avatska 10 September 1787, in Dunmore, ed., *The Journal*, 510-2, at 510.

14 La Pérouse to the Minister, dated Avatska 10 September 1787, in Dunmore, ed., *The Journal*, 510-2, at 510, 511 and La Pérouse to Fleurieu dated Manila 8 April 1787 in Dunmore, ed., *The Journal*, 509-10, at 509.

15 La Pérouse to the Minister, dated Manila 7 April 1787, in Dunmore, ed., *The Journal,* 505-6, at 506.

16 La Pérouse to the Minister, dated Avatska 29 September 1787, in Dunmore, ed., *The Journal,* 533-4, at 533.

17 Jean-François de Galaup, Comte de La Pérouse, *The Voyage of La Pérouse Round the World, in the Years 1785, 1786, 1787 and 1788* translated from the French, ed. M. L. A. Milet Mureau (London: John Stockdale, 1798), ii.

18 James Burney, *A Memoir on the Voyage of d'Entrecasteaux in search of La Pérouse* (London: Luke Hansard, 1820), 4-8, at 8.

19 Leslie R. Marchant, 'La Pérouse, Jean-François de Galaup (1741-1788)', *Australian Dictionary of Biography,* National Centre of Biography, Australian National University, http://adb.anu.edu.au/biography/laperouse-jean-francois-de-galaup-2329/text3029, accessed 4 October 2013.

20 La Pérouse to the Minister, dated, 7 February 1788, in Dunmore, ed., *The Journal*, 541-2.

21 參見 Dunmore, *The Pacific Explorer*, 有關家人反應的詳細敘述，esp. chapter 12。

22 John Hunter, *An Historical Journal of the Transactions at Port Jackson and Norfolk Island, with the Discoveries which have been made in New South Wales and in the Southern Ocean, since the publication of Philip's Voyage* (London: John Stockdale, 1793), 240.

23 D'Entrecasteaux, *Voyage to Australia*, 16.

24 同上註，81-2。

25 圖像複本見 Bronwen Douglas, 'In the Event: Indigenous Countersigns and the Ethnohistory of Voyaging', in Margaret Jolly et al., eds, *Oceanic Encounters: Exchange, Desire, Violence* (Canberra: ANU Press, 2009), 175-198。

26 La Billardière, *An Account*, vol. 1, 279-280.

112 關於革命時代的帝國，參見 Jeremy Adelman, 'An Age of Imperial Revolutions', *American Historical Review* 113, no. 2 (April 2008), 319-40。

第二章

1 有關泗水外對峙的詳細內容，參見 John Dunmore, *French Explorers in the Pacific*, 2 vols (Oxford: Clarendon Press, 1959-65), vol. 1, 328-31; Frank Horner, *Looking for La Pérouse: D'Entrecasteaux in Australia and the South Pacific, 1792-1793* (Carlton, Vic.: Melbourne University Press, 1995), chapter 14; Bruny d'Entrecasteaux, *Voyage to Australia and the Pacific 1791* (Carlton, Vic.,: Melbourne University Press, 2001), trans. Edward Duyker and Maryse Duyker, introduction, xxx-xxxix; Roger Williams, *French Botany in the Enlightenment: The Ill-fated Voyages of La Pérouse and his Rescuers* (Dordrecht: Kluwer Academic Publishers, 2003), chapter XIII; and Seymour L. Chapin, 'The French Revolution in the South Seas: The Republican Spirit and the d'Entrecasteaux Expedition', *Proceedings of the Western Society for French History* 17 (1990), 178-186. 引述出自 E. P. De Rossel, ed., *Voyage de Dentrecasteaux: Envoyé à la Recherche de La Pérouse*, 2 vols (Paris: De l'Imprimerie Impériale, 1823), vol. 1, 471, 轉引自 Dunmore, *French Explorers*, 327 and also Dianne Johnson, *Bruny d'Entrecasteaux and His Encounter with Tasmanian Aborigines: From Provence to Recherche Bay* (Lawson, NSW: Blue Mountain, 2012), chapter 14. 下面這部作品在本章完成後出版，筆者在寫作後期參考了書中內容 Bronwen Douglas et al., eds, *Collecting in the South Seas: The Voyage of Bruni d'Entrecasteaux, 1791-1794* (Sidestone Press: Leiden, 2018)。

2 參見 Horner, *Looking for La Pérouse*, 213; Dunmore, *French Explorers*, vol. 1, 330-31。

3 Horner, *Looking for La Pérouse*, 219.

4 Johnson, *Bruny D'Entrecasteaux*, 72.

5 D'Entrecasteaux, *Voyage*, xxxvi.

6 參見 M. La Billardière, *An Account of a Voyage in search of La Pérouse, undertaken by order of the Constituent Assembly of France and Performed in the Years 1791, 1792 and 1793 translated from the French, 2 vols* (London: J. Debrett, 1800), vol. 1, xix. 有關這趟探險任務的藏品曾經走過的有趣路徑，參見 Douglas et al, eds., *Collecting in the South Seas*。

7 有關這三趟航程之間關係的分析，參見 Nicole Starbuck, *Baudin, Napoleon and the Exploration of Australia* (London: Pickering and Chatto, 2013), introduction。

8 筆者盡可能使用複合詞奧特亞羅瓦／紐西蘭來表示現代紐西蘭。在下文中，若談到毛利傳統、知識概念和宇宙學時將單單使用奧特亞羅瓦，紐西蘭則是作為殖民者使用的名詞。

9 轉引自 Williams, *French Botany*, 107. 有趣的是，發起尋找昂特勒卡斯托遠征的企圖，還是得借國王之名為號召：參見 Frank Horner, *Looking for La Pérouse*, 7。

10 有關拉彼魯茲盤算的討論，參見 Dunmore, *French Explorers*, 261-2. 對於探險家

2000) 以及羅伯・崔佛斯（Robert Travers）即將出版的作品。

94 關於塔巴塔八伊的生平，參見 Iqbal Ghani Khan, ‘A Book with Two Views: Ghulam Husain Khan’s “An Overview of the Modern Times”’ in Jamal Malik, ed., *Perspectives of Mutual Encounters in South Asian History, 1760-1860* (Leiden: Brill, 2000), 278-97; 另見 Gulfishan Khan, *Indian Muslim Perceptions of the West During the Eighteenth Century* (Karachi: Oxford University Press, 1998), 84ff. and Robert Travers, ‘The connected worlds of Haji Mustapha (c.1730-91): A European Cosmopolitan in eighteenth-century Bengal’, *Indian Economic and Social History Review* 52, no. 3 (2015), 297-333。

95 Ghulam Husain Khan Tabatabai, *A translation of the Seir mutaqharin or, View of modern times, being an history of India, from the year 1118 to year 1194*, trans. Haji Mustafa, 3 vols (Calcutta, 1789), vol. 3, 335.

96 伊塔西姆丁的生平，參見 Khan, *Indian Muslim Perceptions*, 72ff。

97 Tabatabai, *A translation*, vol. 3, 337.

98 同上註，333。

99 Mirza Sheikh I‘tesamuddin, *The Wonders of Vilayet: Being the Memoir, originally in Persian, of a Visit to France and Britain in 1765*, trans. Kaiser Haq (Leeds: Peepal Tree Press, 2002), 22.

100 I‘tesamuddin, *The Wonders of Vilayet*, 27.

101 同上註，28。

102 同上註，28, 31-2。

103 同上註，34。

104 對模里西斯的評論，以及下個段落的引述，同上註，chapter 3。

105 同上註，41-2。

106 同上註，47-9。

107 更多相關內容，參見 David Armitage, *The Declaration of Independence: A Global History* (Cambridge, Mass., 2007)。

108 轉引自 Armitage, *The Declaration*, 121。

109 關於全球革命時代的科學史，參見 P. Manning and D. Roods, eds., *Global Scientific Practice in an Age of Revolutions, 1750-1850* (Pittsburgh: University of Pittsburgh Press, 2016)。

110 這接續了我前一個作品的目標 *Islanded: Britain, Sri Lanka and the Bounds of an Indian Ocean Colony* (Chicago: University of Chicago Press, 2013)。

111 關於革命的概念史，參見 Tim Harris, ‘Did the English Have a Script for Revolution in the Seventeenth Century?’, in Keith Baker and Dan Edelstein, eds, *Scripting Revolution: A Historical Approach to the Study of Revolutions* (Stanford: Stanford University Press, 2015), 25-40; David R. Como, ‘God’s Revolutions: England, Europe, and the Concept of Revolution in the Mid-Seventeenth Century’, in Baker and Edelstein, eds, *Scripting Revolution*, 41-56. 更多經典解釋，參見 Hannah Arendt, *On Revolution* (Harmondsworth, 1963)。

Perceptions of the West During the Eighteenth Century (Karachi: Oxford University Press, 1998), 95ff. and also, Mushirul Hasan, ed. *Westerward Bound: Travels of Mirza Abu Taleb,* trans. Charles Stewart, ed. M. Hasan (New Delhi: Oxford University Press, 2005), Editor's introduction, citation xvii。

71 Abu Talib Khan, *The Travels of Mirza Abu Taleb Khan in Asia, Africa, and Europe,* trans. Charles Stewart, 3 vols (London: Longman, Hurst, Rees, Orme, and Brown, 1814), vol. 1, 2nd edn, 20-22.

72 Alam and Subrahmanyam, *Indo-Persian Travels*, 245.

73 M. Hasan, Editor's Introduction, xiv.

74 Khan, *The Travels of Mirza Abu Taleb Khan*, vol. 1, 53-4.

75 同上註，55。

76 同上註，48。

77 同上註，87, 96。

78 同上註，31。

79 同上註，109。

80 同上註，80, 83-4。

81 同上註，99。

82 同上註，40-2. 有關緬甸的近期波斯旅行寫作，由另一位認識阿布・塔里布的作家所寫，參見 Arash Khazeni, 'Indo-Persian Travel Writing at the Ends of the Mughal World', in *Past and Present*, 243 (2019), 141-74。

83 例子詳見 Aaron Jaffer, *Lascars and Indian Ocean Seafaring, 1760-1860: Shipboard Life, Unrest and Mutiny* (Martlesham: Boydell Press, 2015)。

84 Mirza Abu Taleb Khan, 'Vindication of the Liberties of the Asiatic Women', in *Asiatic Annual Register*, 1801, 101-7.

85 Khan, 'Vindication', 101; 下方所有引述 101-7。

86 更多阿布・塔里布對英國的看法，參見 Partha Chatterjee, *The Black Hole of Empire: History of a Global Practice of Power* (Princeton: Princeton University Press, 2012), 120-3。

87 Khan, *The Travels of Mirza Abu Taleb Khan*, vol. 1, 74.

88 Khan, *The Travels of Mirza Abu Taleb Khan*, vol. 2, chapter XVII; citation 104 and 129, 178.

89 Khan, *The Travels of Mirza Abu Taleb Khan*, vol. 2, 81.

90 同上註，vol. 1, 23-6。

91 同上註，vol., 51, 69-70。

92 Khan, *The Travels of Mirza Abu Taleb Khan*, vol. 3, 172. 上面的引述出自 166 and 176。

93 Kumkum Chatterjee, 'History as Self-Presentation: The Recasting of a Political Tradition in Late-Eighteenth Century Eastern India', in *Modern Asian Studies* 32, no. 4 (October 1998), 913-48, at 924. 有關這些作家的背景，參見 Jamal Malik, ed., *Perspectives of Mutual Encounters in South Asian History, 1760-1860* (Leiden: Brill,

50 同上註，126 and 143。
51 *India Gazette*, 14 September 1826.
52 *Bengal Hurkaru*, 12 September 1826.
53 Peter Dillon, *Extract of a Letter from the Chevalier Dillon, to an Influential Character Here on the Advantages to be Derived from the Establishment of Well Conducted Commercial Settlements in New Zealand* (London: Nichols & Sons, 1832).
54 H.V. Bowen, 'Britain in the Indian Ocean region and beyond: Contours, Connections, and the Creation of a Global Maritime Empire', in H. V. Bowen, Elizabeth Mancke and John G. Reid, eds, *Britain's Oceanic Empire: Atlantic and Indian Ocean Worlds, c.1550-1850* (Cambridge: Cambridge University Press, 2012), 45-65, at 52.
55 Bayly, 'Journal on the Calder', 42, 46.
56 同上註，51, 54, 56, 62。
57 同上註，73。
58 Bayly, 'Journal on the *Hooghly*', 3 November 1826 to 5 April 1827', in Statham and Erickson, eds, *A Life on the Ocean Wave*, 81-3.
59 Bayly, 'Journal on the Hooghly', 83-5.
60 同上註，83。
61 C. A. Bayly, 'The first age of global imperialism c.1760-1830', *Journal of Imperial and Commonwealth History* 26 (1998), 28-47, see 37.
62 Letter dated 23 November 1826 from E. Molony, Acting Secretary of Government to the Secretary to the Right Honble Governor in Council, IOR/F/4/961, BL and letter dated 30 November 1826 from Governor General in Council to Captain Cordier, Chief of the French Establishments in Bengal, IOR/F/4/961, BL.
63 *Hobart Town Gazette*, 7 April 1827.
64 Letter dated 7 December 1826 from G. Chester of the Marine Board to the President in Council, IOR/F/4/961, BL.
65 From the Marine Board to Capitan Dillon Commanding the Honble Ship Research, December 1826, IOR/F/961, BL.
66 Letter dated 29 November 1826 from G. Chester, Marine Board to the Vice President in Council; and Letter dated 30 November 1826 from Acting Secreatry Molony to Dr. Tytler M.D., IOR/F/4/961, BL.
67 更多詳細資訊，參見本次審判的大量文獻 IOR/F/4/961, BL。
68 *Colonial Times and Tasmanian Advertiser*, 13 April 1827. 有關和瓦尼科羅島交流的更多資訊，參見 B. Douglas, *Science, Voyages and Encounters*, chapter 5。
69 有關這個旅遊書寫的長期源流，參見 Muzaffar Alam and Sanjay Subrahmanyam, *Indo-Persian Travels in the Age of Discoveries, 1400-1800* (Cambridge: Cambridge University Press, 2007). 有關這個近代晚期波斯書寫體裁遺產的最新探索，參見 Robert Micallef and Sunil Sharma, eds, *On the Wonders of Land and Sea: Persianate Travel Writing* (Cambridge, Mass.: Ilex Foundation, 2013)。
70 有關此處和下文中阿布・塔里的生平故事，參見 Gulfishan Khan, *Indian Muslim*

21 Bayly, *Sea life*, 51.

22 這個混合的族群符合他們所謂的「大西洋九頭蛇」之名，參見 Peter Linebaugh and Marcus Rediker, *The Many-Headed Hydra: Sailors, Slaves, Commoners, and the Hidden History of the Revolutionary Atlantic* (Boston: Beacon Press, 2000)。

23 Letter dated 19 September 1826 from Peter Dillon to Chief Secretary Lushington, IOR/F/4/ 961, British Library (hereafter BL).

24 Letter dated 19 September 1826.

25 Peter Dillon, *Narrative*, vol. 1, 21.

26 這個說法，參見 Gananath Obeyesekere, *Cannibal Talk: The Man-Eating Myth and Human Sacrifice in the South Seas* (Berkeley, Calif.: University of California Press, 2005), 192-222。

27 Bayly, 'Journal on the St. Patrick', 65.

28 Letter dated 19 September 1826.

29 Bayly, 'Journal of the St. Patrick', 65. 另見 Peter Dillon, *Narrative*, vol. 1, 32。

30 *Bengal Hurkaru*, 26 September 1826.

31 Bayly, 'Journal on the St. Patrick', 65.

32 Letter dated 19 September 1826.

33 Bayly, 'Journal on the St. Patrick', 66. 另見 Dillon, *Narrative*, vol. 1, 39-40。

34 Letter dated 19 September 1826.

35 Letter dated 4 November 1826, from the Secretary of the Asiatic Society, IOR/F/4/ 961, BL.

36 *Bengal Hurkaru*, 5 September 1826.

37 博魯把喬治四世勳章戴到脖子上的敘述出自 *India Gazette*, 14 September 1826。

38 Bayly, *Sea life*, 122。

39 這個段落的所有資訊都出自 *Bengal Hurkaru*, 11 September 1826。

40 另一個記載，參見 *India Gazette*, 14 September 1826。

41 *India Gazette*, 4 September 1826.

42 有關將新南威爾斯的罪犯重新安置在加爾各，參見 Clare Anderson, 'Multiple Border Crossings: Convicts and Other Persons Escaped from Botany Bay and Residing in Calcutta', *Journal of Australian Colonial History* 3, no. 2 (October 2001), 1-22; 博羅因貝和麥克默羅克的旅程與十九世紀頭三十年毛利人在全球擴散的尖峰保持一致，參見 Vincent O'Malley, *Haerenga: Early Māori Journeys Across the Globe* (Wellington: Bridget Williams Books, 2015)。

43 Davidson, 'Peter Dillon', 20.

44 同上註，24。

45 同上註，23。

46 Bayly, 'Journal on the St. Patrick', 59.

47 同上註，56。

48 同上註，62。

49 Bayly, *Sea Life*, 120-1.

Computing Systems of Wayfinding on James Cook's Endeavour, and the Invention of an Ingenious Cartographic System' in *Journal of Pacific History* 54, no. 4, 629-61。

30 Schwartzberg, 'Southeast Asian Nautical Maps', 834.

第一章

1 George Bayly, 'Journal on the St. Patrick, 8 October 1825 to 31 August 1831', 轉載 Pamela Statham and Rica Erickson, eds, *A Life on the Ocean Wave: The Journals of Captain George Bayly* (Melbourne: The Miegunyah Press, 1998), 79。

2 後續的迪龍生平故事細節，如果沒有另外標註，皆出自 J. W. Davidson, *Peter Dillon of Vanikoro: Chevalier of the South Seas*, ed. O. H. K. Spate (Melbourne: Oxford University Press, 1975), 13 and J. W. Davidson, 'Peter Dillon: The voyages of the Calder and St. Patrick', in J. W. Davidson and Deryck Scarr, eds, *Pacific Islands Portraits* (Canberra: Australian National University, 1970), 9-30. Davidson 提到迪龍把過去探險家的敘述當作週航記使用，參見 'Peter Dillon', 11; 有關他兒子的名字，參見 'Peter Dillon', 12。

3 Davidson, *Peter Dillon*, 13.

4 同上註，16-17。

5 Davidson, 'Peter Dillon', 11.

6 有關印度洋私商，參見 Anne Bulley, *The Bombay Country Ships, 1790-1833* (Richmond: Curzon Press, 2000). 有關南方海洋上的捕鯨船，參見 Lynette Russell, *Roving Mariners: Australian Aboriginal Whalers and Sealers in the Southern Oceans, 1780-1870* (Albany, New York: State University of New York Press, 2012)。

7 Davidson, 'Peter Dillon', 29-30.

8 George Bayly, *Sea life Sixty Years Ago: A Record of Adventures which Led to the Discovery of the Relics of the Long-Missing Expedition Commanded by the Comte de la Perouse* (London: K. Paul, Trench & co., 1885), 91.

9 這個段落中的這句引述和其他引述都出自 Davidson, *Peter Dillon*, 98-9。

10 Bayly, *Sea life*, 73.

11 同上註，110，提到這些水手共有十六人。

12 Bayly, *Sea life*, 82.

13 同上註，108。

14 Davidson, *Peter Dillon*, 95.

15 同上註，95。

16 同上註，96。

17 Bayly, 'Journal on the St. Patrick', 48.

18 Peter Dillon, *Narrative and Successful Result of a Voyage in the South Seas: Performed by the Order of the Government of British India, to Ascertain the Actual Fate of La Pérouse's expedition*, 2 vols (London: Hurst, Chance & co. 1829), vol. 1, 102.

19 Davidson, 'Peter Dillon', 25.

20 Bayly, 'Journal on the St. Patrick', 79.

17 有關圖奇和胡魯在諾福克島上時光的敘述，參見 Anne Salmond, 'Kidnapped: Tuki and Huri's Involuntary Visit to Norfolk Island in 1793', in Robin Fisher and Hugh Johnson, eds, *From Maps to Metaphors: The Pacific World of George Vancouver* (Vancouver: UBC Press, 1993), 191-226; 另見 R. R. D. Milligan, *The Map Drawn by the Chief Tuki-Tahua in 1793* (Typescript, Mangonui, 1964)。

18 轉引 Salmond, 'Kidnapped', 215。

19 參見 Alison Jones and Kuni Jenkins, eds, *He Kōrero: Words Between Us, First Māori-Pākehā Conversations on Paper* (Wellington: Huaia, 2011), 29。

20 參見 Philip Lionel Barton, 'Māori Cartography and the European Encounter', in David Woodward and G. Malcolm Lewis, eds, *Cartography in the Traditional African, American, Arctic, Australian and Pacific Societies*, in *History of Cartography*, 3 vols (Chicago: Chicago University Press, 1998), vol. 2, book 3, 493-533。

21 Tony Ballantyne, *Entanglements of Empire: Missionaries, Māori, and the Question of the Body* (Durham, NC: Duke University Press, 2014), 43-4.

22 更多關於武吉士地圖的資訊，參見 Frederic Durand and Richard Curtis, *Maps of Malaya and Borneo* (Singapore: Editions Didier Millet, 2013), 59 and Joseph E. Schwartzberg, 'Southeast Asian Nautical Maps', in J. B. Harley and David Woodward, eds, *The History of Cartography: Cartography in the Traditional East and Southeast Asian Societies,* 3 vols (Chicago: University of Chicago Press, 1994), vol. 2, book 2, 828-838。

23 M. Storms et al., eds, *Mapping Asia: Cartographic Encounters Between East and West: Regional Symposium of the ICA Commission on the History of Cartography* (Cham, 2017), 50-1.

24 Gene Ammarell, *Bugis Navigation* (New Haven, Conn.: Yale University, Southeast Asian Studies, 1999), 117. 下面的內容也參考了 Gene Ammarell, 'Astronomy in the Indo-Malay Archipelago', in Helanie Selin, ed., *Encyclopedia of the History of Science, Technology, and Medicine in Non-Western Cultures* (Springer: New York, 2008), 2nd edn, 324-333。

25 Ammarell, *Bugis Navigation*, 2.

26 同上註，149。

27 參見 Peter Carey, *The Power of Prophecy: Prince Dipanagara and the End of an Old Order in Java, 1785-1855* (Leiden: KITLV Press, 2007), 333. 更多關於武吉士人及其歷史，參見 Christian Pelras, *The Bugis* (Oxford: Blackwell, 1996) and James Francis Warren, *The Sulu Zone, 1768-1898: The Dynamics of External Trade, Slavery, and Ethnicity in the Transformation of a Southeast Asian Maritime State* (Singapore: NUS Press, 2007), 2nd edn。

28 參見 Mark Frost and Yu-Mei Balasingamchow, *Singapore: A Biography* (Singapore: National Museum of Singapore, 2009), 87-8。

29 這種知識交流的一個顯著例子，參見 L. Eckstein and Anja Schwarz, 'The Making of Tupria's Map. A Story of the Extent and Mastery of Polynesian Navigation,

British Empire and the World, 1780-1830 (Harlow: Longman, 1989). 有關連結十八世紀中後期大西洋和印度的敘述，參見 P. J. Marshall, *The Making and Unmaking of Empires: Britain, India, and America, c.1750-1783* (Oxford: Oxford University Press, 2005)。

6 有關把原住民族當作探討革命時代的主角的近期嘗試，參見 Kate Fullagar and Michael A. McDonnell, eds, *Facing Empire: Indigenous Experiences in a Revolutionary Age* (Baltimore: Johns Hopkins University Press, 2018). 有關跨印度洋交流的近期歷史，參見 Tim Harper and Sunil Amrith, eds, *Sites of Asian Interaction: Ideas, Networks and Mobility* (Cambridge: Cambridge University Press, 2014); Engseng Ho, *The Graves of Tarim: Genealogy and Mobility Across the Indian Ocean* (Berkeley: University of California Press, 2006)。

7 有關這個時代史無前例的海戰，參見 Jeremy Black, 'Naval Power in the Revolutionary Era', in Roger Chickering and Stig Forster, eds, *War in an Age of Revolution, 1175-1815* (Cambridge: Cambridge University Press, 2010), 219-42。

8 有關研究海洋脈絡中的種族和性別的一些作品，參見 Bronwen Douglas, *Science, Voyages and Encounters in Oceania, 1511-1850* (Basingstoke: Palgrave Macmillan, 2014); Barbara Watson Andaya, 'Oceans Unbounded: Transversing Asia across "area studies"', *Journal of Asian Studies* 65, no. 4 (November 2006), 669-90; and Margaret S. Creighton and Lisa Norling, eds, *Iron Men, Wooden Women: Gender and Seafaring in the Atlantic World, 1700-1920* (Baltimore: Johns Hopkins University Press, 1996)。

9 譬如貝利就是持此論點 Bayly, *Imperial Meridian*。

10 更多討論，參見 Sujit Sivasundaram, 'Towards a Critical History of Connection: The Port of Colombo, the Geographical "Circuit" and the Visual Politics of New Imperialism, ca. 1880-1914' in *Comparative Studies in Society and History* 59, no. 2 (April 2017): 346-84。

11 有關地球的科學，參見 Sujit Sivasundaram, 'Sciences and the Global: On Methods, Questions, and Theory', *Isis* 101, no. 1 (March 2010): 146-58。

12 Robert Melville Grindlay, *Scenery, Costumes, and Architecture, chiefly on the Western Side of India* (London: Smith, Elder & Co., 1828).

13 編著：此圖參見 https://www.rmg.co.uk/collections/objects/rmgc-object-105993。

14 一些認識太平洋遠洋航行歷史的入門作品，參見 D. Lewis, *We, the Navigators: The Ancient Art of Landfinding in the Pacific* (Canberra: ANU Press, 1972) and Damon Salesa, 'The Pacific in Indigenous Time', in David Armitage and Alison Bashford, eds, *Pacific Histories: Ocean, Land, People* (Basingstoke: Palgrave Macmillan, 2014), 31-52。

15 Matthew Spriggs, 'Oceanic Connections in Deep Time', *PacifiCurrents: EJournal of Australian Association for the Advancement of Pacific Studies*, vol. 1 (2009), 7-27; citation, 14.

16 有關這段印度洋悠久歷史的進一步資訊和參考書目，參見 Sujit Sivasundaram, 'The Indian Ocean', in Armitage et al., eds, *Oceanic Histories*。

註釋

緒論

1 有關印度洋和太平洋歷史的介紹，參見 Edward Alpers, *The Indian Ocean in World History* (Oxford: Oxford University Press, 2014) and Nicholas Thomas, *Islanders: The Pacific in the Age of Empire* (New Haven and London: Yale University Press, 2010). 以海洋為題的近期歷史著作，參見 David Armitage, Alison Bashford and Sujit Sivasundaram, eds, Oceanic Histories (Cambridge: Cambridge University Press, 2018). 有關小規模海域構成世界歷史中心的精采描述，參見 Sunil Amrith, *Crossing the Bay of Bengal: The Furies of Nature and the Fortunes of Migrants* (Harvard: Harvard University Press, 2015)。

2 有關這個時代經典但現已過時的作品，參見 E. J. Hobsbawm, *The Age of Revolution, 1789-1848* (New York: Mentor Books, 1962); 有關拓寬這一時期的範圍和地理，參見 David Armitage and Sanjay Subrahmanyam, eds, *The Age of Revolutions in Global Context, c.1760-1840* (Basingstoke, 2010) and also Alan Forrest and Matthias Middell, eds, *The Routledge Companion to the French Revolution in World History* (London and New York: Routledge, 2016)。

3 R. R. Palmer, 'The Age of the Democratic Revolution', in L. P. Curtis, ed., *The Historian's Workshop: Original Essays by Sixteen Historians* (New York: Knopf, 1970), 170.

4 有關大西洋革命時代場域框架的重要評論，參見 Sarah Knott, 'Narrating the Age of Revolution', in *The William and Mary Quarterly* vol. 73 (2016), 3-36. 關於影響本書的重要作品：Peter Linebaugh and Marcus Rediker, *The Many-Headed Hydra: Sailors, Slaves, Commoners, and the Hidden History of the Revolutionary Atlantic* (London, New York: Verson, 2000). 有關大西洋革命時代的一些作品，參見 Nathan Perl-Rosenthal, *Citizen Sailors: Becoming American in the Age of Revolution* (Cambridge, Mass.: The Belknap Press of Harvard University Press, 2015); Gabrielle Paquette, *Imperial Portugal in the Age of Atlantic Revolutions: The Luso-Brazilian World, c. 1770-1850* (Cambridge: Cambridge University Press, 2013) and Paul E. Lovejoy, *Jihad in West Africa During the Age of Revolutions* (Athens, Ohio: Ohio University Press, 2016); and on Europe, see Janet Polasky, *Revolutionaries without Borders: The Call to Liberty in the Atlantic World* (New Haven: Yale University Press, 2015)。

5 十八世紀末和十九世紀初在大英帝國飛馳的歷史中經常被錯放。上一個把這時期當作一個整體審視的批判性學術研究是 C. A. Bayly, *Imperial Meridian: The*

歷史與現場 319

南方浪潮：印、太海洋民族對抗帝國暴力、驅動現代史的革命年代

Waves Across the South: A New History of Revolution and Empire

作者	蘇吉特・希瓦桑達蘭
譯者	葉品岑
主編	王育涵
責任編輯	邱奕凱
責任企畫	郭靜羽
美術設計	許晉維
內頁排版	張靜怡
地圖繪製	吳郁嫻
總編輯	胡金倫
董事長	趙政岷
出版者	時報文化出版企業股份有限公司 108019 臺北市和平西路三段 240 號 7 樓 發行專線｜ 02-2306-6842 讀者服務專線｜ 0800-231-705 ｜ 02-2304-7103 讀者服務傳真｜ 02-2302-7844 郵撥｜ 1934-4724 時報文化出版公司 信箱｜ 10899 臺北華江橋郵政第 99 信箱
時報悅讀網	www.readingtimes.com.tw
人文科學線臉書	http://www.facebook.com/humanities.science
法律顧問	理律法律事務所｜陳長文律師、李念祖律師
印刷	勁達印刷有限公司
初版一刷	2022 年 7 月 1 日
定價	新臺幣 680 元

時報文化出版公司成立於一九七五年，並於一九九九年股票上櫃公開發行，於二〇〇八年脫離中時集團非屬旺中，以「尊重智慧與創意的文化事業」為信念。

ISBN 978-626-335-510-1 ｜ Printed in Taiwan

南方浪潮：印、太海洋民族對抗帝國暴力、驅動現代史的革命年代／蘇吉特・希瓦桑達蘭著；葉品岑譯 . -- 初版 . -- 臺北市：時報文化出版企業股份有限公司，2022.07 ｜ 552 面；14.8×21 公分 .
譯自：WAVES ACROSS THE SOUTH: A New History of Revolution and Empire
ISBN 978-626-335-510-1（平裝）｜ 1. CST：帝國主義　2. CST：歷史　3. CST：南亞　4. CST：南太平洋
737 ｜ 111007604